浙江省高职院校"十四五"重点教材

职业教育新形态
财会名师系列教材

企业审计
实务 微课版

田钊平 胡丹 ◎主编　　杨文莺 张艳博◎副主编

Enterprise Audit
Practice

人民邮电出版社
北　京

图书在版编目（CIP）数据

企业审计实务：微课版 / 田钊平，胡丹主编. --
北京 ：人民邮电出版社，2023.7
职业教育新形态财会名师系列教材
ISBN 978-7-115-61494-0

Ⅰ. ①企… Ⅱ. ①田… ②胡… Ⅲ. ①企业－审计－
高等职业教育－教材 Ⅳ. ①F239.6

中国国家版本馆CIP数据核字(2023)第054982号

内 容 提 要

本书以《中华人民共和国注册会计师法》、企业会计准则和中国注册会计师审计准则为依据，采用任务驱动和案例教学模式，帮助学生熟悉审计工作流程，掌握审计基础知识、工作方法与操作技能，切实培养和提高学生的岗位胜任力。本书设置认知审计职业、获取和保管审计证据、开展初步业务活动、进行审计计划工作、实施风险评估工作、采购与付款循环审计、销售与收款循环审计、生产与仓储循环审计、筹资与投资循环审计、工薪与人事循环审计、货币资金审计、完成审计工作共 12 个项目29 个典型任务。

本书知识体系完整，内容浅显易懂，并提供大量审计工作底稿示例，可作为应用型本科院校、职业本科院校、高职高专院校、成人教育院校审计基础与实务、企业审计实务等课程的教材，也可作为审计从业人员的参考书。

◆ 主　编　田钊平　胡　丹
　　副主编　杨文莺　张艳博
　　责任编辑　崔　伟
　　责任印制　王　郁　彭志环

◆ 人民邮电出版社出版发行　　北京市丰台区成寿寺路 11 号
　　邮编　100164　电子邮件　315@ptpress.com.cn
　　网址　https://www.ptpress.com.cn
　　山东华立印务有限公司印刷

◆ 开本　787×1092　1/16
　　印张：18.25　　　　　　　　　2023 年 7 月第 1 版
　　字数：529 千字　　　　　　　2023 年 7 月山东第 1 次印刷

定价：69.80 元

读者服务热线：(010)81055256　印装质量热线：(010)81055316
反盗版热线：(010)81055315
广告经营许可证：京东市监广登字 20170147 号

FOREWORD

////////////////// 前　言 //////////////////

2022 年 10 月，党的二十大报告指出，"全面贯彻党的教育方针，落实立德树人根本任务，培养德智体美劳全面发展的社会主义建设者和接班人"。2022 年 4 月颁布的《中华人民共和国职业教育法》首次以法律形式提出了"建设技能型社会"的愿景，强调职业教育必须坚持立德树人、德技并修、面向实践、强化能力的育人模式。本书充分体现高等职业教育的特点，坚持立德树人的育人要求，适应职业本科教育改革需要，兼顾学科知识体系的系统性、严谨性，以及实务应用的操作性和职业性，以企业的财务报表审计为主线，基于具体工作过程中的典型任务构建教学内容，将知识传授与价值引领相结合，践行知行合一的育人理念，力求满足职业教育高层次技术技能型审计人才培养目标的要求。

本书以《中华人民共和国注册会计师法》、企业会计准则和中国注册会计师审计准则为依据，主要具有以下特色。

（1）以项目重新构建企业审计实务"教、学、做"的课程内容，尊重学科的规范性、严谨性和准确性，并充分考虑职业岗位的需求，通过大量的审计案例和审计工作底稿，拓宽学生视野，有效缩短学生从学校到社会的适应期。

（2）以典型工作任务组织教学内容，帮助学生熟悉审计工作流程，熟练掌握审计方法和技巧，有效培养学生的职业技能和职业素养。

（3）以企业真实审计案例为蓝本，高度仿真企业财务报表审计的全部流程，增强教学实训的真实感、职业感，使学生充分理解相关的知识点，熟练掌握相关的技能点，注重学生综合素质的培养。

（4）融合线上线下资源，强化教材及教学资源的"学习资料"功能。学生扫描二维码，可以观看微课视频、学习准则内容、提升职业素养，也可以查看任务解析内容。

本书由田钊平（浙江广厦建设职业技术大学）、胡丹（浙江广厦建设职业技术大学）担任主编，负责课程标准的拟订和编写体例的安排；杨文莺（浙江科技学院）、张艳博（浙江广厦建设职业技术大学）担任副主编。具体编写分工如下：项目一、二由田钊平、杨文莺编写；项目三、四、五、六、七由胡丹编写；项目八、九、十、十一由田钊平编写；项目十二由田钊平、张艳博编写。浙江富春江会计师事务所有限公司朱民超参与全书框架的讨论及部分内容的审阅。全书最后由田钊平负责修改并定稿。

在编写过程中，编者参考了大量的书籍、文献等资料，在此向相关作者深表谢意。限于编者水平，书中难免有考虑不周之处，恳请同行和各位读者不吝赐教，以便编者不断完善本书。

编　者

2023 年 6 月

CONTENTS

////////////////// 目　　录 //////////////////

项目一　认知审计职业

学习目标

【知识目标】 了解审计的产生、审计的内涵和分类；理解审计方法的演进；了解被审计单位管理层认定的内容；理解审计总体目标和具体审计目标的含义。

【技能目标】 掌握审计的一般方法及具体取证方法的类别和应用；熟悉审计过程各阶段的主要工作。

【素养目标】 深刻理解审计工作的本质，树立正确的审计观；培养遵纪守法、团结协作、精益求精、无私奉献的职业精神和职业道德。

关键词汇

审计对象（Audit Object）　　　　　审计职能（Audit Working Talent）
可视化（Visualization）　　　　　　审计目标（Audit Objective）
独立审计（Independent Audit）　　　完整性（Completeness）
存在（Existence）　　　　　　　　权利和义务（Rights and Obligations）

微课 1-1

审计是什么

任务一　审计是什么

任务导入 1-1

下列有关注册会计师审计和政府审计的共同点的说法中，正确的是（　　　）。

A. 注册会计师审计和政府审计的取证权限相同

B. 注册会计师审计和政府审计都可以对发现的问题提出处理、处罚意见

C. 注册会计师审计和政府审计的依据都是《中华人民共和国审计法》

D. 注册会计师审计和政府审计都是国家治理体系及治理能力现代化建设的重要方面

一、审计的内涵

审计是一项具有独立性的经济监督活动，它是指由独立的专门机构（或人员）接受委托（或根据授权），对国家行政单位、事业单位和企业单位及其他经济组织的财务报表和其他会计资料的公允性、真实性及其所反映的经济活动合规性、合法性进行审查并发表意见。审计的本质特性是独立性。审计人员以独立的身份对被审计单位依法进行审计，这保证了审计结论的公正性，也为审计的权威性奠定了基础。

二、审计的对象

审计对象是指审计监督的客体，即审计监督的内容和范围的概括。具体来说，审计对象包含以下三层含义。第一，从被审计单位的范围来看，国家审计的对象主要是国务院各部门、地方各级人民政府、国有金融机构以及国有企事业组织；内部审计的对象为本单位及其所属单位；注册会计师

审计的对象主要是委托人指定的单位。第二，从审计涉及的内容来看，审计对象主要指被审计单位的财政、财务收支及其相关的经济活动。第三，从审计内容的载体来看，审计对象是指被审计单位的会计资料及其相关资料。

三、审计分类

（一）按照审计主体的不同分类

按照审计主体的不同分类，审计可以分为国家审计、内部审计和独立审计三种。

（1）国家审计又称政府审计，是指由政府审计机关代表政府依法对各级政府及其部门、国有企业的财政或财务收支及公共资金的收支与运用情况所实施的审计。其特点表现为审计的法定权威性和强制性。

（2）内部审计是指由单位内部独立的审计机构对本单位及其所属单位的经营活动的真实性、合法性和效益性及内部控制的健全性与有效性进行审查和评价的一种监督活动。

（3）独立审计又称注册会计师审计、民间审计或社会审计，是指由注册会计师及其所在的会计师事务所接受委托依法对委托人指定的被审计单位进行的审计。委托审计是独立审计的显著特点，其审计意见具有法律效力和鉴证作用。

（二）按照审计的目的和内容不同分类

按照审计的目的和内容不同，审计可以分为财务报表审计、经营审计和合规审计三种。

（1）财务报表审计是对被审计单位的财务报表、财务报表附注及相关资料进行的审计。这种审计的目的在于查明被审计单位的财务报表是否按照一般公认会计原则，公允地反映其财务状况、经营成果和现金流量情况。财务报表审计一般由注册会计师完成。财务报表审计是注册会计师对财务报表是否不存在重大错报提供合理保证并以积极方式提出意见，增强除管理层之外的预期使用者对财务报表的信赖程度。

（2）经营审计是为了评价某个组织的经济活动在业务、经营、管理方面的业绩，找出改进的机会并提出改善的建议，而对一个组织的全部或部分业务程序与方法进行的检查。经营审计对独立性的要求不像财务报表审计那么严格。此外，内部审计人员、政府审计人员或注册会计师都可以执行经营审计。

（3）合规审计是为了查明和确定被审计单位的财务活动或经营活动是否符合有关法律、法规、规章制度、合同、协议和有关控制标准而进行的审计。由注册会计师或税务稽核人员就企业所得税结算申报书是否遵从税法规定申报而进行的审计，就是合规审计的典型例子。合规性审计报告通常报送给被审计单位管理层或外部特定使用者。

微课 1-2

审计做什么

任务二　审计做什么

> 📖 **任务导入 1-2**
>
> 下列有关财务报表审计的说法中，错误的是（　　　　）。
>
> A. 审计的目的是增强除管理层之外的预期使用者对财务报表的信赖程度
>
> B. 审计只提供合理保证，不提供绝对保证
>
> C. 审计不涉及为如何利用信息提供建议
>
> D. 审计的最终产品是审计报告和已审计财务报表

一、审计过程

（一）业务承接阶段

会计师事务所应当按照执业准则的规定，在接受委托前、决定是否保持现有业务时或考虑接受现有客户的新业务时，要求注册会计师开展初步业务活动，以获取下列信息：第一，考虑客户（包括被审计单位的主要股东、关键管理人员、关联方和治理层）的诚信，没有信息表明客户缺乏诚信；第二，拥有执行业务必备的素质、专业胜任能力、时间和资源；第三，能够遵守相关职业道德要求。该项活动旨在识别和评估会计师事务所面临的风险，并做出是否接受或保持客户关系的决策。一旦决定接受业务委托（保持），注册会计师应当与客户就审计约定条款达成一致意见，并签订审计业务约定书。

（二）审计计划阶段

会计师事务所在接受业务委托后，开展计划审计工作十分重要。如果没有恰当的审计计划，不仅会导致盲目实施审计程序，无法获得充分、适当的审计证据以将审计风险降至可接受的低水平，影响审计目标的实现，而且还会浪费有限的审计资源，增加不必要的审计成本，影响审计工作的效率。审计计划阶段的工作主要包括制定总体审计策略和具体审计计划等。需要明确的是，计划审计工作并不是仅在审计计划阶段孤立存在，它是一个持续的、不断修正的过程，贯穿整个审计业务的始终。

（三）风险评估阶段

风险评估阶段主要是开展风险评估程序。所谓风险评估程序，是指注册会计师了解被审计单位及其环境并识别和评估财务报表重大错报风险的程序。风险评估程序是必要程序，了解被审计单位及其环境为注册会计师在许多关键环节做出职业判断提供了重要基础。了解被审计单位及其环境是一个连续且动态地收集、更新与分析信息的过程，贯穿整个审计过程的始终。一般来说，实施风险评估程序的主要工作包括：了解被审计单位及其环境；识别和评估财务报表层次及各类交易、账户余额、列报的认定层次的重大错报风险，包括确定需要特别考虑的重大错报风险（即特别风险），以及仅通过实质性程序无法应对的重大错报风险等。

（四）风险应对阶段

注册会计师实施风险评估程序本身并不足以为发表审计意见提供充分、适当的审计证据，注册会计师还应当实施进一步审计程序，包括实施控制测试（必要时或决定测试时）和实质性程序。因此，注册会计师评估财务报表重大错报风险后，应当运用职业判断，针对评估的财务报表层次重大错报风险确定总体应对措施，并针对评估的认定层次重大错报风险设计和实施进一步审计程序，以将审计风险降至可接受的低水平。

（五）审计完成阶段

注册会计师在完成财务报表所有循环的进一步审计程序后，还应当按照有关审计准则的规定做好审计完成阶段的工作，并根据所获取的各种证据，合理运用专业判断，形成适当的审计意见。本阶段的工作统称为完成审计工作，主要包括：审计期初余额、比较数据、期后事项和或有事项；考虑持续经营问题和获取管理层声明；汇总审计差异，并提请被审计单位调整或披露；复核审计工作底稿和财务报表；与管理层和治理层沟通；评价审计证据，形成审计意见；编制审计报告等。

二、审计目标

（一）审计的总体目标

审计目标是在一定历史环境下，人们通过实践活动所期望达到的境地或最终结果，包括审计的总体目标和具体审计目标两个层次。财务报表审计的目标是注册会计师通过执行审计工作，对财务报表是否按照企业会计准则的规定编制，以及是否在所有重大方面公允反映被审计单位的财务状况、经营成果和现金流量等方面发表审计意见。可见，审计的总体目标是对被审计单位财务报表的合法性、公允性表示意见。

1. 对合法性的评价

评价财务报表的合法性时，注册会计师主要考虑下列内容：评价选择和运用的会计政策是否符合适用的企业会计准则，并适合被审计单位的具体情况；评价管理层做出的会计估计是否合理；评价财务报表反映的信息是否具有相关性、可靠性、可比性和可理解性；评价财务报表是否做出充分披露，使财务报表使用者能够理解重大交易和事项对被审计单位财务状况、经营成果和现金流量的影响。

2. 对公允性的评价

评价财务报表公允性时，注册会计师主要考虑下列内容：评价经管理层调整后的财务报表是否与注册会计师对被审计单位及其环境的了解一致；评价财务报表的列报、结构和内容是否合理；评价财务报表是否真实地反映了交易和事项的经济实质。

（二）被审计单位管理层的认定

在被审计单位治理层的监督下，按照适用的会计准则和相关会计制度的规定编制财务报表是被审计单位管理层的责任。治理层是对被审计单位战略方向及管理层履行经营管理责任负有监督责任的人员或组织。在某些被审计单位，治理层可能包括管理层，如治理层中负有经营管理责任的人员或参与日常经营管理的业主。管理层是指对被审计单位经营活动的执行负有经营管理责任的人员。同样，在某些被审计单位，管理层包括部分或全部的治理层成员。认定是指管理层对财务报表各组成要素的确认、计量、列报做出的明确或隐含的表达，主要包括关于各类交易、事项及相关披露的认定和与期末账户余额及相关披露的认定。

1. 关于各类交易、事项及相关披露的认定

（1）发生：记录的交易和事项已发生，且与被审计单位有关。

（2）完整性：所有应当记录的交易和事项均已记录，所有应当包括在财务报表中的披露均已包括。

（3）准确性：与交易和事项有关的金额及其他数据已恰当记录。

（4）截止：交易和事项已记录于正确的会计期间。

（5）分类：交易和事项已记录于恰当的账户。

（6）列报：交易和事项已被恰当地汇总或分解且表述清楚，相关披露在适用的财务报告编制基础下是相关的、可理解的。

2. 关于期末账户余额及相关披露的认定

（1）存在：记录的资产、负债和所有者权益是存在的。

（2）权利和义务：记录的资产由被审计单位拥有或控制，记录的负债是被审计单位应当履行的偿还义务。

（3）完整性：所有应当记录的资产、负债和所有者权益均已记录。

（4）准确性、计价和分摊：资产、负债和所有者权益以恰当的金额包括在财务报表中，与之相关的计价或分摊调整已恰当记录，相关披露已得到恰当计量和描述。

（5）分类：资产、负债和所有者权益已记录于恰当的账户。

（6）列报：资产、负债和所有者权益已恰当地汇总或分解且表述清楚，相关披露在适用的财务报告编制基础下是相关的、可理解的。

（三）具体审计目标

注册会计师了解了被审计单位管理层的认定，就很容易确定每个项目的具体审计目标，并以此作为评估重大错报风险，以及设计和实施进一步审计程序的基础。

（1）与所审计会计期间各类交易、事项及相关披露相关的审计目标。

① 发生：确认已记录的交易是真实的。例如，如果没有发生销售交易，但在销售日记账中记录了一笔销售，则违反了该目标。发生认定所要解决的问题是管理层是否把那些不曾发生的项目列入财务报表，主要与财务报表组成要素的高估有关。

② 完整性：确认已发生的交易确实已经记录。例如，如果发生了销售交易，但没有在销售明细账和总账中记录，则违反了该目标。发生和完整性两者强调的是相反的关注点。发生目标针对潜在的高估，而完整性目标则针对漏记交易（低估）。

③ 准确性：确认已记录的交易是按正确金额反映的。例如，如果在销售交易中，发出商品的数量与账单上的数量不符，或是开账单时使用了错误的销售价格，或是账单中的乘积或加总有误，或是在销售明细账中记录了错误的金额，则违反了该目标。

④ 截止：确认接近于资产负债表日的交易记录于恰当的期间。例如，如果本期交易推迟到下期，或下期交易提前到本期，均违反了截止目标。

⑤ 分类：确认被审计单位记录的交易经过了适当分类。例如，如果将现销记录为赊销，将出售经营性固定资产所得的收入记录为营业收入，则会导致交易分类的错误，违反了分类的目标。

⑥ 列报：确认被审计单位的交易和事项已被恰当地汇总或分解且表述清楚，相关披露在适用的财务报告编制基础下是相关的、可理解的。

（2）与期末账户余额及相关披露相关的审计目标。

① 存在：确认记录的金额确实存在。例如，如果不存在某客户的应收账款，在应收账款明细表中却列入了对该客户的应收账款，则违反了存在目标。

② 权利和义务：确认资产归属于被审计单位，负债属于被审计单位的义务。例如，将他人寄售商品列入被审计单位的存货中，违反了权利目标；将不属于被审计单位的债务记入账内，则违反了义务目标。

③ 完整性：确认已存在的金额均已记录。例如，如果存在某客户的应收账款，在应收账款明细表中却没有列入对该客户的应收账款，则违反了完整性目标。

④ 准确性、计价和分摊：资产、负债和所有者权益以恰当的金额包括在财务报表中，与之相关的计价或分摊调整已恰当记录。

⑤ 分类：资产、负债和所有者权益已记录于恰当的账户。

⑥ 列报：资产、负债和所有者权益已被恰当地汇总或分解且表述清楚，相关披露在适用的财务报告编制基础下是相关的、可理解的。

任务三　审计怎么做

> **📖任务导入 1-3**
>
> 以下选项中，关于审计模式的描述正确的有（　　　　）。
>
> A. 制度基础审计的主要目的是提高审计效率、降低审计的工作量
>
> B. 账项基础审计中大部分精力投向会计凭证和会计账簿的详细检查中
>
> C. 风险导向审计在审计效率和效果上要高于制度基础审计
>
> D. 风险导向审计从理论上解决了抽样审计的随意性和审计资源的分配问题

一、审计的常用方法

审计的常用方法有一般方法和具体方法之分。

微课 1-3

审计的一般方法

（一）审计的一般方法

1. 顺查法与逆查法

按照审计工作的顺序和会计业务处理程序的关系，审计方法包括顺查法和逆查法两种。

（1）顺查法，又叫正查法，是指按照会计核算过程的先后顺序，依次审查凭证、账簿和财务报表的一种审计方法。审查时首先审查原始凭证，着重审查和分析经济业务是否真实、正确、合法、合规；其次审查和分析记账凭证，查明会计科目处理和数据是否正确、合规；再次审查各类账簿的记录是否正确，账证是否相符；最后审查和分析财务报表的各个项目是否正确、完整和合规，核对账表、表表是否相符。顺查法的优点是审查工作细致、全面，不易发生疏漏等。所以，对于内部控制制度不够健全、账目比较混乱、存在问题较多的被审计单位，采用顺查法较为适宜。其缺点是工作量大，费时费力，不利于提高审计工作效率和降低审计成本。

（2）逆查法，又叫倒查法，是指按照与会计核算过程相反的顺序依次进行审计的方法。采用逆查法时，注册会计师首先审查和分析财务报表及其各个项目，从中找出增减变化异常或数额较大、容易出现错弊的项目，从而确定下一步审计的重点项目；其次，按照所确定的重点和可疑账项，追溯审查会计账簿，进行账表、账账核对，发现可能存在的问题；最后，通过审查凭证来查明被审事项的真相。此方法可以节省审计的时间和人力，有利于提高审计工作的效率和降低审计成本。其缺点是采用此方法要求注册会计师必须具有一定的分析判断能力和实际工作经验。

2. 详查法与抽样法

按照审查经济业务资料的规模和收集审计证据的范围，审计方法包括详查法和抽样法两种。

（1）详查法，又称详细审计，是指对被审计单位一定时期内的全部会计资料进行详细的审核检查，以判断被审计单位经济活动的合法性、真实性和效益性的一种审计方法。此法的优点是容易查出问题，审计风险较低，审计结论比较正确；缺点是工作量较大，审计成本较高。除了一些有严重问题的、非彻底检查不可的专案审计，以及经济活动很少的小型企事业单位外，一般不采用详查法。

（2）抽样法，又称抽样审计，是指按照一定的方法从被审计单位一定时期内的会计资料中抽出一部分进行审查，借以推断总体有无错误和舞弊的一种方法。此法的优点是可以减少审计的工作量，降低审计成本；缺点是有较大的局限性，如样本选择不当，就会使注册会计师做出错误的结论，审计风险较高。采用这种方法时，注册会计师通常要对被审计单位的内部控制制度进行评价，使审计结论有较高的可靠性。

3. 报表项目法与业务循环法

按照对财务报表的项目进行划分的标准，审计方法分为报表项目法和业务循环法两种。

（1）按财务报表的项目来组织财务报表审计的方法称为报表项目法。此法与多数被审计单位的账户设置体系及财务报表格式相吻合，操作方便；缺点是由于内部控制测试通常按照业务循环采用审计抽样的方法进行，该方法会导致实质性程序与内部控制测试严重脱节。

（2）所谓业务循环，是指处理某一类经济业务的工作程序和先后顺序。按业务循环来组织财务报表审计的方法称为业务循环法。一般可将被审计单位全部的交易和账户按照相关的程度划分为若干个业务循环。例如，制造业企业的业务循环可以划分为采购与付款循环、销售与收款循环、筹资与投资循环、存货与仓储循环、工薪与人事循环。此法的优点是将交易与账户的实质性程序与按业务循环进行的内部控制测试直接联系，加深了审计小组成员对被审计单位经济业务的理解，而且便于审计的合理分工,将特定业务循环所涉及的财务报表项目分配给一个或数个审计小组成员,能够提高审计的效率。因此,业务循环法逐渐取代了报表项目法。

(二)审计的具体方法

在审计过程中,注册会计师可根据需要单独或综合运用以下具体审计方法(亦称审计程序),以获取充分、适当的审计证据。

微课 1-4

检查

1. 检查

检查是指注册会计师对被审计单位内部或外部生成的,以纸质、电子或其他介质形式存在的记录和文件进行审查,或对资产进行实物审查。检查记录或文件的目的是对财务报表所包含或应包含的信息进行验证。例如,被审计单位通常对每一笔销售交易都保留一份客户订购单、一张发货单和一份销售发票副本。这些凭证是注册会计师验证被审计单位记录的销售交易正确性的证据。

检查有形资产是指注册会计师对被审计单位的资产实物进行检查。检查有形资产是验证资产是否真实存在的最可靠的手段。它不仅是认定资产数量和规格的一种客观手段,在某些情况下,还是评价资产状况和质量的一种有效方法,比如确定存货数量的同时确定存货是否存在残次冷背的情况。但是,要验证存在的资产是否确实为被审计单位所拥有,仅靠检查实物证据是不够的,并且在许多情况下,注册会计师也没有能力准确地判断资产的状况和质量。

调节法属于检查有形资产的方法之一。调节法通过增减数字的调整,使表面上不一致的相关数字趋于一致,以验证某一项目相关数字的正确性。调节法通常用于验证存货和银行存款余额的正确性。当实物的盘点日数量与账面结存日数量不一致时,就需要对相差日期中的账目数字进行调节,以验证账面结存数的正确性。调节公式如下。

被查日存量=盘点日存量+被查日至盘点日发出量-被查日至盘点日收入量

2. 观察

观察是指注册会计师通过观察相关人员正在从事的活动或执行的程序,以获得发生、存在、完整性、计价和分摊、截止等认定的相关证据。例如,对被审计单位执行的存货盘点或控制活动进行观察。观察提供的审计证据仅限于观察发生的时点,并且在相关人员已知被观察时,相关人员从事活动或执行程序可能与日常的做法不同,从而会影响注册会计师对真实情况的了解。因此,注册会计师有必要获取其他类型的佐证证据。

3. 询问

询问是指注册会计师以书面或口头方式,向被审计单位内部或外部的知情人员获取财务信息和非财务信息,并对答复进行评价的过程。知情人员对询问的答复可能为注册会计师提供尚未获悉的信息或佐证证据,也可能提供与已获悉信息存在重大差异的信息,注册会计师可以根据询问结果考虑修改审计程序或追加审计程序。尽管通过询问可以从知情人员那里获得大量的证据,但这些证据不能作为结论性证据。

微课 1-5

函证

4. 函证

函证是指注册会计师为了获取影响财务报表或相关披露认定的项目的信息,通过直接来自第三方的对有关信息和现存状况的声明,获取和评价审计证据的过程。正因为函证直接来自独立于被审计单位的第三方,所以受到高度重视,经常被使用。函证的方式有积极式和消极式两种。积极式函证也被称为肯定式函证,要求被询证者在所有情况下都必须回函,确认询证函所列示的信息是否正确,或填列询证函要求的信息。消极式函证也称否定式函证,要求被询证者仅在不同意询证函所列示信息的情况下才予以回函。

5. 重新计算

重新计算是指注册会计师以人工方式或使用计算机辅助审计技术，对记录或文件数据计算的正确性进行核对。重新计算可用于对以下资料的审查：原始凭证的计算，包括数量与单价的积数、小计、合计等；记账凭证的计算，包括明细科目的金额合计等；账簿的计算，包括每页各栏金额小计、合计、累计和转页金额等；财务报表的计算，包括有关项目的小计、合计、总计及有关指标的计算；其他有关资料的计算，包括预算、合同、计划等数据的计算等。

6. 重新执行

重新执行是指注册会计师重新执行被审计单位的内部控制，即注册会计师以人工方式或使用计算机辅助审计技术，重新独立执行作为被审计单位内部控制组成部分的程序或控制。由于该程序需耗费大量的时间和人力，仅在询问、观察、检查三种常规审计程序均无法确定内部控制的执行效果时，注册会计师才需要考虑重新执行。

7. 分析程序

分析程序是指注册会计师通过研究不同财务数据之间以及财务数据与非财务数据之间的内在关系，对财务信息做出评价的过程。分析程序还包括调查与其他信息不一致或与预测数据严重偏离的波动和关系。分析程序可贯穿财务报表审计的全过程，常用的分析程序的方法有：比较分析法、比率分析法和趋势分析法。注册会计师运用分析性复核方法时，应当考虑数据之间是否存在某种相关关系，如果预期数据之间不存在相关关系，则不应当运用分析性复核方法。

微课 1-6

分析程序

微课 1-7

大数据审计

二、大数据审计

（一）大数据的概念及特点

大数据是指那些数据量特别大、数据类别特别复杂的数据集，这种数据集不能用传统的数据库进行转存、管理和处理，是需要通过新处理模式才能具有更强大的决策力、洞察发现力和流程优化能力的海量、高增差率和多样化的信息资产。大数据主要具有以下五个特点。

（1）数据量大。数据量从 TB 量级跃升到 PB 量级，非结构化数据量快速增长。

（2）多样性。大数据的形式多样，有很多不同形式，如文本、图像、视频、机器数据等。

（3）快速。一方面，数据量增长速度快；另一方面，大数据要求实时分析，处理速度要快。

（4）真实性。数据必须是准确的、可靠的、一致的，具有可追溯性。

（5）可视化。大数据的分析结果往往难以解释。通过可视化分析工具将大数据转换成易于理解、易于呈现的图表，对于用户理解大数据及其分析结果非常重要。另外，通过大数据可视化分析，用户还可能对大数据及其分析结果有额外的、更具价值的探索和发现。

（二）大数据审计的概念及特点

在审计发展的历史长河中，先后出现了账项基础审计、制度基础审计和风险导向审计三种审计模式。以审查账表上的会计事项为主线的审计就是账项基础审计，其审计的起点是检查账证表。以内部控制测试为基础的抽样审计被称为制度基础审计，其审计的起点是了解与测试内部控制。以审计风险模型为基础进行的审计称为风险导向审计，其审计的起点是风险评估。

大数据审计是随着大数据时代的到来及大数据技术的发展而产生的一种全新的审计模式，是审计信息化的新阶段。从审计的角度看，大数据是被审计对象的海量数据集合，包括传统的财务账套数据、台账明细账形式的业务数据，以及外部相关联的结构和非结构化数据。随着信息技术的发展，被审计单位的运行越来越依赖信息化环境，审计工作发生了巨大的变化。一般可以认为，大数据审计就是通过大数据技术手段采集审计证据，对被审计单位的经营、财务、管理等各类数据的真实性、可靠性、有效性和安全性进行综合审查与评价的活动。

大数据审计具有以下特点。

（1）审计取证更充分。大数据环境下，被审计单位能够提供更多、更全面的数据，审计单位可以充分利用采集的各方面数据，建立集中统一的被审计单位数据中心。在此基础上，审计单位借助大数据分析技术构建审计大数据分析平台，通过分析"从数据入口到数据库平台"的更大范围的数据，对被审计单位的电子数据进行系统、全面的分析，以及跨部门的综合分析，从而弥补目前数据分析局限于查找单个问题的缺陷，获得更充分的审计证据。

（2）大数据可视化技术更有助于审计数据的分析。可视化技术是大数据应用的重点之一，可视化审计分析方式能够帮助注册会计师快速有效地交互分析大量的数据，所提供的洞察力有助于注册会计师更快、更准确地从复杂的被审计数据中发现审计线索。

（3）审计大数据的实时处理和快速分析将得以实现。随着云计算、人工智能等技术的发展与应用，审计大数据的实时处理和快速分析将得以实现。

（4）审计结论更科学。大数据环境下，审计证据的获取、审计报告的形成、审计意见的决策等都可以基于对大数据的分析，这使得审计结论更科学。

大数据审计过程中，防范与控制大数据环境带来的审计风险非常重要，要确保被审计单位的数据是真实的。为了得到准确、可靠的审计证据，防止大数据环境下的"假账真审"，大数据审计质量控制是一个关键问题。

（三）大数据审计技术

1. 大数据智能分析技术

大数据智能分析技术是以各种高性能处理算法、智能搜索与挖掘算法等为主要研究内容的数据分析技术，如各类面向大数据的机器学习和数据挖掘方法等。它从计算机的视角出发，强调计算机的计算能力和智能挖掘能力。目前大数据智能分析技术在审计领域的应用仍不太成熟。

2. 大数据可视化分析技术

大数据可视化分析技术是从以人作为分析主体和需求主体的视角出发，强调基于人机交互的、符合人类认知规律的分析方法，目的是将人所具备的、机器并不擅长的认知能力融入数据分析过程中。大数据可视化分析技术是目前审计领域应用比较成熟和主流的技术之一。

3. 大数据多数据源综合分析技术

大数据多数据源综合分析技术是对采集来的各行、各业、各类大数据，采用数据查询等常用方法或其他大数据技术进行综合比对和关联分析，从而发现更多隐藏的审计线索的一种技术。大数据多数据源综合分析技术也是目前审计领域应用比较成熟和主流的技术之一。

✍ 本项目任务解析与知识拓展

拓展阅读

| 任务解析 1-1 | 任务解析 1-2 | 任务解析 1-3 | 推动审计工作高质量发展 |

技能训练

1. 2022 年年初，ABC 会计师事务所指派注册会计师 X 对 Y 公司 2021 年度财务报表进行审计，出具了标准无保留意见审计报告。2023 年年初，注册会计师 X 对 Y 公司 2022 年度财务报表进行审计时初步了解到，Y 公司 2022 年度的经营形势、管理及组织架构与 2021 年比未发生重大变化，且未发生重大重组行为。Y 公司 2022 年度和 2021 年度的利润表如下。

单位：元

项目	2022 年度（未审数）	2021 年度（审定数）
一、营业收入	58 000	41 000
减：营业成本	40 000	33 000
税金及附加	1 000	900
销售费用	4 000	3 200
管理费用	5 000	2 000
财务费用	1 000	900
资产减值损失	0	0
加：投资收益	15 000	2 000
公允价值变动收益	0	0
二、营业利润	22 000	3 000
加：营业外收入	1 000	1 500
减：营业外支出	2 000	2 000
三、利润总额	21 000	2 500
减：所得税费用（税率25%）	3 000	700
四、净利润	18 000	1 800

【训练要求】为确定重点审计领域，注册会计师 X 拟实施分析程序。请对资料进行分析，指出利润表中的异常波动项目，并写出分析过程。

2. 某公司为了取得贷款欲粉饰财务报表，于是召开座谈会。

（1）销售经理说："我们可以请一些大客户，在 12 月中旬订购一批他们通常在次年订购的货物。这样不仅可以增加利润，而且可以增加流动资产。"

（2）生产经理说："我们在 12 月底，突击将本年订货全部发出，就可以将这些收入表现在今年的账上。另外，还可以采取其他措施，如对某些客户多发货物，他们即使退货，也只能等到明年，今年的业绩看上去会好一些。"

（3）财务经理说："有一部分客户会在 12 月底发来订单，我们无法在今年把货物发出去，但可以在账上先列作销售。这部分客户中总有 12 月开支票的，但我们往往到 1 月初才收到支票；对于这些 12 月底开的支票，我们可以计入 12 月的现金中。另外，我们还可以签发支票偿还负债，故意填错，等退回已到明年，以此改善流动比率。"

（4）生产经理又说："我们本来准备年内降价处理部分存货，现在可以拖到明年再处理。再有，我们订的新设备，可以要求供应商明年发货、明年开账单。"

【训练要求】请指出该公司存在哪些违法行为，分别属于何种认定错误，以及如何审查。

项目二　获取和保管审计证据

学习目标

【知识目标】了解审计测试项目的选取方法；理解审计证据的含义及分类；了解审计工作底稿的基本要素，以及审计工作底稿归档的相关规定。

【技能目标】掌握获取审计证据的相关审计程序，特别是函证程序和分析程序；掌握审计工作底稿的编制方法及应用。

【素养目标】培养正视风险、分析风险、防范风险的能力；理解依法取得、保管审计证据的重要性；培养精益求精、坚持准则、遵纪守法的职业素养。

关键词汇

审计抽样（Audit Sampling）　　　　抽样风险（Sample Risk）

统计抽样（Statistical Sampling）　　风险系数（Risk Coefficient）

审计证据（Audit Evidence）　　　　审计工作底稿（Audit Working Paper）

肯定式函证（Positive Confirmation）　否定式函证（Negative Confirmation）

任务一　选取审计测试项目

任务导入 2-1

注册会计师获取审计证据时可能使用三种目的的审计程序：风险评估程序、控制测试和实质性程序。下列审计程序中通常可以使用审计抽样的是（　　　）。

A. 当控制的运行未留下轨迹时的控制测试　　B. 实质性分析程序

C. 风险评估程序　　　　　　　　　　　　D. 当控制的运行留下轨迹时的控制测试

一、审计测试项目的选取方法

在设计审计程序时，注册会计师应当确定用以选取测试项目的适当方法，以获取充分、适当的审计证据，实现审计程序的目标。注册会计师可以使用的方法有：选取全部项目、选取特定项目和审计抽样等。注册会计师可以根据具体情况，单独或综合使用选取测试项目的方法。

微课 2-1

审计测试项目
的选取方法

（一）选取全部项目

选取全部项目意味着对总体中的全部项目进行检查。对全部项目进行检查，通常更适用于实质性程序，而不适用于控制测试。当存在下列情形之一时，注册会计师应当考虑选取全部项目进行测试。

第一，总体由少量的大额项目构成。某类交易或项目余额中所有项目的单个金额都较大时，注册会计师可能需要测试所有项目。

第二，存在特别风险且其他测试项目的方法未提供充分、适当的审计证据。某类交易或账户余额中所有项目的单个金额可能都不大，但存在特别风险，则注册会计师也可能需要测试所有项目。存在特别风险的项目主要包括：管理层高度参与的，或错报可能性较大的交易事项或账户余额；非常规的交易事项或账户余额，特别是与关联方有关的交易事项或账户余额；长期不变的账户余额，例如滞销的存货余额或账龄较长的应收账款余额；可疑的、非正常的项目，或明显不规范的项目；以前发生过错误的项目；期末人为调整的项目；其他存在特别风险的项目。

第三，信息系统自动执行计算的项目。由于信息系统自动执行的计算或其他程序具有重复性，对全部项目进行检查符合成本效益原则，注册会计师可运用计算机辅助审计技术选取全部项目进行测试。

（二）选取特定项目

根据对被审计单位的了解、重大错报风险的评估及所测试总体的特征等，注册会计师可以从总体中选取特定项目进行测试。选取的特定项目可能包括：大额或关键项目；超过某一金额的全部项目；被用于获取某些信息的项目；被用于测试控制活动的项目。

需要注意的是，选取特定项目实施检查不构成审计抽样。这是因为选取特定项目是在注册会计师确定的标准范围内选择的，不符合注册会计师选择标准的项目将没有机会被选取。并非所有抽样单元都有被选取的机会，选取的特定项目也不能代表总体或某一子总体中全部项目的特征。因此，选取特定项目进行测试不能根据所测试项目中发现的误差推断审计对象总体的误差。

（三）审计抽样

审计抽样（即抽样），是指注册会计师对具有审计相关性的总体中低于百分之百的项目实施审计程序，使所有抽样单元都有被选取的机会，为注册会计师针对整个总体得出结论提供合理基础。审计抽样能够使注册会计师获取和评价有关所选取项目某一特征的审计证据，以形成或有助于形成有关总体的结论。审计抽样应当具备三个基本特征：对某类交易或账户余额中低于百分之百的项目实施审计程序；所有抽样单元都有被选取的机会；审计测试的目的是评价该账户余额或交易类型的某一特征。

审计抽样并非在所有审计程序中都适用。风险评估程序通常不涉及审计抽样。如果注册会计师在了解控制的设计和确定控制是否得到执行的同时计划和实施控制测试，则可能涉及审计抽样，但此时审计抽样仅适用于控制测试。当控制的运行留下轨迹时，注册会计师可考虑使用审计抽样方法实施控制测试。对于未留下运行轨迹的控制，注册会计师通常实施询问、观察等审计程序，以获取有关控制运行有效性的审计证据，此时不宜使用审计抽样方法。实质性程序包括对各类交易、账户余额和披露的细节测试，以及实质性分析程序。在实施细节测试时，注册会计师可以使用审计抽样方法获取审计证据，以验证有关财务报表金额的一项或多项认定（如应收账款的存在性），或对某些金额做出独立估计（如陈旧存货的价值）。在实施实质性分析程序时，注册会计师不宜使用审计抽样方法。

二、审计抽样的种类及样本风险

（一）审计抽样的种类

根据评价抽样结果方式和注册会计师所了解的总体特征，审计抽样有不同的分类。

1. 根据评价抽样结果方式分类

根据评价抽样结果方式的不同，审计抽样可以分为统计抽样与非统计抽样。统计抽样就是注册会计师在计算正式抽样结果时采用统计推断技术的一种抽样方法。同时具备下列特征的抽样方法才是统计抽样：随机选取样本；运用概率论评价样本结果，包括计量抽样风险。非统计抽样是注册会计师完全凭主观标准和个人经验来评价样本结果并对总体做出结论的方法。

注册会计师应当根据具体情况并运用职业判断，选择使用统计抽样或非统计抽样方法，从而有效率地获取审计证据。选择统计抽样方法时主要考虑成本效益。统计抽样的优点在于能够客观地计量抽样风险，并通过调整样本规模精确地控制风险，这是它与非统计抽样的重要区别；统计抽样还

微课 2-2

审计抽样的种类及样本风险

有助于注册会计师高效地设计样本，计量所获取证据的充分性，以及定量评价样本结果。非统计抽样如果设计适当，也能提供与统计抽样同样有效的结果。注册会计师使用非统计抽样方法时，必须考虑抽样风险并将其降至可接受的水平，但无法精确地计量抽样风险。

2. 按照注册会计师所了解的总体特征分类

按照注册会计师所了解的总体特征，审计抽样可分为属性抽样和变量抽样。

属性抽样是一种用来对总体中某一事件发生率得出结论的统计抽样方法。属性抽样在审计中常见的用途是测试某一设定控制的偏差率，以支持注册会计师评估的控制有效性。在属性抽样中，设定控制的每一次发生或偏离都被赋予同样的权重，而不管交易的金额大小。

变量抽样是一种用来对总体金额得出结论的统计抽样方法。变量抽样通常需要回答下列问题：金额是多少？账户是否存在错报？变量抽样在审计中的主要用途是进行细节测试，以确定记录金额是否合理。

一般而言，属性抽样得出的结论与总体发生率有关，而变量抽样得出的结论与总体的金额有关。

（二）审计样本的风险

审计样本的风险包括抽样风险和非抽样风险两种。

1. 抽样风险

（1）控制测试中的抽样风险。控制测试中的抽样风险包括信赖过度风险和信赖不足风险。信赖过度风险是指推断的控制有效性高于其实际有效性的风险。信赖过度风险与审计的效果有关。如果注册会计师评估的控制有效性高于其实际有效性，从而导致评估的重大错报风险水平偏低，注册会计师可能会不适当地减少从实质性程序中获取的证据，因此审计的有效性下降。对于注册会计师而言，信赖过度风险更容易导致注册会计师发表不恰当的审计意见，因而更应予以关注。相反，信赖不足风险是指推断的控制有效性低于其实际有效性的风险。当注册会计师评估的控制有效性低于其实际有效性时，评估的重大错报风险水平高于实际水平，注册会计师可能会增加不必要的实质性程序。在这种情况下，审计效率可能降低。

（2）细节测试中的抽样风险。细节测试中的抽样风险包括误受风险和误拒风险。误受风险是指注册会计师推断某一重大错报不存在而实际上存在的风险。如果账面金额实际上存在重大错报而注册会计师认为其不存在重大错报，注册会计师通常会停止对该账面金额继续进行测试，并根据样本结果得出账面金额无重大错报的结论。与信赖过度风险类似，误受风险影响审计效果，容易导致注册会计师发表不恰当的审计意见，因此注册会计师更应予以关注。误拒风险是指注册会计师推断某一重大错报存在而实际上不存在的风险。与信赖不足风险类似，误拒风险也会影响审计效率。如果账面金额不存在重大错报而注册会计师认为其存在重大错报，注册会计师会扩大细节测试的范围并考虑获取其他审计证据，最终注册会计师会发表恰当的审计意见。

无论是在控制测试还是在细节测试中，只要使用了审计抽样方法，抽样风险总会存在。在使用统计抽样方法时，注册会计师可以精确地计量和控制抽样风险。对特定样本而言，样本规模与抽样风险反方向变动：样本规模越小，抽样风险越高；样本规模越大，抽样风险越低。无论是控制测试还是细节测试，注册会计师都可以通过扩大样本规模降低抽样风险。如果对总体中的所有项目都实施检查，就不存在抽样风险，此时审计风险完全由非抽样风险组成。

2. 非抽样风险

非抽样风险是指某些与样本规模无关的因素导致注册会计师得出错误结论的可能性。注册会计师采用不适当的审计程序，或者误解审计证据而没有发现误差等，均可能导致非抽样风险。非抽样风险对审计的效果和效率都有影响。非抽样风险不能量化，但注册会计师可以通过实施质量控制，对审计工作进行指导、监督和复核，以及通过改进审计程序，将非抽样风险降低到可接受的水平。

三、审计抽样的程序

在使用审计抽样方法时，注册会计师的目标是为得出有关抽样总体的结论提供合理的基础。审计抽样的一般过程分为样本设计、样本选取和样本结果评价三个阶段。样本设计阶段旨在根据测试的目标和抽样总体，制定选取样本的计划；样本选取阶段旨在按照适当的方法从相应的抽样总体中选取所需的样本，并对其实施检查，以确定是否存在误差；样本结果评价阶段旨在根据对误差的性质和原因的分析，将样本结果推断至总体，形成对总体的结论。

（一）样本设计

审计抽样中样本设计阶段主要包括以下几个步骤。

（1）确定测试目标。审计抽样必须紧紧围绕审计测试的目标展开，因此确定测试目标是样本设计的第一项工作。一般而言，控制测试是为了获取有关某项控制运行是否有效的证据，而细节测试的目的是确定某类交易或账户余额的金额是否正确，获取与存在的错报有关的证据。

（2）定义总体和抽样单元。在实施抽样之前，注册会计师必须仔细定义总体，确定抽样总体的范围。总体应与特定的审计目标相关，并具有适当性和完整性。总体可以包括构成某类交易或账户余额的所有项目，也可以只包括某类交易或账号余额的部分项目。例如，如果应收账款中没有个别重大项目，注册会计师直接对应收账款账面余额进行抽样，则总体包括构成应收账款期末余额的所有项目。如果注册会计师已使用选取特定项目的方法将应收账款中的个别重大项目挑选出来单独测试，只对剩余的应收账款余额进行抽样，则总体只包括构成应收账款期末余额的部分项目。

抽样单元是指构成总体的个体项目。抽样单元可能是实物项目（如支票簿上列示的支票信息、银行对账单上的贷方记录、销售发票或应收账款余额），也可能是货币单元。在定义抽样单元时，注册会计师应使其与审计测试目标保持一致。注册会计师在定义总体时通常都指明了适当的抽样单元。

（3）分层。如果总体项目存在重大的变异性，注册会计师应当考虑分层。分层是指将一个总体划分为多个子总体的过程，每个子总体由一组具有相同特征（通常为货币金额）的抽样单元组成。分层可以降低每一层中项目的变异性。注册会计师应当仔细界定子总体，以使每一个抽样单元只属于一层。分层的标准可以是业务的类型、账户余额的大小、项目的重要程度以及内部控制的强弱等。注册会计师可以利用分层抽样重点审查可能有重大错误的项目，以此减少样本量。

注册会计师在分层时应注意三点：第一，总体中的每一个抽样单位必须属于一个层次，并且只属于这一层次；第二，必须有事先能够确定的、有形的、具体的差别来明确区分不同的层次；第三，必须能够事先确定每一层次中抽样单位的准确数字。分层主要适用于内部各组成部分具有不同特征的总体，分层除了能提高抽样效率外，也可使注册会计师能够按项目的重要性、变化频率或其他特征而选取不同的样本数，且可对不同层次使用不同的审计程序。通常，注册会计师应对包含最重要项目的层次实施全部审查。对某一层中的样本项目实施审计程序的结果，只能用于推断构成该层的项目。如果要对整个总体做出结论，注册会计师应当考虑与构成整个总体的其他层有关的重大错报风险。

（4）定义误差构成条件。注册会计师必须事先准确定义构成误差的条件，否则执行审计程序时就没有识别误差的标准。在控制测试中，误差是指控制偏差，注册会计师要仔细定义所要测试的控制及其可能出现偏差的情况；在细节测试中，误差是指错报，注册会计师要确定哪些情况会构成错报。

（5）确定审计程序。注册会计师必须确定能够很好地实现测试目标的审计程序组合。比如，如果注册会计师的审计目标是通过测试某一阶段的适当授权证实交易的有效性，审计程序就是检查特定人员已在某文件上签字以示授权的书面证据。注册会计师预计样本中每一份文件上都有适当的签名。

（二）样本选取

样本规模是指从总体中选取样本项目的数量。在确定样本规模时，注册会计师应当考虑能否将抽样风险降至可接受的低水平。在审计抽样中，如样本规模过小，就不能反映出总体的特征，注册会计师就无法获取充分的审计证据；相反，如样本规模过大，则会增加审计工作量，造成不必要的时间和人力的浪费。

（1）影响样本规模的因素通常包括以下几种。

① 可接受的抽样风险。可接受的抽样风险与样本规模成反向变动关系。注册会计师愿意接受的抽样风险越低，样本规模通常越大；反之，注册会计师愿意接受的抽样风险越高，样本规模越小。在控制测试中，注册会计师愿意接受的信赖过度风险越低，样本规模通常越大；注册会计师愿意接受的信赖过度风险越高，样本规模越小。所以，可接受的信赖过度风险应确定在相对较低的水平上。通常，相对较低的水平在数量上是指5%～10%的信赖过度风险。注册会计师一般将信赖过度风险确定为10%，特别重要的测试则可以将信赖过度风险确定为5%。

② 可容忍误差。可容忍误差是指注册会计师能够容忍的最大误差。在其他因素既定的条件下，可容忍误差越大，所需的样本规模越小。在控制测试中，可容忍误差指可容忍偏差率，是注册会计师能够接受的最大偏差个数。在实务中，可容忍偏差率与评估的控制有效性之间的关系通常如表2-1所示。在细节测试中，可容忍误差指可容忍错报。可容忍错报是指注册会计师设定的货币金额，注册会计师试图对总体中的实际错报不超过该货币金额获取适当水平的保证。

表2-1　　　　　　　　可容忍偏差率与评估的控制有效性之间的关系

评估的控制有效性	可容忍偏差率（近似值）
高	3%～7%
中	6%～12%
低	11%～20%
最低	不进行控制测试

③ 预计总体误差。预计总体误差指注册会计师预期在审计过程中发现的误差。预计总体误差越大，可容忍误差也应当越大，但预计总体误差不应超过可容忍误差。在既定的可容忍误差下，当预计总体误差增大时，所需的样本规模也随之增大。

④ 总体变异性。总体变异性是指总体的某一特征（如金额）在各项目之间的差异程度。在控制测试中，注册会计师在确定样本规模时一般不考虑总体变异性。在细节测试中，注册会计师在确定适当的样本规模时要考虑特征的变异性。项目的总体变异性越低，通常样本规模越小。未分层总体具有高度变异性，其样本规模通常很大。比较有效率的方法是根据预期会降低变异性的总体项目特征进行分层。

⑤ 总体规模。除非总体规模非常小，一般而言，总体规模对样本规模的影响几乎为零。注册会计师通常将抽样单元超过5 000个的总体视为大规模总体。对于大规模总体而言，总体的实际容量对样本规模几乎没有影响。对于小规模总体而言，审计抽样比其他选择测试项目的方法的效率低。

审计抽样中影响样本规模的因素及其在控制测试和细节测试中的表现形式如表2-2所示。

表2-2　　　　　　　影响样本规模的因素及其在控制测试和细节测试中的表现形式

影响因素	控制测试	细节测试	与样本规模的关系
可接受的抽样风险	可接受的信赖过度风险	可接受的误受风险	反向变动
可容忍误差	可容忍偏差率	可容忍错报	反向变动
预计总体误差	预计总体偏差率	预计总体错报	同向变动
总体变异性	—	总体变异性	同向变动
总体规模	总体规模	总体规模	影响很小

（2）选取样本的方法。选取样本的基本方法包括使用随机数表或计算机辅助审计技术选择、系统选样和随意选样。选取样本的方法有多种，注册会计师应根据审计的目的和要求、被审计单位实际情况、审计资源条件的限制等因素来选择，以达到预期的审计质量与效率。

① 随机选样。随机选样是使用随机数表或计算机辅助审计技术进行的选样，需以总体中的每一项目都有不同的编号为前提。注册会计师可以使用计算机生成的随机数，如电子表格程序、随机数码生成程序、通用审计软件程序等计算机程序产生的随机数，也可以通过随机数表获得所需的随机数。随机数是一组从长期来看出现概率相同的数码，且不会产生可识别的模式。随机数表也称乱数表，是指由 0～9 共 10 个数字随机组成的数表，每个数字在表中出现的次数大致相同，出现的顺序随机。随机数表选样的步骤如下。

第一，对总体项目进行编号，建立总体中的项目与表中数字的一一对应关系。一般情况下，可利用总体项目中原有的某些编号，如凭证号、支票号、发票号等。在没有事先编号的情况下，注册会计师需按一定的方法进行编号。如由 40 页、每页 50 行组成的应收账款明细表，可采用 4 位数字编号，前两位由 01～40 的整数组成，表示该记录在明细表中的页数，后两位数字由 01～50 的整数组成，表示该记录的行次，比如，编号 0534 表示第 5 页第 34 行的记录。所需使用的随机数的位数一般由总体项目数或编号位数决定。如前例中可采用 4 位随机数表，也可以使用 5 位随机数表的前 4 位数字或后 4 位数字。

第二，确定连续选取随机数的方法。即从随机数表中选择一个随机起点和一个选号路线，随机起点和选号路线可以任意选择，但一经选定就不得改变。从随机数表中任何一行或任何一栏开始，按照一定的方向（上下左右均可）依次查找，符合总体项目编号要求的数字，即选中的号码，与此号码相对应的总体项目即选取的样本项目，一直到选足所需的样本量为止。例如，从前述应收账款明细表的 2 000 个记录中选择 10 个样本，总体编号规则如前所述，即前两位数字不能超过 40，后两位数字不能超过 50。如从表 2-3 所示的随机数表的第一行第一列开始，使用前 4 位随机数，逐行向右查找，则选中的样本为编号 1048、1501、0201、2236、2413、0624、0612、0546、1434、1028 的 10 个记录。

表 2-3　　　　　　　　　　　　　　　随机数表（部分列示）

行号	列号				
	1	2	3	4	5
1	10 480	15 011	01 536	02 011	81 647
2	22 368	46 573	25 595	85 313	30 995
3	24 130	48 360	22 527	97 265	76 393
4	42 167	93 093	06 243	61 680	07 856
5	37 570	39 975	81 837	16 656	06 121
6	77 921	06 907	11 008	42 751	27 756
7	99 562	72 905	56 420	69 994	98 872
8	96 301	91 977	05 463	07 972	18 876
9	89 759	14 342	63 661	10 281	17 453
10	85 475	36 857	53 342	53 988	53 060
11	28 018	69 578	88 231	33 276	70 997
12	63 553	40 961	48 235	03 427	49 626
13	09 429	93 069	52 636	92 737	88 974
14	10 365	61 129	87 529	85 689	48 237
15	07 119	97 336	71 048	08 078	77 233

② 系统选样。系统选样也称等距选样，是指按照相同的间隔从审计对象总体中等距离地选取样本的一种选样方法。采用系统选样法，首先要计算选样间距，确定选样起点，然后再根据间距顺序

地选取样本。选样间距的计算公式如下。

$$选样间距=总体规模÷样本规模$$

例如，采用系统选样的方法从2 000张凭证中选出100张作为样本。首先计算出选样间距：2 000÷100=20。如果注册会计师确定的随机起点为541，则每隔20张选取一张凭证，总共选取100张，向上选取的样本分别为561、581、601等，向下选取的样本为521、501、481等。

系统选样的主要优点是使用方便、节省时间，并可用于无限总体。此外，使用这种方法时，对总体中的项目不需要编号，注册会计师只要简单算出选样间距即可。但是，使用系统选样要求总体必须是随机排列的，否则容易发生较大的偏差，造成非随机的、不具代表性的样本。为克服系统选样的这一缺点，可采用两种办法：一是增加随机起点的个数；二是在确定选样方法之前对总体特征的分布进行观察。如发现总体特征呈随机分布，则采用系统选样法；若未呈随机分布，可考虑使用其他选样方法。

③ 任意选样。任意选样也叫随意选样，是指注册会计师不带任何偏见地选取样本，即注册会计师不考虑样本项目的性质、大小、外观、位置或其他特征而选取总体项目的方法。任意选样的主要缺点在于很难完全无偏见地选取样本项目，即这种方法难以彻底排除注册会计师的个人偏好对选取样本的影响，因而很可能使样本失去代表性。由于个人背景和所受训练等不同，每个注册会计师都可能无意识地带有某种偏好。因此，在运用任意选样时，注册会计师要避免项目性质、大小、外观和位置等不同所引起的偏见，尽量使所选取的样本具有代表性。

以上三种基本方法均可选出具有代表性的样本。但随机选样和系统选样属于随机基础选样方法，即对总体的所有项目按随机规则选取样本，因而可以在统计抽样中使用，当然也可以在非统计抽样中使用。任意选样虽然也可以选出具有代表性的样本，但它属于非随机基础选样方法，因而不能在统计抽样中使用，只能在非统计抽样中使用。

（3）对样本实施审计程序。注册会计师应当针对选取的每个项目，实施适合具体审计目标的审计程序。对选取的样本项目实施审计程序旨在发现并记录样本中存在的误差。

如果选取的项目不适合实施审计程序，注册会计师通常会使用替代项目。例如，注册会计师在测试付款是否得到授权时选取的付款单据中可能包括一个空白的付款单。如果注册会计师确信空白付款单是合理的且不构成偏差，可以适当选择一个替代项目进行检查。

注册会计师通常会对每一样本项目实施适合特定审计目标的审计程序。有时，注册会计师可能无法对选取的抽样单元实施计划的审计程序（如由于原始单据丢失等）。注册会计师对未检查项目的处理取决于未检查项目对评价样本结果的影响。如果注册会计师对样本结果的评价不会因为未检查项目可能存在错报而改变，就不需对这些项目进行检查。如果未检查项目可能存在的错报会导致该类交易或账户余额存在重大错报，注册会计师就要考虑实施替代程序，为形成结论提供充分的证据。

3．样本结果评价

（1）分析样本误差。注册会计师在分析样本误差时，一般应从以下几个方面着手。

第一，根据预先确定的构成误差的条件，确定某一有问题的项目是否为一项误差。例如，在检查应收账款的余额时，发现被审计单位将某客户的应收账款错记在另一客户的应收账款明细账户中，但这样不影响应收账款的余额，因此在评价抽样结果时，不能认为这是一项误差。

第二，注册会计师按照既定的审计程序无法对样本取得审计证据时，应当实施替代审计程序，以获取相应的审计证据。例如，对应收账款进行积极式函证没有收到回函时，注册会计师必须审查期后收款的情况，以证实应收账款的余额。如果注册会计师无法或者没有执行替代审计程序，在评价抽样结果时，则应将该项目视为一项误差。

第三，如果某些样本误差项目具有共同的特征，如相同的经济业务类型、场所、时间，则应将这些具有共同特征的项目作为一个整体，实施相应的审计程序，并根据审计结果进行单独的评价。

第四，在分析抽样中所发现的误差时，还应考虑误差的质的方面。包括误差的性质、原因及其对其他相关审计工作的影响。

无论是统计抽样还是非统计抽样，对样本结果的定性评估和定量评估一样重要。即使样本的统计评价结果在可以接受的范围内，注册会计师也应对样本中的所有误差（包括控制测试中的控制偏差和细节测试中的金额错报）进行定性分析。

（2）推断总体误差。注册会计师分析样本误差后，应根据抽样中发现的误差采用适当的方法，推断审计对象总体误差。在实施控制测试时，由于样本的误差率就是整个总体的推断误差率，注册会计师无须推断总体误差率。在控制测试中，注册会计师将样本中发现的偏差数量除以样本规模，就能算出样本偏差率。无论使用统计抽样或非统计抽样方法，样本偏差率都是注册会计师对总体偏差率的最佳估计，但注册会计师必须考虑抽样风险。当实施细节测试时，注册会计师应当根据样本中发现的误差金额推断总体误差金额，并考虑推断误差对特定审计目标及审计的其他方面的影响。

（3）重估抽样风险。在实质性程序中，注册会计师运用审计抽样推断总体误差后，应将总体误差同可容忍误差进行比较，并将抽样结果同其他有关审计程序中获得的证据进行比较。如果推断的总体误差超过可容忍误差，经重估后的抽样风险不能接受，就应增加样本量或执行替代审计程序。如果推断的总体误差接近可容忍误差，就应考虑是否增加样本量或执行替代审计程序。

在进行控制测试时，注册会计师如果认为抽样结果无法达到其对所测试的内部控制的预期信赖程度，则应考虑增加样本量或修改实质性程序。

（4）形成审计结论。

① 控制测试中的样本结果评价。在控制测试中，注册会计师应当将总体偏差率与可容忍偏差率做比较，但必须考虑抽样风险。

第一，统计抽样。在统计抽样中，注册会计师通常使用表格或计算机程序计算抽样风险。用以评价抽样结果的计算机程序都能根据样本规模、样本结果，计算在注册会计师确定的信赖过度风险条件下可能发生的偏差率上限的估计值。该偏差率上限的估计值即总体偏差率与抽样风险允许限度之和。

如果估计的总体偏差率上限低于可容忍偏差率，则总体可以接受。这时注册会计师对总体做出结论，样本结果支持计划评估的控制有效性，从而支持计划的重大错报风险评估水平。如果估计的总体偏差率上限大于或等于可容忍偏差率，则总体不能接受。这时注册会计师对总体做出结论，样本结果不支持计划评估的控制有效性，从而不支持计划的重大错报风险评估水平。此时注册会计师应当修正重大错报风险评估水平，并增加实质性程序的数量。注册会计师也可以对影响重大错报风险评估水平的其他控制进行测试，以支持计划的重大错报风险评估水平。如果估计的总体偏差率上限低于但接近可容忍偏差率，注册会计师应当结合其他审计程序的结果，考虑是否接受总体，并考虑是否需要扩大测试范围，以进一步证实计划评估的控制有效性和重大错报风险水平。

第二，非统计抽样。在非统计抽样中，抽样风险无法直接计量。注册会计师通常将样本偏差率（即估计的总体偏差率）与可容忍偏差率相比较，以判断总体是否可以接受。

如果样本偏差率大于可容忍偏差率，则总体不能接受。这时注册会计师对总体做出结论，样本结果不支持计划评估的控制有效性，从而不支持计划的重大错报风险评估水平。因此，注册会计师应当修正重大错报风险评估水平，并增加实质性程序的数量。注册会计师也可以对影响重大错报风险评估水平的其他控制进行测试，以支持计划的重大错报风险评估水平。如果样本偏差率低于总体的可容忍偏差率，注册会计师要考虑即使总体实际偏差率高于可容忍偏差率时仍出现这种结果的风险。如果样本偏差率大大低于可容忍偏差率，注册会计师通常认为总体可以接受。如果样本偏差率虽然低于可容忍偏差率，但两者很接近，注册会计师通常认为总体实际偏差率将高出可容忍偏差率的抽样风险很多，因而总体不可接受。如果样本偏差率与可容忍偏差率之间的差额不是很大也不是很小，以至于不能认定总体是否可以接受时，注册会计师则要考虑扩大样本规模，以进一步收集证据。

② 细节测试中的样本结果评价。在细节测试中，注册会计师首先必须根据样本中发现的实际错报要求被审计单位调整账面记录金额。将被审计单位已更正的错报从推断的总体错报金额中减掉后，注册会计师应当将调整后的推断总体错报与该类交易或账户余额的可容忍错报相比较，但必须考虑抽样风险。

第一，统计抽样。在统计抽样中，注册会计师利用计算机程序或数学公式计算出总体错报上限，并将计算的总体错报上限与可容忍错报比较。计算的总体错报上限等于推断的总体错报（调整后）与抽样风险允许限度之和。

如果计算的总体错报上限低于可容忍错报，则总体可以接受。这时注册会计师对总体做出结论，所测试的交易或账户余额不存在重大错报。如果计算的总体错报上限大于或等于可容忍错报，则总体不能接受。这时注册会计师对总体做出结论，所测试的交易或账户余额存在重大错报。在评价财务报表整体是否存在重大错报时，注册会计师应将该类交易或账户余额的错报与其他审计证据一起考虑。

第二，非统计抽样。在非统计抽样中，注册会计师运用其经验和职业判断评价抽样结果。如果调整后的总体错报大于可容忍错报，或虽小于但很接近可容忍错报，注册会计师通常做出总体实际错报大于可容忍错报的结论。也就是说，该类交易或账户余额存在重大错报，因而总体不能接受。如果对样本结果的评价显示，对总体相关特征的评估需要修正，注册会计师可以单独或综合采取下列措施：提请管理层对已识别的误差和存在更多误差的可能性进行调查，并在必要时予以调整；修改进一步审计程序的性质、时间和范围；考虑对审计报告的影响。

如果调整后的总体错报远远小于可容忍错报，注册会计师可以做出总体实际错报小于可容忍错报的结论，即该类交易或账户余额不存在重大错报，因而总体可以接受。如果调整后的总体错报虽然小于可容忍错报但两者之间的差距很接近，注册会计师必须慎重考虑总体实际错报超过可容忍错报的风险是否能够接受，并考虑是否需要扩大细节测试的范围，以获取进一步的证据。

任务二 获取审计证据

📖 任务导入 2-2

下列有关审计证据的说法中，错误的是（　　　　）。

A. 充分性是指用作审计证据的信息与审计程序的目的和所考虑的相关认定之间的逻辑关系

B. 审计证据的相关性可能受测试方向的影响

C. 如测试应付账款的低估，则审计程序可能是测试期后支出、未支付发票、供应商结算单等

D. 如测试应收账款的高估，则测试已记录的应收账款可能是相关的审计程序

要实现审计目标，必须收集和评价审计证据。注册会计师形成任何审计结论和意见都必须以充分、适当的证据作为基础，否则审计报告就不可信赖。审计证据就是指注册会计师为了得出审计结论、形成审计意见而使用的所有信息。

微课 2-3

审计证据的含义及构成

一、审计证据的构成

审计证据由会计记录中含有的信息和其他信息构成。

1. 会计记录中含有的信息

依据会计记录编制财务报表是被审计单位管理层的责任，注册会计师应当测试会计记录以获取审计证据。会计记录一般包括对初始会计分录形成的记录和支持性记录，如支票、电子资金转账记录、发票和合同，总分类账、明细分类账、会计分录以及对财务报表予以调整但未在账

簿中反映的其他分录，支持成本分配、计算、调节和披露的手工计算表和电子数据表。上述会计记录是编制财务报表的基础，是注册会计师执行财务报表审计业务所需审计证据的重要组成部分。

2. 其他信息

会计记录中含有的信息本身并不足以提供充分的审计证据来作为对财务报表发表审计意见的基础，注册会计师还应当获取用作审计证据的其他信息。可用作审计证据的其他信息包括注册会计师从被审计单位内部或外部获取的会计记录以外的信息，如被审计单位的会议记录、内部控制手册、询证函的回函、分析师的报告、与竞争者的比较数据等；通过询问、观察和检查等审计程序获取的信息，如通过检查存货获取的表明存货存在的证据等；以及自身编制或获取的可以通过合理推断得出结论的信息，如注册会计师编制的各种计算表、分析表等。

财务报表依据的会计记录中包含的信息和其他信息共同构成了审计证据，两者缺一不可。如果没有会计记录中包含的信息，审计工作将无法进行；如果没有其他信息，可能无法识别重大错报风险。只有将两者结合在一起，才能将审计风险降至可接受的低水平，为注册会计师发表审计意见提供合理的基础。

二、审计证据的种类

微课 2-4

审计证据的种类

（一）按外表形式分类

按外表形式分类，审计证据可分为实物证据、书面证据、口头证据、环境证据四种。

1. 实物证据

实物证据是注册会计师通过实际观察、检查有形资产等方法获取的以物品外部形态为表现形式，用来确定实物资产存在的证据。例如，各种存货和固定资产可以通过监盘的方式判定其是否确实存在。资产实物通常是证明实物资产是否存在的有力证据，但实物的存在并不完全能证实被审计单位对其拥有所有权。例如，年终盘点的存货可能是已经销售而等待发运的商品。再者，盘点实物资产虽然可以确定其实际数量，但质量好坏（可能影响到资产的价值）有时难以通过实物观察来加以判断。因此，对于取得实物证据的账面资产，还应就其所有权及价值情况另行审计。

2. 书面证据

书面证据是注册会计师获取的各种以书面记录为形式（包括纸质、电子或其他介质）的证据，包括与审计有关的各种原始凭证、会计记录、合同、报告书及函件等。在审计过程中，注册会计师往往要大量地获取和利用书面证据，因此，书面证据是审计证据的主要组成部分，也可称之为基本证据。

3. 口头证据

口头证据是被审计单位人员或其他有关人员对注册会计师的提问做口头答复所形成的证据。例如，在审计过程中，注册会计师会向被审计单位有关人员询问会计记录、文件的存放地点，采用特别会计政策和方法的理由，收回逾期应收账款的可能性等。这些问题的口头答复，就构成了口头证据。

一般而言，口头证据本身并不足以证明事情的真相，但注册会计师往往可以通过口头证据挖掘出一些重要的线索，从而有利于对某些需要审核的情况做进一步调查，以收集更为可靠的证据。在审计过程中，注册会计师应将各种重要的口头证据尽快做成记录，并注明是何人、何时、在何种情况下所做的口头陈述，必要时还应获得被询问者的签名确认。口头证据往往需要得到其他相应证据的支持。

4. 环境证据

环境证据也称状况证据，是指对被审计单位产生影响的各种环境事实，具体包括被审计单位所在行业及宏观经济的运行情况；被审计单位的内部控制情况；被审计单位管理人员和会计人员的素质；被审计单位的各种管理制度和管理水平；被审计单位的经营条件、经营方针等。

（二）按证据来源分类

按证据的来源分类，证据可分为亲历证据、外部证据和内部证据三种。

1. 亲历证据

亲历证据是指注册会计师通过运用自己的各种感官取得反映被审事项真相的证据，主要包括亲自参与监督盘点取得的实物证据；通过现场观察取得的环境证据；通过分析计算得到的证据，如对折旧额的验算和对收益情况的分析、复核等；通过询问得到的口头证据。亲历证据一般具有较强的证明力，是一类非常重要的证据。

2. 外部证据

外部证据是由被审计单位以外的组织机构或人士编制的书面证据。外部证据又包括由被审计单位以外的机构或人士编制并由其直接递交注册会计师的外部证据，以及由被审计单位以外的机构或人士编制但由被审计单位持有并提交注册会计师的书面证据。前者包括应收账款函证回函、被审计单位律师关于或有负债的证明函件等，此种证据不仅由完全独立于被审计单位的外界组织或人员提供，而且未经被审计单位有关人员之手，从而排除了伪造、更改凭证或业务记录的可能性，因而其证明力较强；后者包括银行对账单、购货发票、应收票据、客户订购单、有关的合同等，由于此种证据经被审计单位有关人员之手，在评价其可靠性时，注册会计师应考虑被涂改或伪造的难易程度及其已被涂改或伪造的可能性。

3. 内部证据

内部证据是由被审计单位内部机构或人员编制和提供的书面证据。内部证据包括被审计单位的会计记录、被审计单位声明书，以及其他各种由被审计单位编制和提供的书面文件。

一般而言，内部证据不如外部证据可靠，但如果内部证据在外部流转，并获得其他单位或个人的承认（如销货发票、付款支票等），则具有较高的可靠性。即便是只在被审计单位内部流转的书面证据，也会因被审计单位内部控制的好坏而具有不同的可靠性。若内部证据（如收料单与发料单）经过被审计单位不同部门的审核、签章，且所有凭据预先都有连续编号并按序号依次处理过，则这些内部证据也具有较高的可靠性；相反，若被审计单位的内部控制制度不够健全，注册会计师就不能过分地信赖其内部自制的书面证据。尽管上述各种证据可用来实现不同的审计目标，但对每一个具体账户及其相关的认定来说，注册会计师应选择能以最低成本实现全部审计目标的证据，力求做到证据收集既有效又经济。

三、审计证据的两大特性

（一）审计证据的充分性

审计证据的充分性，是对审计证据数量的衡量。注册会计师需要获取的审计证据的数量受其对重大错报风险评估的影响（评估的重大错报风险越高，需要的审计证据可能越多），并受审计证据质量的影响（审计证据质量越高，需要的审计证据可能越少）。审计证据的充分性又称足够性，是指审计证据的数量足以使注册会计师形成审计意见。因此，它是注册会计师为形成审计意见所需审计证据的最低数量要求。客观公正的审计意见必须建立在有足够数量的审计证据的基础之上，但这并不是说审计证据的数量越多越好，为了进行有效率、有效益的审计，注册会计师通常把需要足够数量审计证据的范围降到最低限度。因此，每一个审计项目对审计证据的需要量以及取得这些证据的途径和方法，应当根据该项目的具体情况来定。注册会计师仅靠获取更多的审计证据无法弥补审计证据质量上的缺陷。

（二）审计证据的适当性

审计证据的适当性是对审计证据质量的衡量，即审计证据在支持审计意见所依据的结论方面具有相关性和可靠性。相关性和可靠性是审计证据适当性的核心，相关且可靠的审计证据才是高质量的审计证据。

1. 审计证据的相关性

审计证据的相关性是指审计证据应与审计目标相关联。在确定审计证据的相关性时，注册会计师应当考虑：特定的审计程序可能只为某些认定提供相关的审计证据，而与其他认定无关；针对同一项认定可以从不同来源获取审计证据或获取不同性质的审计证据；只与特定认定相关的审计证据并不能替代与其他认定相关的审计证据。

2. 审计证据的可靠性

审计证据的可靠性是指审计证据的可信赖程度。审计证据的可靠性受其来源和性质的影响，并取决于获取审计证据的具体环境。判断审计证据可靠性的一般原则包括：从被审计单位外部独立来源获取的审计证据比从其他来源获取的审计证据更可靠；相关控制有效时内部生成的审计证据比控制薄弱时内部生成的审计证据更可靠；直接获取的审计证据比间接获取或推论得出的审计证据更可靠；以文件记录形式存在的审计证据比口头形式的审计证据更可靠；从原件获取的审计证据比从复印、传真或其他方式转化成电子形式的文件获取的审计证据更可靠。

在运用上述原则评价审计证据的可靠性时，注册会计师还应当注意可能出现的重大例外情况。比如，审计证据虽然是从独立的外部来源获得，但如果该证据是由不知情者或不具备资格者提供，审计证据也可能是不可靠的。

四、获取审计证据的程序

审计程序是指注册会计师在审计过程中的某个时间，对将要获取的某类审计证据如何进行收集的详细指令。在审计过程中，注册会计师可根据需要单独或综合运用检查记录或文件、检查有形资产、观察、询问、函证、重新计算、重新执行、分析程序等审计程序，以获取充分、适当的审计证据。

检查记录或文件可提供可靠程度不同的审计证据，审计证据的可靠性取决于记录或文件的来源和性质，所获取的审计证据主要证明的认定是存在（或发生）、完整性、权利和义务。检查有形资产能为存在提供可靠的审计证据，但不一定能够为权利和义务或计价和分摊认定提供可靠的审计证据，所获取的审计证据主要证明的认定是存在。观察提供的审计证据仅限于观察发生的时点，所获取的审计证据主要证明的认定是存在、截止、计价和分摊。询问本身不足以发现认定层次存在的重大错报，也不足以测试内部控制运行的有效性，所获取的审计证据主要证明的认定是存在、权利和义务。函证获取的审计证据可靠性较高，所获取的审计证据主要证明的认定是存在、完整性、权利和义务。重新计算获取的审计证据主要证明的认定是计价和分摊、准确性。重新执行可以采用人工方式或使用计算机辅助审计技术，所获取的审计证据主要证明的认定是计价和分摊。分析程序获取的审计证据主要证明的认定是计价和分摊、截止、完整性。下面详细介绍函证和分析程序的相关要求。

（一）函证

函证是一个获取和评价审计证据的过程。在这个过程中，注册会计师通常以被审计单位的名义向拥有相关信息的第三方提出书面请求，要求其提供影响财务报表认定的特定项目的信息。在得到第三方对有关信息和现存状况的声明后，注册会计师再进行跟进和评价。值得注意的是，函证强调从第三方直接获取有关信息。

1. 函证的内容、范围、时间和方式

（1）函证的内容。注册会计师应当对银行存款、借款（包括零余额账户和在本期内注销的账户）及与金融机构往来的其他重要信息实施函证。注册会计师还应当对应收账款实施函证，除非有充分证据表明应收账款对财务报表不重要，或函证很可能无效。如果不对应收账款函证，注册会计师应当在工作底稿中说明理由。如果认为函证很可能无效，注册会计师应当实施替代审计程序。函证的内容通常还涉及下列账户余额或其他信息：交易性金融资产、应收票据、其他应收款、预付账款、

其他单位代为保管加工或销售的存货、长期股权投资、委托贷款、应付账款、预收账款、保证抵押或质押、或有事项、重大或异常交易。

（2）函证的范围。注册会计师根据对被审计单位的了解、评估的重大错报风险以及所测试总体的特征等确定从总体中选取特定项目进行测试。选取的特定项目可能包括：金额较大的项目、账龄较长的项目、交易频繁但期末余额较小的项目、重大关联方交易、重大或异常的交易、可能存在争议以及产生重大舞弊或错误的交易。

（3）函证的时间。注册会计师通常以资产负债表日为截止日，在资产负债表日后适当时间内实施函证。如果重大错报风险评估为低水平，注册会计师可选择资产负债表日前适当日期为截止日实施函证，并对所函证项目自该截止日起至资产负债表日止发生的变动实施实质性程序。

（4）函证的方式。注册会计师可采用积极的或消极的方式实施函证，也可将两种方式结合使用。积极的函证方式通常比消极的函证方式提供的审计证据可靠。当同时存在下列情况时，注册会计师可考虑采用消极的函证方式：重大错报风险评估为低水平；涉及大量余额较小的账户；预期不存在大量的错误；没有理由相信被询证者不认真对待函证。

2. 管理层要求不实施函证程序的处理

当被审计单位管理层要求对拟函证的某些账户余额或其他信息不实施函证时，注册会计师应当考虑该项要求是否合理。如果认为管理层的要求合理，注册会计师应当实施替代审计程序，以获取与这些账户余额或其他信息相关的充分、适当的审计证据。如果认为管理层的要求不合理，且被其阻挠而无法实施函证，注册会计师应当视为审计范围受到限制，并考虑对审计报告可能产生的影响。

在分析管理层要求不实施函证的原因时，注册会计师应当保持职业怀疑态度，并考虑：管理层是否诚信；是否可能存在重大的舞弊或错误；替代审计程序能否提供与这些账户余额相关的充分、适当的审计证据。

3. 函证程序的控制

当实施函证时，注册会计师应当对选择被询证者、设计询证函以及发出和收回询证函保持控制。具体措施有：将被询证者的名称、地址与被审计单位有关记录核对；将询证函中列示的账户余额或其他信息与被审计单位的有关资料核对；在询证函中指明直接向接受审计业务委托的会计师事务所回函；询证函经被审计单位盖章后，由注册会计师直接发出；将发出询证函的情况形成审计工作记录；将收到的回函形成审计工作记录、汇总，并统计函证结果。

如果被询证者以传真、电子邮件等方式回函，注册会计师应当直接接收，并要求被询证者寄回询证函原件。如果采用积极的函证方式实施函证而未能收到回函，注册会计师应当与被询证者联系。如果未能得到被询证者的回应，注册会计师应当实施替代审计程序。审计程序应当能够提供实施函证所能够提供的同样效果的审计证据。

4. 对回函结果的评价

注册会计师在评价函证过程和结果的可靠性时，应考虑下列因素：对询证函的设计、发出及收回的控制情况；被询证者的胜任能力、独立性、授权回函情况、对函证项目的了解程度及其客观性；被审计单位施加的限制或回函中的限制。如果有迹象表明收回的询证函不可靠，注册会计师应当实施适当的审计程序予以证实或消除疑虑。例如，注册会计师可以通过直接打电话给被询证者等方式以验证回函的内容和来源。

如果询证函回函存在不符事项，注册会计师应当考虑不符事项是否构成错报及其对财务报表可能产生的影响，并将结果形成审计工作记录。回函不符事项的原因主要可能是：双方登记入账的时间不同；一方或双方记账错误；被审计单位的舞弊行为。

（二）分析程序

1. 用于风险评估程序

分析程序用作风险评估程序时，其目的的主要是了解被审计单位及其环境并评估重大错报风险。风险评估程序中运用分析程序是强制要求。注册会计师应注意：将分析程序与询问、检查和观察程序结合运用；应重点关注关键账户的余额、趋势和财务比率等方面，对其形成一个合理的预期，并与被审计单位记录的金额、依据记录金额计算的比率或趋势相比较；通过发现异常来识别重大错报。如果分析程序的结果显示的比率、比例或趋势与注册会计师对被审计单位及其环境的了解不一致，并且被审计单位管理层无法提供合理的解释，或者无法取得相关的支持性文件证据，注册会计师应当考虑被审计单位的财务报表是否存在重大错报风险。

2. 用于实质性程序

当使用分析程序比细节测试能更有效地将认定层次的检查风险降至可接受的水平时，注册会计师可以考虑单独或结合细节测试运用实质性分析程序。用于实质性程序的分析程序步骤如下：第一，识别需要运用分析程序的账户余额或交易；第二，确定期望值；第三，确定可接受的差异额；第四，识别需要进一步调查的差异；第五，调查异常数据关系；第六，评估分析程序的结果。用于实质性程序的分析程序对使用数据的要求如下。第一，可获得信息的来源。数据来源的客观性或独立性愈强，所获取数据的可靠性愈高；来源不同的数据相互印证时比单一来源的数据更可靠。第二，可获得信息的可比性。第三，可获得信息的性质和相关性。第四，与信息编制相关的控制。

3. 用于总体复核

注册会计师在总体复核阶段实施的分析程序，主要在于强调并解释财务报表项目自上个会计期间以来发生的重大变化，以证实财务报表中列报的所有信息与注册会计师对被审计单位及其环境的了解一致，与注册会计师取得的审计证据一致。在这个阶段运用分析程序是强制要求。此时运用分析程序并非为了对特定账户余额和列报提供实质性的保证，因此并不如实质性分析程序那样详细和具体，而往往集中在财务报表层次。运用分析程序进行总体复核时，如果识别出以前未识别的重大错报风险，注册会计师应当重新考虑对全部或部分交易、账户余额、列报评估的风险是否恰当，并在此基础上重新评价之前计划的审计程序是否充分，是否有必要追加审计程序。

五、使用审计证据时的注意事项

1. 审计证据的取舍

注册会计师不必也不可能把审计证据所反映的内容全部包括到审计报告之中。在编写审计报告之前，必须对反映不同内容的审计证据做适当的取舍，舍弃那些无关紧要的、不必在审计报告中反映的次要证据。审计证据取舍的标准大体有以下两条。

（1）金额大小。金额较大、足以对被审计单位的财务状况和经营成果的反映产生重大影响的证据，应当作为重要的审计证据。

（2）问题性质的严重程度。有的审计证据本身所揭露问题的金额也许并不大，但这类问题的性质较为严重，可能导致其他重要问题的产生或与其他可能存在的重要问题有关，这类审计证据也应作为重要的证据。

2. 清楚事实的现象与本质

某些审计证据反映的只是假象，注册会计师必须对其加以认真的分析研究，透过现象找出其所反映的事物本质，不能被假象所迷惑。

3. 排除伪证

所谓伪证，是指被审计单位等审计证据的提供者出于某种动机而伪造的证据，或是有关方面基于主观或客观原因而提供的假证。这些证据或因精心制作而貌似真证据，或与被审计事实之间存在某种巧合，如不认真排除，往往就会鱼目混珠，以假乱真。

任务三　编制与保管审计工作底稿

📖任务导入 2-3

下列说法中不正确的是（　　　　）。

A. 对业务复杂的被审计单位进行审计形成的审计工作底稿通常比对业务简单的被审计单位进行审计形成的审计工作底稿要多

B. 函证程序的审计工作底稿和存货监盘程序的审计工作底稿在内容、格式和范围上不同

C. 无论审计证据质量高还是低，都要记录于审计工作底稿中

D. 审计证据的重要程度会影响审计工作底稿的格式、内容和范围

审计工作底稿是指注册会计师对制定的审计计划、实施的审计程序、获取的相关审计证据，以及得出的审计结论做出的记录。审计工作底稿是审计证据的载体，注册会计师应当及时编制审计工作底稿。

一、审计工作底稿的范围和编制目的

微课 2-5

审计工作底稿可以以纸质、电子或其他介质形式存在。审计工作底稿通常包括：总体审计策略；具体审计计划；分析表；问题备忘录；重大事项概要；询证函回函和声明；核对表；有关重大事项的往来函件（包括电子邮件）。注册会计师还可以将被审计单位文件记录的摘要或复印件（如重大的或特定的合同和协议）作为审计

审计工作底稿

工作底稿的一部分。审计工作底稿不需要包括已被取代的审计工作底稿的草稿或财务报表的草稿、反映不全面或初步思考的记录、存在印刷错误或其他错误而作废的文本，以及重复的文件记录等。

注册会计师应当及时编制审计工作底稿，以实现下列目的：提供证据，作为注册会计师得出实现总体目标结论的基础；提供证据，证明注册会计师按照审计准则和相关法律法规的规定计划和执行了审计工作；有助于项目组计划和执行审计工作；有助于负责督导的项目组成员按照《中国注册会计师审计准则第 1121 号——对财务报表审计实施的质量管理》的规定，履行指导、监督与复核审计工作的责任；便于项目组说明其执行审计工作的情况；保留对未来审计工作持续产生重大影响的事项的记录；便于会计师事务所实施项目质量复核、其他类型的项目复核以及质量管理体系中的监控活动；便于监管机构和注册会计师协会根据相关法律法规或其他相关要求，对会计师事务所实施执业质量检查。

二、审计工作底稿的编制

（一）确定审计工作底稿的格式、内容和范围时应考虑的因素

确定审计工作底稿的格式、内容和范围时应考虑的因素包括以下七个方面。

（1）被审计单位的规模和复杂程度。被审计单位的规模越大或被审计单位的业务越复杂，在进行审计工作时形成的审计工作底稿，相对于规模较小的被审计单位或业务简单的被审计单位就会越多越详细。

（2）拟实施审计程序的性质。通常，不同的审计程序会使注册会计师获取不同性质的审计证据，由此注册会计师可能会编制不同格式、内容和范围的审计工作底稿。例如，注册会计师编制的有关函证程序的审计工作底稿（包括询证函及回函、有关不符事项的分析等）和存货监盘程序的审计工作底稿（包括盘点表、注册会计师对存货的测试记录等）在内容、格式及范围方面是不同的。

（3）识别出的重大错报风险。识别和评估的重大错报风险水平的不同，可能导致注册会计师实施的审计程序和获取的审计证据不尽相同。例如，如果注册会计师识别出应收账款存在较高的重大错报

风险，而其他应收款的重大错报风险较低，则注册会计师可能对应收账款实施较多的审计程序并获取较多的审计证据，因而对测试应收账款的记录会比针对测试其他应收款记录的内容多且范围广。

（4）已获取的审计证据的重要程度。注册会计师通过执行多项审计程序可能会获取不同的审计证据，有些审计证据的相关性和可靠性较高，有些则较低，注册会计师应区分不同的审计证据并进行有选择性的记录。因此，审计证据的相关、可靠程度也会影响审计工作底稿的格式、内容和范围。

（5）识别出的例外事项的性质和范围。注册会计师在执行审计程序时会发现例外事项，由此可能导致审计工作底稿在格式、内容和范围方面的不同。例如，某个函证的回函表明存在不符事项，如果在实施恰当的追查后发现该例外事项并未构成错报，注册会计师可能只在审计工作底稿中解释发生该例外事项的原因及影响；反之，如果该例外事项构成错报，注册会计师可能需要执行额外的审计程序并获取更多的审计证据，由此编制的审计工作底稿在内容和范围方面可能有很大不同。

（6）当从已执行审计工作或获取审计证据的记录中不易确定结论或结论的基础时，记录结论或结论基础的必要性。在某些情况下，特别是涉及复杂事项时，注册会计师仅将已执行的审计工作或获取的审计证据记录下来，并不容易使其他有经验的注册会计师通过合理分析得出审计结论或结论的基础。此时，注册会计师应当考虑是否需要进一步说明并记录得出结论的基础（即得出结论的过程）及该事项的结论。

（7）审计方法和使用的工具。使用的审计方法和工具可能影响审计工作底稿的格式、内容和范围。例如，使用计算机辅助审计技术对应收账款的账龄进行重新计算时，通常可以针对总体进行测试，而采用人工方式重新计算时，则可能会针对样本进行测试，由此形成的审计工作底稿会在格式、内容和范围方面有所不同。

（二）审计工作底稿的基本要素

1. 审计工作底稿的标题

审计工作底稿的标题包括被审计单位名称、审计项目名称以及资产负债表日或底稿涵盖的会计期间（如与交易相关）。

2. 审计过程记录

审计过程记录包括三方面内容的记录：特定项目或事项的识别特征；重大事项及相关重大职业判断；针对重大事项如何处理的结论矛盾或不一致的情况。

识别特征是指被测试的项目或事项表现出的征象或标志。比如，在对被审计单位生成的订购单进行细节测试时，注册会计师可能以订购单的日期或编号作为测试订购单的识别特征；对于需要选取或复核既定总体内一定金额以上的所有项目的审计程序，注册会计师可能会以实施审计程序的范围作为识别特征；对于需要系统化抽样的审计程序，注册会计师可能会通过记录样本的来源、抽样的起点及抽样间距来识别已选取的样本；对于需要询问被审计单位中特定人员的审计程序，注册会计师可能会以询问的时间、被询问人的姓名及职位作为识别特征；对于观察程序，注册会计师可能会以观察的对象或观察过程、观察的地点和时间作为识别特征。

注册会计师应当根据具体情况判断某一事项是否属于重大事项。重大事项通常包括：引起特别风险的事项；实施审计程序的结果，该结果表明财务信息可能存在重大错报，或需要修正以前对重大错报风险的评估和针对这些风险拟采取的应对措施；导致注册会计师难以实施必要审计程序的情形；导致出具非标准审计报告的事项。

如果注册会计师识别出的信息与针对某重大事项得出的最终结论相矛盾或不一致，则应当记录形成最终结论时如何处理该矛盾或不一致的情况，包括但不限于：注册会计师针对该信息执行的审计程序；项目组成员对某事项的职业判断不同而向专业技术部门的咨询情况；项目组成员和被咨询人员（如专业技术人员）不同意见的解决情况。

3. 审计结论

注册会计师恰当地记录审计结论非常重要。注册会计师需要根据所实施的审计程序及获取的审计证据得出结论，并以此作为对财务报表发表审计意见的基础。在记录审计结论时需注意在审计工作底稿中记录的审计程序和审计证据是否足以支持所得出的审计结论。

4. 审计标识及其说明

审计工作底稿中可使用各种审计标识，但应说明其含义并保持前后一致。以下是注册会计师在审计工作底稿中列明标识并说明其含义的例子，仅供参考。在实务中，注册会计师也可以依据实际情况运用更多的审计标识。

∧：纵加核对一致	<：横加核对一致	B：与上年结转数核对一致
T：与原始凭证核对一致	G：与总分类账核对一致	S：与明细账核对一致
T/B：与试算平衡表核对一致	C：已发询证函	C√：已收回询证函
F/S：与已审财务报表核对一致	?：存疑待查	?√：对存疑部分已核查无误
※：注释、说明	▲：重点符号	N/A：无此情况，不适用

5. 索引号及编号

通常，审计工作底稿需要注明索引号及顺序编号，相关审计工作底稿之间需要保持清晰的勾稽关系。在实务中，注册会计师可以按照所记录的审计工作的内容层次进行编号。例如，货币资金的索引号为 ZC01、库存现金盘点表的索引号为 ZC01-2。

6. 编制者和复核者及执行日期

通常，需要在每一张审计工作底稿上注明编制者、复核者及各自的执行日期。编制者及执行日期，即审计工作执行人员及完成该项审计工作的日期。复核者及执行日期，即审计工作复核人员及复核的日期。若需要复核项目质量，还应注明项目质量复核人员及日期。

7. 其他应说明事项

其他应说明事项即注册会计师根据专业判断，认为应记录的其他相关事项。

三、审计工作底稿的归档

（一）审计工作底稿归档的期限

就注册会计师而言，审计工作底稿的所有权归属于承接该项业务的会计师事务所。注册会计师应当按照会计师事务所质量控制政策和程序的规定，及时将审计工作底稿归整为最终审计档案。审计工作底稿的归档期限为审计报告日后 60 天内。如果注册会计师未能完成审计业务，审计工作底稿的归档期限为审计业务中止后的 60 天内。

（二）审计工作底稿归档的性质

在出具审计报告前，注册会计师应完成所有必要的审计程序，取得充分、适当的审计证据并得出适当的审计结论。由此，在审计报告日后将审计工作底稿归整为最终审计档案是一项事务性的工作，不涉及实施新的审计程序或得出新的结论。如果在归档期间对审计工作底稿做出的变动属于事务性的，注册会计师可以做出变动。允许变动的情形主要包括：删除或废弃被取代的审计工作底稿；对审计工作底稿进行分类、整理和交叉索引；对审计档案归整工作的完成核对表签字认可；记录在审计报告日前获取的、与审计项目组相关成员进行讨论并达成一致意见的审计证据。

（三）审计工作底稿归档后的变动

一般情况下，在审计报告归档后，不需要对审计工作底稿进行修改或增加。在某些例外情况下，如果在审计报告日后实施了新的或追加的审计程序，或者得出新的结论，注册会计师应当记录：遇到的例外情况；实施的新的或追加的审计程序，获取的审计证据，得出的结论，以及对审计报告的影响；对审计工作底稿做出相应变动的时间和人员，以及复核的时间和人员。

除上述的情况外，在完成最终审计档案归整工作后，如果注册会计师发现有必要修改现有审计工作底稿或增加新的审计工作底稿，无论修改或增加的性质如何，注册会计师均应当记录：修改或增加审计工作底稿的理由；修改或增加审计工作底稿的时间和人员，以及复核的时间和人员。

（四）审计工作底稿的保存期限

在完成最终审计档案的归整工作后，注册会计师不应在规定的保存期限届满前删除或废弃任何性质的审计工作底稿。会计师事务所应当自审计报告日起，对审计工作底稿至少保存十年。如果注册会计师未能完成审计业务，会计师事务所应当自审计业务中止日起，对审计工作底稿至少保存十年。

本项目任务解析与知识拓展

| 任务解析 2-1 | 任务解析 2-2 | 任务解析 2-3 | 审计证据和审计工作底稿
（准则链接） | 开拓审计工作新局面
（拓展阅读） |

技能训练

1. A 注册会计师负责审计甲公司 2022 年度财务报表，在了解甲公司内部控制后，A 注册会计师决定采用审计抽样的方法对拟信赖的内部控制进行测试，部分做法摘录如下。

（1）为测试 2022 年度信用审核控制是否有效运行，将 2022 年 1 月 1 日至 11 月 30 日的所有销售单界定为测试总体。

（2）在使用随机数表选取样本项目时，由于选中的一张凭证已经丢失，无法测试，直接用随机数表另选一张凭证代替。

（3）在对存货验收控制进行测试时，确定样本规模为 60，测试后发现 3 例偏差。在此情况下，推断 2022 年度该项控制偏差率的最佳估计为 5%。

（4）在上述第（3）项的基础上，A 注册会计师确定的信赖过度风险为 5%，可容忍偏差率为 7%。由于存货验收控制的偏差率的最佳估计不超过可容忍偏差率，认定该项控制运行有效（注：信赖过度风险为 5% 时，样本中发现偏差数"3"对应的控制测试风险系数为 7.8）。

【训练要求】 逐项指出 A 注册会计师的做法是否正确，如不正确，简要说明理由。

2. B 注册会计师负责审计乙公司 2022 年度财务报表，与审计工作底稿相关的部分事项如下。

（1）对于询问乙公司特定人员的程序，B 注册会计师在形成审计工作底稿时，以询问的时间、被询问人的姓名和岗位名称为识别特征。

（2）B 注册会计师在具体审计计划中记录拟对应收账款采用综合性方案，因在测试控制时发现相关控制运行无效，将其改为实质性方案，重新编制具体审计计划工作底稿，并替代原具体审计计划工作底稿。

（3）审计报告日后，B 注册会计师对在审计报告日前收到的应收账款询证函回函中存在的差异进行调查，确认其金额和性质均不重大，并记录于审计工作底稿。

（4）审计报告日期为 2023 年 4 月 18 日。B 注册会计师于 2023 年 4 月 20 日将审计报告提交给乙公司管理层，并于 2023 年 6 月 19 日完成审计工作底稿的归档工作。

【训练要求】 逐项指出 B 注册会计师的做法是否恰当，如不恰当，简要说明理由。

项目三 开展初步业务活动

学习目标

【知识目标】了解初步业务活动的目的；理解初步业务活动的工作内容；了解审计业务约定书的作用，以及应包含的主要内容。

【技能目标】掌握初步业务活动相关审计方法的应用，掌握初步业务活动相关审计工作底稿的编制方法，掌握审计业务约定书的编制方法。

【素养目标】充分认识风险的危害性和合同的重要性，培养正确的风险意识和合同意识；养成未雨绸缪早当先、居安思危谋长远的个人品质，培养良好的契约精神。

关键词汇

审计程序（Audit Procedure）

质量控制准则（Standard on Quality Control）

专业胜任能力（Professional Competence）

审计准则（Auditing Standards）

独立性（Independence）

审计业务约定书（Auditing Task Contract）

任务一　初步业务活动的内容及其审计工作底稿编制

📖任务导入 3-1

下列各项中，属于注册会计师应当开展的初步业务活动的有（　　）。

A. 针对接受或保持客户关系实施相应的质量管理程序

B. 确定审计范围和项目组成员

C. 就审计业务约定条款与被审计单位达成一致意见

D. 评价遵守相关职业道德要求的情况

注册会计师在计划审计工作前，需要开展初步业务活动。初步业务活动主要是对审计客户的情况和注册会计师自身的能力进行了解和评估，确定是否接受或保持审计客户，是控制审计风险的第一道屏障。

通过初步业务活动，注册会计师如果确定接受业务委托，应确保在计划审计工作时达到以下要求：第一，注册会计师具备执行业务所需的独立性和能力；第二，不存在因管理层诚信问题而可能影响注册会计师保持该项业务意愿的事项；第三，与被审计单位之间不存在对约定条款的误解。

一、初步业务活动的内容

1. 针对保持客户关系和具体审计业务实施相应的质量控制程序

与客户关系和具体审计业务的接受与保持在《中国注册会计师审计准则第1121 号——对财务报表审计实施的质量管理》及《会计师事务所质量管理准则第5101 号——业务质量管理》中均有相关的规定。注册会计师应按照其规定开展初步业务活动。

微课 3-1

初步业务活动

2. 评价遵守职业道德规范的情况

评价遵守职业道德规范的情况也是一项非常重要的初步业务活动。评价包括对会计师事务所和注册会计师遵守职业道德规范情况的评价，应评价其独立性、专业胜任能力以及必要的时间和资源。业务质量管理准则要求会计师事务所制定政策和程序，审计项目组实施相应措施，以保持独立性。若注册会计师不独立，能力欠缺或时间、资源不足，会计师事务所应拒绝承接审计委托业务。

3. 签订或修改审计业务约定书

在做出接受或保持客户的决策后，注册会计师应按照《中国注册会计师审计准则第1111号——就审计业务约定条款达成一致意见》的相关规定，在审计业务开始前，与被审计单位就审计业务约定条款达成一致意见，及时签订或修改审计业务约定书，以避免双方对审计业务的理解产生分歧。

二、编制初步业务活动审计工作底稿

审计工作底稿的编制实例选择浙江神农会计师事务所承接的杭州梦舒纺织股份有限公司（以下简称梦舒公司）的2022年度财务报表审计。神农会计师事务所项目组在承接审计业务前，根据业务状况设计初步业务活动相关程序并编制初步业务活动程序表。审计项目经理结合实施审计程序结果及底稿记录结果，确定满足初步业务活动的目的要求，可以承接梦舒公司2022年度财务报表审计业务，编制完成业务承接评价表（或称业务保持评价表）并提交会计师事务所项目合伙人复核及授权。

1. 初步业务活动程序表（见表3-1）

表3-1　　　　　　　　　　　　　初步业务活动程序表

被审计单位：	梦舒公司	编制：	田某	日期：	2023年1月24日	索引号：	Z201-0
会计期间：	2022年1月1日—2022年12月31日	复核：	胡某	日期：	2023年1月25日	页次：	1

初步业务活动的目标		
确定是否接受业务委托，如接受业务委托，确保在计划审计工作时达到下列要求：（1）注册会计师已具备执行业务所需要的独立性和专业胜任能力；（2）不存在因管理层诚信问题而影响注册会计师保持该项业务意愿的情况；（3）与被审计单位不存在对业务约定条款的误解		

初步业务活动程序	索引号	执行人
一、如果是首次接受审计委托，实施下列审计程序		
（一）与被审计单位面谈，讨论下列事项		
1．审计的目标与范围		
2．审计报告的用途		
3．管理层对财务报表的责任，包括：（1）按照适用的财务报告编制基础编制财务报表，并使其实现公允反映（如适用）；（2）设计、执行和维护必要的内部控制，以使财务报表不存在由于舞弊或错误导致的重大错报；（3）向注册会计师提供必要的工作条件，包括允许注册会计师接触与编制财务报表相关的所有信息（如记录、文件和其他事项），向注册会计师提供审计所需要的其他信息，允许注册会计师在获取审计证据时不受限制地接触其认为必要的内部人员和其他相关人员	Z201-1-1	田某
4．适用的财务报告编制基础		
5．计划和执行审计工作的安排，包括出具审计报告的时间要求、项目组的构成等		
6．拟出具的审计报告的预期形式和内容，以及对在特定情况下出具审计报告可能不同于预期形式和内容的说明		
7．利用被审计单位专家、内部审计人员和其他员工工作的程度（必要时）		
8．收费的计算基础和收费安排		
9．对审计结果的其他沟通形式		
10．其他需要达成一致意见的事项		

续表

初步业务活动程序	索引号	执行人
（二）初步了解被审计单位及其环境，并予以记录	Z201-1-2	
（三）查阅以前年度审计工作底稿，如果以前年度审计报告中发表了非无保留意见，评价导致上期财务报表发表非无保留意见的事项对本期的影响，了解以前年度在与治理层的沟通函中提及的值得关注的内部控制缺陷是否已得到解决等。征得被审计单位书面同意后，与前任注册会计师沟通	Z201-1-2	
二、如果是连续审计，实施下列程序		
（一）了解审计的目标、审计报告的用途、审计范围和时间安排等	N/A	
（二）查阅以前年度审计工作底稿，重点关注非标准审计报告涉及的说明事项、管理建议书的具体内容、重大事项概要等	N/A	
（三）初步了解被审计单位及其环境发生的重大变化，并予以记录	N/A	
（四）考虑是否需要修改业务约定条款，以及是否需要提醒被审计单位注意现有的业务约定条款	N/A	
三、评价是否具备执行该项审计业务所需要的独立性和专业胜任能力	Z201-1-3	田某
四、完成业务承接评价表或业务保持评价表	Z201-1	
五、签订审计业务约定书	Z201-3	
六、确定是否为小型被审计单位	否	
（一）小型被审计单位的确认		
1．根据规模标准进行确认	N/A	
2．根据性质标准进行确认	N/A	
（二）评估小型被审计单位的可审性		
1．会计记录的完整性	N/A	
2．内部控制的存在性	N/A	
3．管理层的诚信度	N/A	

2. 业务承接（保持）面谈记录（见表3-2）

表3-2　　　　　　　　业务承接（保持）面谈记录

被审计单位：梦舒公司　　　编制：田某　日期：2023年2月5日　索引号：Z201-1-1

会计期间：2022年1月1日—2022年12月31日　复核：胡某　日期：2023年2月6日　页次：1

面谈时间：**2023年1月20日**	面谈地点：清江公司办公大楼**301**会议室	
梦舒公司参加人员：夏某、倪某可	会计师事务所参加人员：田某、张某	记录人：张某（会计师事务所）

1．审计目标与范围

审计目标：通过执行审计工作，对财务报表的下列方面发表审计意见。（1）财务报表是否在所有重大方面按照企业会计准则的规定编制；（2）财务报表是否在所有重大方面公允反映了被审计单位2022年12月31日的财务状况以及2022年度的经营成果和现金流量

审计范围：2022年12月31日资产负债表；2022年度利润表、现金流量表、所有者权益变动表及财务报表附注

2．审计报告的用途： 常规年报审计

3．管理层的责任：（1）按照适用的财务报告编制基础编制财务报表，并使其实现公允反映；（2）设计、执行和维护必要的内部控制，以使财务报表不存在由于舞弊或错误导致的重大错报；（3）向注册会计师提供必要的工作条件，包括允许注册会计师接触与编制财务报表相关的所有信息（如记录、文件和其他事项），向注册会计师提供审计所需要的其他信息，允许注册会计师在获取审计证据时不受限制地接触其认为必要的内部人员和其他相关人员

续表

4．适用的财务报告编制基础：企业会计准则
5．计划和执行审计工作的安排，包括出具审计报告的时间要求、审计项目组的构成等：出具报告预期时间：2023 年 3 月 18 日；审计项目组人员：项目合伙人胡某、项目经理田某、审计员张某、审计员郁某、审计员倪某
6．拟出具的审计报告的预期形式和内容，以及对在特定情况下出具的审计报告可能不同于预期形式和内容的说明：财务报表年度审计报告
7．利用被审计单位专家、内部审计人员和其他员工工作的程度：被审计单位专家、内审人员及其他人员根据审计工作进程需要进行访谈沟通等安排
8．收费的计算基础和收费安排：按照人员工时薪资计算，预计收费金额为 18 万元，分两次收取，第一次于签订业务约定书时收取费用的 60%，第二次于出具审计报告当日结清余下 40%
9．对审计结果的其他沟通形式：审计结果与公司管理层、治理层进行面谈沟通
10．其他需要达成一致意见的事项：暂无

客户单位参加人员签字	日期	会计师事务所参加人员签字	日期
夏某	2023 年 1 月 20 日	田某	2023 年 1 月 20 日
倪某可	2023 年 1 月 20 日	张某	2023 年 1 月 20 日

3．被审计单位及其环境调查表（见表 3-3）

表 3-3　　　　　　　　　被审计单位及其环境调查表

被审计单位：梦舒公司　　　　　　编制：　田某　日期：　2023 年 1 月 24 日　索引号：　Z201-1-2

会计期间：2022 年 1 月 1 日—2022 年 12 月 31 日　复核：胡某　日期：2023 年 1 月 25 日　页次：　1

一、客户基本情况（是否发生重大变化）：否									
1．客户的直接控股母公司、间接控股母公司、最终控股母公司的名称、地址、相互关系、主营业务及持股比例									
母公司名称	关联关系	注册地	企业类型	法定代表人	业务性质	注册资本/万元	母公司对本企业的持股比例	企业最终控制方	
清江股份有限公司	控股母公司	武汉	民营企业	谭某东	生产、贸易、投资等	3 400	75.00%	谭某东	
2．不存在控制关系的关联方：持有客户 5%以上股份的股东									
股东名称	对本企业的持股比例	注册地	企业类型	法定代表人	业务性质	注册资本/万元	主营业务		
夏某苏	15.00%								
王某付	10.00%								
3．客户的组织结构及主要财务人员									
组织结构框架									

主要财务人员（姓名与职位）			
姓名	**职位**	**姓名**	**职位**
倪某可	财务经理	纪某也	财务出纳
陈某杰	财务会计	胡某晓	投资专员

4．客户适用的财务报告编制基础：持续经营

5．客户适用的会计准则：企业会计准则

6．客户适用的税务或法规等事项：生产、批发和零售业相关事项

7．客户主管税务机关：杭州市滨江区税务局

8．客户法律顾问或委托律师：钱塘律师事务所

9．客户常年会计顾问：金利会计师事务所

10．客户的内部控制环境：内控较健全，运行良好

二、客户的行业状况（是否发生重大变化）：否

1．所属行业：工业

2．行业的主管部门：国家发改委、工信部、商务部及各级管理部门

3．行业监管体制：（1）特殊监管（无）；（2）高度监管（否）

4．行业的主要法律法规及政策：（1）进入壁垒（无）；（2）出口业务占30%以上或者出口业务对客户构成重大影响（无）；（3）有关出口政策、贸易摩擦对产品（或服务）出口的影响等情况（无）

5．行业经营环境：近几年国内纺织工业增加值逐年增长，纺织纤维加工总量、化纤产量、纺织服装出口量均居全球前列，市场竞争激烈，"结构调整""科技创新""绿色发展"等是行业发展的主旋律

6．行业商业周期或产品生命周期：成熟期，差异化、个性化需求不断提升，具有较广阔的发展空间

7．客户所属产业类型：劳动密集型

8．行业的平均利润水平：6.00%

9．行业竞争格局和市场化程度：竞争激烈，市场化程度高

10．行业的上下游情况：下游经销及零售商，上游材料供应商

11．行业内的主要企业：华纺股份、安徽华茂、鲁泰纺织、广东溢达、山东华乐、杭州道远

12．客户在行业中的地位：中型制造商

初步结论：客户的行业风险（中风险）

评价理由： 纺织行业属于劳动密集型产业，大众市场，市场竞争激烈，本企业为中型生产商，正处于发展稳定时期，因此行业风险定为中风险

三、客户的诚信

1．实施的程序：（1）向会计师事务所其他人员、监管机构、金融机构、法律顾问和客户的同行等第三方询问；（2）从相关数据库中搜索客户的背景信息；（3）执行客户的主要股东、关键管理人员、关联方及治理层诚信度调查问卷

2．考虑因素：（1）客户的所有者或者关键管理人员是否发生重大变动；（2）是否有迹象表明管理层不够诚信；（3）客户是否存在舞弊或违法行为，或已受到这些方面的指控；（4）客户是否曾就审计范围向项目组成员施加限制

初步结论：客户的诚信风险（低风险）

评价理由： 被审计单位是新开拓客户，历年财务报表均经会计师事务所审计，调研未发现客户不诚信现象，本年各程序及调查表也反映关键管理人员等无变化，无迹象表明存在不诚信，审计范围未受限

四、客户的经营风险

1．实施的程序：（1）从相关数据库中搜索客户的背景信息；（2）实地观察、询问，了解客户的生产经营信息

2．主要产品的工艺流程（或服务流程图）

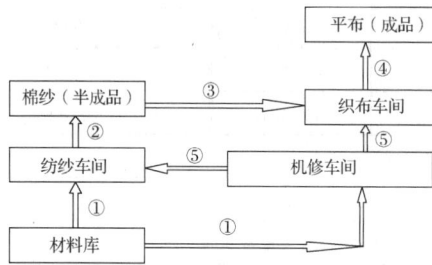

注：①领用材料；②生产加工；③领用半成品；④进一步生产加工；⑤提供劳务

3．主要资源和技术：（1）作为制造型企业拥有自己的办公楼、仓库房等固定资产；（2）作为成熟企业，成长较快，市场份额稳中有升，具有优质的上下游渠道；（3）现金流量较好，负债率低

4．近3年的主营业务变化情况：近3年主营业务产品没有变化，营业收入增长较快，2020年营业收入9 775.58万元，2021年营业收入8 681.94万元（受疫情影响同比下降11.19%），2022年营业收12 101.72万元（同比增长39.39%）

5．主要客户情况（前五大名称、金额）

序号	客户名称	2022年销售额/元	占总额比	备注
1	杭州格瑞布艺公司	33 973 421.00	28.07%	
2	上海巴萨布鞋厂	29 673 827.00	24.52%	
3	温州拓迪印染公司	18 572 875.00	15.35%	
4	河南菲特布艺坊	16 623 779.00	13.74%	
5	江苏金俐纺织公司	12 716 027.00	10.51%	
	合计	111 559 929.00	92.19%	

6．主要供应商情况（前五大名称、金额）

序号	供应商名称	2022年采购额/元	占总额比	备注
1	杭州织茂公司	21 784 250.00	24.71%	
2	上海华纺公司	19 657 600.00	22.30%	
3	温州梦佳棉纺公司	9 986 200.00	11.33%	
4	杭州北方棉花厂	9 643 580.00	10.94%	
5	河北白玉棉花厂	7 850 830.00	8.91%	
	合计	68 922 460.00	78.19%	

7．考虑因素：（1）客户是否处于受国家宏观调控政策影响程度较大的行业；（2）客户是否处于本所准备退出服务的行业；（3）客户的业务性质是否发生重大变化；（4）客户是否依赖主要客户（来自该客户的收入占全部收入的大部分）或主要供应商（来自该供应商的采购占全部采购的大部分）；（5）行业内类似企业的经营业绩；（6）客户是否难以持续经营；（7）客户的法律诉讼形势是否发生重大变化；（8）是否计划或有可能进行合并或处置资产；（9）管理层是否倾向于异常或不必要的风险；（10）关键管理人员的薪酬是否基于客户的经营状况确定；（11）管理层是否在达到财务目标或降低所得税方面承受不恰当的压力

初步结论：客户的经营风险（中风险）

评价理由：被审计单位作为成熟企业，近几年收入稳定增长，市场份额稳步提升，具备相应的资产和资金方面的优势，但对主要的客户和供应商具有一定的依赖性

五、客户的财务状况

1．实施的程序：（1）获取客户的近三年的审计报告、财务报表及财务报表附注；（2）询问、了解客户的信贷情况；（3）初步分析客户的财务环境

2．客户采用有争议或激进的会计政策、会计估计：否

3．客户本期存在重大会计政策变更、会计估计变更：否

4．客户存在大量的现金交易：否

5．客户主要财务指标的比较

序号	项目	本期期末	上期期末	增减变动率	备注
（1）	资产总额/元	244 875 739.32	237 875 091.25	2.94%	
（2）	负债总额/元	141 171 661.88	143 935 757.40	−1.92%	
（3）	所有者权益总额/元	103 704 077.44	93 939 333.84	10.39%	
（4）	借款余额/元	64 224 789.45	73 625 000.00	−12.77%	
（5）	流动比率	1.23	1.36	−9.56%	
（6）	速动比率	0.82	0.98	−16.33%	
（7）	资产负债率	57.65%	60.50%	−4.71%	
序号	项目	本期	上期	增减变动率	备注
（1）	营业收入/元	121 017 164.90	86 819 358.91	39.39%	
（2）	毛利率	9.15%	3.28%	178.96%	
（3）	销售费用/元	2 797 520.14	2 164 711.99	29.23%	
（4）	销售费用占收入比例	2.31%	2.49%	−7.23%	
（5）	投资收益/元	0.00	0.00	0.00%	
（6）	利润总额/元	11 005 888.66	2 657 546.87	314.14%	
（7）	净利润/元	9 197 212.91	2 089 569.21	340.15%	
（8）	净利率	8.77%	2.22%	295.05%	
（9）	应收账款周转率/次	4.66	4.51	3.33%	
（10）	存货周转率/次	2.94	2.30	27.83%	
（11）	加权平均净资产收益率	9.20%	2.23%	312.56%	

6．关联方交易情况

7．客户本期新的融资渠道：本期无新增融资渠道

8．客户本期发生的对外担保情况：无

9．客户本期发生重大的非货币交易、债务重组等事项：无

10．考虑因素：（1）客户经营状况是否发生重大变动以致对其财务状况产生不利影响；（2）客户是否存在未披露的重大关联方交易；（3）客户的内部控制是否存在重大缺陷；（4）是否对客户会计记录的可靠性产生疑问；（5）客户是否采用过于激进的会计和纳税政策；（6）是否存在复杂的会计处理问题；（7）是否使用衍生金融工具；（8）是否经常在年末或临近年末发生重大异常交易；（9）是否就重大会计问题与客户存在未解决的分歧；（10）是否对持续经营能力产生怀疑；（11）是否存在对发行新债务和权益的重大需求；（12）贷款是否延期未清偿，或存在违反贷款协议条款的情况；（13）最近几年销售、毛利率或收入是否存在恶化的趋势；（14）客户融资后，其财务比率是否恰好达到发行新债务或权益的最低要求

初步结论：客户的财务风险（低风险）

评价理由：被审计单位总体财务状况良好，盈利质量高，近年来（2021年除外）收入持续增长，毛利率、净利率均持续提升；现金流量较好，负债少，偿债能力强

六、对上期审计事项的考虑

1．实施的程序：查阅上期审计工作底稿

2．考虑因素：（1）对管理建议书中改进意见未予以有效跟进；（2）以前年度调整分录通常为重大调整；（3）客户开始或计划对事务所提出诉讼；（4）本年审计的范围与上年相比是否有重大变动（包括重要子公司、关联公司）；（5）上年服务该客户时是否遭遇不正当压力（包括重要子公司、关联公司）

初步结论：上期审计事项的风险（低风险）

评价理由：客户对上期审计管理建议及需调整的分录均完成，无其他特殊事项，本年审计范围也未发生重大变动

综上，客户的风险级别（中风险）

评价理由：根据以前年度审计情况和对客户及其环境本年所发生变化的了解，考虑了各层面相关事项后，行业状况、经营风险和财务情况均为中风险，综合评定客户的风险级别为中风险

七、是否需要修改业务约定条款，以及是否需要提醒被审计单位注意现有的业务约定条款：需要提醒被审计单位注意现有的业务约定条款

4. 审计业务的独立性和专业胜任能力调查表（见表3-4）

表3-4 审计业务的独立性和专业胜任能力调查表

被审计单位：梦舒公司　　　　　　　　编制：田某　日期：2023年1月21日　索引号：Z201-1-3
会计期间：2022年1月1日—2022年12月31日　复核：胡某　日期：2023年1月22日　页次：1

一、项目组的时间和资源

考虑因素：（1）根据本所目前的人力资源情况，是否拥有足够的具有必要素质和专业胜任能力的人员组建项目组；（2）是否能够在提交报告的最后期限内完成业务

初步结论（是否胜任）：是

评价理由：新开拓审计客户，根据本所的人力资源情况，能够组建具有必要素质和专业胜任能力的项目组，且能够顺利在最后期限内完成业务

二、项目组的专业胜任能力

1. 初步确定项目组成员

项目组成员	拟担任职务	级别	是否具备担任重大审计项目负责人资格	在前次该项目组中担任职务	前次该项目的质量复核是否存在重大遗漏或失误
宋某某	项目质量复核人	高级经理	是	项目质量复核人	否
胡某	项目合伙人	合伙人	是	项目合伙人	否
田某	项目负责人	项目经理	是	项目负责人	否

2. 考虑因素：（1）初步确定的项目组关键人员是否熟悉相关行业或业务对象；（2）初步确定的项目组关键人员是否具有执行类似业务的经验，是否了解相关监管要求或报告要求，或是否具备有效获取必要技能和知识的能力；（3）在需要时，是否能够得到专家的帮助；（4）如果需要项目质量控制复核，是否具备符合标准和资格要求的项目质量控制复核人员

3. 评价内容：（1）项目组成员是否经过适当的培训，以获得执行类似性质和复杂程度的审计业务的知识；（2）项目组中的多数成员是否参与过足够的审计业务，以获得执行类似性质和复杂程度的审计业务的实务经验；（3）项目组成员是否掌握相关的法律法规；（4）项目组成员是否遵守职业道德规范；（5）项目组成员是否掌握审计准则的规定；（6）项目组是否具有与执行本次审计业务相关的技术知识，包括信息技术知识；（7）项目组主要成员是否熟悉被审计单位所处的行业；（8）项目组成员是否具备与其执行业务相匹配的职业判断能力；（9）项目组是否掌握本所质量控制政策和程序；（10）项目组成员组成是否按照分级授权由相关人员批准；（11）项目组是否能够在规定的时间内完成审计工作并出具审计报告；（12）项目组是否能够获取必要的内部及外部的资源以完成审计工作

初步结论（是否胜任）：是

评价理由：项目合伙人和项目经理从事审计工作多年，熟悉该客户的业务及行业情况，具备相应的专业胜任能力，且本所复核人员也具备相应的能力

三、独立性（相关问卷底稿索引号：Z201-2）

1. 自身利益

考虑因素：本所或项目组成员是否存在自身利益对独立性产生不利影响。（1）在客户中拥有直接经济利益；（2）过分依赖向某一客户收取的全部费用；（3）与客户存在重要且密切的商业关系；（4）过分担心可能失去某一重要客户；（5）某项目组成员与客户协商受雇于该客户；（6）与客户达成或有收费的协议；（7）在评价本所以往提供的专业服务时，发现了重大错误

2. 自我评价

考虑因素：本所或项目组成员是否存在自我评价对独立性产生不利影响。（1）为客户编制原始数据，而这些数据构成审计对象；（2）项目组成员担任或最近曾是客户的董事或高级管理人员；（3）项目组成员目前或最近曾受雇于客户，并且所处职位能够对财务状况、经营成果或现金流量施加重大影响；（4）为客户提供直接影响财务状况、经营成果或现金流量的其他服务

3. 过度推介

考虑因素：本所或项目组成员是否因为过度推介导致对独立性产生不利影响。（1）是否曾推介客户的股份；（2）是否曾担任客户的辩护人

续表

4．密切关系
考虑因素：本所或项目组成员是否存在自我评价对独立性产生不利影响。（1）项目组成员的近亲属担任客户的董事或高级管理人员；（2）项目组成员的近亲属是客户的员工，其所处职位能够对财务状况、经营成果或现金流量施加重大影响；（3）客户的董事、高级管理人员或所处职位能够对财务状况、经营成果或现金流量施加重大影响的员工最近曾担任本所的项目合伙人；（4）接受客户的礼品或款待；（5）本所的合伙人或高级员工与客户存在长期业务关系
5．外在压力
考虑因素：本所或项目组成员是否存在外界压力对独立性产生不利影响。（1）受到客户解除业务关系或起诉的威胁；（2）客户表示如果本所不同意对某项交易的会计处理，则不再委托其承办拟议中的非鉴证业务；（3）由于客户对所讨论的事项更具有专长而面临服从其判断的压力；（4）受到客户降低收费的压力而不恰当地缩小工作范围
6．保密
考虑因素：（1）项目负责人是否未向项目组成员强调关于对被审计单位相关信息的保密义务；（2）项目负责人是否未向项目组成员强调不得利用在执业过程中获得的被审计单位信息为自己或他人谋取不正当的利益
7．收费
考虑因素：（1）服务费是否未在业务约定书中明确；（2）服务费是否未按照标准收取；（3）服务费如果低于或高于收费标准，是否未经过适当授权批准；（4）服务费是否明显低于或高于前任注册会计师或其他会计师事务所的相应报价
8．与执行审计工作不相容的工作
考虑因素：（1）项目组向被审计单位提供的非审计服务是否和审计服务相容；（2）如果被审计单位是上市公司，本所是否同时为其提供代编财务报告服务和审计服务；（3）本所员工是否担任被审计单位的董事（含独立董事）、经理或其他关键管理职务
初步结论（是否胜任）：是
评价理由：项目组成员均不存在违反独立性的相关事项
综上结合（是否胜任）：是
评价理由：项目组及成员具备执行审计业务的独立性和专业胜任能力

5．业务承接评价表（见表3-5）

表3-5　　　　　　　　　　　　业务承接评价表

被审计单位：梦舒公司　　　　　　　编制：田某　日期：2023年1月24日　索引号：7201
会计期间：2022年1月1日—2022年12月31日　复核：胡某　日期：2023年1月25日　页次：1

一、客户的基本资料（是否发生重大变化）：否			
客户名称	杭州梦舒纺织股份有限公司	客户简称	梦舒公司
客户性质	民营企业	法定代表人	夏某飞
注册资本	人民币3 400万元整	成立日期	2009年1月1日
办公地址	浙江省杭州市滨江区春晓路123号	邮政编码	310015
联系人	倪某可	联系电话	0571-12341058
客户所属行业、业务性质与主要业务		属于纺织行业，主要从事棉纱、平布等产品的生产和销售	
最初接触途径		事务所统一招标	
客户要求我们提供审计服务的目的及出具审计报告的日期		常规年度审计，出具报告的日期为2022年3月20日	
二、与客户讨论情况的评价			
1．审计目标：财务报表审计			
2．项目性质及报告用途：一般项目、正常年报			
3．确定审计的前提条件：存在			
（1）管理层在编制财务报表时采用的财务报告编制基础是否为可接受的：是			
考虑因素：①被审计单位的性质；②编制财务报表的目的；③财务报表的性质；④法律法规是否规定了适用的财务报告编制基础			

续表

（2）是否就管理层认可并理解其责任与管理层达成一致意见：是

管理层责任：①按照适用的财务报告编制基础编制财务报表，并使其实现公允反映（如适用）；②设计、执行和维护必要的内部控制，以使财务报表不存在由于舞弊或错误导致的重大错报；③向注册会计师提供必要的工作条件，包括允许注册会计师接触与编制财务报表相关的所有信息（如记录、文件和其他事项）；向注册会计师提供审计所需要的其他信息，允许注册会计师在获取审计证据时不受限制地接触其认为必要的内部人员和其他相关人员

4．客户的主要关联关系及审计范围

公司名称	关联关系	企业类型	注册地	法定代表人	业务性质	注册资本/万元	持股比例	本企业最终控制方	是否属于审计范围
清江股份有限公司	控股母公司	民营企业	武汉	谭某东	生产、贸易、投资等	2 550	75%	刘某红	否
夏某苏	自然人股东	—	—	—	—	510	15%	夏某苏	否
王某付	自然人股东	—	—	—	—	340	10%	王某付	否

5．执行工作的安排，包括出具报告的时间要求

出具报告的时间安排：2023 年 3 月 18 日；项目组成员构成：项目合伙人胡某，项目经理田某，审计员张某、郁某、倪某

6．报告格式和对审计结果的其他沟通形式

财务报表年度审计报告；审计结果与管理层、治理层进行面谈沟通

7．利用被审计单位专家或内部审计人员工作的程度（必要时）

不适用

8．审计收费

预计工时	400 小时	预计收费	18 万元
收费安排	签订业务约定书后 2 日内收 60%费用，出具报告当日收 40%费用		

三、被审计单位及其环境发生的重大变化评价

1．客户的行业状况（底稿索引号：Z201-1-2）

客户的行业风险：中风险

评价理由：纺织行业属于劳动密集型企业，大众市场，市场竞争激烈，本企业为中型生产商，正处于发展稳定期，因此行业风险定为中风险

2．客户的诚信（底稿索引号：Z201-1-2）

客户的诚信风险：低风险

评价理由：被审计单位是新开拓客户，历年财务报表均经会计师事务所审计，调查未发现客户不诚信现象，本年各程序及调查表也反映关键管理人员等无变化，无迹象表明存在不诚信，审计范围未受限

3．客户的经营风险（底稿索引号：Z201-1-2）

客户的经营风险：中风险

评价理由：被审计单位作为成熟企业，近几年收入稳定增长，市场份额稳步提升，具备相应的资产和资金方面的优势，但对主要的客户和供应商具有一定的依赖性

4．客户的财务状况（底稿索引号：Z201-1-2）

客户的财务风险：低风险

评价理由：审计单位总体财务状况良好，盈利质量高，近年来（2021 年除外）收入持续增长，毛利率、净利率均持续提升；现金流量较好，负债少，偿债能力强，周转率持续提高

综上，客户的风险级别：中风险

评价理由：据以前年度审计情况和对客户及其环境本年所发生变化的了解，考虑了各层面相关事项后，结合行业状况、经营风险为中风险，综合评定风险级别为中风险

四、对上期审计事项的考虑（底稿索引号：Z201-1-2）

初步结论（上期审计事项的风险）：低风险

评价理由：客户对上期审计管理建议及调整分录均进行调整，无其他特殊事项，本年审计范围也未发生重大变动

续表

五、是否需要修改业务约定条款,以及是否需要提醒被审计单位注意现有的业务约定条款
不需要修改业务约定条款,需要提醒被审计单位注意现有的业务约定条款
六、审计业务所需的独立性和专业胜任能力评价
1. 项目组的时间和资源(底稿索引号:Z201-1-3)
初步结论(是否胜任):是
评价理由:新开拓审计客户,根据本所的人力资源情况,能够组建具有必要素质和专业胜任能力的项目组,且能够顺利在最后期限内完成业务
2. 项目组的专业胜任能力(底稿索引号:Z201-1-3)
初步结论(是否胜任):是
评价理由:项目合伙人和项目经理审计多年,熟悉该客户的业务及行业情况,具备相应的专业胜任能力,且本所质量复核人员也具备相应的能力
3. 独立性(底稿索引号:Z201-1-3)
初步结论(是否胜任):是
评价理由:项目组成员均不存在违反独立性的相关事项
4. 预计收取的费用及可回收比率

预计收费	18万元	预计成本	10万元	回收比率	100.00%

5. 审计范围和执行审计工作的时间安排
考虑因素:①审计范围;②客户对已审计财务报表的预期使用方式和财务报表公布的最后期限
综上,是否胜任:是
评价理由:项目组及成员具备执行审计业务的独立性和专业胜任能力
七、其他方面的意见:无
八、确认本所注册会计师和管理层已就业务约定书条款达成一致意见:是
基于上述方面,我们承接此项业务

项目合伙人:胡某

任务二　拟定审计业务约定书

📖 **任务导入 3-2**

ABC会计师事务所受A集团母公司委托,对A集团合并财务报表及集团母公司年度财务报表进行审计,同时,A集团所属子公司B公司也聘请ABC事务所对年度财务报表进行审计。在这种情况下,(　　)。

　A. ABC会计师事务所应当解除业务约定

　B. ABC会计师事务所应当分别与A公司和B公司签订审计业务约定书

　C. ABC会计师事务所与A集团母公司签订一份业务约定书即可

　D. ABC会计师事务所与A集团所属子公司B公司签订一份业务约定书即可

一、审计业务约定书

审计业务约定书是指会计师事务所与被审计单位签订的,用以记录和确认审计业务的委托与受托关系、审计目标和范围、双方的责任以及报告的格式等事项的书面协议。审计业务约定书具有经济合同的性质,一经约定各方签字认可,即成为法律上生效的契约,对各方均具有法定约束力。会计师事务所承接任何审计业务,都应与被审计单位签订审计业务约定书。

（一）审计业务约定书的作用

签署审计业务约定书的目的是明确约定各方的权利和责任义务，促使各方遵守约定事项并加强合作，保护签约各方的正当利益。审计业务约定书主要有以下作用。

第一，增进会计师事务所与被审计单位之间的相互了解，尤其是使被审计单位了解注册会计师的审计责任及需提供的协助和合作。

第二，可作为被审计单位评价审计业务完成情况及会计师事务所检查被审计单位约定义务履行情况的依据。

第三，出现法律诉讼时，是确定签约各方应负责任的重要证据。

（二）审计业务约定书的内容

审计业务约定书的具体内容可能因被审计单位的不同而存在差异，但应当包括下列主要方面：财务报表审计的目标和范围；管理层对财务报表的责任；编制财务报告采用的会计准则和编制基础；审计范围，包括指明在执行财务报表审计业务时遵守的审计准则；执行审计工作的安排，包括出具审计报告的时间要求；审计报告格式和对审计结果的其他沟通形式；由于测试的性质和审计的其他固有限制，以及内部控制的固有局限性，不可避免地存在着某些重大错报可能仍然未被发现的风险；管理层为注册会计师提供必要的工作条件和协助；注册会计师不受限制地接触任何与审计有关的记录、文件和所需要的其他信息；管理层对其做出的与审计有关的声明予以书面确认；注册会计师对执业过程中获知的信息保密；审计收费，包括收费的计算基础和收费安排；违约责任；解决争议的方法；签约双方法定代表人或其授权代表的签字盖章，以及签约双方加盖的公章。

如果情况需要，注册会计师应当考虑在审计业务约定书中列明下列内容：在某些方面对利用其他注册会计师和专家工作的安排；与审计涉及的内部审计人员和被审计单位其他员工工作的协调；预期向被审计单位提交的其他函件或报告；收费的计算基础和收费安排；在首次接受审计委托时，对与前任注册会计师沟通的安排；注册会计师与被审计单位之间需要达成进一步协议的事项等。

对于连续审计，注册会计师应当考虑是否需要根据具体情况修改业务约定的条款，以及是否需要提醒被审计单位注意现有的业务约定条款。注册会计师可以与被审计单位签订长期审计业务约定书，但如果出现下列情况，应当考虑修订审计业务约定书或提醒被审计单位注意现有的业务约定条款：有迹象表明被审计单位误解审计目标和范围；需要修改约定条款或增加特别条款；高级管理人员、董事会或所有权结构近期发生变动；被审计单位业务的性质或规模发生重大变化；法律法规发生变化；编制财务报表采用的会计准则和相关会计制度发生变化等。

（三）审计业务变更的规定

在完成审计业务前，如果被审计单位要求注册会计师将审计业务变更为保证程度较低的鉴证业务或相关服务，注册会计师应当考虑变更业务的适当性。一般出现下列原因时可能导致被审计单位要求变更业务。第一，情况变化对审计服务的需求产生影响；第二，对原来要求的审计业务的性质存在误解；第三，无论是管理层施加的还是其他情况引起的审计范围受到限制。前两项通常被认为是变更业务的合理理由，但是如果有迹象表明该变更要求与错误的、不完整的或者不能令人满意的信息有关，注册会计师不应认为该变更是合理的。如果没有合理的理由，注册会计师不应当同意变更业务。如果不同意变更业务，被审计单位又不允许继续执行原审计业务，注册会计师应当解除业务约定，并考虑是否有义务向被审计单位董事会或股东会等方面说明解除业务约定的理由。在同意将审计业务变更为其他服务前，注册会计师还应当考虑变更业务对法律责任或业务约定条款的影响。如果变更业务引起业务约定条款的变更，注册会计师应当与被审计单位就新条款达成一致意见。如果认为变更业务具有合理的理由，并且按照审计准则的规定已实施的审计工作也适用于变更后的业务，注册会计师可以根据修改后的业务约定条款出具报告。

二、审计业务约定书拟定实例

审计业务约定书

甲方：杭州梦舒纺织股份有限公司

乙方：浙江神农会计师事务所

兹由甲方委托乙方对 2022 年度财务报表进行审计，经双方协商，达成以下约定：

一、审计目标和范围

1．乙方接受甲方委托，对甲方按照企业会计准则编制的 2022 年 12 月 31 日的资产负债表，2022 年度的利润表、现金流量表、所有者权益变动表以及相关财务报表附注（以下统称财务报表）进行审计。

2．乙方审计工作的目标是对财务报表整体是否不存在由于舞弊或错误导致的重大错报获取合理保证，并出具包含审计意见的审计报告。合理保证是高水平的保证，但并不能保证按照审计准则执行的审计在某一重大错报存在时总能发现。错报可能由于舞弊或错误导致，如合理预期错报单独或汇总起来可能影响财务报表使用者依据财务报表做出的经济决策，则通常认为错报是重大的。

3．乙方通过执行审计工作，对财务报表的下列方面发表审计意见：（1）财务报表是否在所有重大方面按照企业会计准则的规定编制；（2）财务报表是否在所有重大方面公允反映了甲方 2022 年 12 月 31 日的财务状况以及 2022 年度的经营成果和现金流量。

二、甲方的责任

1．根据《中华人民共和国会计法》及《企业财务会计报告条例》，甲方及甲方负责人有责任保证会计资料的真实性和完整性。因此，甲方管理层有责任妥善保存和提供会计记录（包括但不限于会计凭证、会计账簿及其他会计资料），这些记录必须真实、完整地反映甲方的财务状况、经营成果和现金流量。

2．按照企业会计准则的规定编制和公允反映财务报表是甲方管理层的责任，这种责任包括：（1）按照企业会计准则的规定编制财务报表，并使其实现公允反映；（2）设计、执行和维护必要的内部控制，以使财务报表不存在由于舞弊或错误导致的重大错报。

3．在编制财务报表时，甲方管理层负责评估甲方的持续经营能力，必要时披露与持续经营相关的事项，并运用持续经营假设，除非管理层计划清算、终止运营或别无其他现实的选择。甲方治理层负责监督甲方的财务报告过程。

4．及时为乙方的审计工作提供与审计有关的所有记录、文件和所需的其他的信息（在 2023 年 1 月 28 日之前提供审计所需的全部资料，如在审计过程中需要补充资料，亦应及时提供），并保证所提供资料的真实性和完整性。

5．确保乙方不受限制地接触其认为必要的甲方内部人员和其他相关人员。

6．甲方管理层对其做出的与审计有关的声明予以书面确认。

7．为乙方派出的有关工作人员提供必要的工作条件和协助，乙方将于外勤工作开始前提供主要事项清单。

8．按照本约定书的约定及时足额支付审计费用，以及乙方人员在审计期间的交通、食宿和其他相关费用。

9．乙方的审计不能减轻甲方及甲方管理层的责任。

三、乙方的责任

1．乙方按照中国注册会计师审计准则（以下简称审计准则）的规定执行审计工作。审计准则要求注册会计师遵守《中国注册会计师职业道德守则》。在执行审计的过程中，乙方需要运用职业判断，保持职业怀疑。

2．乙方识别和评估由于舞弊或错误导致的财务报表重大错报风险，设计和实施审计程序以应对这些风险，并获取充分、适当的审计证据，作为发表审计意见的基础。由于舞弊可能涉及串通、伪造、故意遗漏、虚假陈述或凌驾于内部控制之上，未能发现由于舞弊导致的重大错报的风险高于未能发现由于错误导致的重大错报的风险。

3．乙方了解与审计相关的内部控制，以设计恰当的审计程序，但目的并非对内部控制的有效性发表意见。

4．乙方评价管理层选用会计政策的恰当性和做出会计估计及相关披露的合理性。

5．乙方对甲方管理层使用持续经营假设的恰当性得出结论。同时，根据获取的审计证据，就可能导致对甲方持续经营能力产生重大疑虑的事项或情况是否存在重大不确定性得出结论。如乙方得出结论认为存在重大不确定性，应当在审计报告中提请报表使用者注意财务报表中的相关披露；如披露不充分，乙方应当发表非无保留意见。乙方的结论基于截至审计报告日可获得的信息。然而，未来的事项或情况可能导致甲方不能持续经营。

6．乙方评价财务报表的总体列报、结构和内容，并评价财务报表是否公允反映相关交易和事项。

7．乙方从与甲方治理层沟通过的事项中，确定对本期财务报表审计最为重要的事项（关键审计事项），并在审计报告中描述这些事项（如适用）。这些事项的应对以对财务报表整体进行审计并形成审计意见为背景，乙方不对这些事项单独发表意见。

8．在审计过程中，乙方若发现甲方存在乙方认为值得关注的内部控制缺陷，应以书面形式向甲方治理层或管理层通报。但乙方通报的各种事项，并不代表已全面说明所有可能存在的缺陷或已提出所有可行的改进建议。甲方在实施乙方提出的改进建议前应全面评估其影响。未经乙方书面许可，甲方不得向任何第三方提供乙方出具的沟通文件，除非法律法规另有要求。

9．由于审计和内部控制的固有限制，即使按照审计准则的规定适当地计划和执行审计工作，仍无法避免财务报表的某些重大错报可能未被乙方发现的风险。

10．按照约定时间完成审计工作，出具审计报告。乙方应于2023年3月20日前出具审计报告。

11．除下列情况外，乙方应当对执行业务过程中知悉的甲方信息予以保密：（1）法律法规允许披露，并取得甲方的授权；（2）根据法律法规的要求，为法律诉讼、仲裁准备文件或提供证据，以及向监管机构报告发现的违法行为；（3）在法律法规允许的情况下，在法律诉讼、仲裁中维护自己的合法权益；（4）接受注册会计师协会或监管机构的执业质量检查，答复其询问和调查；（5）向注册会计师协会或监管机构进行报备；（6）法律法规、执业准则和职业道德规范规定的其他情形。

四、审计收费

1．本次审计服务的收费是以乙方各级别工作人员在本次工作中所耗费的时间为基础计算的。乙方预计本次审计服务的费用总额为人民币18万元。

2．甲方应于本约定书签署之日起2日内支付60%的审计费用，其余款项于审计报告出具当日结清。

3．如由于无法预见的原因，致使乙方从事本约定书所涉及的审计服务实际时间较本约定书签订时预计的时间有明显增加或减少时，甲乙双方应通过协商，相应调整本部分第1段所述的审计费用。

4．如由于无法预见的原因，致使乙方人员抵达甲方的工作现场后，本约定书所涉及的审计服务中止，甲方不得要求退还预付的审计费用；如上述情况发生于乙方人员完成现场审计工作，并离开甲方的工作现场之后，甲方应另行向乙方支付人民币2万元的补偿费，该补偿费应于甲方收到乙方的收款通知之日起2日内支付。

5．与本次审计有关的其他费用（包括交通费、食宿费等）由甲方承担。

五、审计报告和审计报告的使用

1．乙方按照中国注册会计师审计准则规定的格式和类型出具审计报告。

2．乙方向甲方致送审计报告一式6份。

3．甲方在提交或对外公布乙方出具的审计报告及其后附的已审计财务报表时，不得对其进行修改。当甲方认为有必要修改会计数据、报表附注和所作的说明时，应当事先通知乙方，乙方将考虑有关的修改对审计报告的影响，必要时，将重新出具审计报告。

六、本约定书的有效期间

本约定书自签署之日起生效，并在双方履行完毕本约定书约定的所有义务后终止。但其中第三项第11段、第四、五、七、八、九、十项并不因本约定书终止而失效。

七、约定事项的变更

如出现不可预见的情况，影响审计工作如期完成，或需要提前出具审计报告，甲、乙双方均可要求变更约定事项，但应及时通知对方，并由双方协商解决。

八、终止条款

1．如根据乙方的职业道德及其他有关专业职责、适用的法律法规或其他任何法定的要求，乙方认为已不适宜继续为甲方提供本约定书约定的审计服务，乙方可以采取向甲方提出合理通知的方式终止履行本约定书。

2．在本约定书终止的情况下，乙方有权就其于终止之日前对约定的审计服务项目所做的工作收取合理的费用。

九、违约责任

甲、乙双方按照《中华人民共和国民法典》中合同编的规定承担违约责任。

十、适用法律和争议解决

本约定书的所有方面均应适用中华人民共和国法律进行解释并受其约束。本约定书履行地为乙方出具审计报告所在地，因本约定书所引起的或与本约定书有关的任何纠纷或争议（包括关于本约定书条款的存在、效力或终止，或无效之后果），双方选择第2种解决方式：

1．向有管辖权的人民法院提起诉讼。

2．提交公司所在地仲裁委员会仲裁。

十一、双方对其他有关事项的约定

本约定书一式四份，甲、乙双方各执两份，具有同等效力。

续表

甲方：杭州梦舒纺织股份有限公司（盖章）	乙方：浙江神农会计师事务所（盖章）
授权代表：倪某可（签章）	授权代表：胡某（盖章）
2023 年 1 月 25 日	2023 年 1 月 25 日

本项目任务解析与知识拓展

任务解析 3-1

任务解析 3-2

准则链接

《中国注册会计师审计准则第 1111 号——就审计业务约定条款达成一致意见》及其应用指南

拓展阅读

推进新时代企业审计工作高质量发展

技能训练

1. 在 2023 年年初完成了华清公司 2022 年度财务报表审计业务后，方正会计师事务所及其职员在 2023 年 3—10 月与华清公司进行了多方位的合作。2023 年 11 月，华清公司决定继续聘请方正会计师事务所执行其 2022 年度财务报表的审计业务。为此，方正会计师事务所正在考虑以下情况是否影响其承接华清公司的 2023 年度财务报表审计业务。

（1）项目组王华注册会计师的父亲 2023 年 5 月起承包了一家专卖店，该店专营华清公司下属的全资子公司所生产的老年人保健食品。

（2）方正会计师事务所的主任会计师王怡在一年前将其拥有的一处住宅通过房屋中介公司出租给一对年轻夫妇李华和王怡。李华于 2023 年 7 月起担任华清公司的财务经理。

（3）张华注册会计师的子女在 2023 年曾担任华清公司的总经理秘书，但已于 2023 年 11 月辞职赴澳大利亚经商。

【训练要求】单独考虑上述每种情况，指出是否影响审计业务的独立性，并指出涉及的相关人员能否参加审计小组，或在采取何种措施后方可加入审计小组。

2. 在 2023 年年初完成了华江公司 2022 年度财务报表审计业务后，园华会计师事务所及其职员在 2023 年 3—10 月与华江公司进行了多方位的合作。2023 年 11 月，华江公司决定继续聘请园华会计师事务所执行其 2023 年度财务报表的审计业务。为此，园华会计师事务所正在考虑以下情况是否影响其承接华江公司的 2023 年度财务报表审计业务。

（1）2023 年 6 月，园华会计师事务所与华江公司签订协议，协议约定自 2023 年 12 月起，华江公司向园华会计师事务所提供 1 000 万元资金，由该所全权代理华江公司的股票买卖业务。

（2）2023 年 7 月，为购买办公用房，园华会计师事务所按正常条件请华江公司出面担保，从兴业银行取得了金额为 500 万元的 10 年期借款。

（3）2023 年 8 月，为提高财务工作质量，华江公司开展了内部审计业务，在取得园华会计师事务所同意后，聘请了该所的张怡注册会计师对内部审计工作进行业务指导。

【训练要求】单独考虑上述每种情况，指出是否影响审计业务的独立性，并指出会计师事务所能否承接审计业务，或在采取何种措施后方可接受该审计业务。

项目四 进行审计计划工作

学习目标

【知识目标】理解重要性和审计风险的含义，以及重要性和审计风险的关系；理解错报的含义及分类；熟悉总体审计策略和具体审计计划的编制内容。

【技能目标】掌握重要性水平的确定方法及应用，理解累积未更正错报对审计结果评价的影响，掌握总体审计策略和具体审计计划的格式及编制内容。

【素养目标】充分认识计划的重要性，培养正确的计划意识，提高职业认知水平，明确人生目标，树立正确且积极的人生观、职业观。

关键词汇

重要性（Materiality）   审计风险（Audit Risk）

重大错报风险（Risk of Material Misstatement）   检查风险（Detection Risk）

总体审计策略（Overall Audit Plan）   具体审计计划（Audit Program）

任务一 评估并确定重要性水平业务活动

📖 任务导入 4-1

XYZ 会计师事务所承接了乙公司 2023 年度的财务报表审计业务，派出了 A 注册会计师进入乙公司进行审计。A 注册会计师按资产总额 5 000 万元的 2‰计算了资产负债表的重要性水平，按净利润 600 万元的 2%计算了利润表的重要性水平，从谨慎性原则出发，他最终应取（   ）万元作为财务报表层次的重要性水平。

A. 11   B. 0   C. 10   D. 12

一、正确理解重要性的含义

重要性概念的运用贯穿整个审计过程。财务报告编制基础通常从编制和列报财务报表的角度阐释重要性概念。财务报表错报包括财务报表金额的错报和财务报表披露的错报。重要性取决于在具体环境下对错报（含漏报）金额和性质的判断。通常而言，重要性的含义可以从下列方面进行理解。

（1）如果合理预期错报（包括漏报）单独或汇总起来可能影响财务报表使用者依据财务报表做出的经济决策，则通常认为该项错报是重大的。

（2）对重要性的判断，是根据具体环境做出的，并受错报的金额或性质的影响，或受两者共同作用的影响。

（3）判断某事项对财务报表使用者是否重大，是在考虑财务报表使用者整体共同的财务信息需求的基础上做出的。由于不同财务报表使用者对财务信息的需求可能差异很大，因此不考虑错报对个别财务报表使用者可能产生的影响。

（4）确定重要性离不开特定的环境。不同的被审计单位面临不同的环境，不同的报表使用者有着不同的信息需求，所以注册会计师确定的重要性也不相同。某一金额的错报对某被审计单位的财务报表来说是重要的，而对另一个被审计单位的财务报表来说可能不重要。

（5）对重要性的评估需要运用注册会计师的职业判断。影响重要性的因素有很多，注册会计师应当根据被审计单位面临的环境，综合考虑其他因素，合理确定重要性。

二、如何确定重要性水平

在计划审计工作时，注册会计师应当确定一个可接受的重要性水平，以发现金额上的重大错报。注册会计师在确定计划的重要性水平时，需要考虑对被审计单位及其环境的了解、审计的目标、财务报表各项目的性质及其相互关系、财务报表项目的金额及其波动幅度。注册会计师应从数量和性质两个方面合理确定重要性水平。

微课 4-1

如何确定重要性水平

1. 从数量方面考虑重要性

重要性的数量，是针对错报的金额大小而言的。重要性水平是一个经验值，注册会计师只能通过职业判断确定重要性水平。在审计过程中，注册会计师应当考虑财务报表层次和各类交易、账户余额、列报认定层次的重要性水平。

（1）财务报表层次重要性水平的确定。注册会计师要对整体财务报表发表审计意见，必须考虑财务报表层次的重要性，这样才能得出财务报表是否公允反映的结论。在确定财务报表层次重要性水平时，通常采用的程序为：先选择一个恰当的基准，再选用适当的百分比乘该基准，从而得出该层次的重要性水平。

在实务中，通常选用总资产、净资产、营业收入、费用总额、净利润等作为计算基准。就选用的基准而言，相关的财务数据通常包括前期财务成果和财务状况、本期最新的财务成果和财务状况、本期的预算和预测结果。当然，本期最新的财务成果和财务状况、本期的预算和预测结果需要根据被审计单位情况的重大变化和被审计单位所处行业、经济环境情况的变化等做出调整。在确定恰当的基准后，注册会计师通常运用职业判断合理选择百分比，据以确定重要性水平。对于以营利为目的的企业，可以选择税前利润或税后净利润的 5%～10%、营业收入的 0.5%～1%、毛利的 3%～5%、净资产的 0.5%～1%或总资产的 0.5%～1%；对于非营利组织，可选择费用总额或总收入的 0.5%；对于共同基金公司，可选择净资产的 0.5%。百分比无论是高一些还是低一些，只要符合具体情况，都是适当的。

（2）特定类别交易、账户余额或列报认定层次重要性水平的确定。特定类别交易、账户余额、列报认定层次的重要性水平称为可容忍错报，对审计证据数量有直接的影响，因此，注册会计师应当合理确定可容忍错报。可容忍错报的确定以注册会计师对财务报表层次重要性水平的初步评估为基础。它是在不导致财务报表存在重大错报的情况下，注册会计师对特定类别交易、账户余额或列报确定的可接受的最大错报。

注册会计师在确定特定类别交易、账户余额或列报认定层次的重要性水平时，应当考虑以下主要因素：各类交易、账户余额、列报的性质及错报的可能性；各类交易、账户余额、列报的重要性水平与财务报表层次重要性水平的关系。在实务中，注册会计师还应考虑账户或交易的审计成本。可容忍错报通常可以采用分配法予以确定。在采用分配法时，各账户或交易层次的重要性水平之和应当等于财务报表层次的重要性水平，而且分配的对象一般是资产负债表账户。

2. 从性质方面考虑重要性

注册会计师在运用重要性原则时，除了考虑错报的金额，还要考虑错报的性质。有时金额不重要的错报从性质上看有可能是重要的。

注册会计师在从性质方面判断错报是否重要时，应该考虑：错报对遵守法律法规要求的影响程度；错报对遵守债务契约或其他合同要求的影响程度；错报对掩盖收益或其他趋势变化的影响程度（尤其在联系宏观经济背景和行业状况进行考虑时）；错报对用于评价被审计单位财务状况、经营成果或现金流量的有关比率的影响程度；错报对财务报表中列报的分部信息的影响程度，如错报事项对分部或被审计单位其他经营部分的重要程度，而这些分部或经营部分对被审计单位的经营或利润有重大影响；错报对增加管理层报酬的影响程度，如管理层通过错报来达到有关奖金或其他激励政策规定的要求，从而增加其报酬；错报对某些账户余额之间错误分类的影响程度，这些错误分类影响到财务报表中应单独披露的项目，如经营收益和非经营收益之间的错误分类，非营利单位受到限制资源和非限制资源的错误分类；相对于注册会计师所了解的以前向报表使用者传达的信息（如利润预测）而言错报的重大程度；错报是否涉及特定方的项目，如与被审计单位发生交易的外部单位是否与被审计单位管理层的成员有关联等情况。值得注意的是，注册会计师不能以存在上述因素为由而必然认为错报是重大的。

三、实际执行的重要性确定

实际执行的重要性，是指注册会计师确定的低于财务报表整体重要性的一个或多个金额，旨在将未更正和未发现错报的汇总数超过财务报表整体的重要性的可能性降至适当的低水平。如果适用，实际执行的重要性还指注册会计师确定的低于特定类别的交易、账户余额或列报的重要性水平的一个或多个金额，其目的是将这些交易、账户余额或列报中未更正与未发现错报的汇总数超过这些交易、账户余额或列报的重要性水平的可能性降至适当的低水平。

确定实际执行的重要性，需要注册会计师运用职业判断，并考虑以下内容：对被审计单位的了解、前期审计工作中识别出的错报的性质和范围、根据前期识别出的错报对本期错报做出的预期等因素的影响。通常而言，实际执行的重要性水平一般为财务报表整体重要性的50%～70%。

可能选择较低的百分比的情况：首次接受委托的审计项目；项目总体风险较高，如处于高风险行业、管理层能力欠缺、面临较大市场竞争压力或业绩压力等；存在或预期存在值得关注的内部控制缺陷。

可能选择较高的百分比的情况：连续审计项目，以前年度审计调整较少；项目总体风险低到中等，如处于非高风险行业、管理层有足够的能力、面临较低的市场竞争压力和业绩压力等；以前期间审计经验表明内部控制运行有效。注册会计师在审计过程中，如果发现实际财务成果与最初确定财务报表整体的重要性时使用的预期本期财务成果相比存在着很大差异，则需要修改重要性水平。

四、计划阶段重要性水平编制实例（见表4-1）

表4-1　　　　　　　　　　　　　　重要性水平

被审计单位：　梦舒公司　　　　　　　编制：　田某　　日期：　2023年1月26日　　索引号：Z301-2

会计期间：　2022年1月1日—2022年12月31日　　复核：　胡某　　日期：　2023年1月29日　　页次：　1

> 说明：本表由现场负责人或项目负责人编制，并经项目合伙人复核和批准，必要时，经第二合伙人同时复核和批准。当以资产总额或所有者权益为基础计算重要性水平时，采用资产负债表日或接近该日的余额（如总账、试算平衡表，或内部财务报表）。当以主营业务收入、税前利润或毛利为基础计算重要性水平时，如果采用的是最近的中期数据，应当将其换算为年度数据；如果年度间波动显著，应考虑采用3～5年的平均数。
>
> 步骤3所确定的重要性水平金额应当在步骤1和步骤2所得出结果的区间内，从谨慎性原则出发，应选择最低者作为重要性水平。也可考虑被审计单位的实际情况、审计成本等方面的影响，采用平均数原则或者其他合理的原则确定。

步骤1　以经营成果为基础计算的重要性水平

单位：元

计算基础	基数 （1）	选择的比例 （2）	估计的重要性水平 （3）＝（1）×（2）
营业收入	121 017 164.9	1.65%	1 996 783.22
利润总额	11 005 888.64	8%	880 471.09
毛利	8 736 553.70	5%	436 827.69

续表

步骤 2　以财务状况为基础计算的重要性水平

单位：元

计算基础	基数 （1）	选择的比例 （2）	估计的重要性水平 （3）=（1）×（2）
资产总额	244 875 739.3	0.5%	1 224 378.70
所有者权益	103 704 077.4	1%	1 037 040.77

步骤 3　计划阶段财务报表整体重要性水平

根据步骤 1 和 2 的计算结果，计划阶段重要性水平的区间为 436 827.69 元到 1 037 040.77 元，采取区间平均数原则，确定重要性水平为 736 934.23 元。

步骤 4　可容忍的错报水平（实际执行的重要性水平）

可容忍的错报水平是计划阶段重要性水平在认定层次的应用，是注册会计师可以接受的认定层次的最大错报金额。可容忍的错报水平应用于计算样本规模和其他与测试范围相关的决策。

可容忍的错报水平可按以下方式计算，通常选择的百分比为计划阶段重要性水平的 50%～70%。

计划阶段重要性水平（步骤 3 确定的金额）×百分比（50%～70%）＝可容忍错报金额

重要性水平：736 934.23×50%＝368 467.12（元）

步骤 5　明显微小错报的临界值

明显微小错报的临界值，一般选择财务报表整体重要性的 3%～5%。

明显微小错报的临界值＝736 934.23×3%＝22 108.03（元）

任务二　初步识别可能存在较高的重大错报风险的领域

📖**任务导入 4-2**

下列各项中，即使错报金额低于财务报表整体的重要性，但注册会计师可能认为影响财务报表使用者经济决策的有（　　　）。

A．制药企业的研究与开发成本　　　　B．关联方交易

C．固定资产　　　　D．重大企业合并的披露

一、审计风险的含义及模型

微课 4-2

审计风险的含义及模型

审计风险是指财务报表存在重大错报而注册会计师发表不恰当审计意见的可能性。注册会计师应当获取认定层次充分、适当的审计证据，以便在完成审计工作时，能够以可接受的低审计风险对财务报表整体发表审计意见。可接受的审计风险的确定，需要考虑会计师事务所对审计风险的态度、审计失败对会计师事务所可能造成损失的大小等因素。需要注意的是，审计业务是一种保证程度高的鉴证业务，可接受的审计风险应当足够低，以使注册会计师能够合理保证所审计的财务报表不含重大错报。审计风险取决于重大错报风险和检查风险。

1. 重大错报风险

重大错报风险是指财务报表在审计前存在重大错报的可能性。注册会计师在设计审计程序以确定财务报表整体是否存在重大错报时，应从财务报表层次与各类交易、账户余额和列报的认定层次两个方面来考虑重大错报风险。认定层次的重大错报风险还可继续细分为固有风险和控制风险。固有风险是指假设不存在相关的内部控制，某一认定发生重大错报的可能性，无论该错报单独考虑，

还是连同其他错报构成重大错报。控制风险是指某项认定发生了重大错报，无论该错报单独考虑，还是连同其他错报构成重大错报，而该错报没有被企业的内部控制及时防止、发现和纠正的可能性。控制风险取决于与财务报表编制有关的内部控制的设计和运行的有效性。由于控制的固有局限性，某种程度的控制风险始终存在。

在设计审计程序以确定财务报表整体是否存在重大错报时，注册会计师应当从财务报表层次与各类交易、账户余额和列报认定层次考虑重大错报风险。财务报表层次重大错报风险通常与控制环境有关，并与财务报表整体存在广泛联系，可能影响多项认定，但难以界定某类交易、账户余额、列报的具体认定。注册会计师应当评估财务报表层次的重大错报风险，并根据评估结果确定总体应对措施，包括向项目组分派更有经验或具有特殊技能的注册会计师、利用相关专家的工作或提供更多的督导等。注册会计师应当关注财务报表的重大错报，但没有责任发现对财务报表整体不产生重大影响的错报。

2. 检查风险

检查风险是指如果存在某一错报，该错报单独或连同其他错报可能是重大的，但注册会计师通过实施将审计风险降至可接受低水平的审计程序后未发现这种错报的可能性。检查风险取决于审计程序设计的合理性和执行的有效性。由于注册会计师通常并不对所有的交易、账户余额和列报进行检查，以及其他原因，检查风险不可能降低为零。其他原因包括注册会计师可能选择了不恰当的审计程序、审计过程执行不当，或者错误解读了审计结论。这些因素可以通过适当计划、在项目组成员间进行恰当的职责分配、保持职业怀疑态度以及监督、指导和复核助理人员所执行的审计工作得以解决。注册会计师应当合理设计审计程序的性质、时间和范围，并有效执行审计程序以控制检查风险。

3. 审计风险模型

在既定的审计风险水平下，可接受的检查风险水平与认定层次重大错报风险的评估结果成反向变动关系。用数学模型表示如下。

$$审计风险 = 重大错报风险 \times 检查风险$$

评估的重大错报风险越高，可接受的检查风险越低；评估的重大错报风险越低，可接受的检查风险越高。假设针对某一认定，注册会计师将可接受的审计风险水平设定为5%，注册会计师实施风险评估程序后将重大错报风险评估为20%，则根据这一模型，可接受的检查风险为25%。在实务中，注册会计师也可以用"高""中""低"等文字进行描述。注册会计师应当实施审计程序，评估重大错报风险，并根据评估结果设计和实施进一步审计程序，以控制检查风险。

二、重要性与审计风险的关系

1. 重要性与审计风险之间呈反向变动关系

重要性水平越高，审计风险就越低；重要性水平越低，审计风险就越高。重要性是决定审计风险水平高低的关键因素，注册会计师对重要性水平的判断直接影响审计风险水平的确定。这里，重要性水平指的是金额的大小，而且是从财务报表使用者的角度来判断的。

例如，一般来说5万元的重要性水平比3万元的重要性水平高，如果重要性水平是5万元，则意味着低于5万元的错报与漏报不会影响财务报表使用者的判断与决策，注册会计师仅仅需要通过执行有关审计程序查出高于5万元的错报或漏报。如果重要性水平是3万元，则意味着金额在3万元到5万元之间的错报或漏报仍然会影响财务报表使用者的决策与判断，注册会计师不仅需要执行有关审计程序查出金额在5万元以上的错报或漏报，而且还要执行有关审计程序

微课 4-3

重要性与审计风险
的关系

查出金额在 3 万元到 5 万元之间的错报或漏报。显然，重要性水平为 3 万元时，审计不出重大错报的可能性（即审计风险），要比重要性水平为 5 万元时的审计风险高。审计风险越高，越要求注册会计师收集更多、更有效的审计证据，将审计风险降至可接受的低水平。因此，重要性和审计证据之间也是反向变动关系。

值得注意的是，注册会计师不能通过不合理地人为调高重要性水平降低审计风险。因为重要性水平是依据重要性中所述的判断标准确定的，而不是由主观期望的审计风险水平决定的。注册会计师应当综合考虑各种因素，合理确定重要性水平。

2. 考虑重要性与审计风险的关系对审计程序的影响

对重要性及其与审计风险的关系的考虑应当贯穿注册会计师审计工作的全过程。在不同的审计阶段，重要性与审计风险的关系都会对审计程序产生影响。

在审计计划阶段，注册会计师在确定审计程序的性质、时间和范围时，需要考虑计划的重要性水平。也就是说，在计划审计工作时，注册会计师应当考虑导致财务报表发生重大错报的原因，确定一个可接受的重要性水平，即首先为财务报表层次确定重要性水平，以发现金额上的重大错报。同时，注册会计师还应当评估各类交易、账户余额及列报认定层次的重要性，以便确定进一步审计程序的性质、时间和范围，将审计风险降至可接受的低水平。注册会计师在确定审计程序的性质、时间和范围时，应当考虑重要性与审计风险之间的反向变动关系。

在审计测试阶段，随着审计过程的推进，注册会计师应当及时评价计划阶段确定的重要性水平是否仍然合理，并根据具体环境的变化或在审计执行过程中进一步获取的信息，修正计划的重要性水平，进而修改进一步审计程序的性质、时间和范围。在确定审计程序后，如果注册会计师决定接受更低的重要性水平，审计风险将增加。注册会计师应当选用下列方法将审计风险降至可接受的低水平：如有可能，通过扩大控制测试范围或实施追加的控制测试，降低评估的重大错报风险，并支持降低后的重大错报风险水平；通过修改计划实施的实质性程序的性质、时间和范围，降低检查风险。

在审计完成阶段，评价审计程序结果时，注册会计师确定的重要性和审计风险，可能与计划审计工作时评估的重要性和审计风险存在差异。在这种情况下，注册会计师应当重新确定重要性和审计风险，并考虑实施的审计程序是否充分。

三、评价结果时对错报与重要性的考虑

1. 错报的含义

错报，是指某一财务报表项目的金额、分类、列报或披露，与按照适用的财务报告编制基础应当列示的金额、分类、列报或披露之间存在的差异；或根据注册会计师的判断，为使财务报表在所有重大方面实现公允反映，需要对金额、分类、列报或披露做出的必要调整。错报可能由下列事项导致：收集或处理用以编制财务报表的数据时出现错误；遗漏某项金额或披露；疏忽或明显误解有关事实导致做出不正确的会计估计；注册会计师认为管理层对会计估计做出不合理的判断或对会计政策做出不恰当的选择和运用。

注册会计师可能将低于某一金额的错报界定为明显微小的错报，对这类错报不需要累积，因为注册会计师认为这些错报的汇总数明显不会对财务报表产生重大影响。如果不能确定一个或多个错报是否明显微小，就不能认定这些错报是明显微小的。

2. 错报的分类

为帮助注册会计师评价审计过程中累积的错报的影响以及与管理层和治理层沟通错报事项，可以将错报分为事实错报、判断错报和推断错报。

（1）事实错报。事实错报是毋庸置疑的错报。这类错报产生于被审计单位收集和处理数据的错误，对事实的忽略或误解，或故意舞弊行为。比如，注册会计师在审计测试中发现最近购入原材料的实际价值为 80 000 元，但账面记录的金额为 50 000 元。因此，存货和应付账款分别被低估了 30 000元，这里被低估的 30 000 元就是已识别的对事实的具体错报。

（2）判断错报。判断错报是由于注册会计师认为管理层对会计估计做出不合理的判断或对会计政策做出不恰当的选择和运用而产生的差异。这类错报属于主观决策的错报，产生于以下两种情况。一是管理层和注册会计师对会计估计值的判断差异。例如，包含在财务报表中的管理层做出的估计值超出了注册会计师确定的一个合理范围，导致出现判断差异。二是管理层和注册会计师对选择和运用会计政策的判断差异。注册会计师认为管理层选用会计政策不适当造成错报，管理层却认为选用会计政策适当，导致出现判断差异。

（3）推断错报。注册会计师对总体存在的错报做出的最佳估计数，涉及根据在审计样本中识别出的错报来推断总体的错报。推断错报通常包括以下几种。第一，通过测试样本估计出的总体的错报减去在测试中发现的已经识别的具体错报。例如，库存商品年末余额为 4 000 万元，注册会计师抽查 10%样本发现金额有 200 万元的高估，高估部分为账面金额的 15%。据此，注册会计师推断总体的错报金额为 600（即 4 000×15%）万元，那么上述 200 万元就是已识别的具体错报，其余 400 万元为推断错报（或推断误差）。第二，通过实质性分析程序推断出的估计错报。例如，注册会计师根据客户的预算、资料及行业趋势等要素，对客户年度销售费用独立地做出估计，并与客户账面金额比较，发现两者之间有 40% 的差异；考虑到估计的精确性有限，注册会计师根据经验认为 8% 的差异通常是可接受的，而剩余 32% 的差异需要有合理解释并取得佐证证据；假定注册会计师对其中 10% 的差异无法得到合理解释或不能取得佐证，则该部分差异金额为推断误差。

3. 错报的沟通和更正

注册会计师及时与适当层级的管理层沟通错报事项是重要的，因为这能使管理层评价这些事项是否为错报，并采取必要行动，如有异议则告知注册会计师。适当层级的管理层通常是指有责任和权限对错报进行评价并采取必要行动的人员。

法律法规可能限制注册会计师向管理层或被审计单位内部的其他人员通报某些错报。比如，法律法规可能专门禁止通报某事项或采取其他行动，这些通报或行动可能不利于有关权力机构对实际存在的或怀疑存在的违法行为展开调查。在某些情况下，注册会计师的保密义务与通报义务之间存在的潜在冲突可能很复杂。此时，注册会计师可以考虑征询法律意见。

管理层更正所有错报，能够保持会计账簿和记录的准确性，降低与本期相关的、非重大的且尚未更正的错报的累积影响导致未来期间财务报表出现重大错报的风险。

4. 评价审计结果时对错报和重要性的考虑

（1）累积的未更正错报。累积的未更正错报是指注册会计师在审计过程中累积的且被审计单位未予更正的错报。注册会计师在完成审计工作时，为确定被审计单位的财务报表是否合法、公允，应当汇总尚未更正的错报或漏报，并将其与财务报表层次的重要性水平相比较，考虑其金额与性质是否对财务报表的反映产生重大影响。注册会计师在汇总尚未更正的错报或漏报时，应当包括已识别和推断的错报或漏报，即事实错报、判断错报和推断错报。

（2）评价累积未更正错报的影响。注册会计师应当评估在审计过程中已识别的但尚未更正错报的累积数是否重大。注册会计师需要在出具审计报告之前，评估尚未更正错报单独或累积的影响是否重大。在评估时，注册会计师应当从特定类别的交易、账户余额及列报认定层次和财务报表层次考虑这些错报的金额和性质，以及这些错报发生的特定环境。

注册会计师应当分别考虑每项错报对相关交易、账户余额及列报的影响，包括错报是否超过之前为特定类别交易、账户余额及列报所设定的较之财务报表层次重要性水平更低的可容忍错报。此外，如果某项错报是（或可能是）由舞弊造成的，无论其金额大小，注册会计师均应当按照《中国注册会计师审计准则第 1141 号——财务报表审计中与舞弊相关的责任》的规定，考虑其对整个财务报表审计的影响。考虑到某些错报发生的环境，即使其金额低于计划的重要性水平，注册会计师仍可能认为其单独或连同其他错报从性质上看是重大的。

注册会计师在评估未更正错报是否重大时，不仅需要考虑每项错报对财务报表的单独影响，而且需要考虑所有未更正错报对财务报表的累积影响及其形成原因，尤其是一些金额较小的错报，虽然单个看起来并不重大，但是其累积后却可能对财务报表产生重大的影响。将累积未更正错报与财务报表重要性水平进行比较，可能出现以下三种情况。

第一，如果累积未更正错报低于重要性水平（并且其性质不具有重要性），对财务报表的影响不重大，注册会计师可以发表无保留意见的审计报告。

第二，如果累积未更正错报超过了重要性水平，对财务报表的影响可能是重大的，注册会计师应当考虑通过扩大审计程序的范围或要求管理层调整财务报表以降低审计风险。在任何情况下，注册会计师都应当要求管理层就已识别的错报调整财务报表。如果管理层拒绝调整财务报表，并且扩大审计程序范围的结果不能使注册会计师认为尚未更正错报的汇总数不重大，注册会计师应当考虑出具非无保留意见的审计报告。

第三，如果已识别但尚未更正错报的汇总数接近重要性水平，注册会计师应当考虑该汇总数连同尚未发现的错报是否可能超过重要性水平，并考虑通过实施追加的审计程序，或要求管理层调整财务报表降低审计风险。

任务三　制定总体审计策略和具体审计计划

📖 任务导入 4-3

项目经理 J 负责对 ABC 公司 2023 年度财务报表进行审计，项目经理 J 的以下处理不正确的是（　　）。

A. 为使审计程序与 ABC 公司的工作相协调，在编制审计计划时，项目经理 J 同 ABC 公司的财务经理就总体审计策略和某些审计程序进行了讨论

B. 项目经理 J 在计划中包含了审计工作进度、时间预算和费用预算等内容

C. 项目经理 J 要求在审计过程中，注册会计师应及时反馈对审计计划的执行情况，以便对审计计划进行修改、补充

D. 项目经理 J 对其编制的计划作了最后审核，在具体实施前下达至审计小组全体成员

一、总体审计策略的内容

微课 4-4

注册会计师应当做好计划审计工作，使审计业务以有效的方式得到执行。计划审计工作包括针对审计业务制定总体审计策略和具体审计计划，以使审计风险降至可接受的低水平。制定总体审计策略的目的是确定审计范围、时间和方向等，并指导制定具体审计计划。总体审计策略编制日期不应早于业务约定书的签署日，不应晚于实际审计工作开始日。

总体审计策略

在制定总体审计策略时，注册会计师应当考虑按照《中国注册会计师审计准则第 1121 号——对

财务报表审计实施的质量管理》的要求获取的信息，并采取下列措施：确定审计业务的特征，以界定审计范围；明确审计业务的报告目标，以计划审计的时间安排和所需沟通的性质；根据职业判断，考虑用以指导项目组工作方向的重要因素；考虑初步业务活动的结果，并考虑项目合伙人对被审计单位执行其他业务时获得的经验是否与审计业务相关（如适用）；确定执行业务所需资源的性质、时间安排和范围。

1. 审计范围

在确定审计范围时，需要考虑下列具体事项：编制财务报表适用的企业会计准则；预期的审计工作涵盖范围，包括需审计的集团内组成部分的数量及所在地点；母公司和集团内其他组成部分之间存在的控制关系的性质，以确定如何编制合并财务报表；其他注册会计师参与审计集团内组成部分的范围；除对合并财务报表审计之外，是否需要对组成部分的财务报表单独进行法定审计；内部审计工作的可利用性及对内部审计工作的拟依赖程度；被审计单位使用服务机构的情况，以及注册会计师如何取得有关服务机构内部控制设计、执行和运行有效性的证据；预期利用在以前审计工作中获取的审计证据的程度，如获取的与风险评估程序和控制测试相关的审计证据；信息技术对审计程序的影响；根据中期财务信息审阅及在审阅中所获信息对审计的影响，相应调整审计涵盖范围和时间安排；与为被审计单位提供其他服务的会计师事务所人员讨论可能影响审计的事项；与被审计单位人员的时间协调和相关数据可利用性。

2. 报告目标、时间安排及所需沟通

为计划报告目标、时间安排和所需沟通，需要考虑下列事项：被审计单位对外报告的时间表；与管理层和治理层就审计工作的性质、范围和时间所举行的会谈；与管理层和治理层讨论预期签发报告和其他沟通文件的类型及提交时间；就组成部分的报告及其他沟通文件的类型及提交时间与组成部分的注册会计师沟通；项目组成员之间预期沟通的性质和时间安排，包括项目组会议的性质和时间安排及复核工作的时间安排；预期是否需要与第三方沟通，包括与审计相关的法律法规规定和业务约定书约定的报告责任；与管理层讨论在整个审计过程中通报审计工作进展及审计结果的预期方式。

3. 审计方向

总体审计策略的制定，应当包括考虑影响审计业务的重要因素，以确定项目组工作方向，包括：确定适当的重要性水平，初步识别可能存在较高的重大错报风险的领域，初步识别重要的组成部分和账户余额，评价是否需要针对内部控制的有效性获取审计证据，识别被审计单位、所处行业、财务报告要求及其他相关方面最近发生的重大变化等。在确定审计方向时，注册会计师需要考虑下列事项：

（1）按照《中国注册会计师审计准则第1221号——计划和执行审计工作时的重要性》的规定确定重要性，并在适用的情况下考虑下列事项：按照《中国注册会计师审计准则第1401号——对集团财务报表审计的特殊考虑》的规定，为组成部分确定重要性并就此与组成部分注册会计师进行沟通；初步识别重要组成部分和重要的交易、账户余额和披露。

（2）初步识别的可能存在较高重大错报风险的领域。

（3）评估的财务报表层次的重大错报风险对指导、监督和复核的影响。

（4）以前审计中对内部控制运行有效性评价的结果，包括识别出的缺陷的性质和应对措施。

（5）有关管理层对设计、执行和维护健全的内部控制重视程度的证据，包括有关这些控制得以适当记录的证据。

（6）交易量规模，以确定注册会计师信赖内部控制是否使审计工作更有效率。

（7）被审计单位全体人员对内部控制对于业务成功运行的重要性的认识。

（8）管理层用于识别和编制适用的财务报告编制基础所要求的披露（包含从总账和明细账之外的其他途径获取的信息）的流程。

（9）影响被审计单位的重大业务发展变化，包括信息技术和业务流程的变化，关键管理人员变化，以及收购、兼并和分立。

（10）重大的行业发展情况，如行业法规和报告要求的变化。

（11）其他相关重大变化，如影响被审计单位的法律环境的变化。

4．审计资源

根据《中国注册会计师审计准则第 1201 号——计划审计工作》的规定，注册会计师应当在总体审计策略中清楚地说明审计资源的规划和调配，包括确定执行审计业务所必需的审计资源的性质、时间安排和范围。

（1）向具体审计领域调配的资源（人力资源、技术资源或知识资源）的性质。例如，向高风险领域分派经验丰富的项目组成员，或委派专家处理复杂事项。

（2）向具体审计领域分配资源的多少。例如，分派到多个地点实施存货监盘的项目组成员人数，在集团审计中复核组成部分注册会计师工作的范围，向高风险领域分配的审计时间预算等。

（3）何时调配这些资源，包括是在期中审计阶段还是在关键的截止日期调配资源等。

（4）如何指导、监督这些资源的利用。例如，预期何时召开项目组预备会和总结会，预期项目合伙人和经理如何进行复核（是现场复核还是非现场复核）。

注册会计师应当根据实施风险评估程序的结果对上述内容予以调整。总体审计策略的详略程度应当依据被审计单位的规模及该项审计业务的复杂程度的不同而变化。

二、具体审计计划的内容

总体审计策略一经制定，注册会计师就可以针对总体审计策略中的各个事项，制定具体审计计划，并考虑通过有效利用审计资源实现审计目标。制定总体审计策略和具体审计计划不是孤立或不连续的过程，而是相互紧密联系的，对其中一项的修改可能导致对另一项的相应修改。在实务中，注册会计师将制定总体审计策略和具体审计计划相结合进行，可能会使计划审计工作更有效率及效果。

微课 4-5

具体审计计划

具体审计计划应当包括下列内容：一是计划对项目组成员实施指导、监督并复核其工作的性质、时间安排和范围。二是按照《中国注册会计师审计准则第 1211 号——重大错报风险的识别和评估》的规定，计划要实施的风险评估程序的性质、时间安排和范围。例如，注册会计师计划向被审计单位为纺织品销售企业的管理层询问所在纺织行业经营环境是否已经发生或将要发生重大变化在具体审计计划中予以明确。三是按照《中国注册会计师审计准则第 1231 号——针对评估的重大错报风险采取的应对措施》的规定，在认定层次计划实施的进一步审计程序的性质、时间安排和范围。通常，注册会计师计划的进一步审计程序可以分为进一步审计程序的总体方案和拟实施的具体审计程序两个层次。进一步审计程序的总体方案主要是指注册会计师针对各类交易、账户余额和列报决定采用的总体方案（包括实质性方案或综合方案）。具体审计程序则是对进一步审计程序的总体方案的延伸和细化，它通常包括控制测试和实质性程序的性质、时间和范围。四是根据审计准则的规定，计划应当实施的其他审计程序。例如，《中国注册会计师审计准则第 1141 号——财务报表审计中与舞弊相关的责任》《中国注册会计师审计准则第 1142 号——财务报表审计中对法律法规的考虑》等准则中分别对注册会计师针对舞弊、违反法律法规行为等应执行的程序及其记录做出了规定。

计划审计工作并非审计业务的一个孤立阶段，而是一个持续的、不断修正的过程，贯穿整个审计业务的始终。由于未预期事项、条件的变化或在实施审计程序中获取的审计证据等，在审计过程中，注册会计师应当在必要时对总体审计策略和具体审计计划做出更新和修改。

三、总体审计策略和具体审计计划编制实例

（一）总体审计策略的编制（见表 4-2）

表 4-2 　　　　　　　　　　　　　　　　总体审计策略

被审计单位：梦舒公司　　　　　　　编制：　田某　日期：　2023 年 1 月 26 日　索引号：　Z301-1

会计期间：　2022 年 1 月 1 日—2022 年 12 月 31 日　复核：　胡某　日期：　2023 年 1 月 29 日　页次：　　1

一、审计范围

报告要求	内容
适用的财务报告编制基础（包括是否需要将财务信息按照其他财务报告编制基础进行转换）	企业会计准则及其相关规定
适用的审计准则	中国注册会计师审计准则
与财务报告相关的行业特别规定	无

二、审计时间安排

（一）报告时间要求

审计工作	时间
1．提交审计报告草稿	2023 年 3 月 6 日
2．签署正式审计报告	2023 年 3 月 18 日

（二）执行审计工作的时间安排

审计工作	时间
1．制定总体审计策略	2023 年 1 月 26 日
2．制定具体审计计划	2023 年 1 月 26 日
3．执行存货监盘	2023 年 2 月 6 日

（三）沟通的时间安排

沟通	时间
与管理层的沟通	进场前一次，进场后和签发报告前各一次
与治理层的沟通	进场前一次，进场后和签发报告前各一次
项目组会议（包括预备会和总结会）	预备会：2023 年 1 月 29 日　　总结会：2023 年 3 月 5 日

三、影响审计业务的重要因素

（一）重要性水平

重要性水平	索引号
财务报表整体的重要性	Z301-2
实际执行的重要性	Z301-2
明显微小错报的临界值	Z301-2

（二）可能存在较高重大错报风险的领域

1．纺织行业主要是对存货的市场性要有充分的了解，且行业受季节性影响，存货项目可能存在认定层次的重大错报风险
2．为了提高市场占有率及缓解经营业绩压力，且近年来受新冠肺炎疫情影响，收入可能存在舞弊的风险
3．客户、供应商较为集中，存在过度依赖少数客户和供应商的风险
4．采用新收入准则、新金融工具准则风险
5．管理层凌驾于内控之上的风险

续表

6．缺乏内部审计部门监督的风险
（三）识别重要的交易、账户余额和披露及相关认定
1．营业收入、营业成本：发生；准确性；截止
2．存货：存在；完整性；准确性、计价和分摊；截止
3．应收账款：存在；准确性、计价和分摊
4．固定资产：存在；准确性、计价和分摊
四、人员安排
（一）项目组主要成员

姓名	职级	主要职责
胡某	项目合伙人	项目总体风险控制
田某	审计经理	负责项目初步业务活动、审计计划和风险评估阶段底稿编制、实质性底稿复核，其他项目工作底稿编写及相关完成阶段工作，最终出具审计报告及底稿归档
张某	审计员	筹资与投资循环、货币资金循环、生产与仓储循环审计
郁某	审计员	采购与付款循环、工薪与人事循环审计
倪某	审计员	销售与收款循环审计

（二）质量控制复核人员

姓名	职级	主要职责
宋某某	高级审计经理	对项目质量及最终结果进行总体复核，保证报告出具的真实性

（二）具体审计计划的编制

1．具体审计计划（风险评估）实例（见表 4-3）

表 4-3　　　　　　　　具体审计计划（风险评估）

被审计单位：梦舒公司　　　　　　编制：田某　　　日期：2023 年 1 月 27 日　　　索引号：Z302-1

会计期间：2022 年 1 月 1 日—2022 年 12 月 31 日　复核：胡某　　日期：2023 年 1 月 29 日　　　页次：1

序号	审计程序及内容	执行人	技术级别	执行日期	修改日期	索引号
一	审计计划					
（一）	总体审计策略编制	田某	审计经理	2023 年 1 月 26 日		Z301-1
（二）	计划和执行审计工作时的重要性	田某	审计经理	2023 年 1 月 26 日		Z301-2
（三）	具体审计计划	田某	审计经理	2023 年 1 月 27 日		Z302-1 至 Z302-3
二	了解被审计单位及其环境（不包含内部控制）					
（一）	行业状况、法律环境与监管环境以及其他外部因素	田某	审计经理	2023 年 1 月 29 日		Z401-1
（二）	被审计单位的性质	田某	审计经理	2023 年 1 月 29 日		Z401-2
（三）	被审计单位对会计政策的选择和运用	田某	审计经理	2023 年 1 月 29 日		Z401-3
（四）	被审计单位的目标、战略以及相关经营风险	田某	审计经理	2023 年 1 月 29 日		Z401-4
（五）	被审计单位财务业绩的衡量和评价	田某	审计经理	2023 年 1 月 29 日		Z401-5
三	了解被审计单位内部控制					
（一）	在被审计单位整体层面了解内部控制	田某	审计经理	2023 年 1 月 30 日		Z402-1 至 Z402-6

续表

序号	审计程序及内容	执行人	技术级别	执行日期	修改日期	索引号
（二）	在被审计单位业务流程层面了解和评价内部控制	张某	审计专员	2023年1月30日		CGL、GXL、SCL、XSL、ZCZL、ZZJL
		郁某	审计专员			
		倪某	审计专员			
四	项目小组讨论纪要——风险评估	田某	审计经理	2023年2月1日		Z403
五	风险评估结果汇总表	田某	审计经理	2023年2月1日		Z405

2. 具体审计计划（进一步审计程序）实例（见表4-4）

表4-4　　　　　　　　　　　具体审计计划（进一步审计程序）

被审计单位：梦舒公司　　　　　　　　编制：田某　日期：2023年1月27日　索引号：Z302-2

会计期间：2022年1月1日—2022年12月31日　　复核：胡某　日期：2023年1月29日　页次：1

一、控制测试

序号	审计程序及内容	是否执行	不执行理由	执行人	技术级别	执行日期	修改日期	索引号
（一）	筹资与投资循环	是		张某	审计专员	2023年2月2日		CZC
（二）	采购与付款循环	是		郁某	审计专员	2023年2月2日		CGC
（三）	生产与仓储循环	是		张某	审计专员	2023年2月2日		SCC
（四）	工薪与人事循环	是		郁某	审计专员	2023年2月2日		GXC
（五）	销售与收款循环	是		倪某	审计专员	2023年2月2日		XSC

二、实质性程序

序号	审计程序及内容	是否执行	不执行理由	执行人	技术级别	执行日期	修改日期	索引号
（一）				资产类				
1	货币资金	是		张某	审计专员	2023年2月15日		ZC01
2	交易性金融资产	是		张某	审计专员	2023年2月15日		ZC02
3	应收票据	是		倪某	审计专员	2023年2月15日		ZC03
4	应收账款	是		张某	审计专员	2023年2月15日		ZC04
5	其他应收款	是		倪某	审计专员	2023年2月15日		ZC05
6	存货	是		郁某	审计专员	2023年2月15日		ZC06
7	长期应收款	是		倪某	审计专员	2023年2月15日		ZC07
8	在建工程	是		郁某	审计专员	2023年2月15日		ZC08
9	固定资产	是		郁某	审计专员	2023年2月15日		ZC09
10	无形资产	是		郁某	审计专员	2023年2月15日		ZC10
11	开发支出	是		郁某	审计专员	2023年2月15日		ZC11
12	递延所得税资产	是		倪某	审计专员	2023年2月15日		ZC12
（二）				负债类				
1	短期借款	是		张某	审计专员	2023年2月15日		FZ01
2	应付账款	是		郁某	审计专员	2023年2月15日		FZ02
3	预收款项	是		郁某	审计专员	2023年2月15日		FZ03

续表

序号	审计程序及内容	是否执行	不执行理由	执行人	技术级别	执行日期	修改日期	索引号
4	应付职工薪酬	是		郁某	审计专员	2023 年 2 月 15 日		FZ04
5	应交税费	是		倪某	审计专员	2023 年 2 月 15 日		FZ05
6	应付利息	是		张某	审计专员	2023 年 2 月 15 日		FZ06
7	其他应付账	是		张某	审计专员	2023 年 2 月 15 日		FZ07
8	长期借款	是		张某	审计专员	2023 年 2 月 15 日		FZ08
9	长期应付款	是		倪某	审计专员	2023 年 2 月 15 日		FZ09
10	递延所得税负债	是		倪某	审计专员	2023 年 2 月 15 日		FZ010
（三）	所有者权益类							
1	实收资本（股本）	是		张某	审计专员	2023 年 2 月 15 日		QY01
2	资本公积	是		张某	审计专员	2023 年 2 月 15 日		QY02
3	其他综合收益	是		张某	审计专员	2023 年 2 月 15 日		QY03
4	盈余公积	是		倪某	审计专员	2023 年 2 月 15 日		QY04
5	未分配利润	是		倪某	审计专员	2023 年 2 月 15 日		QY05
（四）	损益类							
1	营业收入	是		倪某	审计专员	2023 年 2 月 15 日		SY01
2	营业成本	是		郁某	审计专员	2023 年 2 月 15 日		SY02
3	税金及附加	是		倪某	审计专员	2023 年 2 月 15 日		SY03
4	销售费用	是		倪某	审计专员	2023 年 2 月 15 日		SY04
5	管理费用	是		张某	审计专员	2023 年 2 月 15 日		SY05
6	财务费用	是		张某	审计专员	2023 年 2 月 15 日		SY06
7	投资收益	是		张某	审计专员	2023 年 2 月 15 日		SY07
8	信用减值损失	是		张某	审计专员	2023 年 2 月 15 日		SY08
9	公允价值变动收益	是		倪某	审计专员	2023 年 2 月 15 日		SY09
10	营业外收入	是		张某	审计专员	2023 年 2 月 15 日		SY10
11	营业外支出	是		张某	审计专员	2023 年 2 月 15 日		SY11
12	所得税费用	是		倪某	审计专员	2023 年 2 月 15 日		SY12

3. 具体审计计划（其他项目）实例（见表 4-5）

表 4-5　　　　　　　　　　具体审计计划（其他项目）

被审计单位：梦舒公司　　　　　　　编制：　田某　　　日期：　2023 年 1 月 27 日　　索引号：Z303-3
会计期间：2022 年 1 月 1 日—2022 年 12 月 31 日　　复核：　胡某　　　日期：　2023 年 1 月 29 日　　页次：　1

序号	审计程序及内容	是否执行	不执行理由	执行人	技术级别	执行日期	修改日期	索引号
1	对舞弊风险的考虑及评估	不适用						
2	收入确认舞弊风险评估和应对	是		田某	审计经理	2023 年 2 月 15 日		Z501
3	对被审计单位违反法规行为考虑	是		田某	审计经理	2023 年 2 月 15 日		Z502
4	前、后任注册会计师的沟通	是		田某	审计经理	2023 年 2 月 15 日		Z503
5	关联方关系及其交易	不适用						
6	持续经营	是		田某	审计经理	2023 年 2 月 15 日		Z504

57

续表

序号	审计程序及内容	是否执行	不执行理由	执行人	技术级别	执行日期	修改日期	索引号
7	首次审计业务涉及的期初余额	不适用						
8	或有事项	不适用						
9	期后事项	是		田某	审计经理	2023年2月15日		Z505
10	比较信息	不适用						
11	……	不适用						

备注：受篇幅所限，部分项目的审计工作底稿实例在后文中省略。

本项目任务解析与知识拓展

任务解析 4-1　　任务解析 4-2　　任务解析 4-3

准则链接
《中国注册会计师审计准则第1201号——计划审计工作》及其应用指南

拓展阅读
以高质量农业农村审计助力全面推进乡村振兴

技能训练

1. ABC会计师事务所首次接受委托，审计甲公司2022年度财务报表。甲公司处于新兴行业，面临较大竞争压力，目前侧重于抢占市场份额，审计工作底稿中与重要性和错报评价相关的部分内容摘录如下。

（1）考虑到甲公司所处的市场环境，财务报表使用者最为关注收入指标，审计项目团队将营业收入作为确定财务报表整体重要性的基准。

（2）经与前任注册会计师沟通，审计项目团队了解到甲公司以前年度的内部控制运行良好、审计调整较少，因此，将实际执行的重要性确定为财务报表整体重要性的75%。

（3）审计项目团队将明显微小错报的临界值确定为财务报表整体重要性的3%，该临界值也适用于重分类错报。

（4）审计项目团队认为无须对金额低于实际执行的重要性的财务报表项目实施进一步审计程序。

【训练要求】针对资料，逐项指出审计项目团队的做法是否恰当，如不恰当，简要说明理由。

2. A注册会计师在审计工作底稿中记录了审计计划，部分事项如下。

（1）因实施穿行测试时发现甲公司与投资和筹资相关的内部控制未得到执行，A注册会计师将投资和筹资循环的审计策略由综合性方案改为实质性方案，并用新编制的审计计划工作底稿替换了原工作底稿。

（2）因其他应收款和其他应付款的年初、年末余额均低于实际执行的重要性，A注册会计师拟不对其实施进一步审计程序。

【训练要求】针对资料，假定不考虑其他条件，指出审计计划的内容是否恰当，如不恰当，简要说明理由。

项目五 实施风险评估工作

🔍 学习目标

【知识目标】了解被审计单位及其环境的主要内容、审计程序，了解内部控制的含义、要素及审计程序，理解评估重大错报风险的审计程序。

【技能目标】掌握了解被审计单位及其环境的程序及应用，掌握了解内部控制的程序及应用，掌握识别和评估重大错报风险的方法及应用。

【素养目标】提升对宏观环境以及政策的理解力，正确运用法律法规及政策，弘扬法治精神，时刻保持谨慎，识别和应对审计风险。

📖 关键词汇

内部控制（Internal Control）

控制环境（Control Environment）

特别风险（Special Risk）

追加审计程序（Additional Audit Procedure）

信息系统与沟通（Information System and Communication）

实质性程序（Substantive Procedure）

风险评估程序（Risk Assessment Procedure）

分析程序（Analytical Procedure）

穿行测试（Walk-through Test）

任务一 了解被审计单位及其环境

> 📖 **任务导入 5-1**
>
> 下列有关风险评估的说法中，错误的是（ ）。
>
> A. 风险评估程序是指注册会计师为了解被审计单位及其环境而实施的程序
>
> B. 风险识别是指找出财务报表层次和认定层次的重大错报风险
>
> C. 风险评估是指对重大错报发生的可能性和后果严重程度进行评估
>
> D. 风险评估本身能为形成审计意见提供充分、适当的审计证据

一、了解被审计单位及其环境的程序

了解被审计单位及其环境是风险评估的基础和前提，是注册会计师执行财务报表审计的必要程序。了解被审计单位及其环境为注册会计师在下列关键环节做出职业判断提供了依据：确定重要性水平，并随着审计工作的进程评估对重要性水平的判断是否仍然适当；考虑会计政策的选择和运用是否恰当，以及财务报表的列报是否适当；识别需要特别考虑的领域，包括关联方交易、管理层运用持续经营假设的合理性，或交易是否具有合理的商业目的等；确定在实施分析程序时所使用的预期值；设计和实施进一步审计程序，以将审计风险降至可接受的低水平；评价所获取审计证据的充分性和适当性。

了解被审计单位及其环境是一个连续和动态地收集、更新与分析信息的过程，贯穿整个审计过程的始终。注册会计师应当能用职业判断确定需要了解被

微课 5-1

了解被审计单位及其环境

审计单位及其环境的程度。评价对被审计单位及其环境了解的程度是否恰当，关键是看注册会计师对被审计单位及其环境的了解是否足以识别和评估财务报表层次和认定层次的重大错报风险（无论该错报是舞弊还是错误导致的）。

注册会计师通过实施下列风险评估程序以了解被审计单位及其环境：询问被审计单位管理层和内部其他相关人员、分析程序、观察和检查等。

微课 5-2

了解被审计单位及其环境的审计程序

（1）询问。注册会计师可以考虑向管理层和财务负责人询问下列事项。第一，管理层所关注的主要问题。如新的竞争对手、主要客户和供应商的流失、新的税收法规的实施以及经营目标或战略的变化等。第二，被审计单位最近的财务状况、经营成果和现金流量。第三，可能影响财务报告的交易和事项，或者目前发生的重大会计处理问题，如重大的购并事宜等。第四，被审计单位发生的其他重要变化，如所有权结构、组织结构的变化以及内部控制的变化等。

在确定向被审计单位的哪些人员进行询问以及询问哪些问题时，注册会计师应当考虑何种信息有助于其识别和评估重大错报风险。例如：询问治理层，有助于注册会计师了解财务报表编制的环境；询问内部审计人员，有助于注册会计师了解其针对被审计单位内部控制设计和运行有效性而实施的工作，以及管理层对内部审计发现的问题是否采取适当的措施；询问参与生成、处理或记录复杂或异常交易的员工，有助于注册会计师评估被审计单位选择和运用某项会计政策的适当性；询问内部法律顾问，有助于注册会计师了解有关法律法规的遵循情况、产品保证和售后责任、与业务合作伙伴（如合营企业）的安排、合同条款的含义以及诉讼情况等；询问营销或销售人员，有助于注册会计师了解被审计单位的营销策略及其变化、销售趋势以及与客户的合同安排；询问采购人员和生产人员，有助于注册会计师了解被审计单位的原材料采购和产品生产等情况；询问仓库人员，有助于注册会计师了解原材料、产成品等存货的进出、保管和盘点等情况。

（2）分析程序。分析程序是指注册会计师通过研究不同财务数据之间以及财务数据与非财务数据之间的内在关系，对财务信息做出评价的过程。分析程序还包括调查识别出与其他相关信息不一致或与预期数据严重偏离的波动和关系。注册会计师实施分析程序有助于识别异常的交易或事项，以及对财务报表和审计产生影响的金额、比率和趋势。在实施分析程序时，注册会计师应当预期可能存在的合理关系，并与被审计单位记录的金额、依据记录金额计算的比率或趋势相比较；如果发现异常或未预期到的关系，注册会计师应当在识别重大错报风险时考虑这些比较结果。

如果使用了高度汇总的数据，实施分析程序的结果仅可能初步显示财务报表存在重大错报风险，注册会计师应当将分析结果连同识别重大错报风险时获取的其他信息一并考虑。

（3）观察和检查。观察和检查程序可以印证对管理层和其他相关人员的询问结果，并可提供有关被审计单位及其环境的信息，注册会计师应当实施下列观察和检查程序。

第一，观察被审计单位的生产经营活动。例如，观察被审计单位人员正在从事的生产活动和内部控制活动，增强注册会计师对被审计单位人员如何进行生产经营活动及实施内部控制的了解。

第二，检查文件、记录和内部控制手册。例如，检查被审计单位的章程，与其他单位签订的合同、协议，各业务流程操作指引和内部控制手册等，了解被审计单位组织结构和内部控制制度的建立健全情况。

第三，阅读由管理层和治理层编制的报告。例如，阅读被审计单位年度和中期财务报告，股东大会、董事会会议、高级管理层会议的会议记录或纪要，管理层的讨论和分析资料，经营计划和战略，对重要经营环节和外部因素的评价，被审计单位内部管理报告以及其他特殊目的的报告（如新投资项目的可行性分析报告）等，了解自上一期审计结束至本期审计期间被审计单位发生的重大事项。

第四，实地察看被审计单位的生产经营场所和设备。通过现场访问和实地察看被审计单位的生产经营场所和设备，注册会计师可以了解被审计单位的性质及其经营活动。在实地察看被审计单位的厂房和办公场所的过程中，注册会计师有机会与被审计单位管理层和担任不同职责的员工进行交流，可以增强对被审计单位的经营活动及其重大影响因素的了解。

二、了解被审计单位及其环境的主要内容

1. 了解行业状况、法律环境与监管环境及其他外部因素

（1）了解行业状况。了解行业状况有助于注册会计师识别与被审计单位所处行业有关的重大错报风险。有关行业状况的内容包括：所处行业的市场供求与竞争；生产经营的季节性和周期性；产品生产技术的变化；能源供应与成本；行业的关键指标和统计数据等。

具体而言，注册会计师可能需要了解如下情况：被审计单位所处行业的总体发展趋势是什么？处于哪一个发展阶段，起步、快速成长、成熟还是衰退阶段？所处市场的需求、市场容量和价格竞争如何？该行业是否受经济周期波动的影响，以及采取了什么行动使波动产生的影响最小化？该行业受技术发展影响的程度如何？是否开发了新的技术？能源消耗在成本中所占比重是多少？能源价格的变化对成本有什么影响？谁是被审计单位最重要的竞争者，他们各自所占的市场份额是多少？被审计单位与其竞争者相比主要的竞争优势是什么？被审计单位业务的增长率和财务业绩与行业的平均水平及主要竞争者相比如何？存在重大差异的原因是什么？竞争者是否采取了某些行动，如购并活动、降低销售价格、开发新技术等，从而对被审计单位的经营活动产生影响？

（2）了解法律环境与监管环境。了解法律环境及监管环境的主要原因在于：某些法规或监管要求可能对被审计单位经营活动有重大影响，如不遵守将导致停业等严重后果；某些法规或监管要求规定了被审计单位某些方面的责任和义务；某些法规或监管要求决定了被审计单位需要遵循的行业惯例和核算要求。因此，注册会计师应当了解被审计单位所处的法律环境及监管环境，包括：适用的企业会计准则、会计制度和行业惯例；对经营活动产生重大影响的法律法规及监管活动；对开展业务产生重大影响的政策，如货币、财政、税收和贸易等政策；与被审计单位所处行业和所从事经营活动相关的环保要求。

具体而言，注册会计师可能需要了解如下情况：国家对某一行业的企业是否有特殊的监管要求（如对银行、保险等行业的特殊监管要求）？是否存在新出台的法律法规（如新出台的有关产品责任、劳动安全或环境保护的法律法规等），对被审计单位有何影响？货币、财政、税收和贸易等方面政策的变化是否会对被审计单位的经营活动产生影响？与被审计单位相关的税务法规是否发生变化？

（3）了解其他外部因素。注册会计师还需要了解其他外部因素，主要包括：宏观经济的景气度；利率和资金供求状况；通货膨胀水平及币值变动；国际经济环境和汇率变动。

具体而言，注册会计师可能需要了解如下情况：当前的宏观经济状况以及未来的发展趋势如何？目前国内或本地区的经济状况（如增长率、通货膨胀、失业率、利率等）怎样影响被审计单位的经营活动？被审计单位的经营活动是否受到汇率波动或全球市场力量的影响？

注册会计师应当考虑将了解的重点放在对被审计单位的经营活动可能产生重要影响的关键外部因素以及与前期相比发生的重大变化上。注册会计师对行业状况、法律环境与监管环境以及其他外部因素了解的范围和程度会因被审计单位所处行业、规模以及其他因素（如在市场中的地位）的不同而不同。

2. 了解被审计单位的性质

被审计单位的性质，包括经营活动、所有权和治理结构、正在实施和计划实施的投资（包括对特殊目的实体的投资）的类型、组织结构和筹资方式。了解被审计单位的性质，可以使注册会计师了解预期在财务报表中反映的各类交易、账户余额和披露。

（1）了解经营活动。了解被审计单位经营活动有助于注册会计师识别预期将在财务报表中反映

的主要交易类别、重要账户余额和列报。注册会计师应当了解的经营活动主要包括：主营业务的性质；与生产产品或提供劳务相关的市场信息；业务的开展情况；生产设施、仓库和办公室的地理位置，存货存放地点和数量；关键客户；货物和服务的重要供应商；劳动用工安排；关联方交易等。

（2）了解所有权和治理结构。良好的治理结构可以对被审计单位的经营和财务运作实施有效的监督，从而降低财务报表发生重大错报的风险。例如，注册会计师应当了解被审计单位董事会的构成情况，董事会内部是否有独立董事，治理结构中是否设有审计委员会或监事会及其运作情况，注册会计师还应当考虑治理层是否能够在独立于管理层的情况下对被审计单位事务做出客观判断。

（3）了解投资活动。了解被审计单位投资活动有助于注册会计师关注被审计单位在经营策略和方向上的重大变化。注册会计师应当了解的投资活动主要包括：近期拟实施或已实施的并购活动与资产处置情况，包括业务重组或某些业务的终止；证券投资、委托贷款的发生与处置；资本性投资活动，包括无形资产和固定资产投资，近期或计划发生的变动，以及重大的资本承诺等；不纳入合并范围的投资，如联营、合营或其他投资等。

（4）了解组织结构。复杂的组织结构可能导致某些特定的重大错报风险。因此，注册会计师应当了解被审计单位的组织结构，考虑复杂的组织结构可能导致的重大错报风险，包括财务报表合并、商誉摊销和减值、长期股权投资核算以及特殊目的实体核算等问题。

（5）了解筹资活动。了解被审计单位筹资活动有助于注册会计师评估被审计单位在融资方面的压力，并进一步考虑被审计单位在可预见未来的持续经营能力。注册会计师应当了解的筹资活动主要包括：债务结构和相关条款，包括资产负债表外融资和租赁安排；主要子公司和联营企业（无论是否处于合并范围内）；实际受益方及关联方；衍生金融工具的使用，是用于交易还是套期，以及运用的种类、范围和交易对手等。

3. 了解被审计单位对会计政策的选择和运用

注册会计师应当根据被审计单位的经营活动，评价会计政策是否适当，并与适用的财务报告编制基础、相关行业使用的会计政策保持一致。

（1）重大和异常交易的会计处理方法。比如，本期发生的企业合并的会计处理方法、某些被审计单位可能存在与其所处行业相关的重大交易（如银行向客户发放贷款、证券公司对外投资等）。注册会计师应当充分考虑对重大和不经常发生的交易的会计处理方法是否适当。在这些领域，注册会计师应关注被审计单位选用了哪些会计政策、为什么选用这些会计政策以及选用这些会计政策产生的影响。

（2）会计政策的变更。如果被审计单位变更了重要的会计政策，注册会计师应当考虑变更的原因及其适当性。也就是要考虑：会计政策变更是否为法律、行政法规或适用的企业会计准则要求的变更；会计政策变更是否能够提供更可靠、更相关的会计信息；会计政策的变更是否得到充分的披露。

4. 了解被审计单位的目标、战略及相关经营风险

目标是企业经营活动的指针。企业管理层或治理层一般会根据企业经营面临的外部环境和内部各种因素，制定合理可行的经营目标。战略是企业管理层为实现经营目标采用的总体层面的策略和方法。为了实现某一既定的经营目标，企业可能有多个可行战略。随着外部环境的变化，企业应对目标和战略做出相应的调整。

经营风险是指可能对被审计单位实现目标和战略的能力产生不利影响的重大情况、事项、作为（或不作为）而导致的风险，或制定不恰当的目标和战略导致的风险。不同的企业可能面临不同的经营风险，这取决于企业经营的性质、所处行业、外部监管环境、企业的规模和复杂程度。企业管理层有责任识别和应对这些风险。

注册会计师应当了解被审计单位是否存在与下列方面有关的目标和战略，并考虑相应的经营风险：行业发展及其可能导致的被审计单位不具备足以应对行业变化的人力资源和业务专长等风险；

开发新产品或提供新服务及其可能导致的被审计单位产品责任增加等风险；业务扩张及其可能导致的被审计单位对市场需求的估计不准确等风险；新颁布的会计法规及其可能导致的被审计单位执行法规不当或不完整或会计处理成本增加等风险；监管要求及其可能导致的被审计单位法律责任增加等风险；本期及未来的融资条件及其可能导致的被审计单位由于无法满足融资条件而失去融资机会等风险；信息技术的运用及其可能导致的被审计单位信息系统与业务流程难以融合等风险。

注册会计师了解被审计单位的经营风险有助于其识别财务报表重大错报风险。例如，为保持和扩大市场，应对消费者需求的变化（目标），企业开发了新产品（战略）。但是，开发新产品可能会产生许多经营风险，如开发失败的风险，市场需求没有被充分开发导致的产品营销风险；产品的缺陷导致声誉受损风险和承担产品赔偿责任的风险。这些经营风险反映到财务报表中，可能会出现研发支出资本化与费用化的问题，营业收入、销售费用与应收账款的确认与计量问题，从而导致财务报表的重大错报风险。但并非所有的经营风险都与财务报表相关，注册会计师没有责任识别或评估对财务报表没有影响的经营风险。

5. 了解被审计单位财务业绩的衡量和评价方式

在了解被审计单位财务业绩的衡量和评价情况时，注册会计师应当关注下列信息：关键业绩指标；业绩趋势；预测和差异分析；管理层和员工业绩考核与激励性报酬政策；分部信息与不同层次部门的业绩报告；与竞争对手的业绩比较；外部机构提出的报告。

内部财务业绩衡量可能会显示未预期到的结果或趋势。在这种情况下，管理层通常会进行调查并采取纠正措施。与内部财务业绩衡量相关的信息可能显示财务报表存在错报风险。因此，注册会计师应当关注：被审计单位内部财务业绩衡量所显示的未预期到的结果或趋势；管理层的调查结果和纠正措施；相关信息是否显示财务报表可能存在重大错报。注册会计师如果拟利用被审计单位内部信息系统生成的财务业绩衡量指标，应当考虑相关信息是否可靠，以及利用这些信息是否足以发现重大错报，是否足以实现审计目标。

三、了解被审计单位及其环境审计工作底稿编制实例

1. 了解行业状况、法律环境与监管环境及其他外部因素（见表5-1）

表5-1　　　　　　　了解行业状况、法律环境与监管环境及其他外部因素

被审计单位：梦舒公司		编制：田某	日期：2023年1月29日	索引号：Z401-1
会计期间：2022年1月1日—2022年12月31日		复核：胡某	日期：2023年2月2日	页次：1

项目：了解行业状况、法律环境与监管环境及其他外部因素

（一）实施的风险评估程序

风险评估程序	执行人	执行时间	索引号
向被审计单位销售经理询问其主要产品、行业发展状况等信息	田某	2023年1月29日	Z401-1-1
将被审计单位的关键业绩指标（销售毛利率、市场占有率等）与同行业中规模相近的企业进行比较	田某	2023年1月29日	Z401-1-2

（二）了解的内容和评估出的风险

1. 行业状况

（1）所在行业的市场供求与竞争：①被审计单位的主要产品、所处行业。主要产品为布匹、床品套件等，所处行业为家纺行业，属制造业企业。②行业的总体发展趋势。中国家纺市场规模从2019年的2 036亿元增长至2022年的2 502亿元，复合年均增长率为7.11%，预计2023年市场规模将进一步增长至3 000亿元。③行业的发展机遇。随着人们收入水平的提高，人们对于生活品质的需求越来越高，家用纺织品已经从单一的生活必需品逐渐成为人们改善生活质量、美化家居环境的重要手段。家纺用品消费最主要的需求是替换，占整体的40%。④行业总体发展阶段。家纺行业发展阶段目前处于成熟期。⑤被审计单位主要的竞争者及其所占的市场份额、竞争优势。主要竞争者为杭州翔纺制品有限公司，该公司以生产套件、被类等日常床上用品为主，占市场份额的25%左右。竞争者商业模式丰富，在业内有较高的知名度和影响力，迎合消费者的需求，有较大的客户群体。⑥被审计单位在行业上下游的关系。被审计单位与主要原料的供应商合作关系稳定，但销售市场以价格战为主，购买商主要集中在浙江、北京、沈阳、成都、广州等地。

续表

（2）生产经营的季节性和周期性：①行业是否受经济周期波动影响，以及公司采取的应对措施——行业会受到经济周期波动影响，在经济放缓期，消费者消费意愿会降低。采取的应对措施主要是主打更多细分市场领域，重视细分需求，提高供给质量。②行业生产经营和销售的季节影响——行业生产经营和销售受季节的影响较大，公司产品销售在春夏季较好，在秋冬季较差。

（3）行业经营指标（行业平均利润）——行业平均利润水平约为8%

2．法律环境与监督环境

（1）适用的会计准则和行业特定惯例：被审计单位适用企业会计准则，无行业特定惯例

（2）受管制行业的法律框架，包括披露要求（所处行业是否为受管制行业）：否

（3）对经营活动产生重大影响的法律法规及监管活动：国家对该行业无特殊监管要求

（4）对开展经营活动产生重大影响的政策，包括货币、财政、税收和贸易政策：公司目前未开展进出口业务，经营资金相对充足稳定，从总体上来说，现行的货币政策、财政政策和贸易政策等对公司的经营活动产生的影响不大，但税收政策对公司降低成本、增加流动资金非常有效

（5）与被审计单位所处行业和所从事经营活动相关的环保要求：《中华人民共和国环境保护法》《中华人民共和国水污染防治法》《纺织染整工业水污染物排放标准》等法律法规

3．未决诉讼与预计负债：无未决诉讼，无预计负债

4．其他外部因素

（1）宏观经济的景气度。2022年我国社会消费品零售总额近40万亿元，消费对经济增长的贡献率达57.3%左右。我国居民消费虽然持续增长，但整体居民消费率仅为38%左右，远低于美、英等发达国家的60%～70%，居民消费仍有巨大的扩大空间。当下，在国际环境不稳定、不确定性日益增强及新冠肺炎疫情的影响下，在"国内大循环为主体"的新发展格局下，扩大消费更是成为历史性战略任务。"十四五"规划明确提出将全面促进消费，未来行业发展前景较好

（2）利率和资金供求状况。目前整体利率水平较稳定，公司资金较充足，当前借款融资较少，对公司的影响较小

（3）通货膨胀水平及币值变动。受疫情和美联储向市场释放大量美元影响，世界不断面临突破性通胀问题，中国货币政策相对宽松。通货膨胀会导致固定资产投资增速减缓，间接影响公司新增市场规模，目前我国经济未明显进入高通货膨胀期，这种影响对公司不大

（4）国际经济环境和汇率变动。公司没有向国外融资，也没有进出口业务，经营活动受到汇率波动或全球市场力量的影响不大

总体情况及潜在风险描述： 被审计单位所处行业处于成熟阶段，行业发展比较稳定，市场供过于求，主要采用价格战方式竞争，行业的原材料成本占业务成本比例较大，可能存在重大错报风险

2．了解被审计单位的性质（见表5-2）

表5-2 了解被审计单位的性质（不包括内部控制）

被审计单位： 梦舒公司　　　　　　　编制： 田某　日期： 2023年1月29日　索引号： Z401-2

会计期间： 2022年1月1日—2022年12月31日　复核： 胡某　日期： 2023年2月2日　页次： 1

项目：被审计单位的性质

（一）实施的风险评估程序

风险评估程序	执行人	执行时间	索引号
向总经理等高管人员询问被审计单位所有权结构、治理结构、组织结构、近期主要投资、筹资情况	田某	2023年1月29日	Z401-2-1
向销售经理询问相关市场信息，如主要客户和合同、付款条件、主要竞争者、定价政策、营销策略等	田某	2023年1月29日	Z401-2-2
查阅组织结构图、治理结构图、公司章程、主要销售、采购、投资、债务合同等	田某	2023年1月29日	
实地察看被审计单位主要生产经营场所	田某	2023年1月29日	

（二）了解的内容和评估出的风险

1．所有权结构

（1）所有权性质（属于国有企业、外商投资企业、民营企业还是其他类型）：公司属于民营企业

（2）所有者和其他人员或单位的名称，以及与被审计单位之间的关系

续表

所有者	主要描述（法人/自然人，企业类型，规模等）	与被审计单位之间的关系
清江股份有限公司	法人股东、属民营企业、位于武汉市、注册资本叁亿元整	控股母公司
夏某苏	自然人股东、公司董事	自然人股东
王某付	自然人股东、公司监事	自然人股东

（3）控股母公司

① 控股母公司的所有权性质，管理风格及其对被审计单位经营活动及财务报表可能产生的影响：公司的控股母公司为湖北清江股份有限公司，其所有权性质为民营性质，其管理风格为求稳中发展，公司受母公司的影响，管理风格也和母公司相近，经营活动稳步推进，积极利用资金和渠道优势，拓展市场份额，快速发展，因此公司不存在重大经营风险，包括决策、信用管理等方面

② 控股母公司与被审计单位在资产、业务、人员、机构、财务等方面是否分开，是否存在占用资金等情况：控股母公司与公司在资产、业务、人员、机构、财务等方面完全独立，也不存在控股股东占用公司资金的情况

③ 控股母公司是否施加压力，要求被审计单位达到其设定的财务业绩目标：控股母公司对公司有一定的业绩考核管理、财务业绩规划，但不存在对公司施加压力的情形，主要从企业发展角度设定相关目标规划

2．治理结构

公司治理结构较为单一，治理层同时兼任管理职责，公司上下重大决策由董事长负责，并接受控股母公司监督

3．组织结构

（1）公司内部组织结构图如下

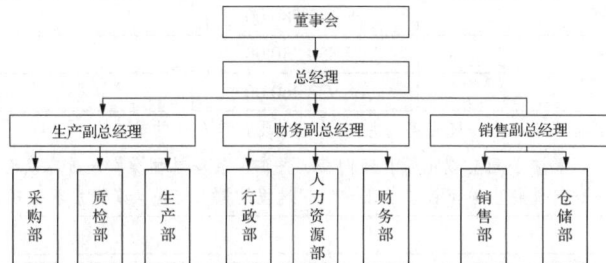

（2）对图示主要内容解释说明：公司组织结构不复杂，分设8个部门，分工明确，机制健全

采购部	负责原材料、辅料和包装材料的采购，选择合格供应商，采购实施，供应方评价，采购合同管理
生产部	生产部下设纺纱车间和织布车间两个基本生产车间、一个辅助生产车间机修车间。纺纱车间生产中特棉纱和细特棉纱，织布车间生产中平布和细布；机修车间主要为基本生产车间提供服务
质检部	负责材料、产品质量检验及企业信息化支持服务等工作
行政部	负责企业行政管理、日常事务、企业策划、安全保卫、后勤服务等工作
人力资源部	负责企业人力资源管理工作，包括招聘、绩效管理、薪酬福利、员工培训
财务部	负责公司财务、会计管理、工资（奖金）考核及财务审计、成本分析工作
销售部	负责半成品和成品的销售，销售合同签订及履行，跟踪货款回收
仓储部	负责原材料、半成品、成品仓储管理，定期盘点，出入库装卸，物流安排

4．经营活动

（1）收入来源性质、产品或服务：收入主要来源于产品销售

（2）客户与市场情况

① 主要客户（前五大客户，按销售额从高到低填列）

客户名称	2022年销售额/元	占总额比
杭州格瑞布艺公司	33 973 421.00	28.07%
上海巴萨布鞋厂	29 673 827.00	24.52%
温州拓迪印染公司	18 572 875.00	15.35%
河南菲特布艺坊	16 623 779.00	13.74%
江苏金俐纺织公司	12 716 027.00	10.51%
合计	111 559 929.00	92.19%

右上角：续表

② 定价政策：在历史价格基础上，依据当前市场情况及当年毛利目标制定产品价格
③ 收款模式：基本为次月收取全款
④ 市场份额：2022 年销售额为 12 101.72 万元，毛利率 9.15%，占有一定的市场份额
⑤ 营销策略：巩固已有客户，积极竞争并拓展市场客户
⑥ 营销目标：2023 年销售额目标为 1.6 亿元
（3）从事电子商务的情况：已通过电商渠道销售产品，提供服务或从事营销活动
（4）收入确认政策：在某一时点履行根据新收入准则规定分析确认
（5）地区与行业分布：客户主要为贸易经销商和零售商，分布在江、浙、沪、闽、粤沿海地区省份
（6）关键客户：目前在合作的客户基本为公司的关键客户，其中前五大客户销售额占比 90%以上，可能存在过度依赖客户的风险，尚未出现货款难以回收方面的高风险
（7）重要供应商：公司主要产品采购自前五大供应商，且已签订长期合作框架协议，价格相对优惠，供应商信誉可靠、产品质量较高，双方协商约定的合同付款条件为在次月还清。主要供应商情况（前五大供应商，按采购额从高到低填列）

供应商名称	2022 年采购额/元	占总额比
杭州织茂公司	21 784 250.00	24.71%
上海华纺公司	19 657 600.00	22.30%
温州梦佳棉纺公司	9 986 200.00	11.33%
杭州北方棉花厂	9 643 580.00	10.94%
河北白玉棉花厂	7 850 830.00	8.91%
合计	68 922 460.00	78.19%

（8）劳动用工情况：公司现有员工 160 人，随业务量增长，还需要招聘合适的员工
（9）通过初步分析性复核程序，检查公司会议记录和新闻稿，并询问管理层和操作人员，从而根据我们对被审计单位及其环境的了解，确定是否存在任何可能超出被审计单位正常经营过程的重大交易：尚未发现公司存在此类情况

5. 投资活动
（1）证券投资、委托贷款的发生与处置：公司目前存在证券投资，通过二级市场购企业债券及股票，当前持有云南白药、高能环境及东江环保三只股票作为交易性金融资产，无其他债权投资，无委托贷款业务
（2）资本性投资活动：公司 2022 年新增价值 20 849 564.43 元，其中新增在建工程 23 630 362.93 元，减少固定资产 2 780 798.50 元

6. 筹资活动
（1）描述被审计单位当年发生的筹资情况：新增短期借款 47 393 539.45 元，同时偿还短期借款 42 625 000 元，期末短期借款余额为 32 393 539.45 元，长期借款余额为 48 275 622.04 元（包括一年内到期的非流动负债 16 444 372.04 元和长期借款 31 831 250.00 元），当年偿还长期借款 4 628 170.33 元，新增借款 2 275 622.04 元
（2）可能导致持续经营和流动性问题的迹象：公司目前不存在导致此类问题的迹象

总体情况及潜在风险描述：公司的竞争对手较多，虽然在各方面和公司势均力敌，但是由于家纺行业潜力较大，各公司的精力主要放在开发新的市场上，故短期内公司在销售上不会受到较大的冲击，财务状况也不会出现较大的波动

3. 了解被审计单位对会计政策的选择和运用（见表 5-3）

表 5-3　　　　了解被审计单位对会计政策的选择和运用（不包括内部控制）

被审计单位：　梦舒公司　　　　　　编制：　田某　日期：2023 年 1 月 29 日　索引号：Z401-3

会计期间：　2022 年 1 月 1 日—2022 年 12 月 31 日　复核：　胡某　日期：2023 年 2 月 2 日　页次：　1

项目：被审计单位对会计政策的选择和运用			
（一）实施的风险评估程序			
风险评估程序	执行人	执行时间	索引号
向财务经理询问被审计单位采用的主要会计政策、会计政策变更的情况、财务人员配备和构成情况等	田某	2023 年 1 月 29 日	Z401-3-1
查阅被审计单位会计工作手册、操作指引等财务资料和内部报告	田某	2023 年 1 月 29 日	

续表

（二）了解的内容和评估出的风险
1．被审计单位选择和运用的会计政策（包括复杂或主观性强的会计政策）
（1）公司执行中华人民共和国财政部颁布的新企业会计准则及有关补充规定
（2）金融资产后续计量方法：股票类等交易性金融资产采用公允价值计量且其变动计入当期损益，债券类等金融资产采用以摊余成本进行后续计量
（3）存货取得和发出的计价方法：存货取得时按实际成本记账，发出存货采用月末加权平均法计算
（4）固定资产、无形资产取得计价方法：采用初始成本确认
（5）收入确认：采用新准则五步法模型确认，企业应当在履行了合同中的履约义务，即在客户取得相关商品控制权时，确认收入；涉及现金折扣作为可变对价处理
（6）投资性房地产后续计量方法：以公允价值进行后续计量
2．会计政策变更的情况： 无会计政策变更
3．财务报表中包含的重大会计估计： 存货可变现净值的确定；采用公允价值模式下的投资性房地产公允价值的确定；固定资产的预计使用寿命、净残值及折旧方法；无形资产的预计使用寿命、净残值与摊销方法；预计负债初始计量的最佳估计数的确定；坏账准备的计提比例
4．披露： 公司按照适用的企业会计准则对会计政策的选择和运用进行了恰当的披露
5．在缺乏权威性标准和共识、有争议的或新兴领域采用重要会计政策产生的影响： 公司目前无此情况
6．新颁布的财务报告准则、法律法规： 采用新颁布的新金融工具准则和新收入准则
7．评估的风险： 从公司对会计政策的选择和运用方面看，公司在执行新企业会计准则（收入、金融工具）方面可能存在重大错报风险
总体情况及潜在风险描述： 公司在会计政策和核算方法的选用上，结合了自身的情况并根据《企业会计准则——基本准则》的规定选取，不存在会计政策误用的风险，对于收入、金融工具执行新准则可能存在重大错报风险

4．了解被审计单位的目标、战略及相关经营风险（见表5-4）

表5-4　　　　　了解被审计单位的目标、战略及相关经营风险（不包括内部控制）

被审计单位：梦舒公司　　　　　　　　　　编制：田某　　日期：2023年1月29日　索引号：Z401-4

会计期间：2022年1月1日—2022年12月31日　复核：胡某　日期：2023年2月2日　页次：1

项目：被审计单位的目标、战略以及相关经营风险			
（一）实施的风险评估程序			
风险评估程序	执行人	执行时间	索引号
向总经理等高级管理人员询问被审计单位实施的或准备实施的目标和战略	王某	2023年1月29日	Z401-4-1
查阅被审计单位经营规划和其他文件	田某	2023年1月29日	
（二）了解的内容和评估出的风险			
1．目标、战略			
（1）经营目标：深耕纺织品市场，提高市场占有率，争取在5年内进入头部企业行列，拓展进入服装、鞋帽市场，延伸上下游产业链，往纺织品综合服务提供商方向发展			
（2）经营战略：采用积极扩张发展战略，建立品牌优势；采取低价销售、扩大销售队伍、放松信用条件等措施			
2．相关经营风险			
积极拓展市场，提高市场份额，可能存在对市场需求估计不准确的相关经营风险，也可能带来财务现金流上的紧张以及融资方面的风险；建立自身品牌优势，可能存在无法满足企业发展的人才资源需求的风险			

续表

3．管理层通常识别经营风险并制定应对风险的方法
由总经理牵头组织各部门负责人定期召开管理层会议，针对公司具体销售、财务情况对公司当前存在或将面临的风险进行分析、讨论，集体协商讨论应对策略，并上报母公司备案审议
总体情况及潜在风险描述：被审计单位确定的目标和战略虽偏高，但因行业较为成熟，被审计单位在这一行业已经有了较为稳定的地位，潜在风险较小，国家颁布的新法律法规不会对被审计单位的经营产生实质性的影响

5．了解被审计单位财务业绩的衡量和评价（见表5-5）

表5-5　　　　了解被审计单位财务业绩的衡量和评价（不包括内部控制）

被审计单位：梦舒公司　　　　　　编制：　田某　　日期：　2023 年 1 月 29 日　　索引号：　Z401-5

会计期间：　2022 年 1 月 1 日—2022 年 12 月 31 日　　复核：　胡某　　日期：　2023 年 2 月 2 日　　页次：　1

项目：被审计单位财务业绩的衡量和评价

（一）实施的风险评估程序

风险评估程序	执行人	执行时间	索引号
与总经理或人事经理访谈了解员工业绩考核与激励性报酬政策等	田某	2023 年 1 月 29 日	Z401-5-1
查阅被审计单位管理层和员工绩效考核与激励性报酬政策，以及业绩报告等	田某	2023 年 1 月 29 日	
实施分析程序，将内部财务业绩指标与被审计单位设定的目标值进行比较，与竞争对手的业绩进行比较，分析业绩趋势等	田某	2023 年 1 月 29 日	

（二）了解的内容和评估出的风险

1．关键业绩指标及业绩趋势

项目		2020 年	2021 年	2022 年
资产及经营情况	总资产/万元	18 112.73	23 787.51	24 487.57
	净资产/万元	9 246.91	9 393.93	10 370.41
	销售收入/万元	9 775.58	8 681.94	12 101.72
	营业利润/万元	515.25	284.48	1 107.54
	本年利润总额/万元	498.64	265.75	1 100.59
	本年净利润/万元	394.04	208.96	919.72
偿债能力	资产负债率	48.95%	60.51%	57.65%
	流动比率	1.28	1.36	1.23
	速动比率	0.88	0.98	0.82
营运能力	应收账款周转率/次	7.87	4.51	4.66
	存货周转率/次	2.99	2.30	2.94
盈利能力	销售净利率	4.03%	2.41%	7.60%
	资产净利率	2.23%	0.93%	3.8%

关键业绩指标分析：企业本年销售收入、利润比上年有大幅度增长。同时，偿债能力、营运能力和盈利能力同比也有大幅度提高。就业绩而言，2021 年受疫情影响，2022 年恢复到疫情前水平属正常现象，但也可能存在为满足业绩考核要求，提前和虚假确认收入的风险

2．预测、预算和差异分析

公司当年尚未制定相关明细预算指标，注册会计师无法获取并进行对比分析

3．管理层和员工业绩考核与激励性报酬政策
公司对于员工都有相应的业绩考核和激励性报酬政策，人力资源部制定了有关绩效考核制度
（1）日常工作情况指标：权重占70%，主要是员工个人工作态度及当年工作任务完成情况
（2）公司业绩指标：权重占30%，包括生产量（销售量）、利润指标两部分，各占15%
4．不同层次部门的业绩报告：无
5．与竞争对手的业绩比较：公司竞争对手尚未公开2022年财务数据，或为非上市公司，无法取得其未公开发表的相关数据
6．外部机构提出的报告：无
总体情况及潜在风险描述：公司目前经营业绩良好，只是对其未来的发展方向及前景看法不一，但就审计该年度的财务报表来看，公司不存在重大错报风险，但存在为了维持良好发展形象，以及满足业绩考核要求，提前和虚假确认收入的风险

任务二　了解被审计单位的内部控制

📖**任务导入 5-2**

下列说法中，不正确的是（　　　）。

A. 注册会计师需要了解和评价的内部控制只是与财务报表审计相关的内部控制，这是因为注册会计师审计的目标是对财务报表是否不存在重大错报发表审计意见，尽管要求注册会计师在财务报表审计中考虑与财务报表编制相关的内部控制，但是目的并非对被审计单位内部控制的有效性发表意见

B. 因为内部控制的执行在不同的时点均有可能变化，所以注册会计师对控制的了解一定不能够代替对控制运行有效性的测试

C. 注册会计师在确定是否考虑控制得到执行时，应当首先考虑控制的运行。如控制运行不当，不需要再考虑控制是否得到合理的设计

D. 内部控制要素包括控制环境、风险评估过程、信息系统与沟通、控制活动和对控制的监督

一、了解被审计单位内部控制的程序

1．询问被审计单位的人员

注册会计师可以向管理层和财务负责人询问下列事项：管理层所关注的主要问题，如新的竞争对手、主要客户和供应商的流失，新的税收法规的实施以及经营目标或战略的变化等；被审计单位的财务状况和最近的经营成果、现金流量；可能影响财务报告的交易和事项，或者目前发生的重大会计处理问题，如重大的购并事宜等；被审计单位发生的其他重要变化，如所有权结构、组织结构的变化，以及内部控制的变化等。注册会计师还应当询问内部审计人员、采购人员、生产人员、销售人员等其他人员，并考虑询问不同级别的员工，以获取对识别重大错报风险有用的信息。注册会计师还可以询问被审计单位聘请的外部法律顾问、专业评估师、投资顾问和财务顾问，从被审计单位外部获取信息以了解被审计单位及其环境并识别重大错报风险。

2．观察特定控制的运用

注册会计师通过观察程序可以印证对管理层和其他相关人员的询问结果，并可提供有关被审计

微课 5-3

内部控制的审计程序

单位及其环境的信息。注册会计师应当观察被审计单位的生产经营活动。通过观察被审计单位人员正在从事的生产活动和内部控制活动，注册会计师可以增加对被审计单位人员如何进行生产经营活动及实施内部控制的了解。注册会计师还应当实地察看被审计单位的生产经营场所和设备。通过现场访问和实地察看被审计单位的生产经营场所和设备，注册会计师了解可以被审计单位的性质及其经营活动。在实地察看被审计单位的厂房和办公场所的过程中，注册会计师有机会与被审计单位的管理层和担任不同职责的员工进行交流，以增强对被审计单位的经营活动及其重大影响因素的了解。

3. 检查文件和报告

注册会计师应检查文件、记录和内部控制手册。如检查被审计单位的章程，与其他单位签订的合同、协议，股东大会、监事会会议、高级管理层会议的会议记录或纪要，各业务流程操作指引和内部控制手册，各种会计资料、内部凭证和单据等。注册会计师应阅读由管理层和治理层编制的报告。如阅读被审计单位年度和中期财务报告、管理层的讨论和分析资料、经营计划和战略、对重要经营环节和外部因素的评价、被审计单位内部管理报告以及其他特殊目的的报告（如新投资项目的可行性分析报告）。另外阅读外部信息也可能有助于注册会计师了解被审计单位及其环境。外部信息包括证券分析师、银行、评级机构出具的有关被审计单位及其所处行业的经济或市场环境等状况的报告，贸易与经济方面的期刊、法规或金融出版物，以及政府部门或民间组织发布的行业报告和统计数据等。

4. 穿行测试

穿行测试，即追踪交易在财务报告信息系统中的处理过程，是注册会计师了解被审计单位业务流程及其内部控制时经常使用的审计程序。通过追踪某笔或某几笔交易在业务流程中如何生成、记录、处理和报告，以及相关内部控制如何执行，注册会计师可以确定被审计单位的交易流程和内部控制是否与之前通过其他程序所获得的了解一致，并确定内部控制是否得到执行。

5. 分析程序

在了解被审计单位及其环境并评估重大错报风险时使用分析程序有助于识别异常的交易或事项，以及对财务报表和审计产生影响的金额、比率和趋势。例如，注册会计师通过对被审计单位及其环境的了解，获知其银行贷款比去年略有增加，今年银行贷款利率上涨 1%，因此注册会计师预期财务费用应相应上升，但注册会计师比较两年的财务费用，发现今年财务费用比去年大幅下降。上述分析可以使注册会计师得出结论：财务费用可能存在重大错报风险，应对其给予足够的重视。

二、了解被审计单位内部控制的主要内容

内部控制是被审计单位为了合理保证财务报告的可靠性、经营的效率和效果以及对法律法规的遵守，由治理层、管理层和其他人员设计和执行的政策和程序。内部控制的目标是：第一，保证财务报告的可靠性，这一目标与管理层履行财务报告编制责任密切相关；第二，保证经营的效率和效果，即经济有效地使用企业资源，以最优方式实现企业的目标；第三，在所有经营活动中遵守法律法规的要求，即在法律法规的框架下从事经营活动。了解被审计单位的内部控制是识别和评估重大错报风险、设计和实施进一步审计程序的基础。注册会计师应当了解与审计相关的内部控制以识别潜在错报的类型，考虑导致重大错报风险的因素，以及设计和实施进一步审计程序的性质、时间和范围。

1. 内部控制的主要内容

（1）控制环境。控制环境包括治理职能和管理职能，以及治理层和管理层对内部控制及其重要性的态度、认识和措施。控制环境对重大错报风险的评估具有广泛影响，注册会计师应当考虑控制环境的总体优势是否为内部控制的其他要素提供了适当的基础，并且未被控制环境中存在的缺陷所削弱。控制环境本身并不能防止或发现并纠正各类交易、账户余额、列报认定层次的重大错报，注册会计师在评估重大错报风险时应当将控制环境连同其他内部控制要素产生的影响一并考虑。在评

价控制环境的设计和实施情况时，注册会计师应当了解管理层在治理层的监督下，是否营造并保持了诚实守信和合乎道德的文化，以及是否建立了防止或发现并纠正舞弊和错误的恰当控制。

（2）风险评估过程。风险评估过程的作用是识别、评估和管理影响被审计单位实现经营目标能力的各种风险。被审计单位的风险评估过程包括识别与财务报告相关的经营风险，以及针对这些风险所采取的措施。注册会计师应当了解被审计单位的风险评估过程和结果。在评价被审计单位风险评估过程的设计和执行时，注册会计师应当确定管理层如何识别与财务报告相关的经营风险，如何估计该风险的重要性，如何评估风险发生的可能性，以及如何采取措施管理这些风险。如果被审计单位的风险评估过程符合其具体情况，了解被审计单位的风险评估过程和结果有助于注册会计师识别财务报表的重大错报风险。

（3）信息系统与沟通。与财务报告相关的信息系统，包括用以生成、记录、处理和报告交易、事项和情况，对相关资产、负债和所有者权益履行经营管理责任的程序、记录。与财务报告相关的信息系统应当和业务流程相适应。在了解与财务报告相关的信息系统时，注册会计师应当特别关注由于管理层凌驾于账户记录控制之上，或规避控制行为而产生的重大错报风险，并考虑被审计单位如何纠正不正确的交易处理。与财务报告相关的沟通包括使员工了解各自在与财务报告有关的内部控制方面的角色和职责，员工之间的工作联系，以及向适当级别的管理层报告例外事项的方式。注册会计师应当了解被审计单位内部如何对财务报告的岗位职责，以及与财务报告相关的重大事项进行沟通。注册会计师还应当了解管理层与治理层之间的沟通，以及被审计单位与外部的沟通。

（4）控制活动。控制活动是指有助于确保管理层的指令得以执行的政策和程序，包括与授权、业绩评价、信息处理、实物控制和职责分离等相关的活动。注册会计师应当了解与授权有关的控制活动，包括一般授权和特别授权。其中，一般授权是指管理层制定的要求组织内部遵守的普遍适用于某类交易或活动的政策；特别授权是指管理层针对特定类别的交易或活动逐一设置的授权，如重大资本支出和股票发行等。特别授权也可能用于超过一般授权限制的常规交易，例如，因某些特别原因，同意对某个不符合一般信用条件的客户赊销商品。

① 注册会计师应当了解与业绩评价有关的控制活动，主要包括被审计单位分析评价实际业绩与预算（或预测、前期业绩）的差异，综合分析财务数据与经营数据的内在关系，将内部数据与外部信息来源相比较，评价职能部门、分支机构或项目活动的业绩（如银行客户信贷经理复核各分行、地区和各种贷款类型的审批和收回），以及对发现的异常差异或关系采取必要的调查与纠正措施。

② 注册会计师应当了解与信息处理有关的控制活动，包括信息技术的一般控制和应用控制。被审计单位通常执行各种措施，检查各种类型信息处理环境下的交易的准确性、完整性和授权。信息处理控制可以是人工的、自动化的，或是基于自动流程的人工控制。信息处理控制分为两类，即信息技术的一般控制和应用控制。

③ 注册会计师应当了解实物控制，主要包括了解对资产和记录采取适当的安全保护措施，对访问计算机程序和数据文件设置授权，以及定期盘点并将盘点记录与会计记录相核对（如现金、有价证券和存货的定期盘点控制）。实物控制的效果会影响资产的安全，从而对财务报表的可靠性及审计产生影响。

④ 注册会计师应当了解职责分离，主要包括了解被审计单位如何将交易授权、交易记录以及资产保管等职责分配给不同员工，以防范同一员工在履行多项职责时可能发生的舞弊或错误。当信息技术运用于信息系统时，职责分离可以通过设置安全控制来实现。

⑤ 注册会计师应当重点考虑一项控制活动单独或连同其他控制活动，是否能够以及如何防止或发现并纠正各类交易、账户余额、列报存在的重大错报。如果多项控制活动能够实现同一目标，注册会计师不必了解与该目标相关的每项控制活动。在了解其他内部控制要素时，如果获取了控制活

动是否存在的信息，注册会计师应当确定是否有必要进一步了解这些控制活动。

（5）对控制的监督。注册会计师应当了解被审计单位对与财务报告相关的内部控制的监督活动，并了解如何采取纠正措施。对控制的监督是指被审计单位评价内部控制在一段时间内运行有效性的过程，该过程包括及时评价控制的设计和运行，以及根据情况的变化采取必要的纠正措施。注册会计师应当了解被审计单位对控制的持续监督活动和专门的评价活动。持续的监督活动通常贯穿被审计单位的日常经营活动与常规管理工作中。被审计单位可能使用内部审计人员或具有类似职能的人员对内部控制的设计和执行进行专门的评价。被审计单位也可能利用与外部有关各方沟通或交流所获取的信息监督相关的控制活动。

2. 内部控制的固有缺陷

内部控制存在下列固有局限性，无论如何设计和执行，只能对财务报告的可靠性提供合理的保证：在决策时人为判断可能出现错误和人为失误导致内部控制失效；可能由于两个或更多的人员进行串通或管理层凌驾于内部控制之上而被规避。小型被审计单位拥有的员工通常较少，限制了其职责分离的程度，被审计单位管理层凌驾于内部控制之上的可能性较大，注册会计师应当考虑一些关键领域是否存在有效的内部控制。

注册会计师需要在整体层面和业务流程层面了解内部控制。内部控制的某些要素（如控制环境）更多地对被审计单位整体层面产生影响，而其他要素（如信息系统与沟通、控制活动）则可能更多地与特定业务流程相关。在实务中，注册会计师应当从被审计单位整体层面和业务流程层面分别了解和评价被审计单位的内部控制。整体层面的控制（包括对管理层凌驾于内部控制之上的控制）和信息技术一般控制通常在所有业务活动中普遍存在。业务流程层面控制主要是对工薪、销售和采购等交易的控制。整体层面的控制对内部控制在所有业务流程中得到严格的设计和执行具有重要影响。整体层面的控制较差，可能使最好的业务流程层面控制失效。例如，被审计单位可能有一个有效的采购系统，但如果会计人员不胜任，仍然会发生大量错误，且其中一些错误可能导致财务报表存在重大错报。此外，管理层凌驾于内部控制之上（经常在企业整体层面出现）这种不好的公司行为也较为常见。

三、了解被审计单位的内部控制审计工作底稿编制实例

1. 了解和评价整体层面内部控制汇总表（见表 5-6）

表 5-6　　　　　　　　　了解和评价整体层面内部控制汇总表

被审计单位：	梦舒公司		编制：	田某	日期：	2023 年 1 月 30 日	索引号：	Z402-1
会计期间：	2022 年 1 月 1 日—2022 年 12 月 31 日		复核：	胡某	日期：	2023 年 2 月 2 日	页次：	1

1. 整体层面内部控制要素

内部控制要素	是否进行了解
控制环境	是
被审计单位的风险评估	是
与财务报告相关的信息系统与沟通	是
控制活动	是
对控制的监督	是

2. 了解整体层面内部控制

（1）被审计单位是否利用专业服务机构作为财务报告的内部控制系统的一部分，且专业服务机构处理公司的重大交易，以及专业服务机构内的控制对于防止或发现被审计单位财务报表重大错报是否很重要（如客户自己没有足够的控制）：否，公司目前未利用专业服务机构

（2）客户是否设有我们计划依赖其工作的内部审计部门：否，公司没有设立内部审计部门

（3）管理层是否在编制财务报表时利用了专家的工作：否，没有利用专家的工作

2．了解和评价被审计单位控制环境（见表 5-7）

表 5-7　　　　　　　　　　　　了解和评价被审计单位控制环境

被审计单位：梦舒公司		编制：田某　日期：2023 年 1 月 30 日		索引号：Z402-2	
会计期间：2022 年 1 月 1 日—2022 年 12 月 31 日		复核：胡某　日期：2023 年 2 月 2 日		页次：　1	

一、对诚信和道德价值观念的沟通与落实

索引号	控制目标	被审计单位的控制	实施的风险评估程序	结论	缺陷
HJ-1	使员工行为守则及其他政策得到执行	（1）公司制定员工的行为守则，涉及企业文化、职责要求、行为规范等；（2）行为守则人手一册，定期对员工行为进行评价并采取相应的奖惩措施；（3）指定专人定期修订及解释手册内容	（1）询问人力资源部经理政策执行情况，是否均按照制度执行，对违反制度的予以处罚；（2）获取员工手册，检查相关制度是否均有制定并得到充分的贯彻执行；（3）询问员工对守则的了解程度和遵守情况，与员工讨论职业操守问题	设计合理且得到执行	无明显缺陷
HJ-2	建立信息传达机制，使员工能够清晰了解管理层的理念	（1）将严格遵循诚信和道德规范，通过文字和实际行动有效地灌输给所有员工，利用文化墙展示；（2）新员工入职培训督导；（3）所有文件制度在 ERP 系统发布	（1）观察企业文化墙等展示资料，了解相关内容是否均有展示；（2）查阅 ERP 系统平台，了解相关制度是否规范完善；（3）检查新员工培训记录，查看是否有传输道德价值观念的记录	设计合理且得到执行	无明显缺陷
HJ-3	对背离公司规定的行为及时采取补救措施，并将这些措施传达至相应层次的员工	（1）对涉及违法违规的员工在公司内部进行公示通报并给予相应处罚；（2）对涉及违法违规的管理人员采取处理措施，包括：人力资源部谈话；ERP 系统通告违规违法情况并给予罚款或开除等处理，严重的移送司法机关	（1）检查相关违反规定的卷宗，是否了解执行合理；（2）查看 ERP 系统，是否均有相应的通报记录；（3）与管理人员讨论了解其对既定控制的遵守情况；（4）查阅违规行为的调查记录文件	设计合理且得到执行	无明显缺陷

二、对胜任能力的重视

索引号	控制目标	被审计单位的控制	实施的风险评估程序	结论	缺陷
HJ-4	员工和管理层的工作压力恰当	公司设计合理的激励机制，薪酬体系设计着眼于调动员工的积极性	（1）询问办公室主任、人力资源部经理相关具体规定，了解制度是否合理；（2）检查公司制定的薪酬办法是否合理	设计合理且得到执行	无明显缺陷
HJ-5	公司岗位责任明确，任职条件清晰	（1）管理层对所有岗位的工作有正式的书面描述，任职条件规定了履行特定职责所需的知识和技能；（2）定期内外部公开竞聘上岗	（1）询问人力资源部经理是否有各岗位职责具体描述及对招聘人员的具体要求；（2）检查岗位责任说明书是否均有相关明确职责	设计合理且得到执行	无明显缺陷

三、治理层的参与程度

索引号	控制目标	被审计单位的控制	实施的风险评估程序	结论	缺陷
HJ-6	保证董事会成员具备适当资历，并保持相对稳定	（1）董事会成员的经验和资历有明确的书面规定；（2）提名董事会成员时严格按照规定进行（每届任期 3 年，可以连任）	（1）查阅对董事会成员经验及资历做出规定的书面文件；（2）询问治理层、管理层，了解董事提名及任命程序	设计合理且得到执行	无明显缺陷
HJ-7	董事会或类似机构独立于管理层	（1）管理层的提案需要经过董事会审议；（2）董事会监督经营成果	（1）翻阅董事会职责说明文件，明确对管理层的监督职责和程序；（2）询问治理层，了解董事会成员的组成与治理层是否无交叉任职	设计合理且得到执行	无明显缺陷
HJ-8	管理层不能由一人或少数几人控制	董事会对管理层实施有效监督	（1）询问治理层、管理层，了解治理层对管理层的监督是否均按规定程序执行；（2）了解管理层组成及分工是否合理，管理层是否不存在由一人或少数几人控制的情况	设计合理且得到执行	无明显缺陷

四、管理层的理念和经营风格

索引号	控制目标	被审计单位的控制	实施的风险评估程序	结论	缺陷
HJ-9	对非经常性的经营风险，管理层采取稳妥措施	对于非经常性的经营风险，管理层组织中层讨论，积极应对，采取稳妥的措施将对公司的影响降到最小	（1）询问管理层关于非经常性经营风险的应对情况；了解是否均有充分沟通讨论；（2）检查公司文件中重大事项的决策程序是否符合规定；（3）检查相关会议纪要中是否有对风险进行讨论的相关记录	设计合理且得到执行	无明显缺陷
HJ-10	管理层关注信息技术的控制	公司引进金蝶 ERP 系统等，重视信息技术的引进和应用	检查、观察相关信息系统的运行是否良好、及时更新	设计合理且得到执行	无明显缺陷
HJ-11	管理层对于财务报告的态度合理	管理层希望财务报告能够提供公司真实的情况，以供决策参考，希望符合企业会计准则和相关法规，减少不必要的风险	（1）询问总经理等对于财务报告的态度，了解其是否都明确要求真实反映公司经营情况；（2）查阅企业往年的审计报告、内审报告，了解各报告的审计意见	设计合理且得到执行	无明显缺陷
HJ-12	管理层对于重大会计事项征询注册会计师意见	（1）管理层和注册会计师经常就会计和审计问题进行沟通；（2）在审计调整和内部控制方面达成一致意见	（1）检查注册会计师与管理层就调整事项和管理建议进行充分沟通的相关记录；（2）研讨督促财务部门予以落实，并持续跟进	设计合理且得到执行	无明显缺陷

五、组织结构

索引号	控制目标	被审计单位的控制	实施的风险评估程序	结论	缺陷
HJ-13	组织结构合理，具备提供各类活动所需信息的能力	公司组织结构清晰，各部门职责明确，各部门各司其职，随时提供管理各类活动所需的信息	（1）查阅公司组织结构图及文件，复核其合理性；（2）询问管理层，了解其组织结构设计依据及信息传递途径	设计合理且得到执行	无明显缺陷
HJ-14	交易授权控制层次适当	（1）董事会对董事长、总经理授予不同权利；（2）总经理对副总经理授权适当；（3）公司对各类交易有严格的授权审批制度，建立了授权体系，在 ERP 系统中流转	（1）查阅董事长、总经理、副总经理的职责描述文件，了解授权制度制定是否合理；（2）与相关人员讨论，了解其权限及分级授权情况；（3）检查 ERP 系统审批流程是否均符合授权制度	设计合理且得到执行	无明显缺陷
HJ-15	管理层定期评估组织结构的恰当性	管理层每年召开一次会议，讨论组织机构设置的合理性，日常根据各个部门的反映或者规划，组织人员进行讨论决议	检查会议记录，了解是否存在关于组织机构调整的详细讨论	设计合理且得到执行	无明显缺陷

六、职权与责任的分配

索引号	控制目标	被审计单位的控制	实施的风险评估程序	结论	缺陷
HJ-16	明确员工岗位职责，包括具体任务、报告关系及所受限制等	公司根据不同的岗位制定不同的岗位责任制度及说明书，员工入职前需要人力资源部进行培训，同时部门内进行传达学习	（1）检查岗位责任说明书，了解每个岗位是否都有相应的岗位职责；（2）与管理层及各级员工讨论，了解岗位职责的履行情况	设计合理且得到执行	无明显缺陷
HJ-17	在被审计单位内部有明确的职责划分和岗位分离	公司在制定各项制度时，充分考虑职责划分和岗位分离，将业务授权、业务记录、资产报告及维护、业务执行的责任尽可能分离	（1）检查岗位责任说明书和业务分离文件，了解是否有明确的职责划分审查治理结构图；（2）实地追踪信息处理传递流程；（3）询问各业务执行人	设计合理且得到执行	无明显缺陷
HJ-18	对授权交易及系统改善、数据处理的控制等均有适当的记录	授权交易需要批准和相关人员签名，系统数据需要备份	询问信息系统维护人员交易授权设置等是否合理，检查相关合同、文件是否均有相应的授权审批	设计合理且得到执行	无明显缺陷

七、人力资源的政策与实务					
索引号	控制目标	被审计单位的控制	实施的风险评估程序	结论	缺陷
HJ-19	关键管理人员具备岗位所需的丰富知识和经验	（1）公司对每一个岗位的要求、分工和责任明确，招聘过程中做到对专业能力和综合能力并重；（2）入职后有培训及考核，对关键管理人员的考察十分严格	（1）询问人力资源部经理关于关键管理人员的相关招聘、培训情况是否合理；（2）检查关键管理人员资质及培训情况是否均合理；（3）检查相关考核结果是否均符合考核要求	设计合理且得到执行	无明显缺陷
HJ-20	强调员工需保持适当的伦理和道德标准	公司的人事政策强调德才兼备，员工不但需要有专业胜任能力，还要有高尚的伦理和道德情操，公司评估业绩时适当将伦理和道德情操纳入评估标准	检查员工评价文件是否含有相关伦理和道德标准的考核评价	设计合理且得到执行	无明显缺陷

3. 了解和评价被审计单位风险评估过程（见表5-8）

表5-8　　　　　　　　　　了解和评价被审计单位风险评估过程

被审计单位：梦舒公司　　　　　　　编制：　田某　　日期：　2023年1月30日　索引号：　Z402-3

会计期间：2022年1月1日—2022年12月31日　复核：胡某　　日期：　2023年2月2日　页次：　1

索引号	控制目标	被审计单位的控制	实施的风险评估程序	结论	缺陷
PG-1	建立公司整体目标并传达到全体员工	公司已制定经营目标，包括5年战略规划和细化到各部门的具体目标,目标制定时与各部门经过充分的讨论,确定后下达各部门	（1）与董事长、总经理沟通了解相关公司整体目标情况；（2）检查公司战略规划文件，了解公司是否有总体目标和细分至各部门的具体目标；（3）询问董事、部门经理和相关员工是否均对目标有了解	设计合理且得到执行	无明显缺陷
PG-2	具体策略和业务流程层面的目标与整体目标协调	公司经营目标战略规划出台后，目标层层分解,制定各部门具体的业务流程目标和策略,分解为短期目标	（1）询问总经理、相关员工是否了解相关公司整体目标情况及如何合理分解至具体目标；（2）查阅行业发展资料及产品市场情况，阅读并分析经营战略和整体目标之间的关系	设计合理且得到执行	无明显缺陷
PG-3	建立风险评估方法，定期评估并制定应对程序	综合考虑内外因素,管理层每年对于市场扩张、新系统的上线、会计政策变化等各个方面进行讨论沟通;对每项重要的业务层面目标,确定影响其实现的重大风险	（1）分析、复核分析风险管理依据的合理性；（2）询问管理层风险机制具体流程；（3）复核各业务层面的重大目标是否相应考虑了影响其实现的重大风险；（4）检查相关会议记录，了解评估的风险及应对方法是否均合理	设计合理且得到执行	无明显缺陷
PG-4	建立风险识别、应对机制，处理具有普遍影响的变化	公司建立经营风险识别、汇总、上报、讨论、处置机制。对各岗位建立报告例外事项制度，要求层层上报可能存在的风险并进行分析评估	（1）询问总经理关于风险识别、应对处理的方式及方法；（2）检查风险管理手册是否有相关条款规定；（3）检查相关风险上报文件是否都有详细的识别、讨论和处置内容	设计合理且得到执行	无明显缺陷
PG-5	会计部门建立流程，适应会计准则的重大变化	会计部门定期组织学习新准则法规以识别其重大变化;按照新的准则调整相关财务软件和记账核算规则	（1）询问会计部门人员，了解后续教育情况及效果；（2）检查培训学习记录，了解是否均有相关培训；（3）检查财务软件、账套、报表是否已按照新准则实施核算	设计合理且得到执行	无明显缺陷
PG-6	业务操作发生变化影响交易记录流程时，及时通知会计部门	当被审计单位业务操作发生变化并影响交易记录的流程时，召开部门会议进行讨论，会计部门必须参加	（1）翻阅相关的会议记录，确认是否有会计人员参与；（2）询问会计部门人员，确认其是否了解企业新业务操作变化；（3）检查相关业务流程调整引起的会计核算变化是否无误	设计合理且得到执行	无明显缺陷

索引号	控制目标	被审计单位的控制	实施的风险评估程序	结论	缺陷
PG-7	风险管理部门建立流程以识别经营环境的重大变化	定期召开部门会议，进行沟通，讨论经营环境的重大变化	（1）翻阅相应的会议记录；（2）与管理层进行讨论；（3）询问各部门负责人，核实召开定期会议的实际效果	设计合理且得到执行	无明显缺陷
PG-8	政策和程序得到有效执行	管理层定期审查政策和程序的遵循情况	（1）与管理层讨论，了解其定期审查活动的进展情况；（2）实地观察企业的主要政策和程序的执行情况	设计合理且得到执行	无明显缺陷

4. 了解和评价与财务报告相关的信息系统与沟通（见表5-9）

表5-9　　　　　　　　　了解和评价与财务报告相关的信息系统与沟通

被审计单位： 梦舒公司　　　　　编制： 田某　　日期： 2023年1月30日　　索引号： Z402-4

会计期间： 2022年1月1日—2022年12月31日　　复核： 胡某　　日期： 2023年2月2日　　页次： 1

索引号	控制目标	被审计单位的控制	实施的风险评估程序	结论	缺陷
XT-1	信息系统向管理层提供经营的相关信息	公司有ERP系统，可以从系统中获取相关经营信息	（1）检查ERP系统是否有及时发布相关公司信息及经营业绩情况；（2）ERP系统集合资金及业务数据流，是否能够给被审计单位提供相关信息	设计合理且得到执行	无明显缺陷
XT-2	提供的信息充分、具体且及时，保证员工能够有效地履行职责	（1）公司的ERP系统能够向适当人员提供充分、具体且及时的信息，开放不同权限；（2）有专人识别员工需要的信息并及时提供给有关员工	（1）检查系统内权限的设置及开放的模块是否均合理，针对不同级别的人，其权限是否不同；（2）询问员工核实其所需信息的权限授予情况，了解是否有专人负责核实	设计合理且得到执行	无明显缺陷
XT-3	就岗位职责与员工进行有效沟通	（1）建立各种沟通渠道以有效地实现沟通；（2）定期对员工评估，确保员工能充分理解其自身职责；（3）开展培训	（1）询问人力资源部经理关于岗位职责与员工的情况；（2）查看相关培训记录是否均合理；（3）查看岗位职责说明书是否均有具体明确的任务	设计合理且得到执行	无明显缺陷
XT-4	针对不恰当事项和行为建立沟通渠道	（1）对员工手册进行相应说明；（2）建立恰当的信息沟通渠道；（3）确保反馈情况的员工不受打击报复	（1）查阅员工手册的规定是否相符；（2）检查举报线索的台账处理方式是否较为合理；（3）询问管理层、员工相关手册规定的执行情况	设计合理，且得到有效执行	无明显缺陷
XT-5	管理层认真听取和采纳员工提出的改进意见	有意见建议箱和邮箱，鼓励员工提出改进意见，意见被采纳，有相应的奖励	（1）询问总经理、员工，了解其对该机制的反应状况；（2）检查意见采纳奖励记录是否无误	设计合理且得到执行	无明显缺陷
XT-6	管理层与客户、供应商、监管者和其他外部人士有效沟通	（1）建立与各方的沟通渠道；（2）收集各方的建议、投诉及其他信息，并保证公司内部及时沟通；（3）定期向管理层报告投诉的性质和数量	（1）查阅公司接收到的各种投诉及外部信息；（2）询问管理人员定期投诉的性质和数量；（3）检查公司投诉记录是否均有正确的处理和跟进	设计合理且得到执行	无明显缺陷
XT-7	职责适当分离，降低舞弊和不当行为发生风险	公司针对岗位职责制定相关的员工职责分离的制度，明确需分离的职责	（1）查阅有关职责分离的制度文件说明；（2）询问关键岗位的员工，实地观察不相容岗位员工的操作；（3）查看相关工作交接手续	设计合理且得到执行	无明显缺陷
XT-8	会计系统中的数据与实物资产定期核对	公司制定会计账簿与实物的定期核对制度，如存货、现金盘点，核对往来款项等	（1）查阅公司定期核对制度说明文件，了解相关规定是否合理；（2）询问相关人员，了解该制度的实际执行情况；（3）检查具体盘点工作的记录是否符合制度程序规范	设计合理且得到执行	无明显缺陷

5. 了解和评价被审计单位内部控制活动（见表 5-10）

表 5-10　　　　　　　　　　了解和评价被审计单位内部控制活动

被审计单位：梦舒公司		编制：田某	日期：2023 年 1 月 30 日		索引号：Z402-5
会计期间：2022 年 1 月 1 日—2022 年 12 月 31 日		复核：胡某	日期：2023 年 2 月 2 日		页次：1

索引号	控制目标	被审计单位的控制	实施的风险评估程序	结论	缺陷
KH-1	定期进行业绩评价	（1）每季度会进行相应的业绩财务分析；（2）每年度进行年终总结，搜集外部相关信息，将企业经营和财务数据进行与预算及同行业比较，评价本年业绩情况	（1）询问总经理、财务经理，了解业绩评价的情况；（2）检查每季度是否均有财务分析报告；（3）检查年终总结业绩评价报告，了解是否对业绩进行全面的描述和说明	设计合理且得到执行	无明显缺陷
KH-2	授权适当	公司对销售、采购等各板块有相应的授权管理和审批制度，财务部也订立了资金支付授权审批的各级别权限	（1）检查授权审批制度制定是否合理；（2）检查合同、付款等文件是否均授权合理	设计合理且得到执行	无明显缺陷
KH-3	职责分离	企业考虑各岗位设置时，对不相容岗位有明确的职责分离	检查岗位职责说明书，了解是否结合具体的岗位形成了不相容职责分离	设计合理且得到执行	无明显缺陷
KH-4	实物控制	企业有现金、存货及固定资产保管制度，对仓储及固定资产进行严格管理，财务和相关人员定期进行盘点核对	（1）检查相关实物保管制度是否合理；（2）检查盘点情况，了解盘点是否定期进行，是否逐一登记，有无盘盈盘亏情况	设计合理且得到执行	无明显缺陷
KH-5	信息处理	信息处理有日志可查（所有信息的修改、删除均有相应记录），设有必要的控制，如密码和级别授权，确保员工只能处理与其岗位相关的系统信息	（1）询问信息系统维护人员关于信息处理日志和相关控制措施的情况；（2）检查不同账户之间的授权范围是否合理	设计合理且得到执行	无明显缺陷
KH-6	对特别风险的控制活动	定期召开会议，讨论风险情况，遇到风险突发情况，员工可以直接上报	检查会议纪要，了解是否有相关风险讨论和处置记录	设计合理且得到执行	无明显缺陷

6. 了解和评价被审计单位对控制的监督（见表 5-11）

表 5-11　　　　　　　　　　了解和评价被审计单位对控制的监督

被审计单位：梦舒公司		编制：宋某某	日期：2023 年 1 月 30 日		索引号：Z402-6
会计期间：2022 年 1 月 1 日—2022 年 12 月 31 日		复核：胡某	日期：2023 年 2 月 2 日		页次：1

索引号	控制目标	被审计单位的控制	实施的风险评估程序	结论	缺陷
JD-1	内部控制定期评价	由总经理进行定期的内控评价；各部门自行对内控的合理性提出建议，在总经理会议上讨论相关情况；在财务部设有内部审计岗位	（1）询问总经理内控评价情况；（2）检查各部门提出的内控建议，有合理化的建议，但是不够系统	内审独立性不强	缺乏内审部门
JD-2	评价内部控制制度对常规工作活动有效运行的保障程度	（1）公司 ERP 系统对于常规工作活动有效运行情况都有完整的记录；（2）将经营信息与财务信息进行比较，并对各部门进行考核	（1）检查相关部门定期报告总结及业务流程制度文件；（2）观察相关人员实际操作过程，了解业务流程是否均按照内控制度有效运行	设计合理且得到执行	无明显缺陷
JD-3	管理层对注册会计师提出的内控建议进行适当处理	（1）财务部门和总经理处理上级审计部门及注册会计师所提的意见和建议，并形成记录；（2）跟踪相关决策并验证其落实情况	检查注册会计师调整事项和管理建议是否均在管理层进行充分的沟通研讨后督促财务部层面予以落实	设计合理且得到执行	无明显缺陷
JD-4	管理层能够获得关于控制有效的反馈信息	通过培训课程、规划会议和其他会议，掌握提出的争议和问题；员工建议自下而上传递	（1）询问总经理关于控制有效的反馈方式；（2）检查相关会议、培训记录，了解管理层是否能够得到控制有效的反馈信息	设计合理且得到执行	无明显缺陷

续表

索引号	控制目标	被审计单位的控制	实施的风险评估程序	结论	缺陷
JD-5	内部审计的独立性适当	内部审计人员定期向财务经理汇报，未向董事会、审计委员会或类似的独立机构报告	（1）查阅内审岗位职责文件；（2）询问治理层、管理层以了解其对内审部门工作的态度；（3）询问内审人员，了解其在报告中是否受到不恰当的干预	内审独立性较差	未设内审部门
JD-6	内审活动的范围适当，工作能降低财务报表重大错报风险	（1）内部审计人员定期检查财务信息；（2）内部注册会计师定期评价经营效率和经营效果	（1）查阅内部审计人员职责范围规定文件；（2）检查内部审计人员定期工作记录文件；（3）询问内部审计人员相应工作情况	内审独立性不足	未设内审部门

四、采购与付款循环——了解被审计单位内部控制审计工作底稿编制实例

1. 采购与付款循环——了解内部控制（见表 5-12）

表 5-12　　　　　　　采购与付款循环——了解内部控制

被审计单位：梦舒公司　　　　　　编制：郁某　　日期：2023 年 1 月 30 日　　索引号：　CGL-0

会计期间：　2022 年 1 月 1 日—2022 年 12 月 31 日　复核：田某　　日期：2023 年 2 月 1 日　页次：　1

了解本循环内部控制的工作包括：

1. 了解被审计单位采购与付款循环与财务报告相关的业务流程，并记录获得的了解

2. 通过了解本循环业务流程，识别本循环中存在的风险，评估风险等级，并将风险关联到相关认定

3. 编制本循环控制矩阵，并将控制关联到相关认定

4. 执行穿行测试，证实对交易流程和相关控制的了解，并确定相关控制是否得到执行

5. 根据识别到的风险确定拟采取的审计应对措施

了解本循环内部控制，形成下列审计工作底稿：

1. CGL-1：了解内部控制汇总表

2. CGL-2：了解业务流程

3. CGL-3：风险评估

4. CGL-4：控制矩阵

5. CGL-5：穿行测试

6. CGL-6：审计应对措施

2. 采购与付款循环——了解内部控制汇总表（见表 5-13）

表 5-13　　　　　　　采购与付款循环——了解内部控制汇总表

被审计单位：梦舒公司　　　　　　编制：郁某　　日期：2023 年 1 月 30 日　　索引号：　CGL-1

会计期间：　2022 年 1 月 1 日—2022 年 12 月 31 日　复核：田某　　日期：2023 年 2 月 1 日　页次：　1

1. 受本循环影响的重要交易、账户余额和披露及其相关认定

重要交易、账户余额和披露及其相关认定	相关认定						
	发生/存在	完整性	准确性、计价和分摊	截止	权利和义务	分类	列报
存货	√	√	√			√	√
固定资产	√	√	√		√	√	√
无形资产	√	√	√		√	√	√

2. 特别风险

序号	特别风险描述	相关的重要交易、账户余额和披露	相关认定	相关控制
1	无			

续表

3．主要业务流程

主要业务子流程	是否在本循环中进行了解	主要业务子流程	是否在本循环中进行了解
*材料（商品）		*固定资产（其他长期资产）	
（1）采购	是	（1）采购审批	是
（2）验收入库	是	（2）验收确认	是
（3）记录应付账款	是	（3）运行管理	是
（4）付款	是	（4）折旧、减值	是
（5）维护供应商档案	是	（5）资产处置	是
（6）采购相关信息系统	否	（6）采购相关的信息系统	否

说明：采购相关信息系统在信息系统控制中集中了解和测试，不在此处记录

4．了解业务流程

（1）被审计单位是否委托服务机构执行主要业务活动，如果被审计单位使用服务机构，将对审计计划产生哪些影响：未委托服务机构执行主要业务活动

（2）是否进一步识别出其他风险，如果已识别出其他风险，将对审计计划产生哪些影响：否

（3）是否识别出与本循环相关的控制缺陷，如果识别出控制缺陷，将对审计计划产生哪些影响，汇总至控制缺陷汇总表，确定该缺陷单独或连同其他缺陷是否已构成值得关注的缺陷，并与管理层或治理层进行适当沟通

缺陷描述 （缺乏相关控制/控制设计不合理/控制未得到执行）	对审计计划的影响	汇总至控制缺陷汇总表进行评价并考虑沟通 （是/否）
无		

5．相关的信息应用系统

（1）应用软件

信息系统名称	计算机运行环境	初次安装日期
金蝶ERP软件	Windows系统	2010年12月

（2）初次安装后对信息系统进行的任何重大修改、开发与维护

信息系统名称	重大修改、开发与维护	更新日期
金蝶ERP软件	因执行新准则而进行系统更新	2021年12月

（3）拟于将来实施的重大修改、开发与维护计划：无

（4）本年度对信息系统进行的重大修改、开发与维护及其影响：本年度未进行重大修改、开发与维护

3．采购与付款循环——了解业务流程（见表5-14）

表5-14　　　　　　　　　采购与付款循环——了解业务流程

被审计单位：梦舒公司　　　　　　编制：郁某　日期：2023年1月30日　索引号：CGL-2
会计期间：2022年1月1日—2022年12月31日　复核：田某　日期：2023年2月1日　页次：1

一、采购与付款业务涉及的主要人员

职务	姓名	职务	姓名
总经理	夏某飞	采购信息管理员	张某帅
副总经理	潘某虹	仓储经理	刘某翰
财务经理	倪某可	仓储管理员	汪某峰
财务会计	陈某杰	销售经理	刘某霞
出纳员	纪某也	销售信息管理员	余某健
采购经理	胡某晓	法务专员	郭某法

我们采用询问、观察和检查等方法，了解并记录了采购与付款循环的主要业务流程，并已与财务经理、采购经理等确认下列所述内容

续表

二、材料（商品）采购与付款
（一）有关职责分工的政策和程序
公司建立下列职责予以分工的政策和程序：供应商选择与审批；供应商信息维护与复核；请购与审批；录入与复核采购信息；采购与验收；付款申请、审批与执行。根据相关员工的岗位职责说明，软件服务商已根据公司内控设计在系统中设置其相应的系统访问权限
（二）主要业务流程介绍
1. 采购
（1）采购申请。销售信息管理员按照销售计划并结合仓库商品月初库存，在 ERP 系统中生成连续编号的请购单，交销售经理、采购经理审核，审核后系统转给采购员【控制活动编号：CGKZ-001】
（2）采购订单。采购信息管理员根据请购单向合作供应商询价并收集相关信息，然后在 ERP 系统中录入请购单信息，系统自动生成连续编号的采购订单（此时系统显示为"待处理"状态）并提交采购经理审批。订单采购金额在 50 万元以下直接由采购经理批准，金额在 50 万元（含）至 300 万元的需经副总经理审批，采购金额超过 300 万元（含）的由总经理审批【控制活动编号：CGKZ-002】
（3）采购合同。采购订单审批后，ERP 系统自动生成连续编号的格式条款采购合同（协议），若供应商需修改合同条款，则合同应由公司法务专员审核。采购信息管理员与各供应商完成采购合同签署后交公司存档，并在系统确认（此时系统显示采购订单为"待收货"状态）。每月月末，系统自动将生成的采购订单与请购单、采购合同相互比对，如比对不一致，系统生成异常报告，采购经理应查明原因并处理【控制活动编号：CGKZ-003】
2. 验收入库
（1）采购员根据系统显示的"待收货"采购订单信息及采购合同，联系供应商发货、通过系统通知质检员、仓库收货
（2）采购的商品运达后，质检员负责清点商品并与采购订单核对，并查验质量，无对应采购订单的商品不予验收入库。商品经核对查验无误后，质检员在 ERP 系统上填制预先连续编号的验收入库单，作为商品已检验依据。验收时如发现商品的数量或质量存在问题，则通知采购员处理【控制活动编号：CGKZ-004】
（3）仓储管理员按验收入库单清点商品并收入仓库，存放商品的仓储区相对独立且限制无关人员接近。仓储经理将入库商品与采购订单、合同、验收单再次核对，无误后在验收入库单中签署确认，采购订单状态自动改为"已收货"并更新库存商品明细台账【控制活动编号：CGKZ-005】
3. 记录应付账款
（1）记录应付账款。收到供应商采购发票后，财务人员将发票信息输入 ERP 系统，系统将采购订单、合同、入库单相比对：若比对不符，系统自动生成异常报告；若经比对相符，系统自动归集到供应商账户，生成记账凭证，财务经理复核采购信息、入账期间和账户后，系统归集到明细账和总账。采购入账后，采购订单的状态由"已收货"自动更改为"已完成"【控制活动编号：CGKZ-006】。每月月末，若采购的商品未运达但已收到采购发票的，财务人员应将采购发票单独存放，待次月收到验收入库单时再按上述流程录入 ERP 系统；若采购的商品已验收入库但未收到对应采购发票，则财务会计将系统内收货信息进行暂估，待下一月份收到验收单时再按上述流程输入系统
（2）对账与调节。采购员将供应商提供的每季度对账单与财务应付账款明细账进行核对，并对差异进行跟进处理，采购经理定期复核供应商对账结果，并从应付账款明细账中抽取一定数量供应商余额与供应商对账单进行核对【控制活动编号：CGKZ-007】
（3）仓库盘点。仓库分别于每月、每季和年度终了，对存货进行盘点，财务部门对盘点结果进行复盘。仓库管理员编写存货盘点明细表，发现差异及时处理，经采购经理、仓储经理、财务经理复核后调整入账
4. 付款
（1）在采购合同约定付款日到期前由采购员发起付款申请，在 ERP 系统填写付款申请单并关联相关单据（采购订单、发票及验收单），提交采购经理审批。采购经理可以审批金额 50 万元以下的费用及采购，金额在 50 万元至 300 万元的费用由副总经理负责审批，金额在 300 万元以上的则需总经理审批。批准后系统转财务部门安排付款【控制活动编号：CGKZ-008】
（2）财务部门收到经过批准的付款申请单后，与应付账款明细账记录进行核对。如核对相符，则转出纳办理付款，出纳员完成付款后打印付款申请单并加盖"付讫"印戳，同时登记日记账。财务会计根据已办理付款的付款单据信息录入 ERP 系统，系统自动与付款申请核对，若相符则自动生成记账凭证，经财务经理复核凭证信息后归集到相应明细账和总账【控制活动编号：CGKZ-009】
（3）每月月末，由财务经理指定出纳员以外的人员核对银行存款日记账和银行对账单，编制银行存款余额调节表，并提交财务经理复核签字

5．维护供应商档案
每半年，采购员对供应商情况进行了解，如信息有变化，需对系统内的供应商信息做出修改。采购员填写预先连续编号的更改申请表并附有关证明材料，采购经理审批后，采购信息管理员负责在系统内进行更改

三、固定资产（其他长期资产）采购与付款
（一）有关职责分工的政策和程序
公司建立下列职责予以分工的政策和程序：采购合同的订立与审批、验收与款项支付、固定资产保管与清查、处置申请与审批、付款审批与执行。根据相关员工的岗位职责说明，软件服务方已经在系统中授予其相应的系统访问权限。财务经理每季度复核系统生成的访问权限报告，确认设置是否适当
（二）主要业务流程介绍
1．购置固定资产/其他长期资产
（1）资产使用部门在系统中填写资产采购申请表，发起资产采购申请流程，提交部门经理复核批准，经审批后转至采购部【控制活动编号：GZKZ-1】
（2）采购员根据资产采购申请将资产采购信息输入系统，在系统关联检查资产采购申请通过后自动生成连续编号的采购订单。采购经理复核采购订单信息，采购总额在人民币10万元以下的资产请购，可直接安排购置，无须进行采购招标；采购总额超过人民币10万元的请购，须经总经理审批，审批后由采购经理组织相关部门人员共同实施询价，确定采购合作方，拟定采购合同等。每月，采购信息管理员核对本月内生成的采购订单，并将采购订单存档管理【控制活动编号：GZKZ-1】
（3）总经理对重大固定资产采购合同进行审批，完成合同评审后授权采购部门签署合同。采购合同一式四份且连续编号【控制活动编号：GZKZ-1】
2．记录固定资产/其他长期资产
（1）资产使用部门对固定资产进行验收，办理验收手续，出具验收单，并与采购合同、发货单等凭证、资料进行核对，核对相符后签署验收单【控制活动编号：GZKZ-2】
（2）财务部门收到固定资产发票后，财务会计将发票所载信息和验收单、采购订单、采购合同等进行核对，如所有单证核对一致，财务会计在发票上加盖"相符"印戳并在系统中新增固定资产卡片，输入固定资产信息，此时系统自动生成记账凭证过至明细账和总账。如发现有差异，财务部门将立即通知采购经理和资产使用部门经理进行处理。如采购和资产使用部门经理认为该项差异可合理解释并在发票上注明其解释及签字或差异经处理后，方可将该发票信息输入系统【控制活动编号：GZKZ-2】
（3）财务会计根据系统显示的信息记录当月增加的固定资产，并自下月起计提折旧。每月月末，财务会计编制月度固定资产增、减变动情况分析报告，交至财务经理复核【控制活动编号：GZKZ-2】
3．折旧/摊销及减值
（1）计提折旧/摊销。公司制定并批准了固定资产折旧/无形资产摊销的会计政策，规定固定资产按实际成本入账并采用直线法计提折旧，对当月增加的固定资产，次月起计提折旧；当月减少的固定资产，当月仍需计提折旧，从下月起停止计提折旧，资产提足折旧后，不管能否继续使用，均不再提取折旧。年度终了，对固定资产使用寿命、预计净残值和折旧方法进行复核。【控制活动编号：GZKZ-3】公司资产折旧/摊销由系统自动计算并生成记账凭证，财务经理复核凭证后过入总账和明细账【控制活动编号：GZKZ-3】
（2）计提资产减值。年度终了，财务经理会同行政部门和资产使用部门，对固定资产的使用寿命、预计净残值、折旧方法进行复核，并检查固定资产是否出现减值迹象。行政部门根据复核和检查结果，编写固定资产价值分析报告。【控制活动编号：GZKZ-4】如果对固定资产的使用寿命、预计净残值预计数与先估计的数有较大差异，或与固定资产有关经济利益预期实现方式有重大改变，财务经理应编写会计估计变更建议；如果固定资产出现减值迹象，财务经理应对该固定资产进行减值测试，计算其可收回额，编制固定资产价值调整建议。【控制活动编号：GZKZ-4】
（3）会计估计变更建议和固定资产价值调整建议经财务经理复核后，报总经理审批。只有经总经理批准后方可进行账务处理【控制活动编号：GZKZ-4】
4．保管、处置及转移
（1）每月月末，资产使用部门对固定资产进行盘点，并编写固定资产盘点明细表，财务会计对盘点表复盘，如有差异，应查明差异原因并处理【控制活动编号：GZKZ-5】
（2）固定资产内部调拨时，在系统中填制固定资产内部调拨单并由资产调入、调出部门及行政部门共同确认后，交财务会计进行账务处理【控制活动编号：GZKZ-5】
（3）对报废的固定资产，由资产使用部门填写固定资产报废单，经部门负责人、财务经理及总经理审批后，财务会计根据经适当批准的固定资产报废单进行账务处理【控制活动编号：GZKZ-5】

4. 采购与付款循环——风险评估（见表 5-15）

表 5-15　　　　　　　　　　　　采购与付款循环——风险评估

被审计单位：梦舒公司　　　　　　　　编制：郁某　　日期：2023 年 1 月 30 日　索引号：CGL-3
会计期间：2022 年 1 月 1 日—2022 年 12 月 31 日　复核：田某　日期：2023 年 2 月 1 日　页次：1

风险编号	风险描述	企业层面风险（是/否）	舞弊风险（是/否）	风险等级（显著/普通）	存货					应付账款				
					存在	完整性	准确性、计价和分摊	权利和义务	分类、列报	存在	完整性	准确性、计价和分摊	权利和义务	分类、列报
CGFX-1	采购申请未经适当审批	否	否	普通	√					√				
CGFX-2	采购订单与有效请购单不符	否	否	普通	√		√			√		√		
CGFX-3	未在系统中录入或重复录入采购订单	否	否	显著	√	√				√	√			
CGFX-4	接收缺乏有效订购单支持的商品	否	否	普通	√					√				
CGFX-5	采购交易错误分类，导致成本错误	否	否	普通					√					
CGFX-6	临近会计期末的采购未被记录在正确的会计期间	否	否	普通		√					√			
CGFX-7	确认的负债存在价格/数量错误，负债未记录在正确的供应商账户或记录金额不正确	否	否	普通			√					√		
CGFX-8	不确认与采购相关的负债	否	否	显著		√					√			
CGFX-9	付款未经适当审批	否	否	普通						√	√			
CGFX-10	付款未记录、未记录在正确的供应商账户（串户）或记录金额不正确	否	否	普通	√	√	√		√	√	√	√		√

风险编号	风险描述	企业层面风险（是/否）	舞弊风险（是/否）	风险等级（显著/普通）	固定资产					其他长期资产				
					存在	完整性	准确性、计价和分摊	权利和义务	分类、列报	存在	完整性	准确性、计价和分摊	权利和义务	分类、列报
GZFX-1	采购申请、资产采购订单可能未经过适当审批	否	否	普通	√					√				

续表

风险编号	风险描述	企业层面风险（是/否）	舞弊风险（是/否）	风险等级（显著/普通）	固定资产					其他长期资产				
					存在	完整性	准确性、计价和分摊	权利和义务	分类、列报	存在	完整性	准确性、计价和分摊	权利和义务	分类、列报
GZFX-2	采购订单与有效的请购单不符	否	否	普通	√	√	√			√	√	√		
GZFX-3	接收缺乏有效采购订单支持的固定资产/其他长期资产	否	否	普通	√					√				
GZFX-4	已经验收使用的固定资产/其他长期资产可能未登记入账	否	否	普通		√					√			
GZFX-5	记录的新增资产可能分类错误，导致成本和费用错误	否	否	普通			√		√			√		√
GZFX-6	资产折旧/摊销可能采用不恰当的方法或资产折旧/摊销计算不准确	否	否	普通			√					√		
GZFX-7	可能存在已减值的固定资产/其他长期资产	否	否	普通			√					√		
GZFX-8	固定资产/其他长期资产可能存在被盗或因报废/调拨出现账实不符	否	否	普通	√					√				

5. 采购与付款循环——控制矩阵（见表5-16）

表5-16 采购与付款循环——控制矩阵

被审计单位：梦舒公司 编制：郁某 日期：2023年1月30日 索引号：CGL-4
会计期间：2022年1月1日—2022年12月31日 复核：田某 日期：2023年2月1日 页次：1

控制编号	控制名称	控制的性质	预防性/检查性	与控制相关的风险（风险编号）	是否为关键控制	穿行测试结果是否满意	是否测试该控制活动运行有效性
CGKZ-1	采购申请（计划）经过适当核准	依赖信息系统的人工控制	预防性	CGFX-1	是	是	是
CGKZ-2	采购订单经适当审批	依赖信息系统的人工控制	预防性	CGFX-1	是	是	是
CGKZ-3	采购订单信息完整准确	依赖信息系统的人工控制	预防性	CGFX-2	是	是	是

续表

控制编号	控制名称	控制的性质	预防性/检查性	与控制相关的风险（风险编号）	是否为关键控制	穿行测试结果是否满意	是否测试该控制活动运行有效性
CGKZ-4	商品验收需有效的采购订单	依赖信息系统的人工控制	预防性	CGFX-4	是	是	是
CGKZ-5	入库商品数量准确	依赖信息系统的人工控制	预防性	CGFX-2、4	是	是	是
CGKZ-6	准确恰当记录已验收商品	依赖信息系统的人工控制	预防性	CGFX-5、6、7	是	是	是
CGKZ-7	定期与供应商对账并及时处理差异	依赖信息系统的人工控制	检查性	CGFX-8	是	是	是
CGKZ-8	采购付款经恰当审批	依赖信息系统的人工控制	预防性	CGFX-9	是	是	是
CGKZ-9	付款经恰当准确及时记录	依赖信息系统的人工控制	预防性	CGFX-10	是	是	是
GZKZ-1	资产采购订单经适当审批并与资产采购申请内容相符	依赖信息系统的人工控制	预防性	GZFX-1、2	是	是	是
GZKZ-2	所验收资产与采购申请、采购订单、发票等内容一致并准确、恰当入账	依赖信息系统的人工控制	预防性	GZFX-3、4、5	是	是	是
GZKZ-3	资产折旧/摊销金额准确并入账正确	自动	预防性	GZFX-6	是	是	是
GZKZ-4	资产减值正确评估并经适当记录	依赖信息系统的人工控制	预防性	GZFX-7	是	是	是
GZKZ-5	固定资产/其他长期资产账实相符	依赖信息系统的人工控制	检查性	GZFX-8	是	是	是

6. 采购与付款循环——穿行测试（见表 5-17）

表 5-17　　　　　　　　采购与付款循环——穿行测试

被审计单位：梦舒公司　　　　　　　　编制：郁某　　日期：2023 年 1 月 30 日　索引号：CGL-5
会计期间：2022 年 1 月 1 日—2022 年 12 月 31 日　　复核：田某　　日期：2023 年 2 月 1 日　页次：1

一、材料（商品）		
1. 主要业务活动：采购		
测试内容	测试结果	索引号
记账凭证编号#日期	记字第 028 号（2023 年 11 月 6 日）	
请购单编号#	SPQG-202211-007-087	
请购产品/物料/原料名称	棉纱	
请购单是否得到适当的审批（是/否）	是	
供应商名称	上海华纺公司	
合同编号#	YD-CG-202211-007-087	
合同总价（不含税）	1 916 500.00 元	
合同要素是否齐全，并得到适当审批（是/否）	是	
采购合同与采购订单核对是否相符（是/否）	是	
采购订单编号#	CGDD-202211-007-087	
材料/产品入库单编号#	CGRK-202211-007-087	
材料入库单与采购订单核对是否相符，并得到适当的审批（是/否）	是	

续表

测试内容	测试结果	索引号
仓库名称	成品仓	
是否已进行恰当的账务处理，并得到适当审批（是/否）	是	

2．主要业务活动：记录应付账款

测试内容	测试结果	索引号
记录应付账款的凭证编号#	记字第 013 号（2023 年 11 月 6 日）	
采购发票编号#	63 620 670	
采购发票金额（含税总价）	2 165 645.00 元	
供应商名称	上海华纺公司	
采购发票所载内容与采购订单、商品入库单核对是否相符（是/否）	是	
是否已进行恰当的账务处理，并得到适当审批（是/否）	是	
与供应商对账是否存在差异（是/否）	否	
如有差异，是否已进行正确处理（是/否）	—	

3．主要业务活动：付款

测试内容	测试结果	索引号
记录账款的凭证编号#	记字第 045 号（2023 年 12 月 26 日）	
付款申请单（表）编号	SPFK-202212-006-096	
付款凭证是否得到适当的审批（是/否）	是	
供应商名称	上海华纺公司	
收款人名称是否与供应商名称核对相符（是/否）	是	
是否已进行恰当的账务处理，并得到适当审批（是/否）	是	

二、固定资产（其他长期资产）

1．主要业务活动：购置固定资产/其他长期资产

测试内容	测试结果	索引号
记账凭证编号#	10 月记字第 019 号	
请购单编号#	ZCQG-202210-001-003	
请购内容	会议桌椅	
请购单是否得到适当的审批（是/否）	是	
采购订单编号#	ZCCG-202210-001-003	
采购合同编号#	YDZCCG20221001	
合同要素是否齐全，并得到适当审批（是/否）	是	
采购合同与采购订单、请购单核对是否相符（是/否）	是	

2．主要业务活动：记录固定资产/其他长期资产

测试内容	测试结果	索引号
记账凭证编号#日期	10 月记字第 019 号	
验收单编号#日期	ZCYS-202210-001-003	
供应商名称	杭州福地商贸有限公司	
供应商发票所载内容与采购订单、验收单内容是否相符（是/否）	是	
发票上是否盖"相符"章（是/否）	否	
是否已进行恰当的账务处理，并得到适当审批（是/否）	是	

3．主要业务活动：计提折旧/摊销

测试内容	测试结果	索引号
记账凭证编号#日期	12 月记字第 081 号	
是否制定与资产折旧/摊销及减值有关的政策（是/否）	是	
年末，是否检查固定资产使用寿命及减值情况（是/否）	是	
是否编写固定资产价值分析报告（是/否）	是	

续表

4. 主要业务活动：保管、处置及转移

测试内容	测试结果	索引号
盘点日期	2023 年 12 月 31 日	
盘点参与部门	行政、财务部	
是否按期盘点固定资产（是/否）	是	
盘点结果与系统数据是否存在差异（是/否）	否	
如有差异，是否说明原因并进行恰当处理（是/否）	是	
报废记账凭证编号#日期	12 月记字第 068 号	
固定资产报废单编号#	YD001301、YD001302	
如有，是否得到适当审批，并已进行恰当处理和列报（是/否）	是	
内部调拨固定资产是否已编制内部调拨单并已进行恰当处理（是/否）	审计年度未发生内部调拨	
内部调拨记账凭证编号#日期	审计年度未发生内部调拨	

7. 采购与付款循环——审计应对措施（见表 5-18）

表 5-18　　　　　　　　　采购与付款循环——审计应对措施

被审计单位：梦舒公司　　　　　编制：　　郁某　　日期：2023 年 1 月 30 日　　索引号：CGL-6

会计期间：2022 年 1 月 1 日—2022 年 12 月 31 日　复核：　　田某　　日期：2023 年 2 月 1 日　　页次：　　1

识别的风险以及审计应对措施	存货					应付账款				
	存在	完整性	准确性、计价和分摊	权利和义务	分类、列报	存在	完整性	准确性、计价和分摊	权利和义务	分类、列报
审计策略										
风险等级	显著	显著	普通	普通	普通	显著	显著	普通	显著	普通
所需审计保证	高	高	中	中	中	高	高	中	高	中
审计应对措施										
仅实质性审计程序是否能充分应对识别的风险	是	是	是	是	是	是	是	是	是	是
控制测试	是	是	是	否	否	是	是	是	否	否
实质性分析程序	否	否	否	否	否	否	否	否	否	否
其他实质性程序	是	是	是	是	是	是	是	是	是	是
控制测试审计程序										
采购申请经授权人员审批	√					√				
验收商品需有对应采购订单	√	√				√	√			
采购订单、合同、验收入库单内容核对一致			√					√		
特定人员负责验收存货保管			√					√		
采购交易记入正确会计账户			√		√					√
付款申请经授权人员审批	√					√				
实质性分析程序										
应付账款账龄分析								√		
其他实质性程序										
明细项目加计复核			√					√		
商品采购查验	√	√	√			√	√	√		
采购截止测试	√	√								
存货监盘	√	√								
应付账款函证						√		√		
复核报表列报和披露					√					√

续表

识别的风险以及审计应对措施	固定资产					其他长期资产				
	存在	完整性	准确性、计价和分摊	权利与义务	分类、列报	存在	完整性	准确性、计价和分摊	权利与义务	分类、列报
审计策略										
风险等级	普通	普通	普通	普通	普通	普通	普通	普通	普通	普通
所需审计保证	中	中	中	中	中	中	中	中	中	中
审计应对措施										
仅实质性审计程序是否能充分应对识别的风险	是	是	是	是	是	是	是	是	是	是
控制测试	是	是	否	否	否	是	是	否	否	否
实质性分析程序	否	否	否	否	否	否	否	否	否	否
其他实质性程序	是	是	是	是	是	是	是	是	是	是
控制测试审计程序										
采购申请经授权人员审批	√					√				
所有新增资产均已验收确认并已入账		√					√			
资产盘点	√					√				
其他实质性程序										
固定资产/其他资产明细加计复核			√					√		
折旧/摊销明细加计复核			√							
新增资产抽查	√	√	√	√		√	√	√	√	
减少资产查验						√	√	√	√	
资产盘点	√									
资产折旧/摊销测试			√							
列报和披露复核					√					√
实质性分析程序										

五、销售与收款循环——了解被审计单位内部控制审计工作底稿编制实例

1．销售与收款循环——了解内部控制（见表5-19）

表5-19　　　　　　　　销售与收款循环——了解内部控制

被审计单位：梦舒公司　　　　　　　编制：　倪某　日期：2023年1月30日　索引号：XSL-0

会计期间：2022年1月1日—2022年12月31日　复核：　田某　日期：2023年2月1日　页次：　1

了解本循环内部控制的工作包括：

1．了解被审计单位销售与收款循环与财务报告相关的内部控制的设计，并记录获得的了解

2．通过了解本循环业务流程，识别本循环中存在的风险，评估风险等级，并将风险关联到相关认定

3．编制本循环控制矩阵，并将控制关联到相关认定

4．执行穿行测试，证实对交易流程和相关控制的了解，并确定相关控制是否得到执行

5．根据识别到的风险确定拟采取的审计应对措施

了解本循环内部控制，形成下列审计工作底稿：

1．XSL-1：了解内部控制汇总表

2．XSL-2：了解业务流程

3．XSL-3：风险评估

4．XSL-4：控制矩阵

5．XSL-5：穿行测试

6．XSL-6：审计应对措施

2. 销售与收款循环——了解内部控制汇总表（见表 5-20）

表 5-20　　　　　　　　销售与收款循环——了解内部控制汇总表

被审计单位：梦舒公司　　　　　　　编制：倪某　　日期：2023 年 1 月 30 日　索引号：XSL-1

会计期间：2022 年 1 月 1 日—2022 年 12 月 31 日　复核：田某　日期：2023 年 2 月 1 日　页次：1

1. 受本循环影响的重要交易、账户余额和披露及其相关认定

重要交易、账户余额和披露及其相关认定	相关认定						
	发生/存在	完整性	准确性、计价和分摊	截止	权利和义务	分类	列报
营业收入	√	√	√	√		√	√
应收账款	√	√	√		√	√	√

2. 特别风险

序号	特别风险描述	相关的重要交易、账户余额和披露	相关认定	相关控制
1	销售收入可能未真实发生	营业收入、应收账款	营业收入：发生 应收账款：存在	XSKZ-1、XSKZ-2
2	临近期末的销售交易可能未记入正确的会计期间	营业收入、应收账款	营业收入：截止/发生 应收账款：存在/完整性/权利和义务	XSKZ-3、XSKZ-4

3. 主要业务流程

主要业务子流程	是否在本循环中进行了解	主要业务子流程	是否在本循环中进行了解
（1）采购订单	是	（6）记录税金	是
（2）签订合同	是	（7）收款	是
（3）销售订单	是	（8）维护客户档案	是
（4）产品发运	是	（9）销售相关信息系统	否
（5）记录应收账款	是		

说明：销售相关信息系统在信息系统控制中集中了解和测试，不在此记录

4. 了解业务流程

（1）被审计单位是否委托服务机构执行主要业务活动，如果被审计单位使用服务机构，将对审计计划产生哪些影响：未委托服务机构执行主要业务活动

（2）是否进一步识别出其他风险，如果已识别出其他风险，将对审计计划产生哪些影响：未见其他风险

（3）是否识别出与本循环相关的控制缺陷，如果识别出控制缺陷，将对审计计划产生哪些影响，汇总至控制缺陷汇总表确定该缺陷单独或连同其他缺陷是否已构成值得关注的缺陷，并与管理层或治理层进行适当沟通

缺陷描述 （缺乏相关控制/控制设计不合理/控制没有得到执行）	对审计计划的影响	汇总至控制缺陷汇总表进行评价并考虑沟通（是/否）
无		

5. 相关的信息应用系统

（1）应用软件

信息系统名称	计算机运行环境	初次安装日期
金蝶 ERP 软件	Windows 系统	2010 年 12 月

（2）初次安装后对信息系统进行的任何重大修改、开发与维护

信息系统名称	重大修改、开发与维护	更新日期
金蝶 ERP 软件	因执行新准则而进行系统更新	2021 年 12 月

（3）拟于将来实施的重大修改、开发与维护计划：无

（4）本年度对信息系统进行的重大修改、开发与维护及其影响：本年度未进行重大修改、开发与维护

3. 销售与收款循环——了解业务流程（见表5-21）

表5-21 销售与收款循环——了解业务流程

被审计单位：梦舒公司　　　　　　　　　编制：倪某　日期：2023年1月30日　索引号：XSL-2

会计期间：2022年1月1日—2022年12月31日　复核：田某　日期：2023年2月1日　页次：1

一、销售与收款业务涉及的主要人员

职务	姓名	职务	姓名
总经理	夏某飞	销售经理	刘某霞
副总经理	张某峰	销售信息管理员	余某健
财务经理	倪某可	仓储经理	刘某翰
财务会计	陈某杰	仓储管理员	汪某峰
出纳员	纪某也	法务专员	郭某法

我们采用询问、观察和检查等方法，了解并记录了销售与收款循环的主要业务流程，并已与销售经理、财务经理等确认下列所述内容

二、有关职责分工的政策和程序

公司建立了对下列职责予以分工的政策和程序：订单的接受与批准；订单的批准与信用额度的批准；销售合同的订立与审批；录入与复核销售订单信息；销售发票的开具与审核；收款处理和记录。根据相关员工的岗位职责说明，信息系统维护人员已经在系统中授予其相应的系统访问权限。财务经理每季度复核系统生成的访问权限报告，确认设置是否适当

三、主要业务流程介绍

1．采购订单

（1）对于新合作客户，业务员对其进行背景调查，获取包括信用评审机构对客户信用等级的评定报告并填写"客户基本情况表"，附相关资料交至销售经理审批。销售经理在"客户基本情况表"上注明是否接受该新客户。"客户基本情况表"经批准后，销售信息管理人员将新客户信息录入业务系统，建立客户档案。新客户完成建档后，即可向公司发出采购订单。新客户一般以现销方式进行合作，不授予赊销额度

（2）对于现有客户，业务系统接收到客户采购订单后，对订单金额与该客户可用赊销额度（客户授信额度扣除尚欠货款后的余额）自动比对，若订单金额在客户可用赊销额度以内，系统自动提交销售经理审批，若客户订单金额超出客户可用赊销额度，系统不予提交，业务应告知客户及时回款以恢复可用赊销额度，额度恢复后由业务员人工提交

2．签订合同

客户采购订单经批准后，业务员在系统中填写固定格式条款销售合同并提交销售经理复核，若客户要求对销售合同格式条款做修改，修改后的合同还需经公司法务审核。审批通过后，系统自动生成连续编号的销售合同文件，业务员打印并与客户签订销售合同，完成后的纸质合同交回给销售信息管理人员【控制活动编号：XSKZ-1】

3．销售订单

（1）销售信息管理人员根据客户已签订的销售合同，将订货信息输入系统，由系统生成连续编号的销售订单（显示为"待处理"状态），并提交销售经理审批，经审批后的销售订单（显示为"备货中"状态）由系统自动转给仓储部进行备货【控制活动编号：XSKZ-2】

（2）每月月末，销售信息管理人员导出打印当月完成的销售订单，将销售订单和销售合同逐一比对检查是否有误，完成后由销售经理复核，确认无误后将销售订单和销售合同整理归档

4．产品发运

（1）仓储部完成备货后（销售订单显示"待出库"状态），业务员根据销售合同约定的交货日期，开具连续编号的发货通知单提交销售经理审批，审批通过后系统转给仓储部门【控制活动编号：XSKZ-3】

（2）仓储经理接收到发货通知单后，组织安排产品发运。仓储管理员根据系统显示的发货通知单信息和销售订单（"待出库"状态），在系统中自动生成连续编号的出库单

（3）仓储经理在货物装车之前，需再次检查出库单、销售订单和发货通知单，确定从仓库提取的货物有经批准的销售订单，且所提取的货物内容与销售订单一致。经检查无误后，在系统中审批并组织装车，仓储管理员打印、分发出库单，出库单一式五联的，分别为存根联、销售联、客户联、财务联（客户签收后交财务）、门卫联（保安核对无误后放行）【控制活动编号：XSKZ-4】

（4）产品完成出库工作后，经仓储经理复核并在系统中确认订单出库（销售订单显示"已出库"状态），业务系统自动更新仓库成品明细台账

续表

5．记录应收账款
（1）财务会计根据系统显示的"已出库"销售订单信息，并与销售合同、发货通知单、出库单相互核对日期、种类、数量，如所有单证一致，则在系统中引用的产品价格目录（已经总经理授权）计算并开具销售发票，同时编制记账凭证，将相关原始单据，一并提交财务经理审批，通过后系统自动过至明细账和总账【控制活动编号：XSKZ-5】
（2）月末，财务会计从系统中导出应收账款分析报告，内容包括应收账款总额、应收账款明细等情况，经财务经理批准后方可进行最终报表处理
（3）年末，销售经理根据以往的经验，客户的财务状况和回款记录以及其他相关信息，编制应收账款可收回性分析报告，交财务部门复核。财务会计根据该分析报告，分析坏账准备的计提比例是否较原先的估计发生较大变化，如发生较大变化，经财务经理复核后报总经理批准【控制活动编号：XSKZ-8】
（4）坏账准备计提数由系统根据预设的坏账政策自动计算生成，对于需要计提特别坏账准备以及拟核销的坏账，由业务员填写连续编号的"坏账变更/核销申请表"，并附客户相关的证明资料（如破产文件等），经销售经理审批签字后，金额在1 000元以下的，由财务经理审批，金额在1 000元以上的，由总经理审批【控制活动编号：XSKZ-9】
6．记录税金
每月月末，由财务会计计算汇总并编制当月税费汇总报告，由财务经理复核后上报总经理审批
7．收款
（1）每月召开应收账款分析会，分析应收账款的构成及催收情况。根据销售合同及客户信用期，由业务员对应收账款进行催收
（2）客户货款确认进账收妥后，财务会计编制收款凭证，并附相关单证，如银行收款凭证等，提交财务经理审批。出纳员根据经复核无误的收款凭证及时登记日记账，财务会计编制收款记账凭证，附原始单据，提交财务经理审核，审核后自动过至明细账和总账【控制活动编号：XSKZ-6】
（3）月末，财务经理同客户的财务人员对账，若有差异，及时进行处理【控制活动编号：XSKZ-7】
（4）月末，由财务经理指定出纳员以外的人员核对银行存款日记账和银行对账单，编制银行存款余额调节表，并提交财务经理复核签字
8．维护客户档案
（1）每半年，业务员需对客户情况进行了解，如客户情况和相关信息发生变化，应及时更新客户档案
（2）如需修改系统中的客户档案，业务员在系统中填写连续编号的"客户信息变更申请表"，填写需变更的详细内容，经销售经理审批后由系统转给销售信息管理人员，由其负责在系统内更新客户档案

4．销售与收款循环——风险评估（见表5-22）

表5-22　　　　　　　　　　销售与收款循环——风险评估

被审计单位：梦舒公司　　　　　　　　　　编制：　倪某　　日期：2023年1月30日　索引号：XSL-3
会计期间：2022年1月1日—2022年12月31日　复核：　田某　　日期：2023年2月1日　　页次：　　1

风险编号	风险描述	企业层面风险（是/否）	舞弊风险（是/否）	风险等级(显著/普通)	营业收入					应收账款				
					发生	完整性	准确性	截止	分类、列报	存在	完整性	准确性、计价和分摊	权利和义务	分类、列报
XSFX-1	签订的销售合同可能没有经批准的客户采购订单	否	否	普通	√					√				
XSFX-2	销售合同与销售订单可能不一致	否	否	普通			√					√		
XSFX-3	可能在没有批准发货的情况下发出商品	否	否	普通	√					√				
XSFX-4	发运商品与销售订单可能不一致	否	否	普通			√					√		
XSFX-5	已销售的商品可能未实际发运给客户	否	否	显著	√					√				

续表

风险编号	风险描述	企业层面风险（是/否）	舞弊风险（是/否）	风险等级（显著/普通）	营业收入					应收账款				
					发生	完整性	准确性	截止	分类、列报	存在	完整性	准确性、计价和分摊	权利和义务	分类、列报
XSFX-6	商品可能开发票但没有发运凭证的支持	否	否	显著	√					√				
XSFX-7	客户可能已签收商品但未开票并记录入账	否	否	普通		√					√		√	
XSFX-8	发票上的金额可能出现计算错误	否	否	普通			√					√		
XSFX-9	销售发票入账的期间可能不正确	否	否	显著				√		√	√			
XSFX-10	销售发票入账的金额可能不准确	否	否	普通			√					√		
XSFX-11	应收账款/合同资产记录的收款与银行存款可能不一致	否	否	普通						√	√	√	√	
XSFX-12	应收账款/合同资产坏账准备的计提可能不充分	否	否	普通								√		

5. 销售与收款循环——控制矩阵（见表5-23）

表5-23　　　　　　　　　　销售与收款循环——控制矩阵

被审计单位：梦舒公司　　　　　　　　编制：倪某　日期：2023年1月30日　索引号：XSL-4
会计期间：2022年1月1日—2022年12月31日　复核：田某　日期：2023年2月1日　页次：1

控制编号	控制名称	控制的性质	预防性/检查性	与控制相关的风险（风险编号）	是否为关键控制	穿行测试结果是否满意	是否测试该控制活动运行有效性
XSKZ-1	销售合同需有经适当批准的客户订单	依赖信息系统的人工控制	预防性	XSFX-1	是	是	是
XSKZ-2	根据销售合同生成订单并经适当审批	依赖信息系统的人工控制	预防性	XSFX-2	是	是	是
XSKZ-3	经批准后通知仓库发货	依赖信息系统的人工控制	预防性	XSFX-3	是	是	是
XSKZ-4	商品经仓库二次核对无误后出库发运并分发销售出库单	依赖信息系统的人工控制	预防性	XSFX-4、5	是	是	是
XSKZ-5	相关销售单据稽核无误后方可开具销售发票，销售收入经恰当登记入账	依赖信息系统的人工控制	预防性	XSFX-6、7、8、9、10	是	是	是
XSKZ-6	销售收款信息准确且及时记录至恰当的核算账户	依赖信息系统的人工控制	预防性	XSFX-11	是	是	是
XSKZ-7	定期与客户对账并处理对账差异	依赖信息系统的人工控制	检查性	XSFX-5	是	是	是

续表

控制编号	控制名称	控制的性质	预防性/检查性	与控制相关的风险（风险编号）	是否为关键控制	穿行测试结果是否满意	是否测试该控制活动运行有效性
XSKZ-8	坏账准备经合理估计并计提	依赖信息系统的人工控制	预防性	XSFX-12	是	是	是
XSKZ-9	坏账变更及核销需经审批	依赖信息系统的人工控制	预防性	XSFX-12	是	是	是

6. 销售与收款循环——穿行测试（见表5-24）

表5-24　　　　　　　　　　　销售与收款循环——穿行测试

被审计单位：梦舒公司　　　　　　　　　编制：　倪某　　日期：　2023年1月30日　索引号：　XSL-6

会计期间：　2022年1月1日—2022年12月31日　复核：　田某　　日期：　2023年2月1日　页次：　1

1．主要业务活动：新合作客户建档

测试内容	测试结果	索引号
新客户名称	温州顺达贸易公司（2022-05-23 记-78号）	
是否编制"客户基本情况表"	是	
是否取得新客户信用等级的评定报告	是	
"客户基本情况表"是否经销售经理审批（是/否）	是	
客户信用额度是否经适当审批（是/否）	按公司制度规定，新合作客户不予赊销	
是否根据经适当审批的文件建立客户档案（是/否）	是	

2．主要业务活动：采购订单

测试内容	测试结果	索引号
客户名称	温州顺达贸易公司（2022-05-23 记-78号）	
客户信用额度	新合作客户不予赊销	
客户信用期限	新合作客户不予赊销	
订单金额是否超过赊销信用额度（是/否）	新合作客户不予赊销	
客户采购订单是否得到适当的审批（是/否）	是	

3．主要业务活动：合同签订

测试内容	测试结果	索引号
客户名称	温州顺达贸易公司（2022-05-23 记-78号）	
合同编号#	YD-XS-202205-003-014	
合同总价#	497 302.00元	
合同要素是否齐全，并得到适当的审批（是/否）	是	
购销合同是否已签署并归档	是	
按合同生成的销售订单编号	XSDD-202205-003-014	
销售订单销售信息是否与合同一致	是	

4．主要业务活动：产品发运

测试内容	测试结果	索引号
客户名称	温州顺达贸易公司（2022-05-23 记-78号）	
发货通知单编号#	XSFH-202205-003-014	
发货通知单是否经过适当审批（是/否）	是	
产品出库单编号#日期	XSCK-202205-003-014	
销售订单、出库单内容核对是否相符，并得到适当审批（是/否）	是	
发货仓库	成品仓	
出库单（财务联）是否经客户确认签收（是/否）	是	

续表

5．主要业务活动：记录应收账款

测试内容	测试结果	索引号
客户名称	温州顺达贸易公司（2022-05-23 记-78 号）	
销售发票编号（发票号码）	63888590	
销售发票金额（含税）	497 302.00 元	
销售发票内容与销售订单、出库单核对是否相符（是/否）	是	
是否已进行恰当的账务处理，并得到适当审核（是/否）	是	
收入确认和成本结转是否在同一个会计期间（是/否）	是	
与客户对账是否存在差异（是/否）	否	
是否有编制应收账款可收回性分析报告并经审批（是/否）	是	
记录坏账计提与核销的凭证编号#	12 月记字第 099 号	

6．主要业务活动：收款

测试内容	测试结果	索引号
记录收款的凭证编号	6 月记字第 081 号	
客户名称	温州顺达贸易公司	
收款凭证编号#	XSSK-202206-001-019	
收款凭证是否得到适当的审批（是/否）	是	
与有关支持性文件核对是否相符（是/否）	是	
付款人名称是否与客户名称一致（是/否）	是	
是否已进行恰当的账务处理，并得到适当审批（是/否）	是	

7. 销售与收款循环——审计应对措施（见表 5-25）

表 5-25　　　　　　　　　　销售与收款循环——审计应对措施

被审计单位：梦舒公司　　　　　　　　编制：倪某　　日期：2023 年 2 月 2 日　索引号：XSL-5
会计期间：2022 年 1 月 1 日—2022 年 12 月 31 日　复核：田某　　日期：2023 年 2 月 2 日　页次：1

识别的风险以及审计应对措施	营业收入					应收账款				
	发生	完整性	准确性	截止	分类、列报	存在	完整性	准确性、计价和分摊	权利和义务	分类、列报
审计策略										
风险等级	显著	普通	普通	显著	普通	显著	显著	普通	普通	普通
所需审计保证	高	中	中	高	中	高	高	中	中	中
审计应对措施										
仅实质性程序是否能充分应对识别的风险	是	是	是	是	是	是	是	是	是	是
控制测试	是	是	是	是	是	是	是	是	是	是
实质性分析程序	是	否	否	否	否	是	否	否	否	否
其他实质性程序	是	是	是	是	是	是	是	是	是	是
控制测试审计程序										
检查销售合同是否有经审批的采购订单	√					√				
检查客户销售订单是否有经客户签署的销售合同	√					√				
检查收入是否有经客户签收的出库单作为收入入账的证据	√					√				
检查销售合同、订单、出库单等单据记录内容是否一致		√						√		
检查收入是否准确计算，入账金额是否正确		√						√		

续表

识别的风险以及审计应对措施	营业收入					应收账款				
	发生	完整性	准确性	截止	分类、列报	存在	完整性	准确性、计价和分摊	权利和义务	分类、列报
实质性分析性程序										
收入、成本月度分析	√									
收入、成本、毛利同期比较分析	√									
应收账款余额分析						√				
应收账款账龄分析								√		
其他实质性程序										
明细项目加计复核		√						√		
收入截止性测试				√						
应收账款函证						√			√	
应收账款替代性测试						√				
应收账款余额测试						√				
应收账款坏账测试								√		
报表列报和披露复核						√				√

六、生产与存货循环——了解被审计单位内部控制审计工作底稿编制实例

1. 生产与存货循环——了解内部控制（见表5-26）

表5-26　　　　　　　　生产与存货循环——了解内部控制

被审计单位：梦舒公司　　　　　　　编制：　张某　日期：2023年1月30日　索引号：SCL-0
会计期间：2022年1月1日—2022年12月31日　复核：田某　日期：2023年2月1日　页次：1

了解本循环内部控制的工作包括：
1．了解被审计单位生产与存货循环和与财务报告相关的内部控制的设计，并记录获得的了解
2．通过了解本循环业务流程，识别本循环中存在的风险，评估风险等级，并将风险关联到相关认定
3．编制本循环控制矩阵，并将控制关联到相关认定
4．执行穿行测试，证实对交易流程和相关控制的了解，并确定相关控制是否得到执行
5．根据识别到的风险确定拟采取的审计应对措施
了解本循环内部控制，形成下列审计工作底稿：
1．SCL-1：了解内部控制汇总表
2．SCL-2：了解业务流程
3．SCL-3：风险评估
4．SCL-4：控制矩阵
5．SCL-5：穿行测试
6．SCL-6：审计应对措施

2. 生产与存货循环——了解内部控制汇总表（见表5-27）

表5-27　　　　　　　生产与存货循环——了解内部控制汇总表

被审计单位：梦舒公司　　　　　　　编制：　张某　日期：2023年1月30日　索引号：SCL-1
会计期间：2022年1月1日—2022年12月31日　复核：田某　日期：2023年2月1日　页次：1

1．受本循环影响的重要交易、账户余额和披露及其相关认定

重要交易、账户余额和披露及其相关认定	相关认定						
	发生/存在	完整性	准确性、计价和分摊	截止	权利和义务	分类	列报
存货	√	√	√		√	√	√
营业成本	√	√	√	√		√	√

续表

2. 特别风险

序号	特别风险描述	相关的重要交易、账户余额和披露	相关认定	相关控制
1	存货实物可能不存在	存货	存在	SCKZ-2
2	存货的账面价值可能无法实现	存货	准确性、计价和分摊	SCKZ-3

3. 主要业务流程

主要业务子流程	是否在本循环中进行了解	主要业务子流程	是否在本循环中进行了解
（1）采购入库	是	（4）存货管理	是
（2）销售出库	是	（5）存货相关信息系统	否
（3）成本核算	是		

4. 了解业务流程

（1）被审计单位是否委托服务机构执行主要业务活动，如果被审计单位使用服务机构，将对审计计划产生哪些影响：未委托服务机构执行主要业务活动

（2）是否进一步识别出其他风险，如果已识别出其他风险，将对审计计划产生哪些影响：未见其他风险

（3）是否识别出与本循环相关的控制缺陷，如果识别出控制缺陷，将对审计计划产生哪些影响，汇总至控制缺陷汇总表确定该缺陷单独或连同其他缺陷是否已构成值得关注的缺陷，并与管理层或治理层进行适当沟通

缺陷描述（缺乏相关控制/控制设计不合理/控制没有得到执行）	对审计计划的影响	汇总至控制缺陷汇总表进行评价并考虑沟通（是/否）
无		

5. 相关的信息应用系统

（1）应用软件

信息系统名称	计算机运行环境	初次安装日期
金蝶ERP软件	Windows系统	2010年12月

（2）初次安装后对信息系统进行的任何重大修改、开发与维护

信息系统名称	重大修改、开发与维护	更新日期
金蝶ERP软件	因执行新准则而进行系统更新	2021年12月

（3）拟于将来实施的重大修改、开发与维护计划：无

（4）本年度对信息系统进行的重大修改、开发与维护及其影响：本年度未进行重大修改、开发与维护

3. 生产与存货循环——了解业务流程（见表5-28）

表5-28　　　　　　　　生产与存货循环——了解业务流程

被审计单位：梦舒公司　　　　　　　　编制：张某　日期：2023年1月30日　索引号：SCL-2
会计期间：2022年1月1日—2022年12月31日　复核：田某　日期：2023年2月1日　页次：1

一、生产与仓储业务涉及的主要人员

职务	姓名	职务	姓名
总经理	夏某飞	采购经理	胡某晓
副总经理	潘某虹	采购员	张某帅
财务经理	倪某可	仓储经理	刘某翰
财务会计	陈某杰	质量检验员	谢某韵
出纳员	纪某也	仓储管理员	汪某峰

我们采用询问、观察和检查等方法，了解并记录了生产与仓储循环的主要业务流程，并已与财务经理、仓储经理等确认下列所述内容

续表

二、有关职责分工的政策和程序
公司建立了对下列职责予以分工的政策和程序：存货的保管与清查；存货处置的申请与审批；存货业务的审批、执行与记录；存货的销售与收款。根据相关员工的岗位职责说明，信息系统维护人员已经在系统中授予其相应的系统访问权限。财务经理每季度复核系统生成的访问权限报告，确认设置是否适当

三、主要业务流程介绍
1．采购入库
该部分业务流程详见采购与付款循环底稿，索引号：CGL-2
2．销售出库
该部分业务流程详见销售与收款循环底稿，索引号：XSL-2
3．成本核算
（1）产成品成本的结转。每月月末，根据系统内状态为"已出库"的订单，汇总编制销售成本结转凭证，凭证经财务经理审核后归集至总账和明细账【控制活动编号：SCKZ-1】
（2）成本分析。每月月末，ERP 系统自动生成营业成本及毛利分析报告，计算本月销售毛利率；财务经理从销售价格、单位成本等方面进行补充分析，转销售经理和总经理审阅。对于重大亏损订单，总经理将视亏损原因，要求销售经理做进一步调查
4．存货管理
（1）存货盘点。仓库分别于每月、每季和年度终了，对存货进行盘点，财务部门对盘点结果进行复盘。仓储管理员编写存货盘点明细表，发现差异及时处理，经采购经理、仓储经理、财务经理复核后调整入账【控制活动编号：SCKZ-2】
（2）计提跌价。ERP 系统设有存货库龄分析功能，对库龄超过一年的存货进行提示。在盘点时，盘点人员应关注是否存在计提存货跌价准备的迹象。如果出现毁损、陈旧、过时及残次存货，仓储管理员编制不良存货明细表，经仓储经理复核后，交采购经理分析评估这些不良存货的可变现净值，如需计提存货跌价准备，由财务会计编制存货价值调整建议，由财务经理复核后进行账务处理【控制活动编号：SCKZ-3】

4．生产与存货循环——风险评估（见表 5-29）

表 5-29　　　　　　　　　　生产与存货循环——风险评估

被审计单位：梦舒公司　　　　　　　　　　编制：张某　日期：2023 年 1 月 30 日　索引号：SCL-3
会计期间：2022 年 1 月 1 日—2022 年 12 月 31 日　　复核：田某　日期：2023 年 2 月 1 日　页次：1

风险编号	风险描述	企业层面风险（是/否）	舞弊风险（是/否）	风险等级（显著/普通）	存货					营业成本				资产减值损失			
					存在	完整性	准确性、计价和分摊	权利和义务	分类、列报	发生	完整性	准确性	截止	发生	完整性	准确性	截止	分类、列报
SCFX-1	销售发出商品成本可能没有准确转入营业成本	否	否	普通			√					√				√		
SCFX-2	存货可能被盗或领用/销售未入账而账实不符	否	否	显著	√						√							
SCFX-3	存货可能存在残次品影响存货价值	否	否	显著			√							√	√			

5. 生产与存货循环——控制矩阵（见表 5-30）

表 5-30　　　　　　　　　　　生产与存货循环——控制矩阵

被审计单位：梦舒公司　　　　　　　　编制：张某　日期：2023 年 1 月 30 日　索引号：SCL-4

会计期间：2022 年 1 月 1 日—2022 年 12 月 31 日　复核：田某　日期：2023 年 2 月 1 日　页次：1

控制编号	控制名称	控制的性质	预防性/检查性	与控制相关的风险（风险编号）	是否为关键控制	穿行测试结果是否满意	是否测试该控制活动运行有效性
SCKZ-1	所有已售产品成本准确结转销售成本	依赖信息系统的人工控制	预防性	SCKZ-1	是	是	是
SCKZ-2	存货账实相符	人工	检查性	SCKZ-2	是	是	是
SCKZ-3	存货计价合理准确	依赖信息系统的人工控制	预防性	SCKZ-3	是	是	是

6. 生产与存货循环——穿行测试（见表 5-31）

表 5-31　　　　　　　　　　　生产与存货循环——穿行测试

被审计单位：梦舒公司　　　　　　　　编制：张某　日期：2023 年 1 月 30 日　索引号：SCL-5

会计期间：2022 年 1 月 1 日—2022 年 12 月 31 日　复核：田某　日期：2023 年 2 月 1 日　页次：1

1．主要业务活动：采购入库（在采购与付款循环中测试）		
2．主要业务活动：销售出库（在销售与收款循环中测试）		
3．主要业务活动：成本核算		
测试内容	测试结果	索引号
测试期间	2022 年 11 月	
销售成本结转凭证编号#	11 月记字第 077 号	
销售数量与商品出库量核对是否相符（是/否）	是	
是否已进行恰当的账务处理，并得到适当审批（是/否）	是	
成本结转方式是否符合公司成本核算政策（是/否）	是	
4．主要业务活动：存货管理		
测试内容	测试结果	索引号
盘点日期	2022 年 11 月 30 日	
盘点仓库#地点	成品仓	
盘点参与部门	仓储部、财务部	
盘点负责人	刘某翰	
是否按期盘点库存（是/否）	是	
盘点结果与系统数据是否存在差异（是/否）	否	
如有差异，是否说明原因并进行恰当处理（是/否）	—	
是否编制盘点报告（是/否）	是	
盘点时是否发现不良存货（是/否）	否	
是否编制不良存货明细表（是/否）	—	
不良存货明细表是否附有支持性文件（是/否）	—	
不良存货明细表是否得到适当审批（是/否）	—	
5．主要业务活动：计提存货跌价		
测试内容	测试结果	索引号
系统是否对存货库龄进行分析（是/否）	是	
业务部门是否对存在大额跌价的存货预估跌价损失，并报财务部门计提相关跌价准备（是/否）	—	
如需计提，财务部门是否编写存货价值调整建议（是/否）	—	
该存货价值调整建议是否得到适当审批（是/否）	—	
存货跌价准备的计提是否已进行恰当处理和列报（是/否）	—	
记账凭证编号#日期	—	

7. 生产与存货循环——应对措施（见表 5-32）

表 5-32　　　　　　　　　生产与存货循环——应对措施

被审计单位：梦舒公司　　　　　　　　编制：张某　日期：2022 年 1 月 30 日　索引号：SCL-6
会计期间：2022 年 1 月 1 日—2022 年 12 月 31 日　复核：田某　日期：2022 年 2 月 1 日　页次：1

识别的风险以及审计应对措施	存货					营业成本					资产减值损失				
	存在	完整性	准确性、计价和分摊	权利和义务	分类、列报	发生	完整性	准确性	截止	分类、列报	发生	完整性	准确性	截止	分类、列报
审计策略															
风险等级	显著	普通	显著	普通	普通	普通	普通	显著	普通	普通	普通	显著	普通	普通	普通
所需审计保证	高	中	高	中	中	中	中	高	中	中	中	高	中	中	中
审计应对措施															
仅实质性程序是否能充分应对识别的风险	是	是	是	是	是	是	是	是	是	是	是	是	是	是	是
控制测试	否	否	是	否	否	否	否	是	否	否	否	否	否	否	否
实质性分析程序	否	否	否	否	否	是	否	否	否	否	否	否	否	否	否
其他实质性程序	是	是	是	是	是	是	是	是	是	是	是	是	是	是	是
控制测试审计程序															
检查销售商品是否准确结转营业成本							√	√							
实质性分析性程序															
营业成本分析表							√								
其他实质性程序															
明细项目加计复核		√							√					√	
凭证测试	√	√	√			√					√	√	√		
存货监盘	√	√													
复核报表列报和披露				√						√					√

任务三　识别和评估重大错报风险

📖 **任务导入 5-3**

下列有关重大错报风险的说法中，错误的是（　　　）。

A. 重大错报风险是指财务报表在审计前存在重大错报的可能性

B. 重大错报风险可进一步细分为固有风险和检查风险

C. 注册会计师应当从财务报表层次和各类交易、账户余额和披露认定层次考虑重大错报风险

D. 注册会计师可以定性或定量评估重大错报风险

一、识别和评估重大错报风险的审计程序

注册会计师应当识别、评估财务报表层次和各类交易、账户余额和披露的认定层次的重大错报风险，为设计和实施进一步审计程序提供基础。财务报表层次重大错报风险是指与财务报表整体广泛相关，并潜在地影响多项认定的风险。这种性质的风险不一定限定于某类交易、账户余额或披露层次的特定认定的风险，而在一定程度上代表了可能增加认定层次重大错报风险的情况，如管理层凌驾于内部控制之上。注册会计师需要考虑各类交易、账户余额和披露认定层次的重大错报风险，因为这些考虑有助于确定用于获取充分、适当的审计证据而在认定层次实施的进一步审计程序的性质、时间安排和范围。在识别和评估认定层次重大错报风险时，注册会计师可能认为识别出的风险与财务报表整体

广泛相关，进而潜在地影响多项认定。评估重大错报风险的审计程序包括以下几个方面。

1. 识别风险，并考虑各类交易、账户余额和披露

在了解被审计单位及其环境（包括与风险相关的控制）的整个过程中，结合对财务报表中各类交易、账户余额和披露（包括定量披露和定性披露）的考虑，识别风险。例如，被审计单位因相关环境法规的实施需要更新设备，可能面临原有设备闲置或贬值的风险；宏观经济的低迷可能预示应收账款的回收存在问题；竞争者开发的新产品上市，可能导致被审计单位的主要产品在短期内过时，预示将出现存货跌价和长期资产（如固定资产等）的减值。

2. 考虑识别的风险导致财务报表发生重大错报的可能性

评估识别出的风险，并评价其是否更广泛地与财务报表整体相关，进而潜在地影响多项认定，是否会导致财务报表发生重大错报。例如，考虑存货的账面余额是否重大，是否已适当计提存货跌价准备等。例如，被审计单位对于存货跌价准备的计提实施了比较有效的内部控制，管理层已根据存货的可变现净值，计提了相应的跌价准备。在这种情况下，财务报表发生重大错报的可能性将相应降低。

3. 将识别的风险与认定层次可能发生错报的领域相联系

结合对拟测试的相关控制的考虑，将识别出的风险与认定层次可能发生错报的领域相联系。例如，销售困难使产品的市场价格下降，可能导致年末存货减值而需要计提存货跌价准备，这显示存货的计价认定可能发生错报。

4. 考虑识别的风险是否重大

考虑发生错报的可能性（包括发生多项错报的可能性），以及潜在错报是否足以导致重大错报。风险是否重大是指风险造成后果的严重程度。如上例中，除考虑产品市场价格下降因素外，注册会计师还应当考虑产品市场价格下降的幅度、该产品在被审计单位产品中的比重等，以确定识别的风险对财务报表的影响是否重大。假如产品市场价格大幅下降，导致产品销售收入不能抵偿成本，毛利率为负，那么年末存货跌价问题严重，存货计价认定发生错报的风险重大；假如价格下降的产品在被审计单位销售收入中所占比例很小，被审计单位其他产品销售毛利率很高，尽管该产品的毛利率为负，但可能不会使年末存货发生重大跌价问题。

二、识别财务报表层次和认定层次的重大错报风险

1. 识别财务报表层次的重大错报风险

某些重大错报风险可能与财务报表整体广泛相关，进而影响多项认定。例如，在经济不稳定的国家和地区开展业务、资产的流动性出现问题、重要客户流失、融资能力受到限制等，可能导致注册会计师对被审计单位的持续经营能力产生重大疑虑。又如，管理层缺乏诚信或承受异常的压力可能引发舞弊风险，这些风险与财务报表整体相关。

微课 5-4

识别两个层次的重大错报风险

财务报表层次的重大错报风险很可能源于薄弱的控制环境。薄弱的控制环境带来的风险可能对财务报表产生广泛影响，难以限于某类交易、账户余额、列报，注册会计师应当采取总体应对措施。例如，被审计单位治理层、管理层对内部控制的重要性缺乏认识，没有建立必要的制度和程序；管理层经营理念偏激进，又缺乏实现激进目标的人力资源等，这些缺陷源于薄弱的控制环境，可能对财务报表产生广泛影响，需要注册会计师采取总体应对措施。

注册会计师在了解被审计单位内部控制后，可能对被审计单位财务报表的可审计性产生怀疑。例如，对被审计单位会计记录的可靠性和状况的担心可能会使注册会计师认为可能很难获取充分、适当的审计证据，以支持对财务报表发表意见。再如，管理层严重缺乏诚信，注册会计师认为管理层在报表中做出虚假陈述的风险高到无法进行审计的程度。因此，如果通过对内部控制的了解发现下列情况，并对财务报表局部或整体的可审计性产生疑问，注册会计师应当考虑出具保留意见或无

法表示意见的审计报告：第一，被审计单位会计记录的状况和可靠性存在重大问题，不能获取充分、适当的审计证据以发表无保留意见；第二，对管理层的诚信度存在严重疑虑。必要时，注册会计师应当考虑解除业务约定。

2. 识别认定层次的重大错报风险

某些重大错报风险可能与特定的某类交易、账户余额、列报的认定相关。例如，被审计单位存在复杂的联营或合资，这一事项表明长期股权投资账户的认定可能存在重大错报风险。又如，被审计单位存在重大的关联方交易，该事项表明关联方及关联方交易的披露认定可能存在重大错报风险。

在评估重大错报风险时，注册会计师应当将所了解的控制与特定认定相联系。这是由于控制有助于防止或发现并纠正认定层次的重大错报。在评估重大错报风险发生的可能性时，除了考虑可能的风险外，还要考虑控制对风险的抵消和遏制作用。有效的控制会减少错报发生的可能性，而控制不当或缺乏控制，错报就会有可能变为现实。控制可能与某一认定直接相关，也可能与某一认定间接相关。关系越间接，控制在防止或发现并纠正认定中错报的作用越小。

注册会计师可能识别出有助于防止或发现并纠正特定认定发生重大错报的控制。在确定这些控制是否能够实现上述目标时，注册会计师应当将控制活动和其他要素综合考虑。如将销售和收款的控制置于其所在的流程和系统中考虑，以确定其能否实现控制目标。也有某些控制活动可能专门针对某类交易或账户余额的个别认定。例如，被审计单位建立以确保盘点工作人员能够正确地盘点和记录存货的控制活动，直接与存货账户余额的存在和完整性认定相关。注册会计师只需要对盘点过程和程序进行了解，就可以确定控制是否能够实现目标。

三、需要特别考虑的重大错报风险

作为风险评估的一部分，注册会计师应当运用职业判断，确定识别的风险中哪些是需要特别考虑的重大错报风险（简称特别风险）。

1. 确定特别风险时应考虑的事项

确定特别风险时应考虑的事项包括：风险是否属于舞弊风险；风险是否与近期经济环境、会计处理方法或其他方面的重大变化相关，因而需要特别关注；交易的复杂程度；风险是否涉及重大的关联方交易；财务信息计量的主观程度，特别是结果是否具有高度不确定性；风险是否涉及异常或超出正常经营过程的重大交易。

2. 非常规交易和判断事项导致的特别风险

特别风险通常与重大的非常规交易和判断事项有关，日常的、不复杂的、经正规处理的交易不太可能产生特别风险。非常规交易是指由于金额或性质异常而不经常发生的交易。例如，企业购并、债务重组、重大或有事项等。与重大非常规交易相关的特别风险可能导致更高的重大错报风险，这是因为非常规交易通常会使管理层更多地介入会计处理，数据收集和处理涉及更多的人工成分，计算或会计处理方法复杂，且被审计单位难以对非常规交易产生的特别风险实施有效控制。

判断事项可能包括做出的会计估计（具有计量的重大不确定性）。例如，资产减值准备金额的估计、需要运用复杂估值技术确定的公允价值计量等。与重大判断事项相关的特别风险可能导致更高的重大错报风险，这是因为对涉及会计估计、收入确认等方面的会计原则存在不同的理解，或所要求的判断可能是主观和复杂的，或需要对未来事项做出假设。

3. 考虑与特别风险相关的控制

如认为存在特别风险，注册会计师应当了解被审计单位与该风险相关的控制（包括控制活动）。了解与特别风险相关的控制，有助于注册会计师制定有效的审计方案予以应对。对特别风险，注册会计师应当评价相关控制的设计情况，并确定其是否已经得到执行。由于与重大非常规交易或判断事项相关的风险很少受到日常控制的约束，注册会计师应当了解被审计单位是否针对该特别风险设计和实施了控制。如果管理层未能实施控制以恰当应对特别风险，注册会计师应当认为内部控制存在重大缺陷，并考虑其对风险评估的影响。在此情况下，注册会计师应当就此类事项与治理层沟通。如果计划测试旨在减轻特别风险的控制运行的有效性，注册会计师不应依赖以前审计获取的关于内部控制运行有效性的审计证据。注册会计师应当专门针对识别的风险实施实质性程序，由于实质性分析程序单独实施并不足以应对特别风险，注册会计师应当实施细节测试，或将实质性分析程序与细节测试结合运用。

四、初步评价内部控制和风险评估

1. 初步评价内部控制

在识别和了解控制后，注册会计师要对内部控制进行评价。根据执行的程序和获取的审计证据，注册会计师需要评价控制的设计并确定其是否得到执行。注册会计师对控制的评价结论可能是：所设计的内部控制单独或连同其他控制能够有效防止或发现并纠正重大错报，并得到执行；控制本身的设计是合理的，能够防止或发现并纠正重大错报，但没有得到执行；控制本身的设计就是无效的或缺乏必要的控制。由于对控制的了解和评价是在穿行测试完成后，但在测试控制运行有效性之前进行的，因此，上述评价结论只是初步结论，仍可能随控制测试后实质性程序的结果而发生变化。

微课 5-5

初步评价内部控制和风险评估

2. 对风险评估的修正

在每次审计中，无论被审计单位规模大小，注册会计师首先必须实施风险评估程序，了解被审计单位及其环境，包括内部控制，以评估重大错报风险。这是审计的起点，是必须实施的程序。不得未经过风险评估，直接将风险设定为高水平。注册会计师应当运用职业判断确定需要了解被审计单位及其环境的程度，这个程度应以是否能识别和评估财务报表重大错报风险为标准。如果了解被审计单位及其环境获得的信息足以识别和评估财务报表重大错报风险，那么了解的程度就是恰当的。

注册会计师对认定层次重大错报风险的评估应以获取的审计证据为基础，并随着不断获取审计证据而做出相应的变化。比如，注册会计师对重大错报风险的评估可能基于预期控制运行有效这一判断，即相关控制可以防止或发现并纠正认定层次的重大错报。但在测试控制运行的有效性时，注册会计师获取的证据可能表明相关控制在被审计期间并未有效运行。同样，在实施实质性程序后，注册会计师可能发现错报的金额和频率比在风险评估时预计的金额和频率要高。因此，如果通过实施进一步审计程序获取的审计证据与初始评估获取的审计证据相矛盾，注册会计师应当修正风险评估结果，并相应修改原计划实施的进一步审计程序。因此，识别和评估重大错报风险与了解被审计单位及其环境一样，也是一个连续和动态地收集、更新与分析信息的过程，贯穿整个审计过程的始终。

3. 仅通过实质性程序无法应对的重大错报风险

对于某些风险，注册会计师可能认为仅从实质性程序中获取充分、适当的审计证据是不可能或不可行的。这些风险可能与对日常和重大类别的交易或账户余额做出的不准确或不完整的记录相关，对这些交易或账户余额通常可以采用高度自动化处理，不存在或存在很少人工干预。在这种情况下，被审计单位针对这类风险建立的控制与审计相关，注册会计师应当了解这些控制。

在被审计单位对日常交易采用高度自动化处理的情况下，审计证据可能仅以电子形式存在，其充分性和适当性通常取决于自动化信息系统相关控制的有效性。注册会计师应当考虑仅通过实施实质性程序不能获取充分、适当的审计证据的可能性。比如，某企业通过高度自动化的系统确定采购品种和数量，生成采购订购单，并通过系统中设定的收货确认和付款条件进行付款。除了系统中的相关信息以外，该企业没有其他有关订购单和收货的记录。在这种情况下，如果认为仅通过实施实质性程序不能获取充分、适当的审计证据，注册会计师应当考虑依赖的相关控制的有效性，并对其进行了解、评估和测试。

五、识别和评估重大错报风险审计工作底稿编制实例

1. 风险评估结果汇总表——识别和评估重大错报风险（见表 5-33）

表 5-33　　　　　　风险评估结果汇总表——识别和评估重大错报风险

被审计单位：梦舒公司　　　　　　编制：　田某　　日期：　2023 年 2 月 1 日　　索引号：　Z405

会计期间：2022 年 1 月 1 日—2022 年 12 月 31 日　　复核：　胡某　　日期：　2023 年 2 月 2 日　　页次：　1

1. 识别的重大错报风险汇总表

识别的重大错报风险	索引号	财务报表层次或认定层次	是否属于特别风险	是否属于仅通过实质性程序无法应对的重大错报风险	受影响交易、账户余额和披露的认定
缺少审计委员会、审计部等独立的内部监督机构	Z405-1、Z405-2	财务报表层次	否	否	报表整体
管理层为提高公司销售额，可能存在虚增销售收入的情况（销售商品未发给客户或销售开票无发运出库单据支持）	XSL-3	认定层次	是	否	营业收入（发生），应收账款（存在）
销售发票的入账期间可能不正确	XSL-3	认定层次	否	否	营业收入（截止），应收账款（存在）
未在系统中录入或重复录入采购订单	CGL-3	认定层次	否	否	存货（存在、完整性），应付账款（存在、完整性）
不确认与采购相关的负债	CGL-3	认定层次	否	否	存货（完整性），应付账款（完整性）
存货可能销售未入账而出现账实不符	SCL-3	认定层次	否	否	营业成本（准确性），存货（准确性、计价和分摊）
存货可能存在残次品，影响存货价值	SCL-3	认定层次	否	否	资产减值损失（完整性），存货（准确性、计价和分摊）

2. 财务报表层次重大错报风险总体应对方案表

财务报表层次重大错报风险	索引号	总体应对措施
缺少审计委员会、审计部等独立的内部监督机构	Z402-2 Z402-3	向项目组强调在收集和评价审计证据过程中保持职业怀疑态度的必要性

3. 特别风险结果汇总及应对措施表

特别风险	是否由舞弊导致，如是，填底稿索引号	管理层应对或控制措施	财务报表项目及认定	审计措施	向被审计单位报告的事项
管理层为了提高销售额，可能虚增销售收入（销售商品未发给客户或销售发票无发运出库单据支持）	否	（1）所有的销售发货需经恰当的审批，且收入应有客户签收确认的出库单；（2）销售部门配合财务部门定期与客户对账；（3）坏账准备计提需经总经理会议审批程序	营业收入（发生、截止），应收账款（存在）	（1）对营业收入采取综合审计方案，实施控制测试；（2）向财务人员以外的其他内部人员询问所审计期间的销售和发货情况以及他们所了解的异常交易条款或交易状况；（3）实施适当的销售及存货截止测试；（4）对应收账款执行函证程序，对未回函客户采取检查发票、验收记录等替代程序	无

续表

4. 认定层次重大错报风险汇总（采取的进一步审计程序的审计应对方案见各循环相关审计工作底稿）

识别的重大错报风险	索引号	与重大错报风险相关的交易类别	相关账户及余额	相关披露认定						管理层应对或控制措施	相关控制预期是否有效
				发生/存在	完整性	准确性、计价和分摊	截止	权利和义务	分类、列报		
销售发票的入账期间可能不正确	XSL-3	营业收入	应收账款	√			√			详见各业务循环了解业务流程审计工作底稿	是
未在系统中录入或重复录入采购订单	CGL-3	—	存货、应付账款	√	√						是
不确认与采购相关的负债	CGL-3	—	存货、应付账款		√						是
存货可能销售未入账而出现账实不符	SCL-3	营业成本	存货				√				是
存货可能存在残次品，影响存货价值	SCL-3	资产减值损失	存货		√	√					是

2. 风险评估——项目组讨论纪要实例（见表5-34）

表5-34 风险评估——项目组讨论纪要

被审计单位：梦舒公司	编制： 田某	日期： 2023年2月1日	索引号： Z403
会计期间：2022年1月1日—2022年12月31日	复核： 胡某	日期： 2023年2月2日	页次： 1

会议日期：2023年2月1日	会议地点：会计师事务所会议室	参加人员： 田某、胡某、张某、郁某、倪某

讨论内容记录

1. 被审计单位的总体情况和报告要求

梦舒公司是本年事务所新开拓客户，杭州甲会计师事务所对梦舒公司的2021年度财务报表发表了标准无保留意见。梦舒公司是一家由3个股东发起设立的有限责任公司，属于纺织行业，主要经营范围为棉纱、平布等产品的生产和销售。梦舒公司经营模式、经营环境等本年没有发生重大变化。我们接受梦舒公司全体股东的委托，对其2022年度财务报表实施审计，对其财务报表发表审计意见。梦舒公司要求我们于2023年3月20日之前出具审计报告

2. 被审计单位及其环境的重大变化

经过我们的了解，梦舒公司内部经营环境本年没有发生重大变化。公司在现任的治理层、管理层领导之下，有序地执行已有的内部控制制度。从外部环境来看，随着新冠肺炎疫情的缓解，加上近年来国内居民生活水平持续提高和消费结构改善，国家优惠政策的引导，本年销售量较去年有较大提高

3. 财务报表容易发生错报的领域及发生错报的方式

我们经过实施风险评估程序，了解梦舒公司及其经营环境后，认为梦舒公司容易发生错报的领域体现在营业收入、应收账款、存货等方面，具体参见风险评估结果汇总表（索引号：Z405）

4. 重要审计事项和风险领域

具体参见风险评估结果汇总表（索引号：Z405）

5. 重要性水平的设定

我们选择了几个可选的指标：营业收入的1.65%、利润总额的8%、毛利的5%、资产总额的0.5%、所有者权益的1%。经过分析，我们选取了736934.23元作为我们设定的报表层次的重要性水平（索引号：Z301-2）。各科目在报表层次重要性水平基础之上，乘0.3%作为设定的重要性水平。实际审计过程中，可根据各个科目具体情况予以调整

👆 **本项目任务解析与知识拓展**

任务解析 5-1

任务解析 5-2

任务解析 5-3

准则链接

《中国注册会计师审计准则第 1211 号——重大错报风险的识别和评估》及其应用指南

拓展阅读

工薪与人事循环了解被审计单位内部控制工作底稿示例

👆 **技能训练**

1. A 注册会计师在审计工作底稿中记录了审计计划，部分内容摘录如下。

（1）甲公司利用生产管理系统中的自动化控制进行生产工人的排班调度，以提高生产效率。A 注册会计师认为该控制与审计无关，拟不纳入了解内部控制的范围。

（2）A 注册会计师和项目组成员就甲公司财务报表存在重大错报的可能性等事项进行了讨论。因项目组某关键成员无法参加会议，拟由项目组其他成员选取相关事项向其通报。

【训练要求】假定不考虑其他条件，指出审计计划的内容是否恰当，如不恰当，简要说明理由。

2. 甲公司是 ABC 会计师事务所的常年审计客户，主要从事轨道交通车辆配套产品的生产和销售。A 注册会计师负责审计甲公司 2022 年度财务报表，确定财务报表整体的重要性为 1 000 万元，实际执行的重要性为 500 万元。

【资料一】A 注册会计师在审计工作底稿中记录了所了解的甲公司情况及其环境，摘录如下。

① 因 2021 年 a 产品生产线的产能利用率已接近饱和，甲公司于 2022 年年初开始建设一条新的生产线，预计工期 15 个月。

② 甲公司于 2022 年 5 月应乙公司要求，开始设计开发新产品 b 的模具。乙公司于 2021 年 10 月汇付甲公司 1 200 万元，为模具前期开发提供资金支持。双方约定该款项从 b 产品的货款中扣除。

③ 2022 年 3 月，甲公司与丙公司签订销售合同，为其定制 c 产品，并应丙公司要求与其签订采购合同，向其购买 c 产品的主要原材料。

④ 2022 年，由于竞争对手改进生产工艺，大幅提高了产品质量，甲公司 d 产品的订单量锐减。

⑤ 2022 年 9 月，甲公司委托丁公司研发一项新技术，甲公司承担研发过程中的风险并享有研发成果。委托合同总价款 5 000 万元，合同生效日预付 40%，成果交付日支付剩余款项。该研发项目 2022 年年末的完工进度约为 30%。

【资料二】A 注册会计师在审计工作底稿中记录了甲公司的财务数据，部分内容摘录如下。

单位：元

项目	未审数	已审数
	2022 年	2021 年
营业收入——a 产品	30 000	20 000
营业成本——a 产品	21 000	14 000
营业收入——c 产品	10 000	0
营业成本——c 产品	9 800	0

项目	未审数	已审数
	2022 年	2021 年
营业收入——d 产品	2 200	8 000
营业成本——d 产品	2 000	5 500
其他收益——b 产品模具补贴	1 200	0
预付款项——丁公司研发费	2 000	0
存货——a 产品	9 000	7 000
存货——c 产品主要原材料	2 000	0
存货——d 产品	200	1 000
在建工程——b 产品模具	2 400	0
无形资产——d 产品专有技术	2 500	3 000

【训练要求】针对资料一第①至⑤项，结合资料二，假定不考虑其他条件，逐项指出资料一所列事项是否可能表明存在重大错报风险；如果认为可能表明存在重大错报风险，简要说明理由，并说明该风险主要与哪些财务报表项目的哪些认定相关（不考虑税务影响）。

项目六　采购与付款循环审计

学习目标

【知识目标】 了解采购与付款循环涉及的业务活动及其内部控制的主要内容，理解采购与付款循环内部控制的风险及相关控制程序，理解采购与付款循环实质性程序的工作内容。

【技能目标】 掌握采购与付款循环内部控制测试的步骤、方法及相关审计工作底稿的编制，掌握采购与付款循环实质性程序的步骤、方法及相关审计工作底稿的编制方法。

【素养目标】 熟悉采购与付款循环相关的审计准则、会计准则等，增强法律意识，做到知法守法，培养独立、客观、公正的职业道德，养成认真仔细、一丝不苟、精益求精的职业精神。

关键词汇

应付账款（Accounts Payable）　　　　　　应付票据（Notes Payable）
固定资产（Fixed Assets）　　　　　　　　累计折旧（Accumulated Depreciation）
在建工程（Construction in Progress）　　　无形资产（Intangible Assets）
管理费用（Administrative Expense）　　　　长期应付款（Long-term Payable）

任务一　采购与付款循环控制测试

📖 任务导入 6-1

以下程序中，属于测试采购交易与付款交易内部控制"存在性"目标的常用控制测试程序的是（　　　）。

A. 检查企业验收单是否有缺号　　　　B. 检查付款凭单是否附有卖方发票
C. 检查卖方发票连续编号的完整性　　D. 审核采购价格和折扣的标志

一、业务循环与财务报表项目的对应关系

（一）财务报表审计的组织方式

财务报表审计的组织方式大致有账户法和循环法。账户法是指注册会计师对财务报表的每个账户余额单独进行审计的一种方法。循环法是注册会计师将财务报表分成几个循环进行审计的一种方法，即把紧密联系的交易种类和账户余额归入同一循环中，按业务循环组织实施审计。一般而言，账户法与多数被审计单位账户设置体系及财务报表格式相吻合，具有操作方便的优点，但它将紧密联系的相关账户（如存货和营业成本）人为地予以分割，容易造成整个审计工作的脱节和重复，使得审计效率低下；而循环法更符合被审计单位的业务流程和内部控制设计的实际情况，不仅可加深注册会计师对被审计单位经济业务的理解，而且由于将特定业务循环所涉及的财务报表项目分配给一个或数个注册会计师，增强了注册会计师分工的合理性，有助于提升审计工作的效率与效果。

对于控制测试，注册会计师通常采用循环法实施。一般而言，在财务报表审计中可将被审计单位的所有交易和账户余额划分为销售与收款循环、采购与付款循环、生产与存货循环、投资与筹资循环

和工薪与人事循环。由于货币资金与上述五个业务循环均密切相关，并且货币资金的业务和内部控制又有着不同于其他业务循环和其他财务报表项目的鲜明特征，因此，本书将货币资金审计单独作为一个学习情境讲解。对交易和账户余额的实质性程序，既可采用账户法实施，也可采用循环法实施。但由于控制测试通常按循环法实施，为避免实质性程序与控制测试严重脱节的弊端，提倡采用循环法。

（二）各业务循环涉及的主要财务报表项目

采购与付款循环涉及的资产负债表项目有预付款项、固定资产、在建工程、工程物资、固定资产清理、无形资产、开发支出、商誉、长期待摊费用、应付票据、应付账款、长期应付款；涉及的利润表项目有管理费用。

销售与收款循环涉及的资产负债表项目有应收票据、应收账款、长期应收款、预收款项、应交税费；涉及的利润表项目有营业收入、税金及附加、销售费用。

生产与存货循环涉及的资产负债表项目有存货（包括材料采购或在途物资、原材料、材料成本差异、库存商品、发出商品、商品进销差价、委托加工物资、委托代销商品、受托代销商品、周转材料、生产成本、制造费用、劳务成本、存货跌价准备、受托代销商品款等）；涉及的利润表项目有营业成本。

筹资与投资循环涉及的资产负债表项目有交易性金融资产、应收利息、应收股利、其他应收款、其他流动资产、债权投资、其他债权投资、其他权益工具投资、长期股权投资、投资性房地产、递延所得税资产、其他非流动资产、短期借款、交易性金融负债、应付利息、应付股利、其他应付款、其他流动负债、长期借款、应付债券、专项应付款、预计负债、递延所得税负债、其他非流动负债、实收资本（或股本）、资本公积、盈余公积、未分配利润；涉及的利润表项目有财务费用、资产减值损失、公允价值变动收益、投资收益、营业外收入、营业外支出、所得税费用。

工薪与人事循环涉及的资产负债表项目有应付职工薪酬，涉及的利润表项目有营业成本、销售费用、管理费用，具体开展审计时营业收入、销售费用划分到销售与收款循环审计，管理费用划分到采购与付款循环审计。

二、采购与付款循环的内部控制

（一）采购与付款循环涉及的主要业务活动

1. 请购商品和劳务

仓库负责对需要购买的已列入存货清单的项目填写请购单，其他部门也可以对所需要购买的未列入存货清单的项目编制请购单。大多数企业对正常经营所需物资的购买均作一般授权。比如，仓库在现有库存达到再订购点时就可直接提出采购申请，其他部门也可为正常的维修工作和类似工作直接申请采购有关物品。但对资本支出和租赁合同，企业政策则通常要求作特别授权，只允许指定人员提出请购。请购单可由手工或计算机编制。由于企业内不少部门都可以填列请购单，不便事先编号，为加强控制，每张请购单必须经过对这类支出预算负责的主管人员签字批准。

2. 编制订购单

采购部门在收到请购单后，只能对经过批准的请购单发出订购单。采购部门应确定每张订购单最佳的供应来源。对一些大额的、重要的采购项目，应采取竞价方式确定供应商，以保证供货的质量、时间和成本。订购单应正确填写所需要的商品品名、数量、价格、厂商名称和地址等，预先予以编号并经过被授权的采购人员签名。

3. 验收商品

有效的订购单代表企业已授权验收部门接收供应商发运来的商品。验收部门首先应比较所收商品与订购单上的要求是否相符，如商品的品名、说明、数量、到货时间等，然后再盘点商品并检查

微课6-1

主要业务活动

商品有无损坏。验收后，验收部门应根据已收货的订购单编制一式多联、预先编号的验收单，作为验收和检验商品的依据。

4. 储存已验收的商品存货

将已验收商品的保管与采购的其他职责相分离，可减少未经授权的采购和盗用商品的风险。存放商品的仓储区应相对独立，限制无关人员接近。

5. 编制付款凭单

记录采购交易之前，应付凭单部门应编制付款凭单。这项功能的控制包括：确定供应商发票的内容与相关的验收单、订购单的一致性；确定供应商发票计算的正确性；编制有预先编号的付款凭单，并附上支持性凭证（如订购单、验收单和供应商发票等）；独立检查付款凭单计算的正确性；在付款凭单上填入应借记的资产或费用账户名称；由被授权人员在凭单上签字，以示批准照此凭单要求付款。

6. 确认与记录负债

正确确认已验收货物和已接受劳务的债务，要求准确、及时地记录负债。该记录对企业财务报表反映和企业实际现金支出有重大影响。因此，必须特别注意按正确的数额记载企业确实已发生的购货和接受劳务事项。

7. 付款

通常是由应付凭单部门负责确定未付凭单是否在到期日付款。企业有多种款项结算方式，以支票结算方式为例，编制和签署支票的有关控制包括：独立检查已签发支票的总额与所处理付款凭单总额的一致性；应由被授权的财务部门人员负责签署支票；被授权签署支票的人员应确定每张支票都附有一张已经适当批准的未付款凭单，并确定支票收款人的姓名和金额与凭单内容的一致；支票一经签署就应在其凭单和支持性凭证上用加盖印戳或打洞等方式将其注销，以免重复付款；支票签署人不应签发无记名甚至空白的支票；支票应预先连续编号，保证支出支票存根的完整性和作废支票处理的恰当性；应确保只有被授权的人员才能接近未经使用的空白支票。

8. 记录现金、银行存款支出

以支票结算方式为例，会计部门应根据已签发的支票编制付款记账凭证，并据以登记银行存款日记账及其他相关账簿。以记录银行存款支出为例，有关控制包括：会计主管应独立检查记入银行存款日记账和应付账款明细账的金额的一致性，以及与支票汇总记录的一致性；通过定期比较银行存款日记账记录的日期与支票副本的日期，独立检查入账的及时性；独立编制银行存款余额调节表。

（二）采购与付款循环的重大错报风险

针对评估的财务报表层次重大错报风险，注册会计师应计划进一步审计程序的总体方案，包括确定针对相关认定计划采用综合性方案还是实质性方案，以及考虑审计程序的性质、时间安排和范围。当存在下列情形之一时，注册会计师应当设计和实施控制测试：在评估认定层次重大错报风险时，预期控制的运行是有效的（即在确定实质性程序的性质、时间安排和范围时，注册会计师拟信赖控制运行的有效性）；仅实施实质性程序并不能够提供认定层次充分、适当的审计证据。综合控制测试及实质性程序，注册会计师需要评价获取的审计证据是否足以应对识别出的认定层次重大错报风险。

为评估采购与付款循环的重大错报风险，注册会计师应详细了解有关交易或付款的内部控制。影响采购与付款交易和余额的重大错报风险可能包括以下几种。

（1）低估负债或相关准备。在承受反映较高盈利水平和营运资本的压力下，被审计单位管理层可能试图低估应付账款等负债或资产相关准备，包括低估对存货应计提的跌价准备。重大错报风险常常集中体现在：一是遗漏交易，例如未记录已收取货物但尚未收到发票的采购相关的负债或未记录尚未付款的已经购买的服务支出等；二是采用不正确的费用支出截止期，例如将本期的支出延迟到下期确认；三是将应当及时确认损益的费用性支出资本化，然后通过资产的逐步摊销予以消化等。

（2）管理层错报负债费用支出的偏好和动因。被审计单位管理层可能出于完成预算、满足业绩考核要求、保证从银行获得资金、吸引潜在投资者、误导股东、影响公司股价等动机，通过操纵负债和费用的确认控制损益，主要体现在：一是平滑利润，通过多计准备或少计负债和准备，把损益控制在被审计单位管理层希望的程度；二是利用特别目的的实体把负债从资产负债表中剥离，或利用关联方间的费用定价优势制造虚假的收益增长趋势；三是被审计单位管理层把私人费用计入企业费用，把企业资金当作私人资金运作。

（3）费用支出的复杂性。被审计单位以复杂的交易安排购买一定期间的多种服务，管理层对于涉及的服务受益与付款安排所涉及的复杂性缺乏足够的了解。这可能导致费用支出分配或计提的错误。

（4）不正确地记录外币交易。当被审计单位进口用于出售的商品时，可能会采用不恰当的外币汇率，导致该项采购的记录出现差错。此外，还存在未能将诸如运费、保险费和关税等与存货相关的进口费用进行正确分摊的风险。

（5）舞弊和盗窃的固有风险。如果被审计单位经营大型零售业务，由于所采购商品和固定资产的数量及支付的款项庞大，交易复杂，容易造成商品发运错误，员工和客户发生舞弊和盗窃的风险较高。如果那些负责付款的会计人员有权接触应付账款主文档，并能够通过在应付账款主文档中擅自添加新的账户来虚构采购交易，风险也会增加。

（6）存在未记录的权利和义务。这可能导致资产负债表分类错误以及报表附注不正确或披露不充分。

（三）采购与付款循环内部控制的内容

1. 采购交易的内部控制

应付账款、固定资产等财务报表项目均属采购与付款循环。在正常的审计中，如果忽视采购与付款循环的控制测试及相应的交易实质性程序，仅仅依赖具体财务报表项目余额实施实质性程序，则审计工作不仅费时、费力，而且难以保证效果。如果被审计单位具有健全并且运行良好的相关内部控制，注册会计师把审计重点放在控制测试和交易的实质性程序上，则既可以降低审计风险，又可大大减少报表项目实质性程序的工作量，提高审计效率。采购交易的内部控制需要特别关注以下几点。

（1）适当的职责分离。适当的职责分离有助于防止各种有意或无意的错误。采购与付款业务不相容岗位至少包括：请购与审批；询价与确定供应商；采购合同的订立与审批；采购与验收；采购、验收与相关会计记录；付款审批与付款执行。这些都是对单位提出的有关采购与付款业务相关职责适当分离的基本要求，以确保办理采购与付款业务的不相容岗位相互分离、制约和监督。

（2）内部核查程序。企业应当建立对采购与付款交易内部控制的监督检查制度。采购与付款内部控制监督检查的主要内容通常包括以下几点。

第一，采购与付款业务相关岗位及人员的设置情况。重点检查是否存在采购与付款业务不相容职务混岗的现象。

第二，采购与付款业务授权批准制度的执行情况。重点检查大宗采购与付款业务的授权批准手续是否健全，是否存在越权审批的行为。

第三，应付账款和预付账款管理。重点审查应付账款和预付账款支付的正确性、时效性和合法性。

第四，有关单据、凭证和文件的使用与保管情况。重点检查凭证的登记、领用、传递、保管、注销手续是否健全，使用和保管制度是否存在漏洞。

2. 付款交易的内部控制

对于每个企业而言，由于性质、所处行业、规模以及内部控制健全程度等不同，其与付款交易相关的内部控制内容可能有所不同，以下与付款交易相关的内部控制规定是应当共同遵循的。

（1）单位应当按照《现金管理暂行条例》《支付结算办法》《企业内部控制应用指引第6号——资金

活动》等规定办理采购付款业务。

（2）单位财会部门在办理付款业务时，应当对采购发票、结算凭证、验收证明等相关凭证的真实性、完整性、合法性及合规性进行严格审核。

（3）单位应当建立预付账款和定金的授权批准制度，加强对预付账款和定金的管理。

（4）单位应当加强对应付账款和应付票据的管理，由专人按照约定的付款日期、折扣条件等管理应付款项。已到期的应付款项需经有关授权人员审批后方可办理结算与支付。

（5）单位应当建立退货管理制度。对退货条件、退货手续、货物出库、退货货款回收等做出明确规定，确保及时收回退货款。

（6）单位应当定期与供应商核对应付账款、应付票据、预付款项等往来款项。如有不符，应查明原因，及时处理。

3. 固定资产的内部控制

（1）固定资产的预算制度。预算制度是固定资产内部控制中最重要的部分。通常，大中型企业应编制旨在预测与控制固定资产增减和合理运用资金的年度预算；小规模企业即使没有正规的预算制度，对固定资产的购建也要事先加以计划。

（2）授权批准制度。完善的授权批准制度包括：企业的资本性支出预算只有经过董事会等高层管理机构批准方可生效；所有固定资产的取得和处置均需经企业管理层的书面认可。

（3）账簿记录制度。除固定资产总账外，被审计单位还需设置固定资产明细账和固定资产登记卡，按固定资产类别、使用部门和每项固定资产进行明细分类核算。固定资产增减变化均有原始凭证。

（4）职责分工制度。对固定资产的取得、记录、保管、使用、维修、处置等，均应明确划分责任。

（5）资本性支出和收益性支出的区分制度。企业应制定区分资本性支出和收益性支出的书面标准。通常需明确资本性支出的范围和最低金额，凡不属于资本性支出的范围、金额低于下限的任何支出，均应列作费用而抵减当期收益。

（6）固定资产的处置制度。固定资产的处置包括投资转出、报废、出售等，均要有一定的申请报批程序。

（7）固定资产的定期盘点制度。对固定资产的定期盘点，是验证账面各项固定资产是否真实存在、了解固定资产放置地点和使用状况以及发现是否存在未入账固定资产的必要手段。

（8）固定资产的维护保养制度。固定资产应有严密的维护保养制度，以防止其因各种自然和人为的因素而遭受损失，并应建立日常维护和定期检修制度，以延长其使用寿命。

三、采购与付款循环控制测试审计工作底稿编制实例

在实际工作中，并不需要对该流程的所有控制点进行测试，而是应该针对识别的可能发生错报环节，选择足以应对评估的重大错报风险的关键控制进行控制测试。

1. 采购与付款循环控制测试导引表（见表6-1）

表6-1　　　　　　　　　　采购与付款循环控制测试导引表

被审计单位：	梦舒公司	编制：	郁某	日期：	2023年2月2日	索引号：	CGC-0
会计期间：	2022年1月1日—2022年12月31日	复核：	田某	日期：	2023年2月4日	页次：	1

测试本循环控制运行有效性的工作包括：
1. 针对了解的被审计单位采购与付款循环的控制活动，确定拟进行测试的控制活动
2. 测试控制活动运行的有效性，记录测试程序、过程和结论
3. 根据测试结论，确定对实质性程序的性质、时间和范围的影响
测试本循环控制运行有效性，形成下列审计工作底稿：
1. CGC-1：控制测试汇总表

续表

| 2. CGC-2-1: 控制测试程序和过程记录（CGKZ-1、2、3、4、5、6） |
| 3. CGC-2-2: 控制测试程序和过程记录（CGKZ-7） |
| 4. CGC-2-3: 控制测试程序和过程记录（CGKZ-8、9） |

2. 采购与付款循环控制测试汇总表（见表6-2）

表6-2　　　　　　　　　　　采购与付款循环控制测试汇总表

被审计单位：梦舒公司　　　　　　　　　　编制：　郁某　日期：　2023年2月2日　索引号：　CGC-1

会计期间：　2022年1月1日—2022年12月31日　复核：　田某　日期：　2023年2月4日　页次：　1

1. 了解内部控制的初步结论
（1）控制设计合理，并得到执行　　　　　（ √ ）
（2）控制设计合理，未得到执行　　　　　（　）
（3）控制设计无效或缺乏必要的控制　　　（　）

2. 控制测试结论

控制编号	控制名称	与控制相关的风险	控制测试程序	执行控制频率	测试样本量	是否拟信赖该控制
CGKZ-1	采购申请（计划）经过适当核准	中	检查请购单是否得到适当审批	不定期	4	是
CGKZ-2	采购订单经适当审批	中	根据请购单，检查采购订单是否与请购单一致并得到适当审批	不定期	4	是
CGKZ-3	采购订单信息完整准确	高	根据采购订单，检查购买合同是否得到适当审批	不定期	4	是
CGKZ-4	商品验收需有效的采购订单	中	检查接收的商品是否有对应经审批的采购订单	不定期	4	是
CGKZ-5	入库商品数量准确	中	检查验收单是否与采购订单、合同内容一致，输入是否经复核确认	不定期	4	是
CGKZ-6	准确恰当记录已验收商品	高	检查采购发票记录是否与订单、合同等记录相符，是否入账准确并记入恰当会计期间	不定期	4	是
CGKZ-7	定期与供应商对账及时处理差异	中	检查是否定期对账并及时处理对账差异	每季一次	2	是
CGKZ-8	采购付款经恰当审批	中	检查付款是否经过适当审批	不定期	4	是
CGKZ-9	付款经恰当准确及时记录	中	检查付款是否准确、恰当记录且记录于恰当的会计期间	不定期	4	是

3. 采购与付款循环控制测试程序和过程记录（见表6-3）

表6-3　　　　　　　　　采购与付款循环控制测试程序和过程记录

被审计单位：梦舒公司　　　　　　　　　　编制：　郁某　日期：　2023年2月2日　索引号：　CGC-2-1

会计期间：　2022年1月1日—2022年12月31日　复核：　田某　日期：　2023年2月4日　页次：　1

1. 控制编号：CGKZ-1、CGKZ-2、CGKZ-3、CGKZ-4、CGKZ-5、CGKZ-6

2. 控制的性质

控制编号	自动控制	依赖信息系统的人工控制	人工控制
CGKZ-1、CGKZ-2、CGKZ-3、CGKZ-4、CGKZ-5、CGKZ-6		√	

3. 控制测试的时间安排：上述控制属于依赖信息系统的人工控制，计划在审计现场抽取样本进行测试
4. 控制测试的类型

询问		观察	检查	重新执行
			√	

5．拟实施的测试程序

（1）检查请购单是否得到适当审批；（2）根据请购单，检查采购订单是否与请购单一致并得到适当审批；（3）根据采购订单，检查采购合同是否得到适当审批；（4）检查接收的商品是否有对应经审批的采购订单；（5）检查验收单是否与采购订单、合同内容一致，输入是否经复核确认；（6）检查采购发票记录是否与订单、合同等记录相符，是否入账准确并记入恰当会计期间

6．对总体进行定义： 2022年记录的所有购入商品

7．总体的来源： 2022年存货明细账

8．控制执行的频率

控制编号	频率
CGKZ-1、CGKZ-2、CGKZ-3、CGKZ-4、CGKZ-5、CGKZ-6	不定期

9．与控制相关的风险： 高

10．总体中项目的总数： 90

11．对偏差进行定义

控制编号	偏差的定义
CGKZ-1	请购单未经适当审批
CGKZ-2	采购订单与请购单不一致或未经适当审批
CGKZ-3	采购合同未经适当审批
CGKZ-4	出库单未经仓储主管批准出库且财务联缺少客户经办人员签字确认
CGKZ-5	发货通知单未经过销售经理审批
CGKZ-6	出库单未经仓储主管批准出库且财务联缺少客户经办人员签字确认

12．确定所测试项目的数量并选取项目： 测试项目的数量9，选取数量9

13．测试过程记录

凭证号	请购单编号 SPQG-2022	采购订单编号 CGDD-2022	采购合同编号 YD-CG-2022	入库单编号 CGRK-2022	采购发票号	CGKZ					
						1	2	3	4	5	6
1-记06	01-007	01-007	01-007	01-007	2027268	√	√	√	√	√	√
2-记08	02-017	02-017	02-017	02-017	1016275	√	√	√	√	√	√
5-记08	05-027	05-027	05-027	05-027	1016297	√	√	√	√	√	√
6-记08	06-037	06-037	06-037	06-037	1016311	√	√	√	√	√	√
7-记07	07-047	07-047	07-047	07-047	1016317	√	√	√	√	√	√
9-记07	09-067	09-067	09-067	09-067	1016318	√	√	√	√	√	√
10-记07	10-077	10-077	10-077	10-077	1016325	√	√	√	√	√	√
11-记07	11-087	11-087	11-087	11-087	1016332	√	√	√	√	√	√
12-记07	12-097	12-097	12-097	12-097	1016339	√	√	√	√	√	√

14．识别出的偏差： 未发现偏差

15．考虑扩大测试范围（如适用）： 不适用

16．控制缺陷（如适用，偏差是否被视为控制缺陷）： 无

17．对获取的有关控制在期中运行有效性的审计证据的考虑： 不适用

18．剩余期间的测试过程记录

序号	识别特征	测试程序1	测试程序2	注释
不适用				

结论： 控制运行有效

特别说明：受篇幅所限，控制编号CGKZ-7、CGKZ-8、CGKZ-9测试程序和过程记录省略，后文中销售与收款循环、生产与仓储循环等控制测试程序和过程记录同样处理。

任务二 采购与付款循环实质性程序

> **任务导入 6-2**
>
> 下列各项审计程序中，能够提供应付账款未入账的审计证据的有（　　　）。
> A. 结合存货监盘程序，检查被审计单位在资产负债表日前后的存货入库资料，检查是否有大额货到单未到的情况，确认相关负债是否计入了正确的会计期间
> B. 针对资产负债表日后付款项目，检查银行对账单及有关付款凭证，询问被审计单位内部或外部的知情人员，查找有无未及时入账的应付账款
> C. 获取并检查被审计单位与其供应商之间的对账单，并将对账单和被审计单位财务记录之间的差异进行调节，查找有无未入账的应付账款，确定应付账款金额的准确性
> D. 检查资产负债表日后应付账款明细账贷方发生额的相应凭证，关注其验收单、供应商发票的日期，确认其入账时间是否合理

一、应付账款审计

（一）应付账款的审计目标

（1）确定资产负债表中记录的应付账款是否存在。

（2）确定记录的应付账款是否为被审计单位应履行的偿还义务。

（3）确定所有应当记录的应付账款是否均已记录。

（4）确定应付账款是否以恰当的金额包括在财务报表中，与之相关的计价或分摊调整是否已恰当记录。

（5）确定应付账款是否已按照企业会计准则的规定在报表中做出恰当分类和列报。

（二）应付账款审计的主要实质性程序

（1）获取或编制应付账款明细表，复核加计是否正确，并与报表数、总账数、明细账合计数核对是否相符。

（2）根据被审计单位实际情况，选择以下方法对应付账款执行实质性分程序。① 将期末应付账款余额与期初余额进行比较，分析波动原因。② 分析长期挂账的应付账款，要求被审计单位做出解释，判断被审计单位是否缺乏偿债能力或利用应付账款隐瞒利润；并注意其是否可能无须支付，对确实无须支付的应付账款的会计处理是否正确，依据是否充分。③ 计算应付账款与存货的比率、应付账款与流动负债的比率，并与以前年度相关比率对比分析，评价应付账款整体的合理性。④ 分析存货和营业成本等项目的增减变动，判断应付账款增减变动的合理性。

（3）检查应付账款是否存在借方余额，如有，应查明原因，必要时建议做重分类调整。

（4）函证应付账款。一般情况下，并不是必须函证应付账款，这是因为函证不能保证查出未记录的应付账款，况且注册会计师能够取得采购发票等外部凭证来证实应付账款的余额。但如果控制风险较高，某应付账款明细账户金额较大或被审计单位处于财务困难阶段，则应进行应付账款的函证。

（5）检查带有现金折扣的应付账款是否按发票上记载的全部应付金额入账，在实际获得现金折扣时再冲减财务费用。

（6）结合其他应付款、预付款项等项目的审计，检查有无同时挂账的项目，或有无属于其他应

微课 6-2

应付账款的审计目标

微课 6-3

核对总账与明细账

微课 6-4

函证

微课 6-5

抽查

付款的款项。如有，应做记录，必要时，建议被审计单位做相应的调整。

（7）以非记账本位币结算的应付账款，检查其采用的折算汇率及折算是否正确。

（8）确定应付账款的列报是否恰当。

（三）应付账款审计案例

2023年年初，注册会计师在审计某公司"主营业务收入"账户时，发现该公司2022年末产品销售收入下降幅度较大，但据注册会计师了解，公司2022年下半年正值销售旺季，受疫情影响也并不大，为什么会出现这种异常情况呢？注册会计师怀疑该单位利用"应付账款"账户隐匿收入。注册会计师认真查阅了2022年10月、11月和12月的"应付账款"明细账，并分别对本市3家债务上升比较大的客户的有关记录进行了详细审查，发现以下账务处理。

借：银行存款　　　　　　　　　　　　　　　　3 393 000
　　贷：应付账款——A公司　　　　　　　　　2 106 000
　　　　　　　　——B公司　　　　　　　　　　702 000
　　　　　　　　——C公司　　　　　　　　　　585 000

其所附的原始凭证均为银行进账单，以及分别向三家公司开具的购货发票。该企业适用的增值税税率为13%，假定该笔业务的销售利润为900 000元，所得税税率为25%。

要求：指出该企业存在的问题，并提出处理意见。

【案例解析】被审计单位利用往来账隐匿收入，不仅偷漏了增值税，同时也人为压低了利润数额，少缴了所得税。被审计单位除应调整有关账务、调整利润外，还应补交增值税和所得税。

被审计单位应做如下账项调整。

（1）确认收入，计算流转税。

借：应付账款——A公司　　　　　　　　　　　2 034 000
　　　　　　　　——B公司　　　　　　　　　　678 000
　　　　　　　　——C公司　　　　　　　　　　565 000
　　贷：主营业务收入　　　　　　　　　　　　2 900 000
　　　　应交税费——应交增值税（销项税额）　　377 000

（2）结转此项收入的产品销售成本，并计算所得税。

借：主营业务成本　　　　　　　　　　　　　　2 000 000
　　贷：库存商品　　　　　　　　　　　　　　2 000 000
借：所得税费用　　　　　　　　　　　　　　　225 000
　　贷：应交税费——应交企业所得税　　　　　　225 000

（四）应付账款审计工作底稿编制实例

1. 应付账款审计程序表（见表6-4）

表6-4　　　　　　　　　　　　应付账款审计程序表

被审计单位：　梦舒公司　　　　　　　编制：郁某　　日期：2023年2月15日　索引号：FZ02-0
会计期间：　2022年1月1日—2022年12月31日　复核：田某　　日期：2023年2月25日　页次：1

一、审计目标与认定对应关系表

审计目标		财务报表认定				
		a	b	c	d	e
		存在	权利和义务	完整性	准确性、计价和分摊	分类、列报
A	资产负债表中记录的应付账款是存在的	√				
B	记录的应付账款是被审计单位应履行的偿还义务		√			
C	所有应当记录的应付账款均已记录			√		

续表

审计目标		财务报表认定				
		a	b	c	d	e
		存在	权利和义务	完整性	准确性、计价和分摊	分类、列报
D	应付账款以恰当的金额包括在财务报表中，与之相关的计价或分摊调整已恰当记录				√	
E	应付账款已按照企业会计准则的规定在财务报表中做出恰当分类和列报					√

二、审计目标与审计计划的衔接

项目	财务报表认定				
	存在	权利和义务	完整性	准确性、计价和分摊	分类、列报
评估的重大错报风险水平（注："显著"或"普通"，结果取自该项目所属业务循环审计工作底稿）	显著	显著	显著	普通	普通
控制测试结果是否支持风险评估结论	是	是	是	是	是
需从实质性程序获取的保证程度	中	中	中	低	低

三、审计目标与审计程序对应关系表

审计目标	可供选择的审计程序	是否计划实施（√）	与认定的对应关系	索引号
D	1. 获取或编制应付账款明细表：① 复核加计是否正确，并与报表数、总账数和明细账合计数核对是否相符；② 检查非记账本位币应付账款的折算汇率及折算是否正确；③ 分析出现借方余额的项目，查明原因，必要时，做重分类调整；④ 结合预付账款等往来项目的明细余额，调查有无针对同一交易在应付账款和预付账款同时记账的情况，有无异常余额或与购货无关的其他款项	√	d	
CD	2. 获取被审计单位与其供应商之间的对账单（应从非财务部门，如采购部门获取），并将对账单和被审计单位财务记录之间的差异进行调节，查找有无未入账的应付账款，确定应付账款金额的准确性		cd	
ABCD	3. 对本期发生的应付账款增减变动，检查至相关支持性文件，确定会计处理是否正确。查找有无未及时入账的应付账款，确定应付账款金额的准确性	√	abcd	
ABDE	4. 检查应付账款长期挂账原因并做记录，注意其是否可能无须支付；检查对确实无须支付的应付账款的会计处理是否正确，依据是否充分；关注账龄超过3年的大额应付账款在资产负债表日后是否偿还，检查偿还记录及单据，并披露		abde	详见应付账款审计工作底稿
C	5. 针对资产负债表日后付款项目，检查银行对账单及有关付款凭证（如银行划款通知、供应商收据等），询问被审计单位内部或外部的知情人员，查找有无未及时入账的应付账款	√	c	
C	6. 复核截止审计现场工作日的全部未处理的供应商发票，并询问是否存在其他未处理的供应商发票，确认所有的负债都记录在正确的会计期间内		c	
ABCD	7. 实施函证程序。（1）编制应付账款函证结果汇总表，检查回函。（2）调查不符事项，确定是否表明存在错报。（3）如果未回函，实施替代程序。（4）如果认为回函不可靠，评价对评估的重大错报风险以及其他审计程序的性质、时间安排和范围的影响。（5）如果管理层不允许寄发询证函：① 询问管理层不允许寄发询证函的原因，并就其原因的正当性及合理性收集审计证据；② 评价管理层不允许寄发询证函对评估的相关重大错报风险（包括舞弊风险），以及其他审计程序的性质、时间安排和范围的影响；③ 实施替代审计程序，以获取相关、可靠的审计证据；④ 如果认为管理层不允许寄发询证函的原因不合理，或实施替代程序无法获取相关、可靠的审计证据，与治理层进行沟通，并确定其对审计工作和意见的影响	√	abcd	

续表

审计目标	可供选择的审计程序	是否计划实施（√）	与认定的对应关系	索引号
AB	8．针对已偿付的应付账款，追查至银行对账单、银行付款单据和其他原始凭证，检查其是否在资产负债表日前真实偿付	√	ab	
CD	9．检查资产负债表日后应付账款明细账贷方发生额的相应凭证，关注其购货发票的日期，确认其入账时间是否合理	√	cd	
CD	10．结合存货监盘程序，检查被审计单位在资产负债日前后的存货入库资料，检查是否有大额料到单未到的情况，确认相关负债是否记入了正确的会计期间	√	cd	
AB	11．针对异常或大额交易及重大调整事项（如大额的购货折扣或退回，会计处理异常的交易，未经授权的交易，或缺乏支持性凭证的交易等），检查相关原始凭证和会计记录，以分析交易的真实性、合理性		ab	详见应付账款审计工作底稿
DE	12．检查带有现金折扣的应付账款是否按发票上记载的折扣后应付金额入账		de	
DE	13．被审计单位与债权人进行债务重组的，检查不同债务重组方式下的会计处理是否正确		de	
ABCE	14．如存在应付关联方的款项，实施以下审计程序。（1）了解交易的商业理由。（2）检查证实交易的支持性文件（例如，发票、合同、协议及入库和运输单据等相关文件）。（3）如果可获取与关联方交易相关的审计证据有限，考虑实施下列审计程序：① 向关联方函证交易的条件和金额，包括担保和其他重要信息；② 检查关联方拥有的信息；③ 向与交易相关的人员和机构（例如银行、律师）函证或与其讨论有关信息。（4）完成"关联方"审计工作底稿		abce	
E	15．检查应付账款是否已按照准则的规定在财务报表中做出恰当列报和披露	√	e	

2．应付账款审定表（见表6-5）

表6-5　　　　　　　　　　　应付账款审定表

被审计单位：梦舒公司　　　　编制：郁某　日期：2023年2月2日　索引号：FZ02-1

会计期间：2022年1月1日—2022年12月31日　复核：田某　日期：2023年2月25日　页次：1

微课6-6
审定表填写示例

项目	期末未审数	账项调整		重分类调整		期末审定数	期初审定数
		借方	贷方	借方	贷方		
报表数	47 653 844.07	0.00	0.00	0.00	0.00	47 653 844.07	48 596 248.72
总账数	47 653 844.07	0.00	0.00	0.00	0.00	47 653 844.07	48 596 248.72
明细账数	47 653 844.07	0.00	0.00	0.00	0.00	47 653 844.07	48 596 248.72
其中：关联方	0.00	0.00	0.00	0.00	0.00	0.00	0.00
审计说明	报表与总账合计数核对一致，明细账与总账核对及查验见科目底稿						
审计结论	经审计，期末余额可予以确认						

3．应付账款凭证检查表（见表6-6）

表6-6　　　　　　　　　　　应付账款凭证检查表

被审计单位：梦舒公司　　　　编制：郁某　日期：2023年2月20日　索引号：FZ02-2

会计期间：2022年1月1日—2022年12月31日　复核：田某　日期：2023年2月25日　页次：1

序号	记账日期	凭证号	业务摘要	对方科目方向	对方科目一级科目	金额	核对内容1	2	3	4	备注
1	2022年1月8日	记-27	购入材料	借方	原材料	518 500.00	√	√	√	√	
2	2022年2月25日	记-39	支付货款	贷方	银行存款	976 100.00	√	√	√	√	

续表

序号	记账日期	凭证号	业务摘要	对方科目 方向	对方科目 一级科目	金额	核对内容（用"√""×"表示）1	2	3	4	备注
3	2022 年 8 月 5 日	记-11	购入材料	借方	原材料	1 236 195.00	√	√	√	√	
4	2022 年 9 月 25 日	记-57	支付货款	贷方	银行存款	1 567 895.00	√	√	√	√	
5	2022 年 10 月 25 日	记-65	支付货款	贷方	银行存款	781 280.00	√	√	√	√	

核对内容说明：1. 原始凭证内容完整；2. 授权批准完整；3. 账务处理正确；4. 金额核对相符

审计说明	采用随机抽样方法，经查验，未发现异常业务

4. 应付账款明细表（见表 6-7）

表 6-7　　　　　　　　　　　　　应付账款明细表

被审计单位：　梦舒公司　　　　　　编制：　　郁某　　日期：2023 年 2 月 15 日　　索引号：FZ02-4

会计期间：2022 年 1 月 1 日—2022 年 12 月 31 日　　复核：　　田某　　日期：2023 年 2 月 25 日　　页次：　1

债务人名称	原因、性质及内容	币种	未审数 期初数	本期增加	本期减少	期末数	未审账龄 1 年以内	1～2 年	2～3 年	3 年以上
非关联方										
杭州织茂公司	货款	人民币	11 704 690.20	6 747 656.75	9 017 296.00	9 435 050.95	9 435 050.95	0.00	0.00	0.00
上海华纺公司	货款	人民币	9 870 649.80	5 596 635.92	7 032 235.20	8 435 050.52	8 435 050.52	0.00	0.00	0.00
温州梦佳棉纺公司	货款	人民币	9 745 200.00	7 531 450.00	7 643 850.00	9 632 800.00	9 632 800.00	0.00	0.00	0.00
杭州北方棉花厂	货款	人民币	7 309 050.00	9 826 204.00	9 167 409.00	7 967 845.00	7 967 845.00	0.00	0.00	0.00
河北白玉棉花厂	货款	人民币	6 246 738.72	3 175 254.88	1 665 970.00	7 756 023.60	7 756 023.60	0.00	0.00	0.00
帝豪布艺公司	货款	人民币	1 797 530.00	2 458 175.00	2 268 035.00	1 987 670.00	1 987 670.00	0.00	0.00	0.00
江南布料厂	货款	人民币	1 087 060.00	1 559 533.00	1 664 524.00	982 069.00	982 069.00	0.00	0.00	0.00
嘉豪布艺公司	货款	人民币	271 360.00	2 092 652.50	1 744 557.50	619 455.00	619 455.00	0.00	0.00	0.00
金太阳家纺公司	货款	人民币	563 970.00	1 089 555.00	815 645.00	837 880.00	837 880.00	0.00	0.00	0.00
合计			48 596 248.72	40 077 117.05	41 019 521.70	47 653 844.07	47 653 844.07	0.00	0.00	0.00

债务人名称	账项调整 借方	账项调整 贷方	重分类调整 借方	重分类调整 贷方	调整索引	期末审定数	审定账龄 1 年以内	1～2 年	2～3 年	3 年以上
非关联方										
杭州织茂公司	0.00	0.00	0.00	0.00		9 435 050.95	9 435 050.95	0.00	0.00	0.00
上海华纺公司	0.00	0.00	0.00	0.00		8 435 050.52	8 435 050.52	0.00	0.00	0.00
温州梦佳棉纺公司	0.00	0.00	0.00	0.00		9 632 800.00	9 632 800.00	0.00	0.00	0.00
杭州北方棉花厂	0.00	0.00	0.00	0.00		7 967 845.00	7 967 845.00	0.00	0.00	0.00
河北白玉棉花厂	0.00	0.00	0.00	0.00		7 756 023.60	7 756 023.60	0.00	0.00	0.00
帝豪布艺公司	0.00	0.00	0.00	0.00		1 987 670.00	1 987 670.00	0.00	0.00	0.00
江南布料厂	0.00	0.00	0.00	0.00		982 069.00	982 069.00	0.00	0.00	0.00
嘉豪布艺公司	0.00	0.00	0.00	0.00		619 455.00	619 455.00	0.00	0.00	0.00
金太阳家纺公司	0.00	0.00	0.00	0.00		837 880.00	837 880.00	0.00	0.00	0.00
合计	0.00	0.00	0.00	0.00		47 653 844.07	47 653 844.07	0.00	0.00	0.00

审计说明	1. 复核加计正确，并与明细账及合计数、总账数、报表数核对相符
	2. 无关联交易，亦无非记账本位币的应付账款
	3. 债权方数量少，拟选取全部单位进行函证

二、固定资产审计

（一）固定资产的审计目标

（1）确定资产负债表中记录的固定资产是否存在。

（2）确定记录的固定资产是否由被审计单位拥有或控制。

（3）确定所有应当记录的固定资产是否均已记录。

（4）确定固定资产是否以恰当的金额包括在财务报表中，与之相关的计价或分摊调整已恰当记录。

（5）确定固定资产是否已按照企业会计准则的规定在财务报表中做出恰当分类和列报。

微课 6-7

固定资产的审计目标

（二）固定资产（账面余额）审计的主要实质性程序

（1）获取或编制固定资产和累计折旧分类汇总表，检查固定资产的分类是否正确并与总账数和明细账合计数核对是否相符，结合累计折旧、减值准备科目与报表数核对是否相符。

（2）根据具体情况，选择以下方法对固定资产实施实质性分析程序。①计算固定资产原值与全年产量的比率，并与以前年度比较，分析其波动原因，可能发现闲置固定资产或已减少固定资产未在账户上注销的问题。②计算本期计提折旧额与固定资产总成本的比率，将此比率同上期比较，旨在发现本期折旧额计算上可能存在的错误。③计算累计折旧与固定资产总成本的比率，将此比率同上期比较，旨在发现累计折旧核算上可能存在的错误。④比较本期各月之间、本期与以前各期之间的修理及维护费用，旨在发现资本性支出和收益性支出区分上可能存在的错误。⑤比较本期与以前各期的固定资产的增加和减少。由于被审计单位的生产经营情况不断变化，各期之间固定资产增加和减少的数额可能相差很大。注册会计师应当深入分析其差异，并根据被审计单位以往和今后的生产经营趋势，判断差异产生的原因是否合理。⑥分析固定资产的构成及其增减变动情况，与在建工程、现金流量表、生产能力等相关信息交叉复核，检查固定资产相关金额的合理性和准确性。

（3）实地抽查部分金额较大或异常的固定资产（如为首次接受审计，应适当扩大检查范围），确定其是否存在，关注是否存在有账无物或有物无账的情况。实施实地抽查审计程序时，注册会计师可以以固定资产明细分类账为起点，进行实地追查，以证明会计记录中所列固定资产确实存在，并了解其目前的使用状况；也可以以实地追查为起点，追查至固定资产明细分类账，以获取实际存在的固定资产均已入账的证据。

（4）抽查固定资产的所有权证明文件，查明其产权是否属于被审计单位所有，手续是否完备，有无发生纠纷或诉讼等情况。

（5）检查本期增加的固定资产的计价是否正确，凭证手续是否齐备；对已经达到预定可使用状态，但尚未办理竣工决算手续的固定资产，检查其是否已按估计价值入账，并按规定计提折旧；如有清产核资、资产评估等情况，应检查其入账依据和方法是否正确。

（6）检查本期减少的固定资产是否经授权批准，是否正确及时入账。

（7）通过审阅内部会议记录、借款合约、银行函证等方式，查明固定资产有无提供担保、抵押或受限制使用等情况，并汇总列示其账面价值及数量。

（8）检查固定资产后续支出的核算是否符合规定。

（9）检查年度终了被审计单位对固定资产的使用寿命、预计净残值和折旧方法的复核结果是否合理，若不合理，则应提请被审计单位做必要调整。

（10）对应计入固定资产的借款费用，应根据企业会计准则的规定，结合长短期借款、应付债券或长期应付账款的审计，检查借款费用（借款利息、折溢价摊销、汇兑差额、辅助费用）资本化的计算方法和资本化金额，以及会计处理是否正确。

（11）确定固定资产在报表中做出的列报是否恰当。

微课 6-8

测算累计折旧

（三）固定资产（累计折旧）审计的主要实质性程序

（1）获取或编制累计折旧分类汇总表，复核加计是否正确，并与总账数和明细账合计数核对是否相符。

（2）检查被审计单位制定的折旧政策和方法是否符合相关会计准则的规定，确定其所采用的折旧方法能否在固定资产预计使用寿命内合理分摊其成本，前后期是否一致，预计使用寿命和预计净残值是否合理。

（3）根据实际情况，选择以下方法对累计折旧执行实质性分析程序。①对折旧计提的总体合理性进行复核。在不考虑固定资产减值准备的前提下，计算、复核的方法是用应计提折旧的固定资产原价乘以本期的折旧率。计算之前，注册会计师应对本期增加和减少的固定资产、使用寿命长短不一的和折旧方法不同的固定资产做适当调整。如果总的计算结果和被审计单位的折旧总额相近，且固定资产及累计折旧的内部控制较健全时，就可以适当减少累计折旧和折旧费用的其他实质性程序工作量。②计算本期计提折旧额占固定资产原值的比率，并与上期比较，分析本期折旧计提额的合理性和准确性。③计算累计折旧占固定资产原值的比率，评估固定资产的老化程度，并估计因闲置、报废等原因可能发生的固定资产损失，结合固定资产减值准备，分析是否合理。

（4）复核本期折旧费用的计提和分配。①了解被审计单位的折旧政策是否符合规定，计提折旧范围是否正确，确定的使用寿命、预计净残值和折旧方法是否合理；如采用加速折旧法，是否已取得批准文件。②检查被审计单位折旧政策前后期是否一致。③复核本期折旧费用的计提是否正确。

（5）检查累计折旧的减少是否合理、会计处理是否正确。

（6）确定累计折旧的列报是否恰当。

（四）固定资产（减值准备）审计的主要实质性程序

（1）获取或编制固定资产减值准备明细表，复核加计是否正确，并与总账数和明细账合计数核对是否相符。

（2）检查计提固定资产减值准备和核销的批准程序，取得书面报告等证明文件。

（3）检查被审计单位计提固定资产减值准备的依据是否充分及会计处理是否正确。

（4）检查资产组的认定是否恰当，计提固定资产减值准备的依据是否充分，会计处理是否正确。

（5）实施实质性分析程序，计算本期末固定资产减值准备占期末固定资产原值的比率，并与期初该比率相比较，分析固定资产的质量状况。

（6）检查被审计单位处置固定资产时原计提的减值准备是否同时结转，会计处理是否正确。

（7）检查是否存在转回固定资产减值准备的情况。按照企业会计准则规定，固定资产减值损失一经确认，在以后会计期间不得转回。

（8）确定固定资产减值准备的列报是否恰当。

（五）固定资产审计案例

注册会计师在审计某公司 2022 年度会计报表时，了解到该公司固定资产的期末计价采用成本与可变现净值孰低法，2022 年年末该公司部分固定资产有关资料及会计处理情况如下。

（1）设备 A。账面原值 40 万元，累计折旧 4 万元，减值准备为零，该设备生产的产品有大量的不合格品。该公司按设备资产净值补提减值准备 36 万元。

（2）设备 B。账面原值 200 万元，累计折旧 50 万元；已提取减值准备 150 万元，该设备上年度已遭毁损，不再具有使用价值和转让价值，在上年已全额计提减值准备，该公司本年度又计提累计折旧 2 万元。

（3）设备 C。账面原值 30 万元，累计折旧 3 万元，已提取减值准备 2 万元，该设备未发现减值迹象。该公司从谨慎性要求出发，从本年度起每年计提减值准备 2 万元。

要求：针对该公司的固定资产会计事项提出处理意见。

【案例解析】 根据认定资产减值、计提减值准备的基本条件，注册会计师对该公司上述固定资产会计事项提出以下审计意见。

（1）对于设备 A，当企业的固定资产由于使用而产生大量不合格品时，企业应当全额计提减值准备。该设备的原值为 40 万元，已提累计折旧 4 万元，净值为 36 万元，所以该公司补提 36 万元的减值准备是正确的。

（2）对于设备 B，当企业的固定资产在遭受毁损，以至于不再具有使用价值和转让价值时，应在按规定程序核准报废处理前，全额计提减值准备；而且在对资产计提了全额减值准备后不再计提折旧，应及时对其进行处理。该公司不仅未对此设备进行处理，反而计提了 2 万元的累计折旧。此做法将会使企业虚增费用、少计利润。注册会计师建议公司首先将计提的累计折旧冲回，并按规定程序处理该设备，同时考虑该项调整对当期利润及所得税的影响。

（3）对于设备 C，如果企业的固定资产无任何减值的迹象，不能擅自计提减值准备。该公司这种做法将会使企业多计费用、少计利润、虚减资产的价值。建议调整冲回，同时考虑该项调整对当期利润及所得税的影响。

（六）固定资产审计工作底稿编制实例

1. 固定资产审计程序表（见表 6-8）

表 6-8　　　　　　　　　　　　固定资产审计程序表

被审计单位：　梦舒公司　　　　　　　编制：郁某　日期：2023 年 2 月 15 日　索引号：ZC09-0
会计期间：　2022 年 1 月 1 日—2022 年 12 月 31 日　　复核：田某　日期：2023 年 2 月 25 日　页次：1

一、审计目标与认定对应关系表

审计目标		财务报表认定				
		a	b	c	d	e
		存在	权利和义务	完整性	准确性、计价和分摊	分类、列报
A	资产负债表中记录的固定资产是存在的	√				
B	记录的固定资产由被审计单位拥有或控制		√			
C	所有应当记录的固定资产均已记录			√		
D	固定资产以恰当的金额包括在财务报表中，与之相关的计价或分摊调整已恰当记录				√	
E	固定资产已按照企业会计准则的规定在财务报表中做出恰当分类和列报					√

二、审计目标与审计计划的衔接

项目	财务报表认定				
	存在	权利和义务	完整性	准确性、计价和分摊	分类、列报
评估的重大错报风险水平	普通	普通	普通	普通	普通
控制测试结果是否支持风险评估结论	是	是	是	是	是
需从实质性程序获取的保证程度	低	低	低	低	低

续表

三、审计目标与审计程序对应关系表				
审计目标	可供选择的审计程序	是否计划实施（√）	与认定的对应关系	索引号
D	1．获取或编制固定资产明细表，复核加计是否正确，与总账数和明细账合计数核对是否相符，结合累计折旧和固定资产减值准备与报表数核对是否相符	√	d	
ACD	2．实质性分析程序。（1）基于对被审计单位及其环境的了解，通过进行以下比较，并考虑有关数据间关系的影响，建立有关数据的期望值：① 分类计算本期计提折旧额与固定资产原值的比率，并与上期比较；② 计算固定资产修理及维护费用占固定资产原值的比例，并进行本期各月、本期与以前各期的比较。（2）确定可接受的差异额。（3）将实际情况与期望值相比较，识别需要进一步调查的差异。（4）如果其差额超过可接受的差异额，调查并获取充分的解释和恰当的佐证审计证据。（5）评估分析程序的测试结果	√	acd	
A	3．实地检查重要固定资产（如为首次接受审计，应适当扩大检查范围），确定其是否存在，关注是否存在已报废但仍未核销的固定资产	√	a	
AB	4．检查固定资产的所有权或控制权：对各类固定资产，获取、收集不同的证据以确定其是否归被审计单位所有。对外购的机器设备等固定资产，审核采购发票、采购合同等；对房地产类固定资产，查阅有关的合同、产权证明、财产税单、抵押借款的还款凭据、保险单等书面文件；对融资租入的固定资产，检查有关融资租赁合同；对汽车等运输设备，检查有关运营证件等	√	ab	
ADE	5．检查固定资产的后续支出：检查固定资产有关的后续支出是否满足资产确认条件；如不满足，检查该支出是否在后续支出发生时计入当期损益		ade	
ACD	6．检查本期固定资产的减少：① 结合固定资产清理科目，抽查固定资产账面转销额是否正确；② 检查出售、盘亏、转让、报废或毁损的固定资产是否经授权批准，会计处理是否正确；③ 检查因修理、更新改造而停止使用的固定资产的会计处理是否正确；④ 检查投资转出固定资产的会计处理是否正确；⑤ 检查债务重组或非货币性资产交换转出固定资产的会计处理是否正确；⑥ 检查其他减少固定资产的会计处理是否正确	√	acd	详见固定资产工作审计底稿
ABCD	7．检查本期固定资产的增加。（1）询问管理层当年固定资产的增加情况，并与获取或编制的固定资产明细表进行核对。（2）检查本年度增加固定资产的计价是否正确，手续是否齐备，会计处理是否正确。① 对于外购固定资产，通过核对采购合同、发票、保险单、发运凭证等资料，抽查测试其入账价值是否正确，授权批准手续是否齐备，会计处理是否正确；如果购买的是房屋建筑物，还应检查契税的会计处理是否正确；检查分期付款购买固定资产入账价值及会计处理是否正确。② 对于在建工程转入的固定资产，应检查固定资产确认时点是否符合企业会计准则的规定，入账价值与在建工程的相关记录是否核对相符，是否与竣工决算、验收和移交报告等一致；对已经达到预定可使用状态，但尚未办理竣工决算手续的固定资产，检查其是否已按估计价值入账，并按规定计提折旧。③ 对于投资者投入的固定资产，检查投资者投入的固定资产是否按投资各方确认的价值入账，并检查确认价值是否公允、交接手续是否齐全；涉及国有资产的，是否有评估报告并经国有资产管理部门评审备案或核准确认。④ 对于更新改造增加的固定资产，检查通过更新改造而增加的固定资产，增加的原值是否符合资本化条件，是否真实，会计处理是否正确；重新确定的剩余折旧年限是否恰当。⑤ 对于融资租赁增加的固定资产，获取融资租入固定资产的相关证明文件，检查融资租赁合同的主要内容，并结合长期应付款、未确认融资费用科目检查相关的会计处理是否正确。⑥ 对于企业合并、债务重组和非货币性资产交换增加的固定资产，检查产权过户手续是否齐备，检查固定资产入账价值及确认的损益和负债是否符合规定。⑦ 如果被审计单位为外商投资企业，检查其采购固定资产退还增值税的会计处理是否正确。⑧ 对于通过其他途径增加的固定资产，应检查增加固定资产的原始凭证，核对其计价及会计处理是否正确，法律手续是否齐全。（3）检查固定资产是否存在弃置费用，如果存在弃置费用，检查弃置费用的估计方法和弃置费用现值的计算是否合理，会计处理是否正确	√	abcd	

审计目标	可供选择的审计程序	是否计划实施（√）	与认定的对应关系	索引号
ABCD	8．检查固定资产的租赁。（1）检查固定资产的租赁是否签订了合同、租约，手续是否完备，合同内容是否符合国家规定，是否经相关管理部门的审批。（2）检查租入的固定资产是否确属企业必需，或出租的固定资产是否确属企业多余、闲置不用的。（3）检查租金收取是否签有合同，有无多收、少收现象。（4）检查租入固定资产有无久占不用、浪费损坏的现象；检查租出的固定资产有无长期不收租金、无人过问，是否有变相馈赠、转让等情况。（5）检查租入固定资产是否已登记备查簿。（6）如果被审计单位的固定资产中融资租赁占有相当大的比例，复核新增加的租赁协议，检查租赁是否符合融资租赁的条件，会计处理是否正确。检查以下内容：①复核租赁的折现率是否合理。②检查租赁相关税费、保险费、维修费等费用的会计处理是否符合企业会计准则的规定。③检查融资租入固定资产的折旧方法是否合理。④检查租赁付款情况。⑤检查租入固定资产的成新程度。⑥向出租人函证租赁合同及执行情况。⑦检查租入固定资产改良支出的核算是否符合规定		abcd	
D	9．获取暂时闲置固定资产的相关证明文件，并观察其实际状况，检查是否已按规定计提折旧，相关的会计处理是否正确		d	
D	10．获取已提足折旧仍继续使用固定资产的相关证明文件，并做相应记录		d	
AD	11．获取持有待售固定资产的相关证明文件，并做相应记录，检查对其预计净残值的调整是否正确、会计处理是否正确		ad	
B	12．检查固定资产保险情况，复核保险范围是否足够		b	
D	13．检查有无与关联方的固定资产购售活动，是否经适当授权，交易价格是否公允。对于合并范围内的购售活动，记录应予合并抵销的金额		d	
DE	14．对应计入固定资产价值的借款费用，应根据企业会计准则的规定，结合长短期借款、应付债券或长期应付款的审计，检查借款费用资本化的计算方法和资本化金额，以及会计处理是否正确		de	
BE	15．检查固定资产的抵押、担保情况。结合对银行借款等的检查，了解固定资产是否存在重大的抵押、担保情况。如存在，应取证，并做相应的记录，同时提请被审计单位做恰当披露	√	be	详见固定资产工作审计底稿
D	16．检查累计折旧。（1）获取或编制累计折旧分类汇总表，复核加计是否正确，并与总账数和明细账合计数核对是否相符。（2）检查被审计单位制定的折旧政策和方法是否符合相关会计准则的规定，确定其所采用的折旧方法能否在固定资产预计使用寿命内合理分摊其成本，前后期是否一致，预计使用寿命和预计净残值是否合理。（3）复核本期折旧费用的计提和分配。①了解被审计单位的折旧政策是否符合规定，计提折旧范围是否正确，确定的使用寿命、预计净残值和折旧方法是否合理；如采用加速折旧法，是否取得批准文件。②检查被审计单位折旧政策前后期是否一致。③复核本期折旧费用的计提和分配。④将"累计折旧"账户贷方的本期计提折旧额与相应的成本费用中的折旧费用明细账户的借方相比较，检查本期所计提折旧金额是否已全部摊入本期产品成本或费用。若存在差异，应追查原因，并考虑是否应建议做适当调整。⑤检查累计折旧的减少是否合理、会计处理是否正确	√	d	
D	17．检查固定资产的减值准备。①获取或编制固定资产减值准备明细表，复核加计是否正确，并与总账数和明细账合计数核对是否相符。②检查被审计单位计提固定资产减值准备的依据是否充分，会计处理是否正确。③检查资产组的认定是否恰当，计提固定资产减值准备的依据是否充分，会计处理是否正确。④计算本期末固定资产减值准备占期末固定资产原值的比率，并与期初该比率比较，分析固定资产的质量状况。⑤检查被审计单位处置固定资产时原计提的减值准备是否同时结转，会计处理是否正确。⑥检查是否存在转回固定资产减值准备的情况，确定减值准备在以后会计期间没有转回。获取管理层在资产负债表日就固定资产是否存在可能发生减值的迹象的判断的说明。如果识别出与固定资产减值准备相关的重大错报风险，执行"审计会计估计（包括公允价值会计估计）和相关披露"中"应对评估的重大错报风险"所述的程序，并在本账项审计工作底稿中记录测试过程	√	d	
	18．根据评估的舞弊风险等因素增加的审计程序			
E	19．检查固定资产是否已按照准则的规定在财务报表中做出恰当列报和披露	√	e	

2. 固定资产审定表（见表6-9）

表6-9 固定资产审定表

被审计单位：梦舒公司　　　　　　编制：郁某　日期：2023年2月15日　索引号：ZC09-1

会计期间：2022年1月1日—2022年12月31日　复核：田某　日期：2023年2月25日　页次：1

项目	期末未审数	账项调整		重分类调整		期末审定数	期初审定数	索引号
		借方	贷方	借方	贷方			
报表数	24 280 958.78	0.00	0.00	0.00	0.00	24 280 958.78	27 088 306.55	
总账数	24 280 958.78	0.00	0.00	0.00	0.00	24 280 958.78	27 088 306.55	
明细账数	24 280 958.78	0.00	0.00	0.00	0.00	24 280 958.78	27 088 306.55	详见固定资产审计工作底稿
其中：原值	35 278 709.80	0.00	0.00	0.00	0.00	35 278 709.80	38 519 017.80	
累计折旧	10 997 751.02	0.00	0.00	0.00	0.00	10 997 751.02	11 430 711.25	
减值准备	0.00	0.00	0.00	0.00	0.00	0.00	0.00	
账面价值	24 280 958.78	0.00	0.00	0.00	0.00	24 280 958.78	27 088 306.55	
审计说明	1.报表数与总账合计数核对一致；2.明细账与总账核对及查验见科目底稿							
审计结论	经审计，期末余额可予以确认							

微课6-9
审定表填写示例

3. 固定资产明细表（见表6-10）

表6-10 固定资产明细表

被审计单位：梦舒公司　　　　　　编制：郁某　日期：2023年2月15日　索引号：ZC09-2

会计期间：2022年1月1日—2022年12月31日　复核：田某　日期：2023年2月25日　页次：1

项目		未审数				账项调整		调整索引	期末审定数
		期初数	本期增加	本期减少	期末数	借方	贷方		
一、	固定资产原值	38 519 017.80	0.00	3 240 308.00	35 278 709.80	0.00	0.00		35 278 709.80
其中	房屋建筑物	17 333 558.01	0.00	0.00	17 333 558.01	0.00	0.00		17 333 558.01
	生产设备	20 415 079.43	0.00	3 240 308.00	17 174 771.43	0.00	0.00		17 174 771.43
	运输设备	577 785.27	0.00	0.00	577 785.27	0.00	0.00		577 785.27
	办公设备	192 595.09	0.00	0.00	192 595.09	0.00	0.00		192 595.09
二、	固定资产累计折旧	11 430 711.25	1 527 723.13	1 960 683.37	10 997 751.02	0.00	0.00		10 997 751.02
其中	房屋建筑物	4 457 977.39	551 365.14	0.00	5 004 917.16	0.00	0.00		5 004 917.16
	生产设备	6 629 812.53	911 644.15	1 960 683.37	5 622 834.85	0.00	0.00		5 622 834.85
	运输设备	228 614.23	27 444.80	0.00	220 473.87	0.00	0.00		220 473.87
	办公设备	114 307.11	37 269.04	0.00	149 525.14	0.00	0.00		149 525.14
三、	固定资产减值准备	0.00	0.00	0.00	0.00	0.00	0.00		0.00
四、	固定资产账面价值	27 088 306.55	1 527 723.13	1 279 624.63	24 280 958.78	0.00	0.00		24 280 958.78
其中	房屋建筑物	12 880 005.99	551 365.14	0.00	12 328 640.85	0.00	0.00		12 328 640.85
	生产设备	13 743 205.37	911 644.15	1 279 624.63	11 551 936.59	0.00	0.00		11 551 936.59
	运输设备	384 756.20	27 444.80	0.00	357 311.40	0.00	0.00		357 311.40
	办公设备	80 338.99	37 269.04	0.00	43 069.95	0.00	0.00		43 069.95
审计说明	总账与明细账核对一致；经查验，未发现异常业务								

4. 固定资产减少检查表（见表 6-11）

表 6-11　　　　　　　　　固定资产减少检查表

被审计单位：梦舒公司　　　　　　　　　　　编制：郁某　日期：2023 年 2 月 15 日　索引号：ZC09-3
会计期间：2022 年 1 月 1 日—2022 年 12 月 31 日　　复核：田某　日期：2023 年 2 月 25 日　页次：1

序号	资产名称	处置方式	单位	数量	购置日期	原值	累计折旧	减值准备	账面价值	在建工程	处置日期	凭证号	核对内容（用"√""×"表示）				
													1	2	3	4	5
1	织布生产线及附属设备	更新改造	套	1	2012 年 2 月 20 日	3 240 308.00	1 960 683.37	0.00	1 279 624.63	1 279 624.63	2022 年 12 月 20 日	记-62	√	√	√	√	√
	合计	—	—	—	—	3 240 308.00	1 960 683.37	0.00	1 279 624.63	1 279 624.63		—	—	—	—	—	—

核对内容说明：1. 计价正确；2. 结转手续完备；3. 授权审批完整；4. 账务处理正确及时；5. 原始凭证内容完整

审计说明：本期固定资产更新改造，转入在建工程 1 279 624.63 元，与在建工程核对一致

5. 固定资产累计折旧复核表（见表 6-12）

表 6-12　　　　　　　　　固定资产累计折旧复核表

被审计单位：梦舒公司　　　　　　　　　　　编制：郁某　日期：2023 年 2 月 15 日　索引号：ZC09-4
会计期间：2022 年 1 月 1 日—2022 年 12 月 31 日　　复核：田某　日期：2023 年 2 月 25 日　页次：1

序号	名称	计量单位	账面数量	可用年限	已用月份	账面单位原值	残值率（%）	累计折旧期初余额	减值准备期初余额	本期应提折旧①	本期已提折旧②	差异①-②
1	厂房	平方米	400	30	106	2 800 000.00	4.60	786 520.00	0.00	89 040.00	89 040.00	0.00
2	厂房	平方米	400	30	106	2 800 000.00	4.60	786 520.00	0.00	89 040.00	89 040.00	0.00
3	厂房	平方米	200	30	106	1 600 000.00	4.60	449 440.00	0.00	50 880.00	50 880.00	0.00
4	厂房	平方米	400	30	62	2 980 000.00	4.60	489 614.00	0.00	94 764.00	94 764.00	0.00
5	成品库	平方米	300	30	93	1 580 000.00	4.60	390 615.50	0.00	50 402.00	50 402.00	0.00
6	办公楼	平方米	600	30	105	5 573 558.01	4.60	1 550 842.52	0.00	177 239.14	177 239.14	0.00
7	纺纱生产线及附属设备	套	1	20	106	5 546 800.23	5.70	2 310 196.07	0.00	261 531.63	261 531.63	0.00
8	织布生产线及附属设备	套	1	20	31	7 940 970.70	5.70	967 243.32	0.00	374 416.77	374 416.77	0.00
9	织布生产线及附属设备	套	1	20	146	3 240 308.00	5.70	1 858 829.69	0.00	101 853.68	101 853.68	0.00
10	机修设备	组	1	20	106	3 687 000.50	5.70	1 535 604.98	0.00	173 842.07	173 842.07	0.00
11	轿车	辆	1	20	106	337 785.27	5.00	141 729.07	0.00	16 044.80	16 044.80	0.00
12	货车	辆	1	8	60	120 000.00	5.00	28 500.00	0.00	5 700.00	5 700.00	0.00
13	货车	辆	1	8	48	120 000.00	5.00	22 800.00	0.00	5 700.00	5 700.00	0.00
14	办公桌椅	套	1	5	40	40 000.00	4.50	25 466.67	0.00	7 640.00	7 640.00	0.00
15	办公桌椅	套	6	5	40	24 000.00	2.50	15 600.00	0.00	4 680.00	4 680.00	0.00
16	办公桌椅	套	1	5	40	4 000.00	2.50	2 600.00	0.00	780.00	780.00	0.00
17	办公桌椅	套	3	5	40	12 000.00	3.00	7 760.00	0.00	2 328.00	2 328.00	0.00
18	办公桌椅	套	2	5	40	8 000.00	3.00	5 173.33	0.00	1 552.00	1 552.00	0.00
19	办公桌椅	套	1	5	40	12 000.00	3.00	7 760.00	0.00	2 328.00	2 328.00	0.00
20	计算机	台	5	5	32	25 000.00	3.00	12 933.33	0.00	4 850.00	4 850.00	0.00
21	计算机	台	1	5	32	5 000.00	3.24	2 580.24	0.00	967.59	967.59	0.00
22	计算机	台	4	5	32	20 000.00	3.00	10 346.67	0.00	3 880.00	3 880.00	0.00
23	喷墨打印机	台	3	5	32	21 297.54	3.00	11 017.93	0.00	4 131.72	4 131.72	0.00
24	喷墨打印机	台	1	5	32	7 099.19	3.00	3 672.65	0.00	1 377.24	1 377.24	0.00
25	喷墨打印机	台	2	5	32	14 198.36	3.00	7 345.28	0.00	2 754.48	2 754.48	0.00

审计说明：经复核，折旧计算正确，未发现异常业务

三、在建工程审计

微课 6-10

在建工程的审计目标
及审计程序

（一）在建工程的审计目标

（1）确定资产负债表中记录的在建工程是否存在。

（2）确定记录的在建工程是否系被审计单位拥有或控制。

（3）确定所有应记录的在建工程是否均已记录。

（4）确定在建工程是否以恰当的金额包括在资产负债表中，与之相关的计价调整是否已恰当记录。

（5）确定在建工程是否已按照企业会计准则的规定在财务报告中做出恰当列报。

（二）在建工程审计的主要实质性程序

（1）获取或编制在建工程明细表，复核加计是否正确，并与总账数和明细账合计数核对是否相符，结合减值准备科目与报表数核对是否相符。

（2）检查在建工程项目期末余额的构成内容，并实地观察工程现场：确定在建工程是否存在；观察工程项目的实际完工程度；检查是否存在已达到预计可使用状态，但未办理竣工决算手续、未及时进行会计处理的项目。

（3）检查本期在建工程的增加数：对于重大建设项目，取得有关工程项目的立项批文、预算总额和建设批准文件，以及施工承包合同、现场监理施工进度报告等业务资料；对于支付的工程款，应抽查其是否按照合同、协议、工程进度或监理进度报告分期支付，付款授权批准手续是否齐备，会计处理是否正确；取得监理报告等资料，检查估计的发包进度是否合理；对于领用的工程物资，抽查工程物资的领用是否有审批手续，会计处理是否正确；对于应负担的职工薪酬，结合应付职工薪酬的审计，检查应计入在建工程的职工薪酬范围、计量和会计处理是否正确；对于借款费用资本化，应结合长短期借款、应付债券或长期应付款，检查借款费用资本化起讫日的界定是否合规，计算方法是否正确，资本化金额是否合理，会计处理是否正确；检查工程管理费、征地费、可行性研究费、临时设施费、公证费、监理费及应负担的税费等资本化的金额是否合理、真实和完整，会计处理是否正确。

（4）检查本期在建工程的减少数：了解在建工程结转固定资产的政策，并结合固定资产审计，检查在建工程结转是否正确，是否存在将已经达到预计可使用状态的固定资产挂列在建工程，少计折旧的情况；检查已完工程项目的竣工决算报告、验收交接单等相关凭证以及其他转出数的原始凭证，检查会计处理是否正确；取得因自然灾害等原因造成的单项工程或单位工程报废或毁损的相关资料，检查其会计处理是否正确。

（5）检查是否有长期挂账的在建工程；如有，了解原因，并关注是否可能发生损失，检查减值准备计提是否合理。

（6）确定在建工程的披露是否恰当。

（三）在建工程审计案例

注册会计师审计某公司 2022 年度会计报表在建工程项目时有如下发现。

（1）通过现场核查，发现公司第三车间项目已投入使用，但该公司有关人员认为未办理工程竣工验收手续，可不按规定转入固定资产进行会计核算。

（2）公司科研试验基地土地工程因城市规划发展的需要全部拆除而造成损失，截至 2022 年年底，"在建工程——科研试验基地"科目余额为 250 万元。公司在"其他应付款——拆迁补偿费"科目中挂账 80 万元，经了解系政府因拆除科研试验基地给予公司的经济补偿费。公司未能在本年度末对上述经济事项进行会计处理。

要求：指出存在的问题，并提出处理意见。

【案例解析】（1）根据规定，已投入使用但尚未办理竣工决算的固定资产，可先按暂估价记账进行会计处理。这是因为，固定资产投入使用的客观事实既然已经存在，移交手续办理与否，其自然损耗、为生产经营提供和创造价值与财富必然发生。因此，对固定资产计提折旧自然也是合理的，不能强调未办理移交手续而不履行法规和制度的规定。为此，注册会计师应提请被审计单位有关人员对上述经济事项按相关法律规定补办有关手续，进行会计处理，并相应调整会计报表有关项目数额；应将审验情况和被审计单位的调整处理情况，详细记录在审计工作底稿中。

（2）根据规定，在建工程发生单项或单位工程报废或毁损，减去残料价值和过失人或保险公司等赔款后的净损失，计入继续施工的工程成本；如为非常原因造成的报废或毁损，或在建工程项目全部报废或毁损，应将其净损失直接计入当期营业外支出。

据此，注册会计师应建议该公司根据规定和公司对科研试验基地报损的有关文件，对"在建工程——科研试验基地"科目和"其他应付款——拆迁补偿费"科目进行如下会计处理。

借：其他应付款——拆迁补偿费　　　　　　800 000

　　贷：营业外收入　　　　　　　　　　　　　800 000

借：营业外支出　　　　　　　　　2 500 000

　　贷：在建工程——科研试验基地　　　　　2 500 000

（四）在建工程审计工作底稿编制实例

1. 在建工程审计程序表（见表6-13）

表6-13　　　　　　　　　　　　在建工程审计程序表

被审计单位：梦舒公司	编制：郁某　日期：2023年2月15日　索引号：ZC08-0
会计期间：2022年1月1日—2022年12月31日	复核：田某　日期：2023年2月25日　页次：1

一、审计目标与认定对应关系表

审计目标		财务报表认定				
		a	b	c	d	e
		存在	权利和义务	完整性	准确性、计价和分摊	列报
A	资产负债表中记录的在建工程是存在的	√				
B	记录的在建工程系被审计单位拥有或控制		√			
C	所有应记录的在建工程均已记录			√		
D	在建工程以恰当的金额包括在资产负债表中，与之相关的计价调整已恰当记录				√	
E	在建工程已按照企业会计准则的规定在财务报告中做出恰当列报					√

二、审计目标与审计计划的衔接

项目	财务报表认定				
	存在	权利和义务	完整性	准确性、计价和分摊	列报
评估的重大错报风险水平	普通	普通	普通	普通	普通
控制测试结果是否支持风险评估结论	是	是	是	是	是
需从实质性程序获取的保证程度	低	低	低	低	低

三、审计目标与审计程序对应关系表

审计目标	可供选择的审计程序	是否计划实施（√）	与认定的对应关系	索引号
D	1. 获取或编制在建工程明细表，复核加计是否正确，并与总账数和明细账合计数核对是否相符，结合在建工程减值准备科目和报表数核对是否相符	√	d	

续表

审计目标	可供选择的审计程序	是否计划实施（√）	与认定的对应关系	索引号
AC	2．实施分析程序。① 基于对被审计单位及其环境的了解，通过进行以下比较，并考虑有关数据间关系的影响，建立有关数据的期望值：依据借款和工程建设情况计算借款费用资本化金额，并与被审计单位实际的借款费用资本化情况进行比较。② 确定可接受的差异额。③ 将实际情况与期望值相比较，识别需要进一步调查的差异。④ 如果其差额超过可接受的差异额，调查并获取充分的解释和恰当的佐证审计证据（如检查相关的凭证）。⑤ 评估分析程序的测试结果	√	ac	详见在建工程审计工作底稿
ABCD	3．检查在建工程的本期增加：① 询问管理层当年在建工程的增加情况，并与获取或编制的在建工程的明细表进行核对；② 查阅公司资本支出预算、公司相关会议决议等，检查本期增加的在建工程是否全部得到记录；③ 检查本期增加的在建工程的原始凭证是否完整，如立项申请、工程借款合同、施工合同、发票、工程物资请购申请、付款单据、建设合同、运单、验收报告等是否完整，计价是否正确	√	abcd	
AC	4．检查在建工程的本期减少：① 了解在建工程结转固定资产的政策，并结合固定资产审计，检查在建工程转销额是否正确，是否存在将已交付使用的固定资产挂列在建工程而少计折旧的情形；② 检查在建工程其他减少的情况，入账依据是否齐全，会计处理是否正确	√	abcd	
D	5．检查利息资本化是否正确。复核计算资本化利息的借款费用、资本化率、实际支出数以及资本化的开始和停止时间	√	d	
A	6．实施在建工程实地检查程序。如果实施监盘程序确有困难，注册会计师应考虑能否实施有效替代程序（包括聘请专家实施监盘程序）以获取充分、适当的审计证据，否则注册会计师应考虑上述情况对审计意见的影响	√	a	
E	7．检查在建工程保险情况，复核保险范围是否足够。检查在建工程的抵押、担保情况。结合对银行借款等的检查，了解在建工程是否存在重大的抵押、担保情况。如存在，应取证并做记录，并提请被审计单位作恰当披露	√	e	
D	8．检查在建工程减值准备，关注停建工程：① 检查在建工程是否出现减值情形，是否应确认减值准备；② 检查减值计提所依据的确定可收回金额的方法，对以市价确定可收回金额的在建工程，复核管理层使用的市价的取得方法；对以现值确定可收回金额，复核计算现值的假设、方法是否合理	√	d	
	9．根据评估的舞弊风险等因素增加的审计程序			
E	10．检查在建工程是否已按照准则的规定在报表中做出恰当列报	√	e	

2．在建工程审定表（见表 6-14）

表 6-14　　　　　　　　　　　在建工程审定表

被审计单位：梦舒公司　　　　　　　编制：郁某　　日期：2023 年 2 月 15 日　索引号：ZC09-1

会计期间：2022 年 1 月 1 日—2022 年 12 月 31 日　复核：田某　日期：2023 年 2 月 25 日　页次：1

项目	期末未审数	账项调整		重分类调整		期末审定数	期初审定数	索引号
		借方	贷方	借方	贷方			
报表数	54 732 008.26	0.00	0.00	0.00	0.00	54 732 008.26	46 075 096.06	详见在建工程审计工作底稿
总账数	54 732 008.26	0.00	0.00	0.00	0.00	54 732 008.26	46 075 096.06	
明细账数	54 732 008.26	0.00	0.00	0.00	0.00	54 732 008.26	46 075 096.06	
其中：账面余额	64 189 393.02	0.00	0.00	0.00	0.00	64 189 393.02	55 532 480.82	
减值准备	9 457 384.76	0.00	0.00	0.00	0.00	9 457 384.76	9 457 384.76	
账面价值	54 732 008.26					54 732 008.26	46 075 096.06	
审计说明	1．报表与总账合计数核对一致；2．明细账与总账核对一致，经查验未发现异常							
审计结论	经审计，期末余额可予以确认							

3. 在建工程明细表（见表6-15）

表6-15 　　　　　　　　　　　　　　　在建工程明细表

被审计单位：　梦舒公司　　　　　　　　　　编制：　郁某　　日期：　2023 年 2 月 15 日　索引号：　ZC09-2

会计期间：　2022 年 1 月 1 日—2022 年 12 月 31 日　　复核：　田某　　日期：　2023 年 2 月 25 日　　页次：　1

工程项目名称	未审数				账项调整		期末审定数
	期初数	本期增加	本期减少	期末数	借方	贷方	
一、在建工程账面余额	55 532 480.82	8 656 912.20	0.00	64 189 393.02	0.00	0.00	64 189 393.02
1．新办公及研发大楼	55 532 480.82	5 377 287.57	0.00	60 909 768.39	0.00	0.00	60 909 768.39
其中：利息资本化金额	2 300 000.00	442 281.95	—	2 742 281.95	0.00	0.00	2 742 281.95
2．织布生产线改造	0.00	3 279 624.63	0.00	3 279 624.63	0.00	0.00	3 279 624.63
其中：利息资本化金额	0.00	961 610.38	—	961 610.38	0.00	0.00	961 610.38
二、在建工程减值准备	0.00	0.00	0.00	0.00	0.00	0.00	0.00
1．新办公及研发大楼	9 457 384.76	0.00	0.00	0.00	0.00	0.00	9 457 384.76
2．织布生产线改造	0.00	0.00	0.00	0.00	0.00	0.00	0.00
三、在建工程账面价值	46 075 096.06	8 656 912.20		54 732 008.26			54 732 008.26
1．新办公及研发大楼	46 075 096.06	5 377 287.57		51 452 383.63			51 452 383.63
其中：利息资本化金额	2 300 000.00	442 281.95		2 742 281.95			2 742 281.95
2．织布生产线改造	0.00	3 279 624.63		3 279 624.63			3 279 624.63
其中：利息资本化金额	0.00	961 610.38		961 610.38			961 610.38
审计说明	总账与明细账核对一致，经查验，未发现异常业务						

4. 在建工程凭证检查表（见表6-16）

表6-16 　　　　　　　　　　　　　在建工程凭证检查表

被审计单位：　梦舒公司　　　　　　　　　　编制：　郁某　　日期：　2023 年 2 月 20 日　索引号：　ZC08-3

会计期间：　2022 年 1 月 1 日—2022 年 12 月 31 日　　复核：　田某　　日期：　2023 年 2 月 25 日　　页次：　1

序号	记账日期	凭证号	业务摘要	对方科目		金额	核对内容（用"√""×"表示）			
				方向	一级科目		1	2	3	4
1	2021 年 8 月 25 日	记-56	生产线改造	贷方	固定资产	1 279 624.63	√	√	√	√
2	2022 年 12 月 31 日	记-39	资本化利息	贷方	应付利息	1 503 499.30	√	√	√	√
核对内容说明：1．原始凭证内容完整；2．授权批准完整；3．账务处理正确；4．金额核对相符										
审计说明	采用随机抽样方法，经查验，未发现异常业务									

四、管理费用审计

（一）管理费用的审计目标

（1）确定利润表中记录的管理费用是否已发生，且与被审计单位有关。

（2）确定所有应当记录的管理费用是否均已记录。

（3）确定与管理费用有关的金额及其他数据是否已恰当记录。

（4）确定管理费用是否已记录于正确的会计期间。

（5）确定管理费用是否已记录于恰当的账户，是否已按照企业会计准则的规定在财务报告中做出恰当列报。

（二）管理费用审计的主要实质性程序

（1）获取或编制管理费用明细表，复核加计是否正确，并与报表数、总账数和明细账合计数核

微课6-11

管理费用的审计目标
及审计程序

对是否相符。

（2）检查管理费用项目的核算内容与范围是否符合规定。

（3）将本期管理费用与上一期的管理费用各明细项目进行比较，并将本期各个月份的管理费用进行比较，如有重大波动和异常情况应查明原因。

（4）将管理费用中列支的职工薪酬、研究费用、折旧费以及无形资产、长期待摊费用、其他长期资产的摊销额等项目与相关科目进行交叉勾稽，并做相应记录。

（5）选择重要或异常的管理费用项目，检查其原始凭证是否合法，会计处理是否正确。

（6）检查管理费用的列报是否恰当。

（三）管理费用审计案例

注册会计师审查某企业管理费用明细账时，发现如下记录：为购货单位垫付运杂费 18 000 元；支付未完工程借款利息 16 000 元；购入材料的外地运杂费 13 000 元；支付短期借款利息 16 000 元。

要求：指出存在的问题，并提出处理意见。

【案例解析】按照企业会计准则的规定，为购货单位垫付的运杂费应记入"应收账款"账户；支付的未完工程借款利息应记入"在建工程"账户；购入材料的外地运杂费应记入"在途物资"账户；支付的短期借款利息应记入"财务费用"账户。

上述已记入"管理费用"账户的各项支出，应按规定列支。建议调整分录如下。

借：应收账款　　　　　　　　　　　　　　18 000

　　在建工程　　　　　　　　　　　　　　16 000

　　在途物资　　　　　　　　　　　　　　13 000

　　财务费用　　　　　　　　　　　　　　16 000

　　贷：管理费用　　　　　　　　　　　　　　　63 000

（四）管理费用审计工作底稿编制实例

1. 管理费用审计程序表（见表 6-17）

表 6-17　　　　　　　　　　　　管理费用审计程序表

被审计单位：梦舒公司　　　　　　　编制：　张某　日期：　2023 年 2 月 15 日　索引号：　SY05-0

会计期间：　2022 年 1 月 1 日—2022 年 12 月 31 日　复核：　田某　日期：　2023 年 2 月 25 日　页次：　1

一、审计目标与认定对应关系表

	审计目标	财务报表认定				
		a	b	c	d	e
		发生	完整性	准确性	截止	分类、列报
A	利润表中记录的管理费用已发生，且与被审计单位有关	√				
B	所有应当记录的管理费用均已记录		√			
C	与管理费用有关的金额及其他数据已恰当记录			√		
D	管理费用已记录于正确的会计期间				√	
E	管理费用已记录于恰当的账户，已按照企业会计准则的规定在财务报告中做出恰当列报					√

二、审计目标与审计计划的衔接

项目	财务报表认定				
	发生	完整性	准确性	截止	分类、列报
评估的重大错报风险水平	普通	普通	显著	普通	普通
控制测试结果是否支持风险评估结论	是	是	是	是	是
需从实质性程序获取的保证程度	低	低	中	低	低

续表

三、审计目标与审计程序对应关系表

审计目标	可供选择的审计程序	是否计划实施（√）	与认定的对应关系	索引号
C	1．获取或编制管理费用明细表：① 复核加计是否正确，并与报表数、总账数及明细账合计数核对是否相符；② 将管理费用中的职工薪酬、无形资产摊销、长期待摊费用摊销额等项目与各有关账户进行核对，分析其勾稽关系的合理性，并做相应记录	√	c	
ABC	2．对管理费用进行分析：① 计算分析管理费用中各项目发生额及占费用总额的比率，将本期、上期管理费用各主要明细项目做比较分析，判断其变动的合理性；② 将管理费用实际金额与预算金额进行比较；③ 比较本期各月份管理费用，对有重大波动和异常情况项目应查明原因，必要时做适当处理	√	abc	
E	3．检查管理费用的明细项目的设置是否符合规定的核算内容和范围，结合成本费用的审计，检查是否存在费用分类错误，若有，应提请被审计单位调整	√	e	
ABC	4．检查公司经费（包括行政管理部门职工薪酬、物料消耗、低值易耗品摊销、办公费和差旅费）是否系经营管理中发生或应由公司统一负担，检查相关费用报销内部管理办法，是否有合法原始凭证支持	√	abc	
ABC	5．检查董事会费（包括董事会成员津贴、会议费和差旅费等），检查相关董事会及股东会决议，是否在合规范围内开支费用	√	abc	详见管理费用审计工作底稿
ABC	6．检查聘请中介机构费、咨询费（含顾问费），检查是否按合同规定支付费用，有无涉及诉讼及赔偿款项支出	√	abc	
ABC	7．检查诉讼费用并结合或有事项审计，检查相关重大诉讼事项是否已在附注中进行披露，进一步关注诉讼状态，判断有无或有负债，或是否存在损失已发生而未入账的事项	√	abc	
C	8．检查业务招待费的支出是否合理，如超过规定限额，应在计算应纳税所得额时调整	√	c	
C	9．复核本期发生的房产税、城镇土地使用税、印花税等税费是否正确		c	
ABC	10．针对特殊行业，检查排污费等环保费用是否合理计提	√	abc	
ABC	11．选择重要或异常的管理费用，检查费用的开支标准是否符合有关规定，计算是否正确，原始凭证是否合法，会计处理是否正确	√	abc	
D	12．实施截止性测试，若存在异常迹象，考虑是否有必要追加审计程序，对于重大跨期项目，应做必要调整	√	d	
	13．根据评估的舞弊风险等因素增加的其他审计程序			
E	14．确定管理费用是否已按照准则的规定在财务报表中做出恰当的列报	√	e	

2. 管理费用审定表（见表 6-18）

表 6-18　　　　　　　　　　　　　　管理费用审定表

被审计单位：梦舒公司　　　　　　　　　编制：　张某　　日期：2023 年 2 月 15 日　索引号：SY05-1

会计期间：2022 年 1 月 1 日—2022 年 12 月 31 日　　复核：　田某　　日期：2023 年 2 月 25 日　页次：　1

项目	上期审定数	本期未审数	账项调整		本期审定数	索引号
			借方	贷方		
报表数	3 206 245.92	3 746 175.85	0.00	0.00	3 746 175.85	详见管理费用审计工作底稿
总账数	3 206 245.92	3 746 175.85	0.00	0.00	3 746 175.85	
明细账	3 206 245.92	3 746 175.85	0.00	0.00	3 746 175.85	
其中：职工薪酬费	1 030 637.47	1 210 229.93	0.00	0.00	1 210 229.93	
资产摊销	743 928.06	743 928.06	0.00	0.00	743 928.06	
资产折旧	379 866.98	379 866.98	0.00	0.00	379 866.98	

续表

项目	上期审定数	本期未审数	账项调整		本期审定数	索引号
			借方	贷方		
咨询费	156 295.47	243 443.28	0.00	0.00	243 443.28	
业务招待费	56 788.27	101 685.14	0.00	0.00	101 685.14	
工会经费	20 586.71	23 862.39	0.00	0.00	23 862.39	
保险费	138 710.51	152 617.18	0.00	0.00	152 617.18	
差旅费	67 237.35	143 884.28	0.00	0.00	143 884.28	
车辆运行费	73 202.31	103 459.78	0.00	0.00	103 459.78	详见管理费用审计工作底稿
职工教育经费	43 532.42	55 309.78	0.00	0.00	55 309.78	
董事会费	320 000.16	321 628.44	0.00	0.00	321 628.44	
水电费	58 449.33	63 691.35	0.00	0.00	63 691.35	
办公费	51 027.11	99 338.25	0.00	0.00	99 338.25	
通信费	22 451.35	47 921.23	0.00	0.00	47 921.23	
修理费	43 532.42	55 309.78	0.00	0.00	55 309.78	
审计说明	1．报表数与总账合计数核对一致；2．明细账与总账核对一致，查验未发现异常					
审计结论	经审计，发生额可予以确认					

3. 管理费用本期与上期比较表（见表6-19）

表6-19 管理费用本期与上期比较表

被审计单位：梦舒公司　　　　　编制：张某　　日期：2023年2月15日　索引号：SY05-2

会计期间：2022年1月1日—2022年12月31日　复核：田某　　日期：2023年2月25日　页次：1

项目	本期未审发生额		上年同期审定额		增减额	增减比例
	金额	比重	金额	比重		
职工薪酬费	1 210 229.93	32.31%	1 030 637.47	32.14%	179 592.46	17.43%
资产摊销	743 928.06	19.86%	743 928,06	23.20%	0.00	0.00%
资产折旧	379 866.98	10.14%	379 866.98	11.85%	0.00	0.00%
咨询费	243 443.28	6.50%	156 295.47	4.87%	87 147.80	55.76%
业务招待费	101 685.14	2.71%	56 788.27	1.77%	44 896.86	79.06%
工会经费	23 862.39	0.64%	20 586.71	0.64%	3 275.67	15.91%
保险费	152 617.18	4.07%	138 710.51	4.33%	13 906.67	10.03%
差旅费	143 884.28	3.84%	67 237.35	2.10%	76 646.93	113.99%
车辆运行费	103 459.78	2.76%	73 202.31	2.28%	30 257.47	41.33%
职工教育经费	55 309.78	1.48%	43 532.42	1.36%	11 777.36	27.05%
董事会费	321 628.44	8.59%	320 000.16	9.98%	1 628.28	0.51%
水电费	63 691.35	1.70%	58 449.33	1.82%	5 242.02	8.97%
办公费	99 338.25	2.65%	51 027.11	1.59%	48 311.13	94.68%
通信费	47 921.23	1.28%	22 451.35	0.70%	25 469.88	113.44%
修理费	55 309.78	1.48%	43 532.42	1.36%	11 777.36	27.05%
合计	3 746 175.85	100%	3 206 245.92	100%	539 929.91	16.84%
审计说明	1．计算复核发现车辆运行费、修理费、水电费变动异常，应予以重点关注 2．无形资产摊销测试见无形资产审计工作底稿，累计折旧见固定资产审计工作底稿					

4. 管理费用凭证检查表（见表 6-20）

表 6-20　　　　　　　　　　　　　　管理费用凭证检查表

被审计单位：　梦舒公司　　　　　　　　编制：张某　　日期：2023 年 2 月 20 日　索引号：SY05-3

会计期间：　2022 年 1 月 1 日—2022 年 12 月 31 日　　复核：田某　　日期：2023 年 2 月 25 日　页次：1

序号	记账日期	凭证号	业务摘要	对方科目		金额	核对内容（用"√""×"表示）				
				方向	一级科目		1	2	3	4	5
1	2021 年 1 月 5 日	记-16	付办公用品款	贷	银行存款	8 602.69	√	√	√	√	√
2	2021 年 12 月 31 日	记-39	付水电费	贷	银行存款	9 661.98	√	√	√	√	√
3	2021 年 7 月 28 日	记-46	付业务招待费	贷	银行存款	8 248.00	√	√	√	√	√
4	2021 年 6 月 30 日	记-58	付保险费	贷	银行存款	10 423.75	√	√	√	√	√
5	2021 年 1 月 10 日	记-28	付咨询费	贷	银行存款	54 604.33	√	√	√	√	√
核对内容说明：1. 原始凭证内容完整；2. 授权批准完整；3. 账务处理正确；4. 金额核对相符；5. 不属于跨期事项											
审计说明	采用任意选样方法，经查验，未发现异常业务										

五、无形资产审计

微课 6-12

无形资产的审计目标
及审计程序

（一）无形资产的审计目标

（1）确定资产负债表中记录的无形资产是否存在。

（2）确定记录的无形资产是否由被审计单位拥有或控制。

（3）确定所有应当记录的无形资产是否均已记录。

（4）确定无形资产是否以恰当的金额包括在财务报表中，与之相关的计价或分摊调整是否已恰当记录。

（5）确定无形资产是否已按照企业会计准则的规定在报表中做出恰当分类和列报。

（二）无形资产审计程序

1. 无形资产（账面余额）审计的主要实质性程序

（1）获取或编制无形资产明细表，复核加计是否正确，并与总账数和明细账合计数核对是否相符，结合累计摊销、无形资产减值准备科目与报表数核对是否相符。

（2）检查无形资产的增加：① 检查投资者投入的无形资产是否按投资各方确认的价值入账，并检查确认价值是否公允，交接手续是否齐全；② 对自行研发取得、购入或接受捐赠的无形资产，检查其原始凭证，确认计价是否正确，法律程序是否完备（如依法登记、注册及变更登记的批准文件和有效期），会计处理是否正确；③ 对债务重组或非货币性资产交换取得的无形资产，检查有关协议等资料，确认其计价和会计处理是否正确；④ 检查本期购入土地使用权相关税费计缴情况，与购入土地使用权相关的会计处理是否正确。

（3）检查无形资产的减少：① 取得无形资产处置的相关协议、合同，检查其会计处理是否正确；② 检查房地产开发企业取得的土地用于建造对外出售的房屋建筑物，相关的土地使用权是否已转入所建造房屋建筑物的成本，在土地上自行开发建造厂房等建筑物，土地使用权和地上建筑物是否分别进行摊销和计提折旧；③ 当土地使用权用于出租或增值目的时，检查其是否转为投资性房地产核算，会计处理是否正确。

（4）对于使用寿命有限的无形资产，应逐项检查是否存在减值迹象，并做出详细记录；对于使用寿命不确定的无形资产，无论是否存在减值迹象，都应进行减值测试；预计不能给被审计单位带来经济利益的，是否将其账面价值予以转销，计入当期资产处置损益。

（5）结合长、短期借款等项目审计，了解是否存在用于债务担保的无形资产。如有，应取得证据并记录，并提请被审计单位做恰当披露。

（6）确定无形资产的披露是否恰当。

2. 无形资产累计摊销审计的主要实质性程序

（1）获取或编制无形资产累计摊销明细表，复核加计是否正确，与总账数和明细账合计数核对是否相符。

（2）检查无形资产各项目的摊销政策是否符合有关规定，是否与上期一致，若改变摊销政策，检查其依据是否充分。注意使用期限不确定的无形资产不应摊销，但应当在每个会计期间对其使用寿命进行复核。

（3）检查被审计单位是否在年度终了、对使用寿命有限的无形资产的使用寿命和摊销方法进行复核，其复核结果是否合理。

（4）检查无形资产的应摊销金额是否为其成本扣除预计残值和减值准备后的余额。检查其预计残值的确定是否合理。

（5）复核本期摊销是否正确，与相关科目核对是否相符。

（6）确定累计摊销的披露是否恰当。

（三）无形资产审计案例

注册会计师张某审计新兴公司 2022 年度会计报表时，了解到该公司 2022 年 3 月 1 日购买某项专有技术，支付价款 240 万元。该项无形资产的合理使用年限为 10 年。2022 年 12 月 31 日，公司与转让该技术的单位发生合同纠纷，专有技术的使用范围也因受到一定的限制而可能造成减值。审计中未发现新兴公司进行账务处理。

要求：指出存在的问题并提出处理意见。

【案例解析】（1）根据企业会计准则的规定：使用寿命有限的无形资产，应以成本减去累计摊销额和累计减值损失后的余额（账面价值）进行后续计量；使用寿命有限的无形资产，应在其预计的使用寿命内采用系统合理的方法对应摊销金额进行摊销。无形资产的摊销期自其可供使用（即其达到预定用途）时起至终止确认时止（当月增加当月开始摊销，当月减少当月不再摊销）。企业选择的无形资产摊销方法，应当能够反映与该项无形资产有关的经济利益的预期消耗方式，并一致地运用于不同会计期间。具体摊销方法有多种，包括直线法、产量法等。无法可靠确定其预期实现方式的，应当采用直线法进行摊销。故应提请新兴公司在合理使用年限内平均摊销该项无形资产。

当年应摊销额=（240÷10）÷12×10=20（万元）

建议调整分录如下。

借：管理费用　　　　　　　　　　　　　　　　　　200 000
　　贷：累计摊销　　　　　　　　　　　　　　　　　　200 000

（2）期末无形资产应当按照账面价值与可收回金额孰低计量，对于可收回金额低于账面价值的差额，应当计提无形资产减值准备。据此，应提请新兴公司对该专有技术发生减值准备后可能收回的金额计提无形资产减值准备。经有关专业技术人员估计，预计可收回金额低于账面价值 50 万元，为此，应进行如下会计处理。

借：资产减值损失　　　　　　　　　　　　　　　　500 000
　　贷：无形资产减值准备　　　　　　　　　　　　　　500 000

（四）无形资产审计工作底稿编制实例

1. 无形资产审计程序表（见表 6-21）

表 6-21　　　　　　　　　　　　　无形资产审计程序表

被审计单位：　梦舒公司　　　　　　　　编制：　郁某　　日期：　2023 年 2 月 15 日　索引号：　ZC10-0

会计期间：　2022 年 1 月 1 日—2022 年 12 月 31 日　复核：　田某　　日期：　2023 年 2 月 25 日　页次：　　1

一、审计目标与认定对应关系表						
审计目标		**财务报表认定**				
		a	b	c	d	e
		存在	权利和义务	完整性	准确性、计价和分摊	分类、列报
A	资产负债表中记录的无形资产是存在的	√				
B	记录的无形资产由被审计单位拥有或控制		√			
C	所有应当记录的无形资产均已记录			√		
D	无形资产以恰当的金额包括在财务报表中，与之相关的计价或分摊调整已恰当记录				√	
E	无形资产已按照企业会计准则的规定在财务报表中做出恰当分类和列报					√

二、审计目标与审计计划的衔接					
项目	**财务报表认定**				
	存在	权利和义务	完整性	准确性、计价和分摊	分类、列报
评估的重大错报风险水平	普通	普通	普通	普通	普通
控制测试结果是否支持风险评估结论	是	是	是	是	是
需从实质性程序获取的保证程度	低	低	低	低	低

三、审计目标与审计程序对应关系表				
审计目标	**可供选择的审计程序**	**是否计划实施（√）**	**与认定的对应关系**	**索引号**
D	1. 获取或编制无形资产明细表，复核加计是否正确，并与总账数和明细账合计数核对是否相符；结合累计摊销、减值准备科目与报表数核对是否相符	√	d	
ABCD	2. 检查无形资产的增加：① 检查投资者投入的无形资产是否按投资各方确认的价值入账，并检查确认价值是否公允，交接手续是否齐全；② 对自行研发取得、购入或接受捐赠的无形资产，检查其原始凭证，确认计价是否正确，法律程序是否完备，会计处理是否正确；③ 对债务重组或非货币性资产交换取得的无形资产，检查有关协议等资料，确认其计价和会计处理是否正确；④ 检查本期购入土地使用权相关税费计算清缴情况，确认与购入土地使用权相关的会计处理是否正确	√	abcd	详见无形资产审计工作底稿
AB	3. 检查无形资产的权属证书原件、非专利技术的持有和保密等，并获取有关协议和董事会纪要等文件、资料，检查无形资产的性质、内容、计价依据、使用状况和受益期限，确定无形资产是否存在，并由被审计单位拥有或控制	√	ab	
ACD	4. 检查无形资产的减少：① 取得无形资产处置的相关合同、协议，检查其会计处理是否正确；② 检查自行开发建造厂房等建筑物的，土地使用权和地上建筑物是否分别进行摊销和计提折旧；③ 当土地使用权用于出租或增值目的时，检查其是否转为投资性房地产核算，会计处理是否正确	√	acd	

审计目标	可供选择的审计程序	是否计划实施（√）	与认定的对应关系	索引号
D	5. 检查被审计单位确定无形资产使用寿命的依据，分析其合理性	√	d	详见无形资产审计工作底稿
DE	6. 检查无形资产的后续支出是否合理，会计处理是否正确		de	
ADE	7. 检查无形资产预计是否能为被审计单位带来经济利益，若不能，检查是否将其账面价值予以转销，计入当期资产处置损益	√	ade	
DE	8. 结合长、短期借款等项目的审计，了解是否存在用于债务担保的无形资产。如有，应取证并记录，并提请被审计单位做恰当披露	√	de	
D	9. 检查无形资产的摊销。① 获取或编制无形资产累计摊销明细表，复核加计是否正确，并与总账数和明细账合计数核对是否相符。② 检查无形资产各项目的摊销政策是否符合有关规定，是否与上期一致，若改变摊销政策，检查其依据是否充分。注意使用期限不确定的无形资产不应摊销，但应当在每个会计期间对其使用寿命进行复核。③ 检查被审计单位是否在年度终了，对使用寿命有限的无形资产的使用寿命和摊销方法进行复核，其复核结果是否合理。④ 检查无形资产的应摊销金额是否为其成本扣除预计残值和减值准备后的余额，检查其预计残值的确定是否合理。⑤ 复核本期摊销是否正确	√	d	
D	10. 检查无形资产减值准备：① 获取或编制无形资产减值准备明细表，复核加计是否正确，并与总账数和明细账合计数核对是否相符；② 检查无形资产减值准备计提和转销的批准程序，取得书面报告等证明文件；③ 检查被审计单位计提无形资产减值准备的依据是否充分，会计处理是否正确；④ 检查无形资产转让时，相应的减值准备是否一并结转，会计处理是否正确；⑤ 对于使用寿命有限的无形资产，逐项检查是否存在减值迹象，并做详细记录；对于使用寿命不确定的无形资产，无论是否存在减值迹象，是否都进行减值测试	√	d	
	11. 根据评估的舞弊风险等因素增加的审计程序			
E	12. 检查无形资产是否已按照准则的规定在财务报表中做出恰当列报和披露	√	e	

2. 无形资产审定表（见表6-22）

表6-22 无形资产审定表

被审计单位： 梦舒公司　　　　编制： 郁某　日期： 2023 年 2 月 15 日　索引号： ZC10-1

会计期间： 2022 年 1 月 1 日—2022 年 12 月 31 日　复核： 田某　日期： 2023 年 2 月 25 日　页次： 1

项目	期末未审数	账项调整		重分类调整		期末审定数	期初审定数	索引号
		借方	贷方	借方	贷方			
报表数	26 239 797.02	0.00	0.00	0.00	0.00	26 239 797.02	27 728 018.36	
总账数	26 239 797.02	0.00	0.00	0.00	0.00	26 239 797.02	27 728 018.36	
明细账数								
其中：无形资产原值	39 524 643.69	0.00	0.00	0.00	0.00	39 524 643.69	39 524 643.69	
无形资产累计摊销	13 284 846.67	0.00	0.00	0.00	0.00	13 284 846.67	11 796 625.33	
无形资产减值准备	0.00	0.00	0.00	0.00	0.00	0.00	0.00	
无形资产账面价值	26 239 797.02	0.00	0.00	0.00	0.00	26 239 797.02	27 728 018.36	
审计说明	1. 报表数与总账合计数核对一致；2. 明细账与总账核对及查验见科目底稿							
审计结论	经审计，期末余额可予以确认							

3. 无形资产明细表（见表 6-23）

表 6-23　　　　　　　　　　　　　　无形资产明细表

被审计单位：　梦舒公司　　　　　　　　编制：　郁某　　日期：　2023 年 2 月 15 日　索引号：　ZC10-2

会计期间：　2022 年 1 月 1 日—2022 年 12 月 31 日　　复核：　田某　　日期：　2023 年 2 月 25 日　页次：　1

| 项目 | 未审数 | | | | 账项调整 | | 调整索引 | 期末审定数 |
	期初数	本期增加	本期减少	期末数	借方	贷方		
无形资产原值	39 524 643.69	0.00	0.00	39 524 643.69	—	—		39 524 643.69
其中：土地使用权	32 047 316.99	0.00	0.00	32 047 316.99	0.00	0.00		32 047 316.99
商标权	2 833 333.33	0.00	0.00	2 833 333.33	0.00	0.00		2 833 333.33
专利权	2 666 666.67	0.00	0.00	2 666 666.67	0.00	0.00		2 666 666.67
软件	1 977 326.70	0.00	0.00	1 977 326.70	0.00	0.00		1 977 326.70
无形资产累计摊销	11 796 625.33	1 488 221.35	0.00	13 284 846.68	—	—		13 284 846.68
其中：土地使用权	9 307 961.98	1 139 355.01	0.00	10 447 316.99	0.00	0.00		10 447 316.99
商标权	1 333 333.33	133 333.33	0.00	1 466 666.66	0.00	0.00		1 466 666.66
专利权	916 666.67	116 666.67	0.00	1 033 333.34	0.00	0.00		1 033 333.34
软件	238 663.35	98 866.34	0.00	337 529.69	0.00	0.00		337 529.69
无形资产减值准备	—	—	—	—	—	—		—
无形资产账面价值	27 728 018.36	0.00	0.00	26 239 797.02	0.00	0.00		26 239 797.02
其中：土地使用权	22 739 355.01	0.00	0.00	21 600 000.00	0.00	0.00		21 600 000.00
商标权	1 333 333.33	0.00	0.00	1 200 000.00	0.00	0.00		1 200 000.00
专利权	1 916 666.67	0.00	0.00	1 800 000.00	0.00	0.00		1 800 000.00
软件	1 738 663.35	0.00	0.00	1 639 797.02	0.00	0.00		1 639 797.02
审计说明	总账与明细账核对一致							

4. 无形资产累计摊销复核表（见表 6-24）

表 6-24　　　　　　　　　　　　　无形资产累计摊销复核表

被审计单位：　梦舒公司　　　　　　　　编制：　郁某　　日期：　2023 年 2 月 15 日　索引号：　ZC10-3

会计期间：　2022 年 1 月 1 日—2022 年 12 月 31 日　　复核：　田某　　日期：　2023 年 2 月 23 日　页次：　1

序号	名称	账面单位原值	数量	摊销年限	已使用月份	残值率（%）	减值准备累计金额	月摊销金额	累计摊销期初余额	本期应计摊销金额	本期实计摊销金额	差异（应计-实计）
1	土地使用权（纱）	4 760 330.58	1	30	106	0.00	0.00	13 223.14	1 401 652.89	158 677.69	158 677.69	0.00
2	土地使用权（织）	4 760 330.58	1	30	106	0.00	0.00	13 223.14	1 401 652.89	158 677.69	158 677.69	0.00
3	土地使用权（机修）	2 380 165.29	1	30	106	0.00	0.00	6 611.57	700 826.45	79 338.84	79 338.84	0.00
4	土地使用权（布）	4 027 972.03	1	30	62	0.00	0.00	11 188.81	693 706.29	134 265.73	134 265.73	0.00
5	土地使用权（仓储）	4 266 666.67	1	20	93	0.00	0.00	17 777.78	1 653 333.33	213 333.33	213 333.33	0.00
6	土地使用权（办公）	11 851 851.85	1	30	105	0.00	0.00	32 921.81	3 456 790.12	395 061.73	395 061.73	0.00
7	商标权（舒）	2 666 666.67	1	20	120	0.00	0.00	11 111.11	1 333 333.33	133 333.33	133 333.33	0.00
8	专利技术（梦）	1 500 000.00	1	30	60	0.00	0.00	4 166.67	250 000.00	50 000.00	50 000.00	0.00
9	专利技术（舒）	1 333 333.33	1	20	120	0.00	0.00	5 555.56	666 666.67	66 666.67	66 666.67	0.00
10	软件（ERP）	1 666 666.67	1	20	12	0.00	0.00	6 944.44	83 333.33	83 333.33	83 333.33	0.00
11	软件（财务）	310 660.03	1	20	120	0.00	0.00	1 294.42	155 330.02	15 533.00	15 533.00	0.00
	合计	39 524 643.70							11 796 625.32	1 488 221.34	1 488 221.34	0.00
审计说明	经复核，未见异常情形											

六、长期应付款审计

（一）长期应付款的审计目标

（1）确定资产负债表中记录的长期应付款是否存在。

（2）确定记录的长期应付款是否由被审计单位拥有或控制。

（3）确定所有应当记录的长期应付款是否均已记录。

（4）确定长期应付款是否以恰当的金额包括在财务报表中，与之相关的计价调整是否已恰当记录。

（5）确定长期应付款是否已按照企业会计准则的规定在报表中做出恰当分类和列报。

（二）长期应付款审计的主要实质性程序

（1）获取或编制长期应付款明细表，复核加计是否正确，并与报表数、总账数和明细账合计数核对是否相符。

（2）对于融资租入固定资产的应付款：① 取得相关的合同，检查对方是否履行了融资租赁合约规定的义务，授权批准手续是否齐全，有无抵押情况，并做记录；② 检查最低租赁付款额、每期租金、租赁期和初始直接费用等的确定是否正确，相关会计处理是否正确；③ 检查应付租赁款的支付情况，有无未按合同规定付款，如有，查明原因并记录。

（3）对于购入有关资产超过正常信用条件延期支付价款或分期付款购入长期资产形成的应付款：① 取得相关的销售合同或协议，检查授权批准手续是否齐全，有无抵押情况，并做适当记录；② 检查合同规定的售价、收款期和折现率等要素，检查入账价值和会计处理是否正确；③ 检查支付情况，有无未按合同规定付款，如有，查明原因并记录。

（4）确定长期应付款的披露是否恰当，注意一年内到期的长期应付款是否在编制报表时重分类至一年内到期的非流动负债。

（三）未确认融资费用审计的主要实质性程序

（1）获取或编制未确认融资费用明细表，复核加计是否正确，并与总账数和细账合计数核对是否相符。

（2）检查未确认融资费用的本期增加记录，审阅融资租赁合同及相关资料，结合固定资产等的审计，确定未确认融资费用的入账金额是否正确，摊销期限是否恰当，会计处理是否正确。

（3）检查未确认融资费用本期摊销额，其摊销政策是否与前期一致，计算和相应的会计处理是否正确。

（4）检查为购建固定资产等而发生的借款费用资本化金额是否正确。

（5）确定未确认融资费用的披露是否恰当。

（四）长期应付款审计案例

注册会计师 2023 年 2 月 15 日在审查某国有公司 2022 年度"长期应付款"明细账时有如下发现。

1 月 5 日 15 号凭证融资租入设备 200 000 元，每月支付租赁费 20 000 元，10 月支付完毕。注册会计师分析，长期应付款按理应该是超过一年的应付款项，为何在 10 个月内付完，于是注册会计师调阅 15 号凭证，会计分录如下。

借：固定资产——融资租入　　　　　　　　　　200 000
　　贷：长期应付款——甲公司　　　　　　　　　　200 000

所附原始凭证为"临时租入协议"。

每期支付租赁款的会计分录如下。

借：长期应付款——甲公司　　　　　　　　　　20 000
　　贷：银行存款　　　　　　　　　　　　　　　　20 000

微课 6-13

长期应付款的审计
目标及审计程序

所附原始凭证为支票存根和白条收据。

10月29日，在支付最后一笔租金后，该企业做了如下会计分录。

借：管理费用——租赁费 200 000

　　贷：固定资产 200 000

注册会计师审查所有的原始凭证后，初步判断该企业有虚假融资行为。注册会计师又到甲公司进行调查，原来甲公司是该企业的下属企业，收到支票后又将此款返还给该企业，该企业已将此款用于发放奖金。

要求：请指出该企业存在的问题，并提出处理意见。

【案例解析】（1）根据题意可知该企业利用假融资，伪造原始凭证，掩人耳目，将套取的现金全部用于发放奖金，严重违反了纪律。

（2）注册会计师应建议该企业扣回已发放的奖金，补交企业所得税（暂不考虑其账务处理），并调整有关账簿记录。

调整分录如下。

借：其他应收款 200 000

　　贷：管理费用——租赁费 200 000

（五）长期应付款审计工作底稿编制实例

1. 长期应付款审计程序表（见表6-25）

表6-25　　　　　　　　　　　　　　长期应付款审计程序表

被审计单位：　梦舒公司　　　　　　　　编制：　郁某　　日期：　2023年2月15日　　索引号：FZ09-0

会计期间：　2022年1月1日—2022年12月31日　　复核：　田某　　日期：　2023年2月25日　　页次：

一、审计目标与认定对应关系表					
审计目标	财务报表认定				
	a	b	c	d	e
	存在	权利和义务	完整性	准确性、计价和分摊	分类、列报
A	资产负债表中记录的长期应付款是存在的	√				
B	记录的长期应付款由被审计单位拥有或控制		√			
C	所有应当记录的长期应付款均已记录			√		
D	长期应付款以恰当的金额包括在财务报表中，与之相关的计价调整已恰当记录				√	
E	长期应付款已按照企业会计准则的规定在报表中做出恰当分类和列报					√

二、审计目标与审计计划的衔接					
项目	财务报表认定				
	存在	权利和义务	完整性	准确性、计价和分摊	分类、列报
评估的重大错报风险水平	显著	显著	显著	普通	普通
控制测试结果是否支持风险评估结论	是	是	是	是	是
需从实质性程序获取的保证程度	中	中	中	低	低

续表

三、审计目标与审计程序对应关系表

审计目标	可供选择的审计程序	是否计划实施（√）	与认定的对应关系	索引号
D	1．获取或编制长期应付款明细表：① 复核加计是否正确，并与报表数、总账数和明细账合计数核对是否相符；② 检查非记账本位币长期应付款的折算汇率及折算是否正确；③ 检查长期应付款的内容是否符合准则的规定	√	d	
AD	2．检查应付融资租入固定资产的租赁费：① 重点关注企业融资租入的固定资产，检查企业融资租入的固定资产是否经授权批准，在租赁期开始日，长期应付款是否按最低租赁付款额确认；② 结合合同的审查，是否按合约规定的付款条件按期支付租金；③ 检查会计处理是否正确	√	ad	
AD	3．检查以分期付款方式购入固定资产等发生的应付款项：① 检查购入超过信用条件延期支付价款、实质上具有融资性质的资产，长期应付款是否按应支付的金额确认；② 结合合同的审查，是否按合约规定的付款条件按期支付价款；③ 检查会计处理是否正确	√	ad	详见应付账款审计工作底稿
AD	4．检查未确认融资费用：获取并审查融资租赁合同是否合法、合规，分类是否恰当，有无不属于融资租赁资产的情形。重新计算实际利率，并与被审计单位的所计算确定的实际利率进行比较，检查被审计单位是否按照实际利率分摊未确认融资费用，分摊是否正确，相应的会计处理是否正确等	√	ad	
C	5．结合固定资产的审计，检查有无未入账的长期应付款	√	c	
ABD	6．函证重大的长期应付款明细账户		b	
D	7．检查各项长期应付款本息的计算是否准确，会计处理是否正确	√	d	
AD	8．执行关联方及其交易审计程序，并注明合并报表时予以抵销的金额：① 了解交易事项目的及应付款项的原因、检查相关合同等相关文件资料；② 向关联方或其他注册会计师函询，以确认交易的真实性、合理性	√	ad	
	9．根据评估的舞弊风险等因素增加的其他审计程序			
E	10．检查长期应付款是否已按照准则的规定在财务报表中做出恰当的列报	√	e	

2. 长期应付账款审定表（见表 6-26）

表 6-26　　　　　　　　　　　长期应付账款审定表

被审计单位：梦舒公司　　　　　　　　编制：倪某　　日期：2023 年 2 月 15 日　索引号：FZ09-1

会计期间：2022 年 1 月 1 日—2022 年 12 月 31 日　复核：田某　　日期：2023 年 2 月 25 日　页次：1

项目	期末未审数	账项调整		重分类调整		期末审定数	期初审定数
		借方	贷方	借方	贷方		
报表数	2 359 631.12	0.00	0.00	0.00	0.00	2 359 631.12	4 316 120.92
总账数	2 359 631.12	0.00	0.00	0.00	0.00	2 359 631.12	4 316 120.92
明细账数	2 359 631.12	0.00	0.00	0.00	0.00	2 359 631.12	4 316 120.92
其中：关联方	0.00	0.00	0.00	0.00	0.00	0.00	0.00
审计说明	1．报表数与总账合计数核对一致；2．明细账与总账核对及查验见科目底稿						
审计结论	经审计，期末余额可予以确认						

3. 长期应付账款明细表（见表 6-27）

表 6-27　　　　　　　　　　　长期应付款明细表

被审计单位：　梦舒公司　　　　　　编制：倪某　　日期：2023 年 2 月 15 日　索引号：FZ09-2

会计期间：　2022 年 1 月 1 日—2022 年 12 月 31 日　复核：田某　　日期：2023 年 2 月 25 日　页次：　1

项目	期初余额	借方发生额	贷方发生额	期末未审数	审计调整		期末审定数
					借方	贷方	
织布线（清河租赁）	5 000 000.00	2 400 000.00		2 600 000.00	0.00	0.00	2 600 000.00
未确认融资费用	683 879.08		443 510.20	240 368.88	0.00	0.00	240 368.88
合计	4 316 120.92	2 400 000.00	411 805.86	2 359 631.12	0.00	0.00	2 359 631.12
审计说明	总账与明细账核对一致，经查验，未发现异常业务						

4. 长期应付账款凭证检查表（见表 6-28）

表 6-28　　　　　　　　　　　长期应付款凭证检查表

被审计单位：梦舒公司　　　　　　编制：倪某　　日期：2023 年 2 月 15 日　索引号：FZ09-3

会计期间：　2022 年 1 月 1 日—2022 年 12 月 31 日　复核：田某　　日期：2023 年 2 月 25 日　页次：　1

序号	记账日期	凭证号	业务摘要	对方科目		金额	核对内容（用"√""×"表示）				
				方向	一级科目		1	2	3	4	5
1	2022 年 12 月 31 日	记-45	确认融资费用	贷	财务费用	411 805.86	√	√	√	√	√
2	2022 年 12 月 31 日	记-46	支付租赁费	贷	银行存款	3 000 000.00	√	√	√	√	√
核对内容说明：1. 原始凭证内容完整；2. 授权批准完整；3. 账务处理正确；4. 金额核对相符；5. 不属于跨期事项											
审计说明	采用任意选样方法，经查验，未发现异常业务										

📖 本项目任务解析与知识拓展

任务解析 6-1

任务解析 6-2

拓展阅读

牢牢把握"五个重大原则"，在中国式现代化征程中谱写审计事业新篇章

✍ 技能训练

1. ABC 会计师事务所的 A 注册会计师负责审计甲公司 2022 年度财务报表，审计工作底稿中与负债审计相关的部分内容摘录如下。

（1）甲公司各部门使用的请购单未连续编号，请购单由部门经理批准，超过一定金额还需总经理批准。A 注册会计师认为该项控制设计有效，实施了控制测试，结果满意。

（2）甲公司将经批准合格的供应商信息录入信息系统形成供应商主文档，生产部员工在信息系统中填制连续编号的请购单时只能选择该主文档中的供应商。供应商的变动需由采购部经理批准，并由其在系统中更新供应商主文档。A 注册会计师认为该内部控制设计合理，拟予以信赖。

（3）甲公司应付账款年末余额为 550 万元，A 注册会计师认为应付账款存在低估风险，选取了年末余额合计为 480 万元的两家主要供应商实施函证，未发现差异。

【训练要求】针对上述事项，逐项指出 A 注册会计师的做法是否恰当，如不恰当，简要说明理由。

2. 大华会计师事务所的注册会计师王华于 2022 年年底对昌盛公司进行预审，包括对部分业务的内部控制测试和对部分交易、活动进行实质性程序。在预审中，王华发现以下情况。

（1）按照被审计单位与 W 公司签署的购货合同，若被审计单位收到材料起 10 日内付款，可获得 10%的现金折扣。被审计单位在 2022 年 10 月 16 日收到所购材料后，于 18 日按照购货发票所列金额 30 万元的 90%向 W 公司支付了材料款。为保证会计信息的真实性和可靠性，被审计单位对此笔付款做了借记"应付账款"27 万元、贷记"银行存款"27 万元的会计处理。

（2）7 月 1 日购入并安装价值 50 万元的生产用电子设备一台，当日投入生产。由于设备的特殊性质，需要 3 个月的试运行。在此期间，随时可能需要进行调试，根据这一情况，被审计单位自 2022 年 10 月 1 日起对该设备开始计提折旧。

（3）被审计单位于 2022 年年初开始建造一生产车间，10 月份完工后投入使用，但由于种种原因，尚未办理完竣工手续，编制财务报表时，被审计单位对此车间仍在在建工程中反映。

（4）被审计单位于 2015 年起采用融资租赁方式租入乙公司一座 2017 年完工、预计使用年限为 70 年的办公楼，相关合同显示的融资租赁期限为 2017 年 1 月至 2022 年 12 月，2022 年 1 月被审计单位对此办公楼进行了装修，相关的装修费用为 1200 万元，预计在未来 10 年内无须再进行装修，被审计单位对此次装修计提折旧时，确定计提折旧的年限为 10 年。

【训练要求】逐一判断被审计单位的相关内部控制是否存在缺陷，相关的经营活动及其会计处理是否符合企业会计准则的规定，并简要说明原因。

项目七　销售与收款循环审计

任务一　销售与收款循环控制测试

任务导入 7-1

下列表述中，错误的是（　　　　）。

A. 控制测试所使用的审计程序的类型主要包括询问、观察、检查和重新执行，其提供的保证程度依次递增

B. 控制测试的范围取决于注册会计师需要通过控制测试获取的保证程度

C. 如所测试的人工控制使用了系统生成的信息或报告，注册会计师测试人工控制即可，无须就系统生成的信息或报告的可靠性获取审计证据

D. 如在期中实施了控制测试，注册会计师在剩余期间应当获取补充证据，以确定控制是否在整个被审计期间持续运行有效

一、销售与收款循环的内部控制

微课 7-1

（一）销售与收款循环涉及的主要业务活动

销售与收款循环涉及的主要业务活动包括以下 10 个方面。

主要业务活动

1. 接受客户订购单

客户提出订货要求是整个销售与收款循环的起点。客户的订购单只有在符合企业管理层的授权标准时才能被接受。管理层一般都列出了已批准销售的客户名单。销售单管理部门在决定是否同意接受某客户的订购单时，应追查该客户是否被列入这张名单。如果该客户未被列入，则通常需要由销售单管理部门的主管来决定是否同意销售。

2. **批准赊销信用**

对于赊销业务，赊销批准是由信用管理部门根据管理层的赊销政策在每个客户已授权的信用额度内进行的。信用管理部门的职员在收到销售单管理部门的销售单后，应将销售单与该客户已被授权的赊销信用额度以及至今尚欠的账款余额加以比较。无论是否批准赊销，都要求被授权的信用管理部门人员在销单上签署意见，然后再将已签署意见的销售单送回销售单管理部门。

3. **按销售单供货**

企业管理层通常要求商品仓库人员只有在收到经过批准的销售单时才能供货。设立这项控制程序的目的是防止仓库人员在未经授权的情况下擅自发货。信息系统可以协助企业在销售单得到发货批准后才能生成连续编号的发运凭证，并能按设定的要求核对发运凭证与销售单之间相关内容的一致性。

4. **按销售单装运货物**

将按经批准的销售单供货与按销售单装运货物职责相分离，有助于避免负责装运货物的职员在未经授权的情况下装运产品。此外，装运部门职员在装运之前还必须进行独立验证，以确定从仓库提取的商品都附有经批准的销售单，并且所提取商品的内容与销售单一致。

5. **向客户开具账单**

开具账单是指开具并向客户寄送事先连续编号的销售发票。为了降低开具账单过程中出现遗漏、重复、错误计价或其他差错的风险，应设立以下控制程序：负责开发票的员工在开具每张销售发票之前，检查是否存在发运凭证和相应的经批准的销售单；依据已授权批准的商品价目表开具销售发票；独立检查销售发票计价和计算的准确性；将发运凭证上的商品总数与对应的销售发票上的商品总数进行核对。

6. **记录销售**

记录销售的过程包括区分赊销、现销，按销售发票编制转账凭证或现金、银行存款收款凭证，再据以登记销售明细账和应收账款明细账或库存现金、银行存款日记账。

7. **办理和记录现金、银行存款收入**

这项业务涉及货款收回，现金、银行存款增加，以及应收账款减少的活动。在办理和记录现金、银行存款收入时，最应关心的是货币资金失窃的可能性。货币资金失窃可能发生在货币资金收入登记入账之前或登记入账之后。处理货币资金收入时最重要的是保证全部货币资金都必须如数、及时地记入库存现金、银行存款日记账或应收账款明细账，并如数、及时地将现金存入银行。

8. **办理和记录销售退回、销售折扣与折让**

客户如果对商品不满意，销售企业一般都会同意接受退货，或给予一定的销售折让；客户如果提前支付货款，销售企业则可能会给予一定的销售折扣。这些事项必须经授权批准，并确保与办理此事有关的部门和职员各司其职，分别控制物流和会计处理。

9. **注销坏账**

不管赊销部门的工作如何主动，客户因经营不善、宣告破产等不支付货款的事仍可能发生。销售企业若认为某项货款再也无法收回，就必须注销这笔货款。对这些坏账，正确的处理方法应该是获取货款无法收回的确凿证据，经适当审批后及时做会计调整。

10. **提取坏账准备**

坏账准备提取的数额必须能够抵补企业以后无法收回的销货款。

（二）销售与收款循环的重大错报风险

注册会计师基于销售与收款循环的重大错报风险评估结果，制定实施进一步审计程序的总体方案（包括综合性方案和实质性方案），继而实施控制测试和实质性程序，以应对识别出的认定层次的重大错报风险。注册会计师通过控制测试和实质性程序获取的审计证据综合起来应足以应对识别出的认定层次的重大错报风险。销售与收款循环的重大错报风险可能包括以下几种。

（1）收入确认存在的舞弊风险。收入是利润的来源，直接关系到企业的财务状况和经营成果。有些企业往往为了达到粉饰财务报表的目的而采用虚增（发生认定）或隐瞒收入（完整性认定）等方式实施舞弊。在财务报表舞弊案件中，涉及收入确认的舞弊占有很大比例，收入确认已成为注册会计师审计的高风险领域。审计准则要求注册会计师基于收入确认存在舞弊风险的假定，评价哪些类型的收入、收入交易或认定导致舞弊风险。

（2）收入的复杂性可能导致的错误。被审计单位可能针对一些特定的产品或者服务提供一些特殊的交易安排（例如可变对价安排、特殊的退货约定、特殊的服务期限安排等），但管理层可能对这些不同安排下所涉及的交易风险的判断缺乏经验，容易在收入确认上发生错误。

（3）发生的收入交易未能得到准确记录。

（4）期末收入交易和收款交易可能未记入正确的期间，包括销售退回交易的截止错误。

（5）收款未及时入账或记入不正确的账户，因而导致应收账款（或应收票据/银行存款）的错报。

（6）应收账款坏账准备的计提不准确。

某些重大错报风险可能与财务报表整体广泛相关，进而影响多项认定，如舞弊风险；某些重大错报风险可能与特定的某类交易、账户余额和披露的认定相关，如会计期末的收入交易和收款交易的截止错误（截止），或应收账款坏账准备的计提错误（计价和分摊）。在评估重大错报风险时，注册会计师应当落实到该风险所涉及的相关认定，从而更有针对性地设计进一步审计程序。

（三）销售与收款循环内部控制的内容

1. 销售交易的内部控制

（1）适当的职责分离。企业有关销售与收款业务职责适当分离的基本要求通常包括：企业应当将办理销售、发货、收款三项业务的部门（或岗位）分别设立；企业在销售合同订立前，应当指定专门人员就销售价格、信用政策、发货及收款方式等具体事项与客户进行谈判；谈判人员至少应有两人，并与订立合同的人员相分离；编制销售发票通知单的人员与开具销售发票的人员应相互分离；销售人员应当避免接触销货现款；企业应收票据的取得和贴现必须经由保管票据以外的主管人员的书面批准。

（2）正确的授权审批。对于授权审批问题，注册会计师应当关注以下五个关键点的审批程序：在销售发生之前，赊销已经正确审批；非经正当审批，不得发出货物；销售价格、销售条件、运费、折扣等必须经过审批；审批人应当根据销售与收款授权批准制度的规定，在授权范围内进行审批，不得超越审批权限；对于超过企业既定销售政策和信用政策规定范围的特殊销售交易，企业应当进行集体决策。

（3）充分的凭证和记录。每个企业交易的产生、处理和记录等制度都有各自的特点，因此，很难评价其各项控制是否足以发挥最大的作用。然而，只有具备充分的记录手续，才有可能实现其他各项控制目标。例如，企业在收到客户订购单后，就立即编制一份预先编号的一式多联的销售单，分别用于批准赊销、审批发货、记录发货数量以及向客户开具账单等。

（4）凭证的预先编号。对凭证预先进行编号，旨在防止销售以后忘记向客户开具账单或登记入账，也可防止重复开具账单或重复记账。当然，如果对凭证的编号不做清点，预先编号就会失去其控制意义。收款员对每笔销售开具账单后，将发运凭证按顺序归档，而另一位职员负责定期检查全部凭证的编号，并调查凭证缺号的原因，就是实施这项控制的一种方法。

（5）按月寄出对账单。由不负责现金出纳和销售及应收账款记账的人员按月向客户寄发对账单，能促使客户在发现应付账款余额不正确后及时反馈有关信息，因而这是一项有用的控制。

（6）内部核查程序。由内部审计人员或其他独立人员核查销售交易的处理和记录，是实现内部控制目标所不可缺少的一项控制措施。

2．收款交易的内部控制

（1）企业应当按照《现金管理暂行条例》《支付结算办法》等规定，及时办理销售收款业务。

（2）企业应将销售收入及时入账，不得账外设账，不得擅自坐支现金。销售人员应当避免接触销售现款。

（3）企业应当建立应收账款账龄分析制度和逾期应收账款催收制度。销售部门应当负责应收账款的催收，财会部门应当督促销售部门加紧催收。对催收无效的逾期应收账款可通过法律程序予以解决。

（4）企业应当按客户设置应收账款台账，及时登记每一位客户应收账款余额增减变动情况和信用额度使用情况。对长期往来客户应当建立起完善的客户资料，并对客户资料实行动态管理，及时更新。

（5）企业对于可能成为坏账的应收账款应当报告有关决策机构，由其进行审查，确定是否确认为坏账。企业发生的各项坏账，应查明原因、明确责任，并在履行规定的审批程序后做出会计处理。

（6）企业注销的坏账应当进行备查登记，做到账销案存。已注销的坏账又收回时应当及时入账，防止形成账外资金。

（7）企业应收票据的取得和贴现必须经由保管票据以外的主管人员的书面批准。应有专人保管应收票据，对于即将到期的应收票据，应及时向付款人提示付款；已贴现票据应在备查簿中登记，以便日后追踪管理；并应制定逾期票据的冲销管理程序和逾期票据追踪监控制度。

（8）企业应当定期与往来客户通过函证等方式核对应收账款、应收票据、预收款项等往来款项。如有不符，应查明原因，及时处理。

二、销售与收款循环控制测试审计工作底稿编制实例

1．销售与收款循环控制测试导引表（见表 7-1）

表 7-1　　　　　　　　　　　　销售与收款循环控制测试导引表

| 被审计单位： | 梦舒公司 | | 编制： | 倪某 | 日期： | 2023 年 2 月 1 日 | 索引号： | XSC-0 |
| 会计期间： | 2022 年 1 月 1 日—2022 年 12 月 31 日 | | 复核： | 田某 | 日期： | 2023 年 2 月 4 日 | 页次： | 1 |

测试本循环控制运行有效性的工作包括：
1．针对了解的被审计单位销售与收款循环的控制活动，确定拟进行测试的控制活动
2．测试控制活动运行的有效性，记录测试程序、过程和结论
3．根据测试结论，确定对实质性程序的性质、时间和范围的影响

测试本循环控制运行有效性，形成下列审计工作底稿：
1．XSC-1：控制测试汇总表
2．XSC-2-1：控制测试程序和过程记录（XSKZ-1、2、3、4）
3．XSC-2-2：控制测试程序和过程记录（XSKZ-5）
4．XSC-2-3：控制测试程序和过程记录（XSKZ-6）
5．XSC-2-4：控制测试程序和过程记录（XSKZ-8、9）

2．销售与收款循环控制测试汇总表（见表 7-2）

表 7-2　　　　　　　　　　　　销售与收款循环控制测试汇总表

| 被审计单位： | 梦舒公司 | | 编制： | 倪某 | 日期： | 2023 年 2 月 1 日 | 索引号： | XSC-1 |
| 会计期间： | 2022 年 1 月 1 日—2022 年 12 月 31 日 | | 复核： | 田某 | 日期： | 2023 年 2 月 4 日 | 页次： | 1 |

1．了解内部控制的初步结论

（1）控制设计合理，并得到执行　　　　　（ √ ）

（2）控制设计合理，未得到执行　　　　　（ ）

（3）控制设计无效或缺乏必要的控制　　　（ ）

2. 控制测试结论

控制编号	控制名称	与控制相关的风险（高/中/低）	是否拟信赖该控制（是/否）	控制测试程序	执行控制的频率	测试样本量
XSKZ-1	销售合同需有经批准的客户采购订单	高	是	检查销售合同评审表，确认与客户签订的销售合同在签订前是否经过销售经理（含法务）复核审批	不定期	4
XSKZ-2	销售订单需有与客户签订的纸质购销合同	高	是	检查根据客户销售合同生成的销售订单是否与合同记录相符，是否经过销售经理审核	不定期	4
XSKZ-3	仓库商品发出经审批	高	是	检查记录的每笔销售订单出库是否有经批准的发货通知单	不定期	4
XSKZ-4	发出商品的出库单需客户验收签字	高	是	检查每笔业务的销售订单、发货通知单和出库单记录的内容是否相符，出库单是否经仓储主管批准出库，出库单财务联是否经客户验收签字	不定期	4
XSKZ-5	发票开具应有客户签收的出库单	高	是	检查开具销售发票是否有经客户签收的出库单且出库单是否连续编号	不定期	4
	发票金额计算准确并经复核	高	是	检查销售发票与对应合同、销售订单、出库单等记录是否一致且金额计算是否正确	不定期	4
	销售收入归属期准确	高	是	检查销售收入是否记入正确的会计期间	不定期	4
	收入记账凭证金额与销售发票金额相符	高	是	检查收入记账凭证是否经过财务经理审核	不定期	4
XSKZ-6	客户回款金额经复核确认	低	是	检查所编制的收款据信息与相关银行收款单据信息是否一致，并经财务经理复核	不定期	4
XSKZ-7	客户回款入账金额与实际收款相符并经复核	低	是	检查收款记账凭证是否经财务经理复核确认	不定期	4
XSKZ-8	应收账款坏账计提需有可收回性分析报告	低	是	检查应收账款可收回性分析报告，是否已经财务经理复核，如应收账款发生较大变化，是否提交总经理批准	每年一次	1
XSKZ-9	坏账变更及核销需经审批	低	是	检查系统自动生成的坏账准备计提数有无人工修改记录，如有，是否有经审批的坏账变更/核销申请表	每年一次	1

3. 销售与收款循环控制测试程序和过程记录（见表7-3）

表7-3　　　　　　　　销售与收款循环控制测试程序和过程记录

被审计单位：　梦舒公司　　　　　　　　编制：　倪某　日期：　2023年2月1日　索引号：　XSC-2-1
会计期间：　2022年1月1日—2022年12月31日　　复核：　田某　日期：　2023年2月4日　页次：　1

1. 控制编号：XSKZ-1、XSKZ-2、XSKZ-3、XSKZ-4

2. 控制的性质

控制编号	自动控制	依赖信息系统的人工控制	人工控制
XSKZ-1、XSKZ-2、XSKZ-3、XSKZ-4		√	

3. 控制测试的时间安排：上述控制属于依赖信息系统的人工控制，计划在审计现场抽取样本进行测试

4. 控制测试的类型

询问	观察	检查	重新执行
		√	

续表

5．拟实施的测试程序

（1）检查销售合同评审表，确认同客户签订的销售合同在签订前是否经过销售经理（含法务）复核审批；（2）检查根据客户销售合同生成销售订单是否与合同记录相符，是否经销售经理审批；（3）检查记录的每笔销售订单出库是否有经批准的发货通知单；（4）检查记录的每笔销售的销售订单、发货通知单和出库单记录内容是否相符，出库单是否经仓储主管批准出库，出库单财务联是否经客户签字验收

6．对总体进行定义：2022 年记录的所有出库产品销售收入（不含销售退货产生的收入）

7．总体的来源：2022 年销售收入明细账

8．控制执行的频率

控制编号	频率
XSKZ-1、XSKZ-2、XSKZ-3、XSKZ-4	不定期

9．与控制相关的风险：高

10．总体中项目的总数：118

11．对偏差进行定义

控制编号	偏差的定义
XSKZ-1	销售合同评审表缺失或销售合同评审表未经销售经理审批
XSKZ-2	销售订单未经销售经理审批
XSKZ-3	发货通知单未经过销售经理审批
XSKZ-4	出库单未经仓储主管批准出库且财务联缺少客户经办人员签字确认

12．确定所测试项目的数量并选取项目：测试项目数量 4，选取数量 4

13．测试过程记录

凭证号	客户订单号 KHDD–2022	销售合同编号 YD–XS–2022	销售订单编号 XSDD–2022	发货通知单编号 XSFH–2022	出库单编号 XSCK–2022	XSKZ 1	2	3	4
1-记 41	01-005	01-005	01-005	01-005	01-005	√	√	√	√
7-记 19	07-033	07-033	07-033	07-033	07-033	√	√	√	√
9-记 19	09-047	09-047	09-047	09-047	09-047	√	√	√	√
12-记 19	12-068	12-068	12-068	12-068	12-068	√	√	√	√

14．识别出的偏差：未发现偏差

15．考虑扩大测试范围（如适用）：不适用

16．控制缺陷（如适宜，偏差是否被视为控制缺陷）：无

17．对获取的有关控制在期中运行有效性的审计证据的考虑：不适用

18．剩余期间的测试过程记录

序号	识别特征	测试程序 1	测试程序 2	注释
不适用				

结论：控制运行有效

任务二　销售与收款循环实质性程序

📖任务导入 7-2

　　注册会计师收到应收账款询证函回函，回函差异为 50 万元，注册会计师确定的财务报表整体重要性为 100 万元，实际执行的重要性为 60 万元，明显微小错报的临界值为 3 万元，下列相关表述中，正确的是（　　）。

　　A．注册会计师通过询问被审计单位相关人员，认可回函差异属于笔误引起

　　B．注册会计师认为该回函差异不重大，无须提请管理层进行调整

　　C．回函差异大于明显微小错报临界值，需要提请管理层进行调整

　　D．注册会计师需要调查核实原因，确定回函差异是否构成错报

一、营业收入审计

（一）营业收入的审计目标

（1）确定利润表中记录的主营业务收入是否已发生，且与被审计单位有关。

（2）确定所有应当记录的主营业务收入是否均已记录。

（3）确定与主营业务收入有关的金额及其他数据是否已恰当记录。

（4）确定主营业务收入是否已记录于正确的会计期间。

（5）确定主营业务收入是否已记录于恰当的账户，是否已按照企业会计准则的规定在财务报表中做出恰当的列报。

微课 7-3

营业收入的审计目标

（二）营业收入审计的主要实质性程序

（1）获取或编制营业收入明细表，复核加计是否正确，并与总账数和明细账合计数核对是否相符，同时结合其他业务收入科目数额与报表数核对是否相符。

微课 7-4

核对总账和明细账

（2）查明营业收入的确认原则、方法，注意是否符合企业会计准则和会计制度规定的收入确认条件，前后期是否一致。特别关注偶然性、周期性的收入是否符合既定的收入确认原则和方法。

（3）选择运用分析程序：① 将本期的营业收入与上一期的营业收入进行比较，分析产品销售的结构和价格变动是否正常，并分析异常变动的原因；② 比较本期各月各种营业收入波动情况，分析其变动趋势是否正常，是否符合被审计单位季节性、周期性的经营规律，并查明异常现象和重大波动的原因，注意是否有企业内部各部门或企业间相互原价开票转账，虚增销售收入的情况；③ 计算本期重要产品的毛利率，分析比较本期与上一期同类产品毛利率变化的情况，注意收入与成本是否配比，并查明重大波动和异常情况的原因；④ 计算对重要客户的销售额及产品毛利率，分析比较本期与上一期有无异常变化；⑤ 将上述分析结果与同行业企业本期资料进行对比分析，检查是否存在异常。

微课 7-5

分析程序

（4）抽取本期一定数量的销售发票，检查开票、记账、发货日期是否相符，品名、数量、单价、金额等是否与发运凭证、销售合同或协议、记账凭证等一致。

微课 7-6

抽查

（5）抽取本期一定数量的记账凭证，检查入账日期、品名、数量、单价、金额是否与销售发票、发运凭证、销售合同或协议等一致。

（6）实施销售截止测试。抽查资产负债表日前后若干日的销售收入与退货记录，检查销售业务的会计处理有无跨年度现象。在审计实务中，注册会计师可以考虑选择以下三条审计路径实施主营业务收入的截止测试。一是以账簿记录为起点。从资产负债表日前后若干天的账簿记录查至记账凭证，检查发票存根与发运凭证，目的是证实已入账收入是否在同一期间已开具发票并发货，有无多记收入。二是以销售发票为起点。从资产负债表日前后若干天的发票存根查至发运凭证与账簿记录，确定已开具发票的货物是否已发货并于同一会计期间确认收入。具体做法是：抽取若干张在资产负债表日前后开具的销售发票的存根，追查至发运凭证和账簿记录，查明有无漏记收入现象。三是以发运凭证为起点。从资产负债表日前后若干天的发运凭证查至发票开具情况与账簿记录，确定主营业务收入是否已记入恰当的会计期间。

微课 7-7

截止测试

（7）检查销售折扣、销售退回与折让业务是否真实，内容是否完整，手续是否符合规定，会计处理是否正确。

（8）检查有无特殊的销售行为，如委托代销、分期收款销售、商品需要安装和检验的销售、附有退回条件的销售、售后租回、售后回购、以旧换新、出口销售等，选择恰当的审计程序进行审核。

（9）验明主营业务收入是否在利润表上恰当列报。

（三）营业收入审计案例

注册会计师在审查甲公司 2022 年 12 月的销售业务时发现，该公司 12 月 20 日向乙公司销售一批商品，销售价格为 100 万元，增值税税额 13 万元。甲公司与乙公司约定现金折扣条件为：2/20，$n/30$。甲公司的账务处理如下。

借：应收账款　　　　　　　　　　　　　1 107 400
　　贷：主营业务收入　　　　　　　　　　980 000
　　　　应交税费——应交增值税（销项税额）127 400

要求：根据上述情况，说明其中的问题，提出处理意见。

【案例解析】根据企业会计准则规定，企业采用现金折扣销售时应按合同总价款计量收入，当现金折扣实际发生时，直接计入当期损益（财务费用）。

建议调整分录如下。

借：应收账款　　　　　　　　　　　　　22 600
　　贷：主营业务收入　　　　　　　　　　20 000
　　　　应交税费——应交增值税（销项税额）2 600

（四）营业收入审计工作底稿编制实例

1. 营业收入审计程序表（见表 7-4）

表 7-4　　　　　　　　　　　营业收入审计程序表

被审计单位：梦舒公司　　　　　　　编制：倪某　日期：2023 年 2 月 15 日　索引号：SY01-0
会计期间：2022 年 1 月 1 日—2022 年 12 月 31 日　复核：田某　日期：2023 年 2 月 25 日　页次：

一、审计目标与认定对应关系表						
		财务报表认定				
审计目标		a	b	c	d	e
		发生	完整性	准确性	截止	分类、列报
A	利润表中记录的营业收入已发生，且与被审计单位有关	√				
B	所有应当记录的营业收入均已记录		√			
C	与营业收入有关的金额及其他数据已恰当记录			√		
D	营业收入已记录于正确的会计期间				√	
E	营业收入已记录于恰当的账户，已按照企业会计准则的规定在报表中做出恰当的列报					√

二、审计目标与审计计划的衔接					
	财务报表认定				
项目	发生	完整性	准确性	截止	分类、列报
评估的重大错报风险水平	显著	普通	普通	显著	普通
控制测试结果是否支持风险评估结论	是	是	是	是	是
需从实质性程序获取的保证程度	中	低	低	中	低

三、审计目标与审计程序对应关系表

审计目标	可供选择的审计程序	是否计划实施（√）	与认定的对应关系	索引号
C	1．获取或编制营业收入明细表：① 复核加计是否正确，与总账数和明细账合计数核对是否相符，与报表数核对是否相符；② 检查以非记账本位币结算的营业收入的折算是否正确	√	c	
ABC	2．实质性分析程序（必要时）。(1) 针对已识别需要运用分析程序的有关项目，并基于对被审计单位及其环境的了解，进行以下比较，同时考虑有关数据间关系的影响，建立有关数据的期望值：① 将本期的营业收入与上期的营业收入进行比较，分析产品销售的结构和价格变动是否异常，并分析异常变动的原因；② 计算本期重要产品的毛利率，与上期比较，检查是否存在异常，各期之间是否存在重大波动，查明原因；③ 比较本期各月各类营业收入的波动情况，分析其变动趋势是否正常，是否符合被审计单位季节性、周期性的经营规律，查明异常现象和重大波动的原因；④ 将本期重要产品的毛利率与同行业企业进行对比分析，检查是否存在异常；⑤ 根据增值税发票申报表或普通发票，估算全年收入，与实际收入金额比较。(2) 将实际的情况与期望值相比较，识别需要进一步调查的差异。(3) 如果其差额超过可接受的差异额，调查并获取充分的解释和恰当的佐证审计证据。(4) 评估分析程序的测试结果	√	abc	
ABC	3．检查营业收入的确认条件、方法是否符合企业会计准则，前后期是否一致；关注周期性、偶然性的收入是否符合收入确认原则、方法	√	abc	
AC	4．获取产品价格目录，抽查售价是否符合价格政策。调查向关联方或关系密切的重要客户的销售情况，记录其交易品种、价格、数量、金额和比例，并记录占总销售收入的比例，并判断其产品价格是否公允，有无以低价或高价结算的方法，相互之间有无转移利润的现象	√	ac	
BC	5．抽取发货单，审查出库日期、品名、数量等是否与发票、销售合同、记账凭证等一致	√	bc	详见营业务收入审计工作底稿
AC	6．抽取记账凭证，审查入账日期、品名、数量、单价、金额等是否与发票、发货单、销售合同等一致	√	ac	
ABC	7．结合对应收账款的审计，选择主要客户函证本期销售额	√	abc	
ABC	8．查验与收入有关的税收计征、免退情况，包括出口收入的出口退税，与相关期间的出口收入的配比性	√	abc	
D	9．销售的截止测试：① 通过测试资产负债表日前后 15 天且金额大于 50 万元的发货单据，将应收账款和收入明细账进行核对；同时，从应收账款和收入明细账选取在资产负债表日前后 15 天且金额大于 50 万元的凭证，与发货单据核对，以确定销售是否存在跨期现象；② 复核资产负债表日前后销售和发货水平，确定业务活动水平是否异常，并考虑是否有必要追加截止程序；③ 取得资产负债表日后所有的销售退回记录，检查是否存在提前确认收入的情况；④ 结合对资产负债表日应收账款的函证程序，检查有无未取得对方认可的大额销售；⑤ 调整重大跨期销售	√	d	
AC	10．存在销货退回的，检查手续是否符合规定，结合原始销售凭证检查其会计处理是否正确。结合存货项目审计关注其真实性	√	ac	
C	11．销售折扣与折让：① 获取或编制折扣与折让明细表，复核加计是否正确，并与明细账合计数核对是否相符；② 取得被审计单位有关折扣与折让的具体规定和其他文件资料，并抽查较大的折扣与折让发生额的授权批准情况，与实际执行情况进行核对，检查其是否经授权批准，是否合法、真实；③ 销售折让与折扣是否及时足额提交对方，有无虚设中介、转移收入、私设账外小金库情况；④ 检查折扣与折让会计处理是否正确	√	c	
ABC	12．检查有无特殊的销售行为，如委托代销、分期收款销售、商品需要安装和检验的销售、附有退回条件的销售、售后租回、售后回购、以旧换新、出口销售等，选择恰当的审计程序进行审核	√	abc	

续表

审计目标	可供选择的审计程序	是否计划实施（√）	与认定的对应关系	索引号
ABCE	13. 如发生关联方交易。（1）了解交易的商业理由。（2）检查证实交易的支持性文件（例如，发票、合同、协议及入库和运输单据等相关文件）。（3）如果可获取与关联方交易相关的审计证据有限，考虑实施下列审计程序：① 向关联方函证交易的条件和金额，包括担保和其他重要信息；② 检查关联方拥有的信息；③ 向与交易相关的人员和机构函证或与其讨论有关信息。（4）完成"关联方"审计工作底稿	√	abce	详见营业收入审计工作底稿
	14. 根据评估的舞弊风险等因素增加的审计程序			
E	15. 检查营业收入是否已按照准则的规定在报表中做出恰当列报和披露	√	e	

2. 营业收入审定表（见表7-5）

表7-5　　　　　　　　　　　　营业收入审定表

被审计单位：　梦舒公司　　　　　　　　　编制：　倪某　日期：　2023 年 2 月 15 日　索引号：　SY01-1

会计期间：　2022 年 1 月 1 日—2022 年 12 月 31 日　复核：　田某　日期：　2023 年 2 月 25 日　页次：　1

项目	本期未审数	账项调整		本期审定数	上期审定数	索引号
		借方	贷方			
报表数	121 017 164.90	0.00	0.00	121 017 164.90	86 819 358.91	
总账数	121 017 164.90	0.00	0.00	121 017 164.90	86 819 358.91	
明细账数	121 017 164.90	0.00	0.00	121 017 164.90	86 819 358.91	
（1）主营业务收入	119 665 386.25			119 665 386.25	86 143 469.59	
其中：中平布	22 242 781.25	0.00	0.00	22 242 781.25	16 044 079.06	
细布	25 076 715.25	0.00	0.00	25 076 715.25	17 057 096.34	
中特棉纱	31 559 468.10	0.00	0.00	31 559 468.10	23 135 680.86	
细特棉纱	40 786 421.65	0.00	0.00	40 786 421.65	29 906 613.33	
（2）其他业务收入	1 351 778.65	0.00	0.00	1 351 778.65	675 889.32	
其中：材料	1 351 778.65	0.00	0.00	1 351 778.65	675 889.32	
审计说明	报表数与总账合计数核对一致，明细账与总账核对及查验见科目底稿					
审计结论	经审计，发生额可予以确认					

微课 7-8

审定表填写示例

3. 营业收入凭证检查表（见表7-6）

表7-6　　　　　　　　　　　　营业收入凭证检查表

被审计单位：　梦舒公司　　　　　　　　　编制：　倪某　日期：　2023 年 2 月 15 日　索引号：　SY01-2

会计期间：　2022 年 1 月 1 日—2022 年 12 月 31 日　复核：　田某　日期：　2023 年 2 月 25 日　页次：　1

序号	记账日期	凭证号	业务摘要	对方科目		金额	核对内容（用"√""×"表示）				
				方向	一级科目		1	2	3	4	5
1	2022 年 1 月 18 日	记-14	销售商品	借方	应收账款	1 528 637.00	√	√	√	√	√
2	2022 年 4 月 22 日	记-25	销售商品	借方	应收账款	782 966.00	√	√	√	√	√
3	2022 年 8 月 31 日	记-64	销售商品	借方	应收账款	1 215 469.00	√	√	√	√	√
4	2022 年 12 月 1 日	记-5	收取租金	借方	银行存款	29 577.89	√	√	√	√	√
核对内容说明：1. 原始凭证内容完整；2. 授权批准完整；3. 账务处理正确；4. 金额核对相符；5. 所属期间正确											
审计说明	采用等距抽样方法，经查验，未发现异常业务										

4. 营业收入明细表（见表 7-7）

表 7-7

被审计单位：梦舒公司　　编制：倪某　　复核：田某　　索引号：SY01-3

会计期间：2022年1月1日—2022年12月31日　　日期：2023年2月15日　　日期：2023年2月25日　　页次：1

营业收入明细表

项目	1月	2月	3月	4月	5月	6月	7月	8月	9月	10月	11月	12月	本期末审数	上期审定数
主营业务收入	14 824 847.33	1 008 804.68	1 125 032.26	4 557 456.41	6 614 633.10	10 669 348.43	13 801 574.71	15 271 923.29	14 610 377.92	14 121 826.87	12 490 163.70	10 569 988.74	119 665 977.44	86 143 469.59
其中：中平布	3 551 961.79	371 052.95	351 829.01	682 951.44	1 248 398.28	1 541 297.53	2 174 744.02	2 498 515.58	2 871 379.42	2 768 504.00	2 125 306.69	2 056 316.10	22 242 256.81	16 044 079.06
细布	4 484 488.73	206 514.52	262 596.74	887 994.00	1 164 561.86	2 046 513.09	2 853 522.82	3 172 764.27	2 880 806.31	2 638 801.19	2 288 397.49	2 189 148.13	25 076 109.15	17 057 096.34
中特棉纱	2 607 818.02	158 891.59	221 607.70	1 686 920.13	2 065 923.58	3 303 635.75	3 857 993.92	4 380 698.97	3 701 857.30	3 838 821.19	3 194 261.82	2 541 629.34	31 560 059.31	23 135 680.86
细特棉纱	4 180 578.79	272 345.62	288 998.81	1 299 590.84	2 135 749.38	3 777 902.06	4 915 313.95	5 219 944.47	5 156 334.89	4 875 700.49	4 882 197.70	3 782 895.17	40 787 552.17	29 906 613.33
其他业务收入	867 411.25	29 577.89	29 577.89	29 577.89	29 577.89	29 577.89	29 577.89	29 577.89	29 577.89	29 577.89	29 577.89	187 997.31	1 351 187.46	675 889.32
其中：租金	29 577.89	29 577.89	29 577.89	29 577.89	29 577.89	29 577.89	29 577.89	29 577.89	29 577.89	29 577.89	29 577.89	29 577.89	354 934.68	675 889.32
材料	837 833.36											158 419.42	996 252.78	
营业收入合计	15 692 258.58	1 038 382.57	1 154 610.15	4 587 034.30	6 644 210.99	10 698 926.32	13 831 152.60	15 301 501.18	14 639 955.81	14 151 404.76	12 519 741.59	10 757 986.05	121 017 164.90	86 819 358.91
月发生额占本期合计数比重	12.97%	0.86%	0.95%	3.79%	5.49%	8.84%	11.43%	12.64%	12.10%	11.69%	10.35%	8.89%	100.00%	
审计说明	总账与明细账核对一致													

5. 主营业务收入同期比较表（见表 7-8）

表 7-8

被审计单位：梦舒公司　　审核：倪某　　复核：田某　　索引号：SY01-4

会计期间：2022年1月1日—2022年12月31日　　日期：2023年2月15日　　日期：2023年2月25日　　页次：1

主营业务收入同期比较表

产品类别	本期末审数			上期审定数			变动比例		
	主营业务收入	主营业务成本	毛利率	主营业务收入	主营业务成本	毛利率	主营业务收入	主营业务成本	毛利率
其中：中平布	22 242 256.81	17 700 196.42	20.42%	16 044 079.06	12 829 597.74	20.04%	38.63%	37.96%	1.92%
细布	25 076 109.15	21 327 272.58	14.95%	17 057 096.34	14 806 794.96	13.19%	47.01%	44.04%	13.32%
中特棉纱	31 560 059.31	27 043 477.49	14.31%	23 135 680.86	19 872 960.37	14.10%	36.41%	36.08%	1.48%
细特棉纱	40 787 552.17	33 880 211.92	16.93%	29 906 613.33	25 204 728.90	15.72%	36.38%	34.42%	7.72%
合计	119 665 977.44	99 951 158.41	16.47%	86 143 469.59	72 714 081.97	15.59%	38.91%	37.46%	5.68%
审计说明	经分析，本期总体销售收入较上年同期增减幅度为38.91%，销售成本与销售收入增减幅度大体相当，毛利率保持合理水平，未见异常情形。								

二、应收账款审计

（一）应收账款的审计目标

（1）确定资产负债表中记录的应收账款是否存在。

（2）确定记录的应收账款是否由被审计单位拥有或控制。

（3）确定所有应当记录的应收账款是否均已记录。

（4）确定应收账款是否以恰当的金额包括在财务报表中，与之相关的计价调整是否已恰当记录。

（5）确定应收账款是否已按照企业会计准则的规定在财务报表中做出恰当列报。

微课 7-9

应收账款的审计目标

（二）应收账款审计的主要实质性程序

（1）取得或编制应收账款明细表，复核加计是否正确，并与总账数和明细账合计数核对是否相符，结合坏账准备科目与应收账款相关的坏账准备数、预收账款借方明细余额，与报表数核对是否相符。

（2）检查应收账款账龄分析是否正确。注册会计师可以通过编制或索取应收账款账龄分析表来分析应收账款的账龄，以便了解应收账款的可收回性。编制应收账款账龄分析表时，可以考虑选择重要的客户及其余额列示，而将不重要的或余额较小的汇总列示。

微课 7-10

核对总账和明细账

（3）对应收账款实施实质性分析程序。复核应收账款借方累计发生额与主营业务收入是否匹配，如存在不匹配的情况，应查明原因；在明细表上标注重要客户，并编制对重要客户的应收账款增减变动表，与上期比较分析是否发生变动，必要时收集客户资料分析其变动的合理性；计算应收账款周转率（期）等指标，并与被审计单位上年指标、同行业同期相关指标对比分析，检查是否存在重大异常。

微课 7-11

账龄分析

（4）向债务人函证应收账款。函证应收账款的目的在于证实应收账款账户余额的真实性、正确性，防止或发现被审计单位及其有关人员在销售交易中发生的错误或舞弊行为。函证应收账款可以比较有效地证明被询证者（即债务人）的存在和被审计单位记录的可靠性。注册会计师应当考虑被审计单位的经营环境、内部控制的有效性、应收账款账户的性质、被询证者处理询证函的习惯做法及回函的可能性等，以确定应收账款函证的范围、对象、方式和时间。

微课 7-12

函证

（5）检查坏账的确认和处理。注册会计师应检查发生坏账损失的原因是否合理；坏账的处理是否经授权批准，有关会计处理是否正确。

（6）分析应收账款明细账余额。应收账款明细账的余额一般在借方。在分析应收账款明细账余额时，注册会计师如果发现应收账款出现贷方明细余额的情形，应查明原因，必要时建议做重分类调整。

（7）确定应收账款在财务会计报告上的列报是否恰当。

（三）坏账准备审计的主要实质性程序

企业会计准则规定，企业应当在期末对应收款项进行检查，并预计可能产生的坏账损失。应收款项包括应收票据、应收账款、预付款项、其他应收款和长期应收款等。坏账准备审计常用的实质性程序如下。

（1）取得或编制坏账准备明细表，复核加计是否正确，与坏账准备总账数、明细账合计数核对是否相符。

（2）将坏账准备本期计提数与资产减值损失相应明细项目的发生额核对是否相符。

（3）实际发生坏账损失的，检查转销依据是否符合有关规定，会计处理是否正确。对于被审计单位在被审计期间内发生的坏账损失，注册会计师应检查其原因是否清楚，是否符合有关规定，有无授权批准，有无已做坏账处理后又重新收回的应收账款，相应的会计处理是否正确。对有确凿证据表明确实无法收回的应收账款，如债务单位已撤销、破产、资不抵债、现金流量严重不足等，企业应根据管理权限，经股东（大）会、董事会、经理办公会或类似机构批准作为坏账损失，冲销提取的坏账准备。

（4）检查长期挂账应收账款。注册会计师应检查应收账款明细账及相关原始凭证，查找有无资产负债表日后仍未收回的长期挂账应收账款，如有，应提请被审计单位做适当处理。

（5）实施分析程序。通过计算因应收账款计提的坏账准备余额占应收账款余额、因应收票据计提的坏账准备余额占应收票据余额、因其他应收款计提的坏账准备余额占其他应收款余额等的比例并和以前期间的相关比例比较，评价坏账准备计提的合理性。

（6）结合应收账款、应收票据、预付账款、其他应收款等确定坏账准备的披露是否恰当。

（四）应收账款审计工作底稿编制案例

某会计师事务所接受委托，审计 Y 公司 2022 年度的会计报表。注册会计师了解和测试了与应收账款相关的内部控制，取得了 2022 年 12 月 31 日的应收账款明细账，并于 2023 年 1 月 15 日对所有重要的客户寄发询证函。其中，发现的异常情况如表 7-9 所示。

表 7-9 应收账款函证情况统计表

异常情况	函证编号	客户名称	询证金额/元	回函日期	回函内容
1	YS022	甲	800 000	2023 年 1 月 22 日	800 000 元属实，但款项已于 2022 年 12 月 25 日用支票支付
2	YS056	乙	950 000	2023 年 1 月 19 日	因产品质量不符合要求，根据购货合同，于 2022 年 12 月 28 日将货物退回
3	YS064	丙	780 000	2023 年 1 月 19 日	2022 年 12 月 10 日收到 Y 单位委托本公司代销的货物 780 000 元，尚未销售
4	YS134	戊	700 000		因地址错误，被快递公司退回

要求：针对以上的异常情况，注册会计师应分别实施哪些审计程序？

【案例解析】对于甲客户回函：注册会计师应审查 Y 公司 2022 年 12 月 25 日后银行存款明细账、收款凭证等，核实甲客户所欠款项是否已到账，如果已到账，则说明应收甲客户的款项属实。

对于乙客户回函：注册会计师应审查 Y 公司 2021 年 12 月 28 日后是否收到退货通知，如果收到，则进一步审查是否有退货的验收单、入库单等；如果退货属实，则该事项属于资产负债表日后事项，应调整 2022 年会计报表相关项目。

对于丙客户回函：注册会计师应审查 Y 公司与丙客户之间是否签订了代销合同，如果签订了代销合同，而丙于 2022 年末尚未实现销售，则根据收入确认原则，Y 公司此时不能确认收入实现，也就不能确认应收丙公司的款项；因此，多计了主营业务收入 78 万元。

对于戊客户回函：应查明回函被退回的原因，是地址错误还是原本就是一笔假账。

（五）应收账款审计工作底稿编制实例

1．应收账款审计程序表（见表 7-10）

表 7-10 应收账款审计程序表

被审计单位：梦舒公司　　　　　　　　　　编制：倪某　日期：2023 年 2 月 15 日　　索引号：ZC04-0

会计期间：2022 年 1 月 1 日—2022 年 12 月 31 日　　复核：田某　日期：2023 年 2 月 25 日　　页次：1

一、审计目标与认定对应关系表						
	审计目标	财务报表认定				
		a	b	c	d	e
		存在	权利和义务	完整性	准确性、计价和分摊	分类、列报
A	资产负债表中记录的应收账款是存在的	√				
B	记录的应收账款由被审计单位拥有或控制		√			
C	所有应当记录的应收账款均已记录			√		
D	应收账款以恰当的金额包括在财务报表中，与之相关的计价调整已恰当记录				√	
E	应收账款已按照企业会计准则的规定在财务报表中做出恰当列报					√

续表

二、审计目标与审计计划的衔接

项目	财务报表认定				
	存在	权利和义务	完整性	准确性、计价和分摊	分类、列报
评估的重大错报风险水平	显著	普通	显著	普通	普通
控制测试结果是否支持风险评估结论	是	是	是	是	是
需从实质性程序获取的保证程度	中	低	中	低	低

三、审计目标与审计程序对应关系表

审计目标	可供选择的审计程序	是否计划实施（√）	与认定的对应关系	索引号
D	1．获取或编制应收账款明细表。① 复核加计是否正确，并与总账数和明细账合计数核对是否相符；结合坏账准备与报表数核对是否相符。② 检查非记账本位币应收账款的折算汇率及折算是否正确。③ 分析有贷方余额的项目，查明原因，必要时，做重分类调整。④ 结合其他应收款、预收账款等往来项目的明细余额，调查有无同一客户多处挂账、异常余额或与销售无关的其他款项。如有，应做出记录，必要时做调整	√	d	
ACD	2．检查涉及应收账款的相关财务指标：① 复核应收账款借方累计发生额与主营业务收入是否配比，并将当期应收账款借方发生额占销售收入净额的百分比与管理层考核指标比较，如存在差异应查明原因；② 计算赊销比例，应收账款周转率等指标，与以前年度指标、同行业同期指标对比分析，检查是否存在重大异常	√	acd	
D	3．获取或编制应收账款账龄分析表：① 测试计算的准确性；② 将加总数与应收账款总账余额相比较，并调查重大调节项目；③ 通过本期回款情况复核 1 年以上账龄划分的正确性，并分析期末账龄在上年账龄基础上递增的合理性；④ 检查原始凭证，如销售发票等，测试账龄计算的准确性	√	d	
AD	4．获取或编制应收账款增加及货款回笼分析表：① 对重要应收账款编制应收账款增加及货款回笼分析表，分析各月发生额是否均衡，对异常销售以及收款应进行进一步检查；② 请审计单位协助，在应收账款明细表上标示出至审计时已收回的应收账款金额，对已收回金额较大的款项进行常规检查，如核对收款凭证、银行对账单、销货发票等，并注意凭证发生日期的合理性，分析收款时间是否与合同相关要素一致	√	ad	
ABCD	5．实施函证程序，除非有充分证据表明应收账款对财务报表不重要或函证很可能无效。（1）编制应收账款函证结果汇总表，检查回函。（2）调查不符事项，确定是否表明存在错报。（3）如果未回函，实施替代程序。（4）如果认为回函不可靠，评价对评估的重大错报风险以及其他审计程序的性质、时间安排和范围的影响。（5）如果管理层不允许寄发询证函：① 询问管理层不允许寄发询证函的原因，并就其原因的正当性及合理性收集审计证据；② 评价管理层不允许寄发询证函对评估的相关重大错报风险（包括舞弊风险），以及其他审计程序的性质、时间安排和范围的影响；③ 实施替代审计程序，以获取相关、可靠的审计证据	√	abcd	详见应收账款审计工作底稿
A	6．对未函证应收账款实施替代审计程序。抽查有关原始凭据，如销售合同、销售订单、销售发票副本、发运凭证及回款单据等，以验证与其相关的应收账款的真实性	√	a	
A	7．抽查有无不属于结算业务的债权。抽查应收账款明细账，并追查至有关原始凭证，查证被审计单位有无不属于结算业务的债权	√	a	
ACD	8．通过检查资产负债表 2022 年 1 月 1 日至 2022 年 12 月 31 日被审计单位授予欠款单位的应收账款凭证以测试其准确性。检查资产负债表日前后销售退回和赊销水平，确定是否存在异常迹象，并考虑是否有必要追加审计程序	√	acd	
D	9．评价坏账准备计提的适当性。① 取得或编制坏账准备计算表，复核加计是否正确，与总账数、明细账合计数核对是否相符。将坏账准备本期计提数与资产减值损失相应明细项目的发生额核对是否相符。② 检查应收账款坏账准备计提和核销的批准程序，取得书面报告等证明文件，其计算和会计处理是否正确。③ 在账龄分析表中选取金额较大的账户、逾期账户，以及认为必要的其他账户。复核并测试所选取账户期后收款情况。针对所选取的账户，与授信部门经理或其他负责人员讨论其可回收性，针对坏账准备计提不足情况进行调整。④ 实际发生坏账损失的，检查转销依据是否符	√	d	

续表

审计目标	可供选择的审计程序	是否计划实施（√）	与认定的对应关系	索引号
D	合有关规定，会计处理是否正确。⑤已经确认并转销的坏账重新收回的，检查其会计处理是否正确。⑥通过比较前期坏账准备计提数和实际发生数，以及检查期后事项，评价应收账款坏账准备计提的合理性	√	d	
ACD	10．复核应收账款和相关总账、明细账和现金日记账，调查异常项目。对大额或异常及关联方应收账款，即使回函相符，仍应抽查其原始凭证	√	acd	
AD	11．检查应收账款中是否存在债务人破产或死亡，以及破产财产或遗产清偿后仍无法收回，或债务人长期未履行偿债义务的情况，如果存在，应提请被审计单位处理	√	ad	详见应收账款审计工作底稿
ABCD	12．如存在应收关联方的款项。（1）了解交易的商业理由。（2）检查证实交易的支持性文件（例如，发票、合同、协议及入库和运输单据等相关文件）。（3）如果可获取与关联方交易相关的审计证据有限，考虑实施下列审计程序：①向关联方函证交易的条件和金额，包括担保和其他重要信息；②检查关联方拥有的信息；③向与交易相关的人员和机构（例如银行、律师）函证或与其讨论有关信息。（4）完成"关联方"审计工作底稿	√	abcd	
B	13．检查银行存款和银行贷款等询证函的回函、会议纪要、借款协议和其他文件，确定应收账款是否已被质押或出售	√	b	
	14．根据评估的舞弊风险等因素增加的审计程序			
E	15．检查应收账款是否已按照准则的规定在财务报表中做出恰当列报和披露	√	e	

2．应收账款审定表（见表 7-11）

表 7-11　　　　　　　　　　　　应收账款审定表

被审计单位：　梦舒公司　　　　　　　　　编制：　倪某　日期：2023 年 2 月 20 日　索引号：ZC04-1

会计期间：　2022 年 1 月 1 日—2022 年 12 月 31 日　复核：田某　日期：2023 年 2 月 25 日　页次：　1

微课 7-13

审定表填写示例

项目	期末未审数	账项调整		重分类调整		期末审定数	期初审定数	索引号
		借方	贷方	借方	贷方			
报表数	28 755 016.88		0.00	0.00	0.00	28 755 016.88	28 214 437.97	
总账数	28 755 016.88	0.00	0.00	0.00	0.00	28 755 016.88	28 214 437.97	
明细账数	28 755 016.88	0.00	0.00	0.00	0.00	28 755 016.88	28 214 437.97	
其中：应收账款账面余额	29 280 727.66	0.00	0.00	0.00	0.00	29 280 727.66	30 323 259.09	ZC03-2
应收账款坏账准备	525 710.78	0.00	0.00	0.00	0.00	525 710.78	2 108 821.12	ZC03-8
应收账款账面价值	28 755 016.88	0.00	0.00	0.00	0.00	28 755 016.88	28 214 437.97	
审计说明	报表数与总账合计数核对一致，明细账与总账核对及查验无误							
审计结论	经审计，期末余额可予以确认							

3．应收账款凭证检查表（见表 7-12）

表 7-12　　　　　　　　　　　　应收账款凭证检查表

被审计单位：　梦舒公司　　　　　　　　　编制：　倪某　日期：2023 年 2 月 20 日　索引号：ZC04-2

会计期间：　2022 年 1 月 1 日—2022 年 12 月 31 日　复核：田某　日期：2023 年 2 月 25 日　页次：　1

序号	记账日期	凭证号	业务摘要	对方科目		金额	核对内容（用"√""×"表示）			
				方向	一级科目		1	2	3	4
1	2022 年 1 月 12 日	记-25	销售商品	贷方	主营业务收入	2 506 758.10	√	√	√	√
2	2022 年 1 月 23 日	记-52	收到货款	借方	银行存款	3 039 830.00	√	√	√	√
3	2022 年 6 月 2 日	记-05	收到货款	借方	银行存款	1 327 248.28	√	√	√	√
4	2022 年 10 月 13 日	记-32	销售商品	贷方	主营业务收入	2 619 954.72	√	√	√	√
5	2022 年 12 月 31 日	记-68	收到货款	借方	银行存款	1 291 897.36	√	√	√	√
核对内容说明：1．原始凭证内容完整；2．授权批准完整；3．账务处理正确；4．金额核对相符										
审计说明	采用随机抽样方法，经查验，未发现异常业务									

4. 应收账款明细表（见表 7-13）

表 7-13

应收账款明细表

被审计单位：梦舒公司　　　　　　　　　　　　　　　　　　　　　索引号：ZC04-3
会计期间：2022 年 1 月 1 日—2022 年 12 月 31 日　　　　　　　　页次：1

编制：倪某　日期：2023 年 2 月 15 日
复核：田某　日期：2023 年 2 月 25 日

债务人名称	原因、性质及内容	币种	重分类调整 借方	重分类调整 贷方	账项调整 借方	账项调整 贷方	未审数 期初数	未审数 本期增加	未审数 本期减少	未审数 期末数	未审账龄 1 年以内	未审账龄 1~2 年	未审账龄 2~3 年	未审账龄 3 年以上	备注
应收账款面值余额	—	—	0.00	0.00	0.00	0.00	30 323 259.09	21 017 164.90	122 059 696.33	29 280 727.66	28 170 309.74	1 110 417.92	—	—	
杭州格瑞布艺公司	货款	人民币	0.00	0.00	0.00	0.00	9 059 212.99	33 973 421.00	34 465 573.83	8 567 060.16	7 984 122.24	582 937.92	—	—	
上海巴萨布鞋厂	货款	人民币	0.00	0.00	0.00	0.00	8 007 845.36	29 673 827.00	30 127 588.40	7 554 083.96	7 026 603.96	527 480.00	—	—	
温州拓迪印染公司	货款	人民币	0.00	0.00	0.00	0.00	5 012 117.61	18 572 875.00	18 856 884.67	4 728 107.94	4 728 107.94	—	—	—	
河南菲特布艺坊	货款	人民币	0.00	0.00	0.00	0.00	3 845 254.46	16 623 779.00	16 237 108.06	4 231 925.40	4 231 925.40	—	—	—	
江苏金俐纺织公司	货款	人民币	0.00	0.00	0.00	0.00	2 941 350.43	12 716 027.00	12 420 250.80	3 237 126.63	3 237 126.63	—	—	—	
海苏林家纺公司	货款	人民币	0.00	0.00	0.00	0.00	248 368.73	1 610 619.12	1 694 981.34	164 006.51	164 006.51	—	—	—	
家廷服装公司	货款	人民币	0.00	0.00	0.00	0.00	317 519.08	2 059 044.60	2 166 894.79	209 668.89	209 668.89	—	—	—	
京禾达家纺公司	货款	人民币	0.00	0.00	0.00	0.00	270 966.08	1 757 158.16	1 849 195.91	178 928.33	178 928.33	—	—	—	
永禾布艺公司	货款	人民币	0.00	0.00	0.00	0.00	344 191.35	2 232 008.72	2 348 918.55	227 281.52	227 281.52	—	—	—	
海美馨布艺坊	货款	人民币	0.00	0.00	0.00	0.00	276 433.00	1 798 405.30	1 892 299.98	182 538.32	182 538.32	—	—	—	
应收账款坏账准备			0.00	0.00	0.00	0.00	2 108 821.12	0.00	1 583 110.34	525 710.78					
应收账款账面价值			0.00	0.00	0.00	0.00	28 214 437.97	121 017 164.90	120 476 585.99	28 755 016.88					

债务人名称	调整索引	期末审定数	审定账龄 1 年以内	审定账龄 1~2 年	审定账龄 2~3 年	审定账龄 3 年以上	备注
应收账款账面余额		29 280 727.66	28 170 309.74	1 110 417.92	—	—	
杭州格瑞布艺公司		8 567 060.16	7 984 122.24	582 937.92	—	—	
上海巴萨布鞋厂		7 554 083.96	7 026 603.96	527 480.00	—	—	
温州拓迪印染公司		4 728 107.94	4 728 107.94	—	—	—	
河南菲特布艺坊		4 231 925.40	4 231 925.40	—	—	—	
江苏金俐纺织公司		3 237 126.63	3 237 126.63	—	—	—	
海苏林家纺公司		164 006.51	164 006.51	—	—	—	
家廷服装公司		209 668.89	209 668.89	—	—	—	
京禾达家纺公司		178 928.33	178 928.33	—	—	—	
永禾布艺公司		227 281.52	227 281.52	—	—	—	
海美馨布艺坊		182 538.32	182 538.32	—	—	—	
应收账款坏账准备		525 710.78	—				
应收账款账面价值		28 755 016.88	—				
审计说明	总账与明细账核对一致，经查验，未发现异常						

5. 应收账款函证结果汇总表（见表 7-14）

表 7-14

被审计单位：梦舒公司　　　　　　　　　　　　　　　　　编制：倪素　日期：2023 年 2 月 20 日　索引号：ZC04-4
会计期间：2022 年 1 月 1 日—2022 年 12 月 31 日　　　　复核：田素　日期：2023 年 2 月 25 日　页次：1

应收账款函证结果汇总表

微课 7-14　应收账款函证结果汇总表填写示例

单位名称	账面余额（1）	发函日期	发函金额	是否回函	回函日期	回函金额	回函差异调节金额	调节索引	可确认金额（2）	金额差异（1）－（2）	函证索引
		函证情况									
杭州格瑞布艺公司	8 567 060.16	2023 年 2 月 18 日	8 567 060.16	是	2023 年 2 月 20 日	8 567 060.16	0.00	—	8 567 060.16	0.00	ZC03-3-1
上海巴萨布鞋厂	7 554 083.96	2023 年 2 月 18 日	7 554 083.96	是	2023 年 2 月 20 日	7 554 083.96	0.00	—	7 554 083.96	0.00	ZC03-3-2
温州拓迪印染公司	4 728 107.94	2023 年 2 月 18 日	4 728 107.94	是	2023 年 2 月 20 日	4 728 107.94	0.00	—	4 728 107.94	0.00	ZC03-3-3
河南菲特布艺坊	4 231 925.40	2023 年 2 月 18 日	4 231 925.40	是	2023 年 2 月 20 日	4 231 925.40	0.00	—	4 231 925.40	0.00	ZC03-3-4
江苏金俐纺织公司	3 237 126.63	2023 年 2 月 18 日	3 237 126.63	是	2023 年 2 月 19 日	3 237 126.63	0.00	—	3 237 126.63	0.00	ZC03-3-5
海美馨布艺坊	182 538.32	2022 年 2 月 18 日	182 538.32	是	2023 年 2 月 20 日	182 538.32	0.00	—	182 538.32	0.00	ZC03-3-6
合计	28 500 842.41	—	28 500 842.41	—	—	28 500 842.41	—	—	28 500 842.41		
审计说明	对部分期末非零余额客户实施函证，对往来函证全过程保持控制										

6. 应收账款坏账准备审核表（见表 7-15）

表 7-15

被审计单位：梦舒公司　　　　　　　　　　　　　　　　　编制：倪素　日期：2023 年 2 月 20 日　索引号：ZC04-5
会计期间：2022 年 1 月 1 日—2022 年 12 月 31 日　　　　复核：田素　日期：2023 年 2 月 25 日　页次：1

应收账款坏账准备审核表

项目	账龄	期末审定数	减：不计提坏账准备的内部往来	按类拟信用风险特征应计提坏账准备金额（1）	计提比率（%）	年初审定数	本期计提数	本期转出数	期末余额（2）	差异（1）－（2）	备注
						坏账准备					
应收账款	1 年以内	27 644 598.96	0.00	414 668.99	1.5%	173 153.98	241 515.01		414 668.99	0.00	
	1～2 年	1 110 417.92	0.00	111 041.79	10%	1 398 500.75	0.00	1 287 458.96	111 041.79	0.00	
	2～3 年	0.00	0.00	—	20%	537 166.39	0.00	537 166.39	0.00	0.00	
	3 年以上	0.00	0.00	—	50%	0.00	0.00	0.00	0.00	0.00	
合计		28 755 016.88		525 710.78		2 108 821.12			525 710.78		
审计说明	经复核，无异常										

7. 回函核对记录（见表 7-16）

表 7-16　　　　　　　　　　　　回函核对记录

被审计单位：　梦舒公司　　　　　　　　　编制：　倪某　日期：2023 年 2 月 20 日　索引号：ZC04-5
会计期间：　2022 年 1 月 1 日—2022 年 12 月 31 日　　复核：　田某　日期：2023 年 2 月 25 日　页次：　1

序号	债务人名称	询证金额	通过邮寄方式收到的回函					回函可靠性结论
			询证函是否为原件	回函是否直接寄给注册会计师	回函信封上名称、地址是否与询证函中记载的一致	回函信封上邮戳显示发出城市或地区是否与询证函一致	回函信封上印章以及签名中显示的被询证者名称是否与询证函一致	
1	杭州格瑞布艺公司	8 567 060.16	是	是	是	是	是	可靠
2	上海巴萨布鞋厂	7 554 083.96	是	是	是	是	是	可靠
3	温州拓迪印染公司	4 728 107.94	是	是	是	是	是	可靠
4	河南菲特布艺坊	4 231 925.40	是	是	是	是	是	可靠
5	江苏金俐纺织公司	3 237 126.63	是	是	是	是	是	可靠
6	海美馨布艺坊	182 538.32	是	是	是	是	是	可靠
审计说明		经查验，回函过程控制可靠						

三、税金及附加审计

微课 7-15

税金及附加的审计目标及审计程序

（一）税金及附加的审计目标

（1）确定利润表中记录的税金及附加是否已发生，且与被审计单位有关。

（2）确定所有应当记录的税金及附加是否均已记录。

（3）确定与税金及附加有关的金额及其他数据是否已恰当记录。

（4）确定税金及附加是否已记录于正确的会计期间。

（5）确定税金及附加是否已记录于恰当的账户，是否已按照企业会计准则的规定在报表中做出恰当的列报。

（二）税金及附加审计的主要实质性程序

（1）获取或编制税金及附加明细表，复核加计是否正确，并与报表数、总账数和明细账合计数核对是否相符。

（2）根据审定的本期应税消费品销售额（或数量），按规定适用的税率，分项计算、复核本期应纳消费税税额，检查会计处理是否正确。

（3）根据审定的本期应纳资源税产品的课税数量，按规定适用的单位税额，计算、复核本期应纳资源税税额，检查会计处理是否正确。

（4）检查城市维护建设税、教育费附加等项目的计算依据是否和本期应纳增值税、消费税合计数一致，并按规定适用的税率或费率计算、复核本期应纳城市维护建设税、教育费附加等，检查会计处理是否正确。

（5）与应交税费有关明细科目的贷方发生额交叉复核，并做出相应记录。

（6）结合应交税费科目的审计，复核其勾稽关系。

（7）检查税金及附加是否已按照企业会计准则的规定在财务报表中做出恰当列报和披露。

（三）税金及附加审计案例

注册会计师在对某摩托车生产企业审计时发现：6 月销售给特约经销商某型号摩托车 300 辆，

出厂价 16 950 元（含增值税），另外收取包装费 500 元/辆（不含增值税），增值税税率 13%，消费税税率 10%。当月计算本笔摩托车销售业务应纳消费税的账务处理如下。

借：税金及附加   450 000

  贷：应交税费——应交消费税   450 000

要求：指出公司账务处理上的错误，并提出处理意见。

【案例解析】 根据法律规定，消费税的计税销售额是纳税人销售应税消费品向购买方收取的全部价款和价外费用（与增值税价外费用规定相同），但不包括向购买方收取的增值税税款。本笔业务应纳消费税额计算如下。

应纳税额=销售额×税率=[16 950/（1+13%）+500]×300×10%=465 000（元）

建议调整分录如下。

借：税金及附加   15 000

  贷：应交税费——应交消费税   15 000

（四）税金及附加审计工作底稿编制实例

1. 税金及附加审计程序表（见表 7-17）

表 7-17   税金及附加审计程序表

被审计单位： 梦舒公司   编制： 倪某 日期：2023 年 2 月 15 日 索引号：SY03-0

会计期间： 2022 年 1 月 1 日—2022 年 12 月 31 日 复核： 田某 日期：2023 年 2 月 25 日 页次： 1

一、审计目标与认定对应关系表

审计目标		财务报表认定				
		a	b	c	d	e
		发生	完整性	准确性	截止	列报
A	利润表中记录的税金及附加已发生，且与被审计单位有关	√				
B	所有应当记录的税金及附加均已记录		√			
C	与税金及附加有关的金额及其他数据已恰当记录			√		
D	税金及附加已记录于正确的会计期间				√	
E	税金及附加已记录于恰当的账户，已按照企业会计准则的规定在财务报表中做出恰当的列报					√

二、审计目标与审计计划的衔接

项目	财务报表认定				
	发生	完整性	准确性	截止	列报
评估的重大错报风险水平	普通	普通	普通	普通	普通
控制测试结果是否支持风险评估结论	是	是	是	是	是
需从实质性程序获取的保证程度	低	低	低	低	低

三、审计目标与审计程序对应关系表

审计目标	可供选择的审计程序	是否计划实施（√）	与认定的对应关系	索引号
C	1. 获取或编制税金及附加明细表，复核加计是否正确，并与报表数、总账数和明细账合计数核对是否相符	√	c	详见税金及附加审计工作底稿
ABC	2. 根据审定的本期应税消费品销售额（或数量），按规定适用的税率，分项计算、复核本期应纳消费税税额，检查会计处理是否正确	√	abc	

续表

审计目标	可供选择的审计程序	是否计划实施（√）	与认定的对应关系	索引号
ABC	3．检查城市维护建设税、教育费附加等项目的计算依据是否和本期应纳增值税、消费税合计数一致，并按规定适用的税率或费率计算、复核本期应纳城市维护建设税、教育费附加等，检查会计处理是否正确	√	abc	详见税金及附加审计工作底稿
ABC	4．与应交税费有关明细科目的贷方发生额交叉复核，并做出相应记录	√	abc	
ABC	5．结合应交税费科目的审计，复核其勾稽关系	√	abc	
	6．根据评估的舞弊风险等因素增加的审计程序			
E	7．检查税金及附加是否已按照企业会计准则的规定在财务报表中做出恰当列报和披露	√	e	

2．税金及附加审定表（见表7-18）

表7-18　　　　　　　　　　　　税金及附加审定表

被审计单位：　梦舒公司　　　　　　　编制：　倪某　　日期：　2023年2月22日　索引号：　SY03-1
会计期间：　2022年1月1日—2022年12月31日　　复核：　田某　　日期：　2023年2月25日　　页次：　1

项目	本期未审数	账项调整		本期审定数	上期审定数	索引号
		借方	贷方			
报表数	592 463.65	0.00	0.00	592 463.65	611 067.25	
总账数	592 463.65	0.00	0.00	592 463.65	611 067.25	
明细账数	592 463.65	0.00	0.00	592 463.65	611 067.25	
其中：城市维护建设税	243 168.92	0.00	0.00	29 185.60	240 023.22	
教育费附加	104 215.24	0.00	0.00	41 079.53	102 867.10	
地方教育附加	69 476.85	0.00	0.00	94 053.05	68 578.06	
房产税	88 697.89	0.00	0.00	49 672.71	133 426.11	
城镇土地使用税	11 150.00	0.00	0.00	11 150.00	10 831.64	
车船税	1 650.00	0.00	0.00	1 650.00	1 083.16	
印花税	74 104.76	0.00	0.00	84 004.76	54 257.95	
审计说明	1．报表与总账合计数核对一致；2．明细账与总账核对及查验见科目底稿					
审计结论	经审计，发生额可予以确认					

3．税金及附加凭证检查表（见表7-19）

表7-19　　　　　　　　　　　　税金及附加凭证检查表

被审计单位：　梦舒公司　　　　　　　编制：　倪某　　日期：　2023年2月15日　索引号：　SY03-2
会计期间：　2022年1月1日—2022年12月31日　　复核：　田某　　日期：　2023年2月25日　　页次：　1

序号	记账日期	凭证号	业务摘要	对方科目		金额	核对内容（用"√""×"表示）				
				方向	一级科目		1	2	3	4	5
1	2022年1月31日	记-95	计提城建税及附加	贷方	应交税费	10 942.84	√	√	√	√	√
2	2022年4月30日	记-93	计提城建税及附加	贷方	应交税费	8 423.32	√	√	√	√	√
3	2022年10月31日	记-88	计提城建税及附加	贷方	应交税费	57 867.03	√	√	√	√	√
4	2022年12月31日	记-108	计提印花税	贷方	应交税费	6 503.08	√	√	√	√	√
核对内容说明：1．原始凭证内容完整；2．授权批准完整；3．账务处理正确；4．金额核对相符；5．所属期间正确											
审计说明	采用随机抽样方法，经查验，未发现异常业务										

4. 税金及附加明细表（见表 7-20）

表 7-20

税金及附加明细表

被审计单位：梦舒公司　　　　　　　　　　　　　编制：倪某　　日期：2023 年 2 月 15 日　　索引号：SY03-2

会计期间：2022 年 1 月 1 日—2022 年 12 月 31 日　　复核：田某　　日期：2023 年 2 月 25 日　　页次：1

项目	1月	2月	3月	4月	5月	6月	7月	8月	9月	10月	11月	12月	本期未审数	上期审定数	备注
城市维护建设税	6 383.33	6 375.57	3 591.53	4 913.60	12 943.06	21 494.80	31 792.30	37 116.71	32 734.93	33 755.77	28 884.40	23 182.91	243 168.91	240 023.23	
教育费附加	2 735.71	2 732.39	1 539.23	2 105.83	5 547.03	9 212.06	13 625.27	15 907.16	14 029.26	14 466.76	12 379.03	9 935.53	104 215.24	102 867.10	
地方教育附加	1 823.81	1 821.59	1 026.15	1 403.88	3 698.02	6 141.37	9 083.52	10 604.78	9 352.84	9 644.50	8 252.69	6 623.69	69 476.85	68 578.06	
房产税	0.00	0.00	19 813.69	0.00	0.00	22 961.40	0.00	0.00	22 961.40	0.00	0.00	22 961.40	88 697.89	133 426.11	
城镇土地使用税	0.00	0.00	2 600.00	0.00	0.00	2 850	0.00	0.00	2 850.00	0.00	0.00	2 850.00	11 150.00	10 831.64	
车船税	0.00	0.00	0.00	810	0.00	0.00	0.00	0.00	0.00	0.00	0.00	840.00	1 650.00	1 083.16	
印花税	9 580.39	1 634.83	418.02	3 081.53	3 969.73	6 484.32	8 338.14	9 420.55	8 878.26	8 276.60	7 519.31	6 503.08	74 104.76	54 257.95	
合计	20 523.23	12 564.38	28 988.62	12 314.85	26 157.84	69 143.95	62 839.23	73 049.20	90 806.68	66 143.63	57 035.43	72 896.61	592 463.65	611 067.25	
月发生额占本期合计数比重	3.46%	2.12%	4.89%	2.08%	4.42%	11.67%	10.61%	12.33%	15.33%	11.16%	9.63%	12.30%	100.00%		
审计说明	总账与明细账核对一致														

四、应交税费审计

微课 7-16

应交税费的审计目标
及审计程序

（一）应交税费的审计目标

（1）确定资产负债表中记录的应交税费是否存在。

（2）确定记录的应交税费是否为被审计单位应履行的偿还义务。

（3）确定所有应当记录的应交税费是否均已记录。

（4）确定应交税费是否以恰当的金额包括在财务报表中，与之相关的计价或分摊调整是否已恰当记录。

（5）确定应交税费是否已按照企业会计准则的规定在报表中做出恰当分类和列报。

（二）应交税费审计的主要实质性程序

（1）取得或编制应交税费明细表，复核加计是否正确，并与报表数、总账数和明细账合计数核对是否相符。

（2）核对年初应交税费与税务机关的认定数是否一致，做出记录，如有差额，查明原因，必要时建议做适当调整。

（3）检查被审计单位获得税费减免或返还时的会计处理是否正确；依据是否充分、合法和有效。

（4）检查企业所得税：

① 结合所得税费用项目，确定应纳税所得额和企业所得税税率，复核本期应交所得税的计算是否正确，是否按规定进行了会计处理；

② 抽查本期缴纳所得税资料，确定本期已交数的正确性。

（5）检查增值税：

① 获取或编制应交增值税明细表，复核其正确性，并与明细账核对是否相符。

② 将"应交增值税明细表"与被审计单位增值税纳税申报表核对，检查进项税额、销项税额的入账与申报期间是否一致，金额是否相符，如不一致，应分析原因，并做出记录。

③ 进项税——通过"原材料"等相关科目匡算进项税是否合理；抽查一定期间的进项税抵扣汇总表、检查是否与应交增值税明细表总额一致，如有差异，查明差异原因并做适当处理；抽查一定数量的重要进项税发票，注意进口货物、购进的免税农产品、接受投资或捐赠、接受应税劳务等应计的进项税额是否按规定进行了会计处理；因存货改变用途或发生非常损失等应计的进项税额转出数是否正确计算，会计处理是否正确。

④ 销项税——检查适用税率是否符合税法规定；根据已审定的主营业务收入、其他业务收入及税法规定视同销售行为的有关记录，复核销项税额，并注意视同销售行为计税依据的确定是否正确。注意计税依据的确定，在将自产、委托加工的货物用于非应税项目集体福利、个人消费等视同销售情况下，税基计算是否正确；将自产、委托加工或外购的货物用于投资、捐赠时，是否分别按货物的合同价、不含税捐赠价计算；将自产、委托加工或外购的货物分配给股东或投资者及其他情况下是否按不含税销售额计算。

⑤ 取得出口退税申报材料及办理出口退税有关凭证，复核出口退税的正确性、合法性和及时性。

⑥ 经主管税务机关批准，实行核定征收率征收增值税的单位，应检查其是否按照有关规定正确执行。如果按照核定征收率计算的增值税金额大于申报增值税金额，应注意超过申报额部分的会计处理是否正确。

⑦ 抽查本期已交增值税纳税资料，确定已交数的正确性。

（6）检查消费税：① 结合税金及附加等项目，根据审定的应税消费品销售额（或数量），检查消费税的计税依据是否正确，适用税率（或单位税额）是否符合税法规定，是否按规定进行了会计处理，并分项复核本期应交消费税税额。② 抽查本期已交消费税纳税资料，确定已交数的正确性。

（7）检查城市维护建设税：① 结合税金及附加等项目，根据审定的计税基础和按规定适用的税率，复核本期应交城市维护建设税税额。② 抽查本期已交城市维护建设税纳税资料，确定已交数的正确性。

（8）检查车船税和房产税：① 获取被审计单位自有车船数量、吨位（或座位）及自有房屋建筑面积、用途、造价（购入原价）、购建年月等资料，并与固定资产（含融资租入固定资产和投资性房地产）明细账复核是否一致。② 了解其使用、停用时间及其原因等情况。③ 获取被审计单位本期内已交税金的完税凭证，审核其是否如实申报和按期缴纳，是否按规定进行了会计处理。

（9）检查其他税（费）及代扣税（费）项，计算应纳税费，并与明细账核对。

（10）确定应交税费的披露是否恰当。

（三）应交税费审计案例

某企业为增值税一般纳税人，注册会计师于 2023 年 2 月 5 日对其 2022 年的应交税费进行审计，发现：2022 年 10 月 5 日购进设备一台，增值税专用发票注明价款 800 000 元，增值税税额 104 000元，开出转账支票支付，并为此支付了运输费用 50 000 元（含增值税，普通发票）。

借：固定资产　　　　　　　　　　　　　800 000
　　应交税费——应交增值税（进项税额）　104 000
　　　贷：银行存款　　　　　　　　　　　　　904 000
借：管理费用　　　　　　　　　　　　　　50 000
　　　贷：银行存款　　　　　　　　　　　　　50 000

要求：根据上述资料，指出存在的问题，并提出账项调整建议。

【案例解析】根据规定，固定资产的入账价值应该包括购买价款和相关税费（包括关税、契税、耕地占用税、车辆购置税等），以及使固定资产达到预定可使用状态前所发生的可归属于该项资产的运输费、装卸费、安装成本和专业人员服务费等。建议调整分录如下。

借：固定资产　　　　　　　　　　　　　50 000
　　　贷：管理费用　　　　　　　　　　　　　50 000

（四）应交税费审计工作底稿编制实例

1. 应交税费审计程序表（见表 7-21）

表 7-21　　　　　　　　　　　　　应交税费审计程序表

被审计单位：梦舒公司　　　　　　　　　编制：倪某　日期：2023 年 2 月 15 日　索引号：FZ05-0
会计期间：2022 年 1 月 1 日—2022 年 12 月 31 日　复核：田某　日期：2023 年 2 月 25 日　页次：1

一、审计目标与认定对应关系表					
审计目标	财务报表认定				
	a	b	c	d	e
	存在	权利和义务	完整性	准确性、计价和分摊	分类、列报
A　资产负债表中记录的应交税费是存在的	√				
B　记录的应交税费是被审计单位应履行的偿还义务		√			
C　所有应当记录的应交税费均已记录			√		
D　应交税费以恰当的金额包括在财务报表中，与之相关的计价或分摊调整已恰当记录				√	
E　应交税费已按照企业会计准则的规定在财务报表中做出恰当分类和列报					√

续表

二、审计目标与审计计划的衔接

项目	财务报表认定				
	存在	权利和义务	完整性	准确性、计价和分摊	分类、列报
评估的重大错报风险水平	显著	普通	显著	显著	普通
控制测试结果是否支持风险评估结论	是	是	是	是	是
需从实质性程序获取的保证程度	中	低	中	中	低

三、审计目标与审计程序对应关系表

审计目标	可供选择的审计程序	是否计划实施（√）	与认定的对应关系	索引号
D	1．获取或编制应交税费明细表：① 复核加计是否正确，并与报表数、总账数和明细账合计数核对是否相符；② 注意印花税、耕地占用税以及其他不需要预计应交数的税金有无误入应交税费项目（应交未交除外）；③ 分析存在借方余额的项目，查明原因，判断是否由被审计单位预缴税款引起；④ 当实际缴纳的所得税税款大于按照税法规定计算的应交税时，超过部分在资产负债表中是否列示为其他流动资产（注意此项重分类为在超过税法规定计算的应交税时形成的借方余额）	√	d	详见应交税费审计工作底稿
AB	2．首次接受委托时，取得被审计单位的纳税鉴定、纳税通知、减免税批准文件等，了解被审计单位适用的税种、附加税费、计税（费）基础、税（费）率，以及征、免、减税（费）的范围与期限。如果被审计单位适用特定的税基优惠或税额式优惠或降低适用税率的，且该项税收优惠需办理规定的审批或备案手续的，应检查相关的手续是否完整、有效。连续接受委托时，关注其变化情况	√	ab	
BD	3．核对期初未交税金与税务机关受理的纳税申报资料是否一致，检查缓期纳税及延期纳税事项是否经过有权税务机关批准	√	bd	
D	4．取得税务部门汇算清缴或其他确认文件、有关政府部门的专项检查报告、税务代理机构专业报告、被审计单位纳税申报资料等，分析其有效性，并与上述明细表及账面数据进行核对。对于超过法定缴纳期限的税费，应取得主管税务机关的批准文件	√	d	
ABCD	5．检查应交增值税。① 获取或编制应交增值税明细表，加计复核其正确性，并与明细账核对是否相符。② 将应交增值税明细表与被审计单位增值税纳税申报表进行核对，比较两者是否总体相符，并分析其差额的原因。③ 通过"原材料"等相关科目匡算进项税是否合理。④ 抽查一定期间的进项税抵扣汇总表，与应交增值税明细表相关数额合计数核对，如有差异，查明原因并做适当处理。⑤ 抽查重要进项税发票、海关完税凭证、收购凭证或运费发票，并与网上申报系统进行核对，注意进口货物、购进的免税农产品或废旧物资、支付运费、接受投资或捐赠、接受应税劳务等应计的进项税额是否按规定进行了会计处理；因货改变用途或发生非常损失应计的进项税额转出数的计算是否正确，是否按规定进行了会计处理。⑥ 根据与增值税销项税额相关账户审定的有关数据，复核存货销售，或将存货用于投资、无偿馈赠他人、分配给股东应计的销项税额及将自产、委托加工的产品用于非应税项目的计税依据是否正确，以及应计的销项税额是否正确计算，会计处理是否正确。⑦ 检查适用税率是否符合税法规定。⑧ 抽查本期已交增值税资料，确定已交款的正确性	√	abcd	
ABCD	6．检查应交消费税的计算是否正确。结合增值税等项目，根据审定的应税消费品销售额（或数量），检查消费税的计税依据是否正确。适用税率（或单位税额）是否符合税法规定，是否按规定进行了会计处理，并分项复核本期应交消费税税额；抽查本期已交消费税资料，确定已交数的正确性		abcd	

续表

审计目标	可供选择的审计程序	是否计划实施（√）	与认定的对应关系	索引号
ABCD	7．检查应交资源税的计算是否正确，是否按规定进行了会计处理		abcd	
ABCD	8．检查应交土地增值税的计算是否正确，是否按规定进行了会计处理。① 根据审定的预售房地产的预收账款，复核预交税款是否准确。② 对符合项目清算条件的房地产开发项目，检查被审计单位是否按规定进行土地增值税清算；如果被审计单位已聘请中介机构办理土地增值税清算鉴证，应检查、核对相关鉴证报告。③ 如果被审计单位被主管税务机关核定征收土地增值税的，应检查、核对相关的手续。		abcd	详见应交税费审计工作底稿
ABCD	9．检查应交城市维护建设税的计算是否正确。结合增值税及附加等项目的审计，根据审定的计税基础和按规定适用的税率，复核被审计单位本期应交城市维护建设税的计算是否正确，是否按规定进行了会计处理；抽查本期已交城市维护建设税资料，确定已交数的正确性	√	abcd	
ABCD	10．检查应交车船税和房产税的计算是否正确。获取被审计单位自有车船数量、吨位（或座位）及自有房屋建筑面积、用途、造价（购入原价）、购建年月等资料，并与固定资产（含融资租入固定资产）明细账复核是否一致；了解其使用、停用时间及其原因等情况；通过审核本期完税单，检查其是否如实申报和按期缴纳，是否按规定进行了会计处理	√	abcd	
ABCD	11．检查应交城镇土地使用税的计算是否正确，是否按规定进行了会计处理	√	abcd	
ABCD	12．获取或编制应交所得税测算表，结合所得税项目，确定应纳税所得额及企业所得税税率，复核应交企业所得税的计算是否正确，是否按规定进行了会计处理；抽查本期已交所得税资料，确定已交数的正确性。汇总纳税企业所得税汇算清缴，并按税法规定追加相应的程序	√	abcd	
ABCD	13．检查教育费附加等的计算是否正确，是否按规定进行了会计处理	√	abcd	
ABCD	14．检查除上述税项外的其他税项及代扣税项的计算是否正确，是否按规定进行了会计处理	√	abcd	
BCD	15．检查被审计单位获得税费减免或返还时的依据是否充分、合法和有效，会计处理是否正确		bcd	
ABCD	16．抽查 5 笔应交税费相关的凭证，检查是否有合法依据，会计处理是否正确	√	abcd	
	17．根据评估的舞弊风险等因素增加的审计程序			
E	18．确定应交税费是否已按照企业会计准则的规定在财务报表中做出恰当列报和披露	√	e	

2．应交税费审定表（见表 7-22）

表 7-22　　　　　　　　　　　应交税费审定表

被审计单位：梦舒公司　　　　　　　　　　编制：倪某　　日期：2023 年 2 月 22 日　索引号：FZ05-1

会计期间：2022 年 1 月 1 日—2022 年 12 月 31 日　　复核：田某　　日期：2023 年 2 月 25 日　页次：1

项目	期末未审数	账项调整		重分类调整		期末审定数	期初审定数	索引号
		借方	贷方	借方	贷方			
报表数	1 104 375.54	0.00	0.00	0.00	0.00	1 104 375.54	1 204 459.53	
总账数	1 104 375.54	0.00	0.00	0.00	0.00	1 104 375.54	1 204 459.53	
明细账数	1 104 375.54	0.00	0.00	0.00	0.00	1 104 375.54	1 204 459.53	
其中：增值税	368 358.84	0.00	0.00	0.00	0.00	368 358.84	666 324.43	
企业所得税	646 617.01	0.00	0.00	0.00	0.00	646 617.01	450 166.58	
城市维护建设税	23 182.91	0.00	0.00	0.00	0.00	23 182.91	23 001.94	
教育费附加	9 935.53	0.00	0.00	0.00	0.00	9 935.53	8 572.26	

续表

项目	期末未审数	账项调整		重分类调整		期末审定数	期初审定数	索引号
		借方	贷方	借方	贷方			
地方教育附加	6 623.69	0.00	0.00	0.00	0.00	6 623.69	5 714.84	
房产税	22 961.40	0.00	0.00	0.00	0.00	22 961.40	22 961.40	
城镇土地使用税	2 850.00	0.00	0.00	0.00	0.00	2 850.00	2 850.00	
车船税	840.00	0.00	0.00	0.00	0.00	840.00	840.00	
印花税	6 503.08	0.00	0.00	0.00	0.00	6 503.08	4 521.50	
个人所得税	16 503.08	0.00	0.00	0.00	0.00	16 503.08	19 506.58	
审计说明	1．报表数与总账合计数核对一致；2．明细账与总账核对及查验见科目底稿							
审计结论	经审计，期末余额可予以确认							

3．应交税费明细表（见表7-23）

表7-23　　　　　　　　　　　　　　应交税费明细表

被审计单位：　梦舒公司　　　　　　　编制：　倪某　日期：2023年2月22日　索引号：FZ05-2
会计期间：　2022年1月1日—2022年12月31日　复核：　田某　日期：2023年2月25日　页次：　1

项目	未审数				账项调整		调整索引	期末审定数
	期初数	本期增加	本期减少	期末数	借方	贷方		
1．增值税	666 324.42	15 732 231.44	15 740 302.99	658 252.87	0.00	0.00		658 252.87
其中：应交增值税	0.00	11 097 063.76	11 097 063.76	0.00	0.00	0.00		0.00
未交增值税	666 324.42	4 635 167.68	4 643 239.23	658 252.87	0.00	0.00		658 252.87
预交增值税	0.00	0.00	0.00	0.00	0.00	0.00		0.00
2．企业所得税	450 166.58	2 278 675.76	2 372 119.36	356 722.98	0.00	0.00		356 722.98
3．城建税	23 001.94	243 168.92	242 987.95	23 182.91	0.00	0.00		23 182.91
4．教育费附加	8 572.26	104 215.24	102 851.97	9 935.53	0.00	0.00		9 935.53
5．地方教育附加	5 714.84	69 476.85	68 568.00	6 623.69	0.00	0.00		6 623.69
6．房产税	22 961.40	88 697.89	88 697.89	22 961.40	0.00	0.00		22 961.40
7．城镇土地使用税	2 850.00	11 150.00	11 150.00	2 850.00	0.00	0.00		2 850.00
8．车船税	840.00	1 650.00	1 650.00	840.00	0.00	0.00		840.00
9．印花税	4 521.50	74 104.76	72 123.18	6 503.08	0.00	0.00		6 503.08
10．个人所得税	19 506.58	234 078.96	237 082.46	16 503.08	0.00	0.00		16 503.08
合计	1 204 459.52	18 837 449.82	18 937 533.79	1 104 375.54	0.00	0.00		1 104 375.54
审计说明	总账与明细账核对一致；税金计提复核无误							

4．应交税费凭证检查表（见表7-24）

表7-24　　　　　　　　　　　　　　应交税费凭证检查表

被审计单位：　梦舒公司　　　　　　　审核：　倪某　日期：2023年2月15日　索引号：FZ05-3
会计期间：　2022年1月1日—2022年12月31日　复核：　田某　日期：2023年2月25日　页次：　1

序号	记账日期	凭证号	业务摘要	对方科目		金额	核对内容（用"√""×"表示）			
				方向	一级科目		1	2	3	4
1	2022年1月6日	记-12	购入原材料	贷方	银行存款	199 082.00	√	√	√	√
2	2022年1月31日	记-70	销售商品	借方	应收账款	480 539.54	√	√	√	√
3	2022年6月15日	记-33	缴纳上月各项税费	贷方	银行存款	26 157.84	√	√	√	√
4	2022年9月30日	记-80	支付原材料费用	贷方	应付账款	55 237.39	√	√	√	√
5	2022年12月31日	记-95	计提第4季度所得税	借方	所得税费用	1 808 675.75	√	√	√	√
核对内容说明：1．原始凭证内容完整；2．授权批准完整；3．账务处理正确；4．金额核对相符										
审计说明	采用随机抽样方法，经查验未发现异常业务									

五、信用减值损失审计

微课 7-17

（一）信用减值损失的审计目标

（1）确定利润表中记录的信用减值损失是否已发生，且与被审计单位有关。

（2）确定所有应当记录的信用减值损失是否均已记录。

（3）确定与信用减值损失有关的金额及其他数据是否恰当记录。

（4）确定信用减值损失是否已记录于正确的会计期间。

信用减值损失的审计
目标及审计程序

（5）确定信用减值损失是否已记录于恰当的账户，是否已按照企业会计准则的规定在财务报表中做出恰当的列报。

（二）信用减值损失的审计程序

（1）获取或编制信用减值损失明细表，复核加计是否正确，并与报表数、总账数和明细账合计数核对是否相符。

（2）对本期增减变动情况检查如下：① 对本期增加及转回的信用减值损失，与坏账准备等科目进行交叉勾稽；② 对本期转销的信用减值损失，结合相关科目的审计，检查会计处理是否正确。

（3）检查信用减值损失是否已按照企业会计准则的规定在财务报表中做出恰当列报：① 当期确认的各项资产减值损失金额；② 上期确认的各项资产减值损失金额。

（三）信用减值损失审计案例

D 公司应收账款采用余额百分比法计提坏账准备，根据公司往年坏账损失发生情况确定的计提比例为 2%。年末应收借款借方余额为 750 万元。因应收账款提取的坏账准备期初余额为 20 万元，本期发生坏账损失 20 万元，本期收回前期已核销的坏账 15 万元。期末应收账款中应收甲公司货款 60 万元，有确凿证据表明只能收回 30%。D 公司年末因应收账款计提了 10 万元的坏账准备，计提后相关坏账准备科目的期末余额为 15 万元。

要求：分析该公司因应收账款计提的坏账准备是否恰当，并提出相应建议。

【案例解析】D 公司计提的坏账准备是不恰当的。根据规定，应收甲公司货款 60 万元，有确凿证据表明只能收回 30%，应采用个别认定法计提坏账准备。应建议 D 公司进行调整，补提坏账准备：（750-60）×2%+60×70%-15=40.8（万元）。建议调整分录如下。

借：信用减值损失　　　　　　　　　　　　　　　　408 000

贷：坏账准备　　　　　　　　　　　　　　　　　　　　408 000

（四）信用减值损失审计工作底稿编制实例

1. 信用减值损失审计程序表（见表 7-25）

表 7-25　　　　　　　　　　信用减值损失审计程序表

被审计单位：　梦舒公司　　　　　　　　编制：　倪某　　日期：2023 年 2 月 15 日　索引号：SY08-0

会计期间：　2022 年 1 月 1 日—2022 年 12 月 31 日　　复核：　田某　　日期：2023 年 2 月 25 日　页次：　1

	一、审计目标与认定对应关系表					
		财务报表认定				
	审计目标	a	b	c	d	e
		发生	完整性	准确性	截止	分类、列报
A	利润表中记录的信用减值损失已发生，且与被审计单位有关	√				
B	所有应当记录的信用减值损失均已记录		√			

续表

	审计目标	财务报表认定				
		a	b	c	d	e
		发生	完整性	准确性	截止	分类、列报
C	与信用减值损失有关的金额及其他数据已恰当记录			√		
D	信用减值损失已记录于正确的会计期间				√	
E	信用减值损失已记录于恰当的账户，已按照企业会计准则的规定在财务报表中做出恰当的列报					√

二、审计目标与审计计划的衔接

项目	财务报表认定				
	发生	完整性	准确性	截止	分类、列报
评估的重大错报风险水平	普通	普通	普通	普通	普通
控制测试结果是否支持风险评估结论	是	是	是	是	是
需从实质性程序获取的保证程度	低	低	低	低	低

三、审计目标与审计程序对应关系表

审计目标	可供选择的审计程序	是否计划实施（√）	与认定的对应关系	索引号
C	1.获取或编制信用减值损失明细表，复核加计是否正确，并与报表数、总账数和明细账合计数核对是否相符	√	c	详见信用减值损失审计工作底稿
ABC	2.对本期增减变动情况检查如下：① 对本期增加及转回的信用减值损失，与坏账准备等科目进行交叉勾稽；② 对本期转销的信用减值损失，结合相关科目的审计，检查会计处理是否正确	√	abc	
	3.根据评估的舞弊风险等因素增加的审计程序			
E	4.检查信用减值损失是否已按照企业会计准则的规定在财务报表中做出恰当列报：① 当期确认的各项资产减值损失金额；② 上期确认的各项资产减值损失金额	√	e	

2．信用减值损失审定表（见表 7 26）

表 7-26　　　　　　　　　　　　信用减值损失审定表

被审计单位：　梦舒公司　　　　　　　　　编制：　倪某　日期：2023 年 2 月 15 日　索引号：　SY08-1

会计期间：　2022 年 1 月 10 日—2022 年 12 月 31 日　复核：　田某　日期：2023 年 2 月 25 日　页次：　1

项目	本期未审数	账项调整		本期审定数	上期审定数	索引号
		借方	贷方			
报表数（收益以"-"填列）	525 710.78	0.00	0.00	525 710.78	2 108 821.12	
总账数	525 710.78	0.00	0.00	525 710.78	2 108 821.12	
明细账数	525 710.78	0.00	0.00	525 710.78	2 108 821.12	
其中：坏账损失	525 710.78	0.00	0.00	525 710.78	2 108 821.12	
合同资产减值损失	0.00	0.00	0.00	0.00	0.00	
债权投资减值损失	0.00	0.00	0.00	0.00	0.00	
其他债权投资减值损失	0.00	0.00	0.00	0.00	0.00	
租赁应收款减值损失	0.00	0.00	0.00	0.00	0.00	
审计说明	1．报表数与总账合计数核对一致；2．明细账与总账核对及查验见科目底稿					
审计结论	经审计，发生额可予以确认					

3. 信用减值损失明细表（见表 7-27）

表 7-27　　　　　　　　　　　信用减值损失明细表

被审计单位：　梦舒公司　　　　　　　　编制：　倪某　日期：　2023 年 2 月 15 日　索引号：SY08-2
会计期间：　2022 年 1 月 10 日—2022 年 12 月 31 日　复核：　田某　日期：　2023 年 2 月 25 日　页次：　1

项目内容	本期未审数	上期审定数	备注
一、坏账损失	525 710.78	2 108 821.12	
其中：应收账款	525 710.78	2 108 821.12	
二、合同资产减值损失	0.00	0.00	
三、债权投资减值损失	0.00	0.00	
四、其他债权投资减值损失	0.00	0.00	
五、租赁应收款减值损失	0.00	0.00	
六、其他	0.00	0.00	
合计	525 710.78	2 108 821.12	
审计说明	总账与明细账核对一致		

4. 信用减值损失凭证检查表（见表 7-28）

表 7-28　　　　　　　　　　　信用减值损失凭证检查表

被审计单位：　梦舒公司　　　　　　　　审核：　倪某　日期：　2023 年 2 月 15 日　索引号：SY08-3
会计期间：　2022 年 1 月 10 日—2022 年 12 月 31 日　复核：　田某　日期：　2023 年 2 月 25 日　页次：　1

序号	记账日期	凭证号	业务摘要	对方科目		金额	核对内容（用"√""×"表示）				
				方向	一级科目		1	2	3	4	5
1	2022 年 12 月 31 日	记-108	计提坏账准备	借方	坏账准备	525 710.78	√	√	√	√	√
核对内容说明：1. 原始凭证内容完整；2. 授权批准完整；3. 账务处理正确；4. 金额核对相符；5. 所属期间正确											
审计说明	采用全查的方式，经查验未发现异常业务										

六、销售费用审计

微课 7-18

（一）销售费用的审计目标

（1）确定利润表中记录的销售费用是否已发生，且与被审计单位有关。

（2）确定所有应当记录的销售费用是否均已记录。

（3）确定与销售费用有关的金额及其他数据是否已恰当记录。

（4）确定销售费用是否已记录于正确的会计期间。

（5）确定销售费用是否已记录于恰当的账户，是否已按照企业会计准则的规定在报表中做出恰当的列报。

销售费用的审计目标
及审计程序

（二）销售费用审计的主要实质性程序

（1）获取或编制销售费用明细表，复核加计是否正确，并与报表数、总账数和明细账合计数核对是否相符。

（2）将本期销售费用与上一期的销售费用各明细项目进行比较，并将本期各个月份的销售费用进行比较，如有重大波动和异常情况应查明原因。

（3）检查各明细项目是否与被审计单位销售商品和材料、提供劳务以及销售机构经营有关，是否合规、合理，计算是否正确。

（4）核对有关费用项目与累计折旧、应付职工薪酬等项目的勾稽关系，做交叉索引。

（5）针对重要或异常的销售费用项目，检查其原始凭证是否合法，会计处理是否正确。必要时，对销售费用实施截止测试，检查有无跨期入账的现象，对于重大跨期项目，应做必要调整。注意广告费、业务宣传费的划分是否合理，是否符合税前列支条件。

（6）检查销售费用是否已在利润表上恰当列报。

（三）销售费用审计案例

注册会计师在审查某公司销售费用明细账时，发现如下记录：公司分管销售的副总经理的差旅费 2 100 000 元；招待客户的费用 190 000 元；专设销售机构人员的工资及奖金 3 100 000 元；支付产品的宣传费 560 000 元。

要求：指出存在的问题，并提出处理意见。

【案例解析】按照企业会计准则的规定，分管销售的副总经理的差旅费应记入"管理费用"账户，招待客户的费用记入"管理费用"账户。编制的调整分录如下。

借：管理费用　　　　　　　　　　　　　　　　2 290 000
　　贷：销售费用　　　　　　　　　　　　　　　　　2 290 000

（四）销售费用审计工作底稿编制实例

1. 销售费用审计程序表（见表 7-29）

表 7-29　　　　　　　　　　　　　　销售费用审计程序表

被审计单位：梦舒公司　　　　　　　　编制：倪某　　日期：2023 年 2 月 15 日　索引号：SY04-0

会计期间：2022 年 1 月 1 日—2022 年 12 月 31 日　复核：田某　　日期：2023 年 2 月 25 日　页次：

一、审计目标与认定对应关系表

	审计目标	财务报表认定				
		a	b	c	d	e
		发生	完整性	准确性	截止	分类、列报
A	利润表中记录的销售费用已发生，且与被审计单位有关	√				
B	所有应当记录的销售费用均已记录		√			
C	与销售费用有关的金额及其他数据已恰当记录			√		
D	销售费用已记录于正确的会计期间				√	
E	销售费用已记录于恰当的账户，已按照企业会计准则的规定在财务报表中做出恰当的列报					√

二、审计目标与审计计划的衔接

项目	财务报表认定				
	发生	完整性	准确性	截止	分类、列报
评估的重大错报风险水平	普通	普通	普通	普通	普通
控制测试结果是否支持风险评估结论	是	是	是	是	是
需从实质性程序获取的保证程度	低	低	低	低	低

三、审计目标与审计程序对应关系表

审计目标	可供选择的审计程序	是否计划实施（√）	与认定的对应关系	索引号
C	1. 获取或编制销售费用明细表：① 复核其加计数是否正确，并与报表数、总账数和明细账合计数核对是否相符；② 将销售费用中的工资、折旧等与相关的资产、负债科目核对，检查其勾稽关系的合理性	√	c	详见销售费用审计工作底稿
ABC	2. 对销售费用进行分析：① 计算分析各个月份销售费用总额及主要项目金额占主营业务收入的比率，并与上一年度进行比较，判断变动的合理性；② 计算分析各个月份销售费用中主要项目发生额及占销售费用总额的比率，并与上一年度进行比较，判断其变动的合理性	√	abc	

续表

审计目标	可供选择的审计程序	是否计划实施（√）	与认定的对应关系	索引号
E	3. 检查各明细项目是否与被审计单位销售商品和材料、提供劳务以及专设的销售机构发生的各种费用有关	√	e	详见销售费用审计工作底稿
ABC	4. 检查销售佣金支出是否符合规定，审批手续是否健全，是否取得有效的原始凭证；如超过规定，是否按规定进行了纳税调整	√	abc	
ABC	5. 检查广告费、宣传费、业务招待费的支出是否合理，审批手续是否健全，是否取得有效的原始凭证；如超过规定限额，应在计算应纳税所得额时调整	√	abc	
C	6. 检查由产品质量保证产生的预计负债，是否按确定的金额进行会计处理	√	c	
ABC	7. 选择重要或异常的销售费用，检查销售费用各项目开支标准是否符合规定，开支内容是否与被审计单位产品销售或专设销售机构的经费有关，计算是否正确，原始凭证是否合法，会计处理是否正确	√	abc	
D	8. 实施截止测试，若存在异常迹象，应考虑是否有必要追加审计程序，对于重大跨期项目的应做必要调整	√	d	
	9. 根据评估的舞弊风险等因素增加相应的审计程序			
E	10. 检查销售费用是否已按照准则的规定在报表中做出恰当列报	√	e	

2. 销售费用审定表（见表7-30）

表 7-30 　　　　　　　　　　　销售费用审定表

被审计单位： 梦舒公司　　　　　　　编制： 倪某　日期： 2023年2月15日　索引号： SY04-1
会计期间： 2022年1月1日—2022年12月31日　复核： 田某　日期： 2023年2月25日　页次： 1

项目	上期审定数	本期未审数	账项调整 借方	账项调整 贷方	本期审定数	索引号
报表数	2 164 711.99	2 146 098.59	0.00	0.00	2 146 098.58	
总账数	2 164 711.99	2 146 098.59	0.00	0.00	2 146 098.58	
明细账	2 164 711.99	2 146 098.59	0.00	0.00	2 146 098.58	
其中：职工薪酬费	1 154 644.29	1 284 599.26	0.00	0.00	1 284 599.25	
运输费	208 378.69	218 657.92	0.00	0.00	218 657.92	
检测费	162 892.36	111 552.02	0.00	0.00	111 552.02	
质量损失费	126 213.29	34 854.39	0.00	0.00	34 854.39	
样品费	91 605.16	25 626.04	0.00	0.00	25 626.04	
邮寄费	75 381.29	32 461.69	0.00	0.00	32 461.69	详见销售费用审计工作底稿
车辆费用	62 671.18	155 344.25	0.00	0.00	155 344.25	
折旧费	2 929.24	2 929.24	0.00	0.00	2 929.24	
差旅费	64 997.07	64 515.85	0.00	0.00	64 515.85	
办公费	25 359.94	36 868.36	0.00	0.00	36 868.36	
广告及业务宣传费	126 639.33	119 626.49	0.00	0.00	119 626.49	
展览费	48 794.71	41 914.07	0.00	0.00	41 914.07	
通信费	7 383.19	13 244.46	0.00	0.00	13 244.46	
水电费	6 822.25	3 904.55	0.00	0.00	3 904.55	
审计说明	1. 报表数与总账合计数核对一致；2. 明细账与总账核对一致，查验未发现异常					
审计结论	经审计，发生额可予以确认					

3. 销售费用本期与上期比较表（见表 7-31）

表 7-31 销售费用本期与上期比较表

被审计单位： 梦舒公司　　　编制： 倪某　日期： 2023 年 2 月 15 日　索引号： SY04-2

会计期间： 2022 年 1 月 1 日—2022 年 12 月 31 日　复核： 田某　日期： 2023 年 2 月 25 日　页次： 1

项目	本期未审发生额		上年同期审定额		增减额	增减比例
	金额	比重	金额	比重		
职工薪酬费	155 344.25	59.86%	1 154 644.29	53.34%	129 954.97	11.25%
运输费	2 929.24	10.19%	208 378.69	9.63%	10 279.23	4.93%
检测费	64 515.85	5.20%	162 892.36	7.52%	−51 340.34	−31.52%
质量损失费	36 868.36	1.62%	126 213.29	5.83%	−91 358.90	−72.38%
样品费	119 626.49	1.19%	91 605.16	4.23%	−65 979.12	−72.03%
邮寄费	41 914.07	1.51%	75 381.29	3.48%	−42 919.60	−56.94%
车辆费用	13 244.46	7.24%	62 671.18	2.90%	92 673.07	147.87%
折旧费	3 904.55	0.14%	2 929.24	0.14%	0.00	0.00%
差旅费	64 515.85	3.01%	64 997.07	3.00%	−481.22	−0.74%
办公费	36 868.36	1.72%	25 359.94	1.17%	11 508.42	45.38%
广告及业务宣传费	119 626.49	5.57%	126 639.33	5.85%	−7 012.84	−5.54%
展览费	41 914.07	1.95%	48 794.71	2.25%	−6 880.64	−14.10%
通信费	13 244.46	0.62%	7 383.19	0.34%	5 861.27	79.39%
水电费	3 904.55	0.18%	6 822.25	0.32%	−2 917.70	−42.77%
合计	2 146 098.59	100%	2 164 711.99	100.00%	−18 613.40	−0.86%
审计说明	计算复核发现车辆费用、办公费、通信费变动异常，应予以重点关注；无形资产摊销测试见无形资产审计底稿，累计折旧见固定资产审计底稿					

4. 销售费用凭证检查表（见表 7-32）

表 7-32 销售费用凭证检查表

被审计单位： 梦舒公司　　　编制： 倪某　日期： 2023 年 2 月 20 日　索引号： SY04-3

会计期间： 2022 年 1 月 1 日—2022 年 12 月 31 日　复核： 田某　日期： 2023 年 2 月 25 日　页次： 1

序号	记账日期	凭证号	业务摘要	对方科目		金额	核对内容（用 "√" "×" 表示）				
				方向	一级科目		1	2	3	4	5
1	2022 年 1 月 5 日	记-16	付广告费	贷	银行存款	18 602.69	√	√	√	√	√
2	2022 年 12 月 31 日	记-39	付水电费	贷	银行存款	325.38	√	√	√	√	√
3	2022 年 7 月 28 日	记-46	付业务招待费	贷	银行存款	8 248.00	√	√	√	√	√
4	2022 年 6 月 30 日	记-58	计提折旧	贷	银行存款	244.10	√	√	√	√	√
5	2022 年 1 月 10 日	记-28	付运输费	贷	银行存款	54 604.33	√	√	√	√	√
核对内容说明：1. 原始凭证内容完整；2. 授权批准完整；3. 账务处理正确；4. 金额核对相符；5. 不属于跨期事项											
审计说明	采用任意选样方法，经查验，未发现异常业务										

本项目任务解析与知识拓展

任务解析 7-1

任务解析 7-2

拓展阅读

关于加强新时代注册
会计师行业人才工作的
指导意见（财政部）

技能训练

1. ABC 会计师事务所的 A 注册会计师负责审计甲公司 2022 年度财务报表，确定的财务报表整体的重要性为 200 万元，实际执行的重要性为 100 万元。审计工作底稿中与函证相关的部分内容摘录如下。

（1）A 注册会计师评估认为应收账款的重大错报风险较低，对甲公司 2022 年 11 月 30 日的应收账款余额实施了函证程序，未发现差异。2022 年 12 月 31 日的应收账款余额较 11 月 30 日无重大变动。A 注册会计师据此认为已对年末应收账款余额的存在认定获取了充分、适当的审计证据。

（2）A 注册会计师针对甲公司与其母公司一笔可能存在低估的应收账款，特别设计采用列明应收账款余额的积极式询证函，根据回函不存在差异，得出甲公司与其母公司的该笔应收账款不存在低估错报的审计结论。

（3）甲公司管理层拒绝 A 注册会计师向客户丁公司寄发询证函，A 注册会计师针对甲公司应收丁公司销货款实施替代审计程序。

【训练要求】针对上述第（1）至（3）项，逐项指出 A 注册会计师的做法是否恰当，如不恰当，简要说明理由。

2. 注册会计师在审查某公司 2022 年度利润表时，抽查了 12 月的销售业务，发现以下情况：

（1）5 日送交该公司非独立核算的门市部甲产品 600 件，产品已发出，账中未做处理。

（2）12 日售给另一工厂乙产品 1 600 件，货款已收到未入账。

（3）26 日某工厂退回有质量问题的甲产品 400 件，产品已收到，账中未做处理。

（4）31 日库存商品明细账中对 12 日售出的乙产品未结转成本。

经查，甲产品单位售价为 10 元，单位制造成本为 7 元；乙产品单位售价为 20 元，单位制造成本为 15 元。

【训练要求】计算出应调整的销售收入和销售成本，并提出处理意见。

3. D 公司 2022 年度的资产负债表"应收账款"数额为 18 560 000 元，与应收账款总账余额相符，预收账款数额为 2 125 000 元。经审验发现应收账款 F 公司明细账有贷方余额 880 000 元，经查系 F 公司的预付货款，尚未履行购货合同。该公司按应收账款余额的 5‰ 计提坏账准备。

【训练要求】该公司 2022 年度的资产负债表"应收账款"数额是否正确？如不正确，应如何调整？

项目八 生产与仓储循环审计

学习目标

【知识目标】了解生产与仓储循环涉及的业务活动及其内部控制的主要内容，理解生产与存货循环内部控制的风险及相关控制程序，理解生产与存货循环实质性程序的工作内容。

【技能目标】掌握生产与仓储循环内部控制测试的步骤、方法及相关审计工作底稿的编制方法，掌握生产与存货循环实质性程序的步骤、方法及相关审计工作底稿的编制方法。

【素养目标】熟悉生产与仓储循环相关的审计准则、会计准则等，增强法律意识，做到知法守法，培养独立、客观、公正的职业道德，培养认真仔细、一丝不苟、精益求精的职业精神。

关键词汇

存货盘点（Stock Tanking）   原材料（Raw Material）

库存商品（Stock Goods）   营业成本（Business Cost）

主营业务成本（Chief Business Cost）   其他业务成本（Other Business Cost）

任务一 生产与仓储循环控制测试

任务导入 8-1

如注册会计师认为存货数量存在舞弊导致的重大错报风险，下列做法中，通常不能应对该风险的是（   ）。

A. 要求被审计单位在报告期末或邻近期末的时点实施存货盘点

B. 在不预先通知的情况下对特定存放地点的存货实施监盘

C. 利用专家的工作对特殊类型的存货实施更严格的检查

D. 扩大与存货相关的内部控制测试的样本规模

一、生产与仓储循环的内部控制

微课 8-1

主要业务活动

（一）生产与仓储循环涉及的主要业务活动

1. 计划和安排生产

生产计划部门的职责是根据客户订单或者对销售预测和产品需求的分析来决定生产授权，如决定授权生产，即签发预先编号的生产通知单。该部门通常应将发出的所有生产通知单编号并加以记录控制，此外，还需要编制一份材料需求报告，列示所需要的材料、零件及其库存。

2. 发出原材料

仓库的责任是根据从生产部门收到的领料单发出原材料。领料单上必须列示所需的材料数量和种类，以及领料部门的名称。领料单可以一料一单，也可以多料一单，通常需一式三联。仓库发料后，将其中一联连同材料交给领料部门，其余两联经仓库登记材料明细账后，送至会计部门进行材料收发核算和成本核算。

3. 生产产品

生产部门在收到生产通知单及领取原材料后，便将生产任务分解到每一个生产工人，并将所领取的原材料交给生产工人，据以执行生产任务。生产工人在完成生产任务后，将完成的产品交生产部门查点，然后转交检验员验收并办理入库手续；或是将所完成的产品移交下一个部门，做进一步加工。

4. 核算产品成本

为了正确核算并有效控制产品成本，必须建立健全成本会计制度，将生产控制和成本核算有机结合在一起。一方面，生产过程中的各种记录、生产通知单、领料单、计工单、入库单等文件资料都要汇集到会计部门，由会计部门对其进行检查和核对，了解和控制生产过程中存货的实物流转；另一方面，会计部门要设置相应的会计账户，会同有关部门对生产过程中的成本进行核算和控制。完善的成本会计制度应该提供原材料转为在产品，在产品转为产成品，以及按成本中心、分批生产任务通知单或生产周期所消耗的材料、人工和间接费用的分配与归集的详细资料。

5. 储存产成品

产成品入库，须由仓库先行点验和检查，然后签收。签收后，仓库将实际入库数量通知会计部门。据此，仓库确立了本身应承担的责任，并对验收部门的工作进行验证。除此之外，仓库还应根据产成品的品质特征分类存放产成品，并填制标签。

6. 发出产成品

产成品的发出须由独立的发运部门进行。装运产成品时必须持有经有关部门核准的发运通知单，并据此编制出库单。

（二）生产与仓储循环的重大错报风险

注册会计师基于生产与存货循环的重大错报风险评估结果，制定实施进一步审计程序的总体方案（包括综合性方案和实质性方案），继而实施控制测试和实质性程序，以应对识别出的认定层次的重大错报风险。注册会计师通过控制测试和实质性程序获取的审计证据综合起来应足以应对识别出的认定层次的重大错报风险。

由于存货与企业各项经营活动的联系紧密，生产与仓储循环的重大错报风险往往与财务报表其他项目的重大错报风险紧密相关。例如，收入确认的错报风险往往与存货的错报风险共存，采购交易的错报风险与存货的错报风险共存，存货成本核算的错报风险与营业成本的错报风险共存，等等。一般而言，生产与仓储循环的重大错报风险通常包括：

（1）存货实物可能不存在（存在认定）。

（2）属于被审计单位的存货可能未在账面反映（完整性认定）。

（3）存货的所有权可能不属于被审计单位（权利和义务认定）。

（4）存货的单位成本可能存在计算错误（计价和分摊认定/准确性认定）。

（5）存货的账面价值可能无法实现，即跌价准备的计提可能不充分（计价和分摊认定）。

（三）生产与仓储循环内部控制的内容

生产与仓储循环的内部控制主要包括存货的内部控制和成本会计制度的内部控制两项内容。

1. 存货的内部控制

存货被誉为商业企业的血液，所以存货的内部控制很重要。关于存货的内部控制，不同的企业

微课 8-2

内部控制

对其存货可能采取不同的内部控制，但从根本上说，均可概括为存货的数量和计价两个关键因素的控制。良好的存货内部控制包括：无论采用什么盘存制度，每年至少实地盘点一次存货；保持高效的采购、验收和运输程序；保管好存货，以防被盗、损坏和腐烂；存货保管人员与记录人员职务相分离，仅允许那些不能接近会计记录的人员接近存货；对贵重商品保持永续存货记录；按较经济的数量购买存货；保持足够的存货以防因存货短缺影响销售收入；不要保留过多的存货，以防将资金拴在不必要的项目上而增加费用。

每年实地盘点存货是必要的，因为确认存货的方法就是盘点。再好的会计系统也会有错误，盘点对确定存货的正确价值必不可少。当发现错误时，应调整会计记录，使其与实地盘点数一致。使存货经手人远离会计记录是一项必要的职责分离。因为一个既可接近存货，又可接近会计记录的职员有可能盗窃存货，并编制会计记录将其盗窃行为掩盖起来。例如，在存货实际被盗时，职员可增加冲销的存货数，以使存货金额降低。计算机存货系统能使公司将存货库存额和存货短缺的可能性降至最低。在竞争日益加剧的企业环境中，公司不能将现金拴在过多存货上而增加不必要的费用。

2. 成本会计制度的内部控制

成本会计制度的内部控制主要包括：对生产指令、领料单、工薪等关键点的授权批准应履行恰当手续，经过特别审批或一般审批；成本的核算应以经过审核的生产通知单、领发料凭证、产量和工时记录、工薪费用分配表、材料费用分配表、制造费用分配表为依据；生产通知单、领发料凭证、产量和工时记录、工薪费用分配表、材料费用分配表、制造费用分配表均事先编号；采用适当的成本核算方法和费用分配方法并且前后各期一致，采用适当的成本核算流程和账务处理流程，建立内部稽查制度。

二、生产与仓储循环控制测试审计工作底稿编制实例

1. 生产与仓储循环控制测试导引表（见表 8-1）

表 8-1　　　　　　　　　　生产与存货循环控制测试导引表

| 被审计单位： | 梦舒公司 | | 编制： | 张某 | 日期： | 2023 年 2 月 2 日 | 索引号： | SCC-0 |
| 会计期间： | 2022 年 1 月 1 日—2022 年 12 月 31 日 | 复核： | 田某 | 日期： | 2023 年 2 月 4 日 | | 页次： | 1 |

测试本循环控制运行有效性的工作包括：

1. 针对了解的被审计单位生产与仓储循环的控制活动，确定拟进行测试的控制活动

2. 测试控制活动运行的有效性，记录测试程序、过程和结论

3. 根据测试结论，确定对实质性程序的性质、时间和范围的影响

测试本循环控制运行有效性，形成下列审计工作底稿：

1. SCC-1：控制测试汇总表

2. SCC-2-1：控制测试程序和过程记录（SCKZ-1）

3. SCC-2-2：控制测试程序和过程记录（SCKZ-2）

2. 生产与仓储循环控制测试汇总表（见表 8-2）

表 8-2　　　　　　　　　　生产与仓储循环控制测试汇总表

| 被审计单位： | 梦舒公司 | | 编制： | 张某 | 日期： | 2023 年 2 月 2 日 | 索引号： | SCC-1 |
| 会计期间： | 2022 年 1 月 1 日—2022 年 12 月 31 日 | 复核： | 田某 | 日期： | 2023 年 2 月 4 日 | | 页次： | 1 |

1. 了解内部控制的初步结论

（1）控制设计合理，并得到执行	（ √ ）
（2）控制设计合理，未得到执行	（　）
（3）控制设计无效或缺乏必要的控制	（　）

续表

2.控制测试结论

控制编号	控制名称	与控制相关的风险（高/中/低）	是否拟信赖该控制（是/否）	控制测试程序	执行控制的频率	测试样本量
SCKZ-1	所有已售产品成本准确结转销售成本	高	是	检查所有已出库产品成本是否已恰当准确结转至销售成本	每月一次	2
SCKZ-2	存货账实相符	高	是	检查每月存货盘点是否账实相符，财务部是否复盘，盘点差异是否查明原因并恰当处理	每月一次	2

3.生产与仓储循环控制测试程序和过程记录（见表8-3）

表8-3　　　　　　　　生产与仓储循环控制测试程序和过程记录

被审计单位：　梦舒公司　　　　　　　　编制：　张某　　日期：2023年2月2日　　索引号：SCC-2-1

会计期间：　2022年1月1日—2022年12月31日　　复核：　田某　　日期：2023年2月4日　　页次：　1

1.控制编号：SCKZ-1

2.控制的性质

控制编号	自动控制	依赖信息系统的人工控制	人工控制
SCKZ-1		√	

3.控制测试的时间安排： 上述控制属于依赖信息系统的人工控制，计划在审计现场抽取样本进行测试

4.控制测试的类型

询问	观察	检查	重新执行
		√	

5.拟实施的测试程序： 检查所有已出库产品成本是否已恰当准确结转至销售成本

6.对总体进行定义： 2022年每月结转销售成本业务

7.总体的来源： 2022年主营业务成本明细账

8.控制执行的频率

控制编号	频率
SCKZ-1	每月一次

9.与控制相关的风险： 低（该控制活动频率低，以往审计中未发现该控制出现偏差，执行该控制人员未发生变化且要求的专业判断水平不高）

10.总体中项目的总数： 12

11.对偏差进行定义

控制编号	偏差的定义
SCKZ-1	出库销售商品成本未结转或结转金额不准确

12.确定所测试项目的数量并选取项目： 测试项目的数量2，选取数量2

13.测试过程记录

凭证号	SCKZ-1
2-记086	√
9-记082	√

14.识别出的偏差： 未发现偏差

15.考虑扩大测试范围（如适用）： 不适用

16.控制缺陷（如适用，偏差是否被视为控制缺陷）： 无

17.对获取的有关控制在期中运行有效性的审计证据的考虑： 不适用

18.剩余期间的测试过程记录

序号	识别特征	测试程序1	测试程序2	测试程序3	注释
不适用					

结论：控制运行有效

任务二 生产与仓储循环实质性程序

> 📖**任务导入 8-2**
>
> 甲公司 2022 年度的存货周转率为 2.8 次，与 2021 年度相比有所下降。甲公司提供的以下理由中，不能解释存货周转率变动趋势的有（　　）。
>
> A. 由于主要原材料价格比 2021 年度下降了 12%，甲公司从 2022 年 1 月开始将主要原材料的日常储备量提高了 20%
>
> B. 甲公司主要产品深受广大客户欢迎，2022 年度市场需求渐增，在成本稳定不变的前提下，平均销售价格比 2021 年度相比有所上升，并且甲公司预期销售价格将继续上升
>
> C. 甲公司在 2022 年四季度接到一笔巨额订单，订货数量相当于甲公司月产能的 120%，交货日期为 2023 年 1 月 1 日
>
> D. 从 2022 年 6 月开始，甲公司将部分产品针对主要销售客户的营销方式由原来的收取手续费模式转为视同买断模式

一、存货审计

（一）存货的审计目标

（1）确定资产负债表中记录的存货是否确实存在。

（2）确定记录的存货是否由被审计单位拥有或控制。

（3）确定所有应当记录的存货是否均已记录。

（4）确定存货是否以恰当的金额包括在财务报表中，与之相关的计价或分摊调整是否已恰当记录。

（5）确定存货是否已按照企业会计准则的规定在报表中做出恰当分类和列报。

微课 8-3

存货的审计目标

（二）存货审计的主要实质性程序

（1）获取或编制各存货项目明细表，复核加计是否正确，并分别与各个存货项目明细账、总账以及报表数核对是否相符；同时抽查各存货明细账与仓库台账、卡片记录，复核其是否相符。

微课 8-4

核对总账和明细账

（2）执行实质性分析程序：① 分类编制与上期对应的存货增减变动表，分析其变动规律，并与上期比较，如果存在异常变动，应查明原因；② 编制本期各月存货产销计划与执行情况对照表，对重大波动进行分析；③ 计算存货周转率（期），分析是否存在残次冷背存货和差额库存等不合理现象；④ 计算毛利率，与上期或同行业进行比较，确定期末存货的价值或销售成本计算是否正确；⑤ 按供货商或货物分类，比较各期购货数量，分析有无异常购货（数额大或次数多）；⑥ 对主要存货项目如原材料、库存商品的本期内各月间及上期的单位成本进行比较，分析波动原因，对异常项目进行调查并记录。

微课 8-5

成本倒扎

（3）实施存货监盘程序，检查资产负债表日存货是否实际存在。鉴于存货监盘程序的重要性和复杂性，后文专门介绍。

（4）获取存货盘点盈亏调整和损失处理记录，检查重大存货盘亏和损失的原因有无充分合理的解释，重大存货盘亏和损失的会计处理是否已经授权审批，是否正确及时地入账。

（5）检查被审计单位存货跌价损失准备计提和结转的依据、方法和会计处理方法是否正确，是否经授权批准，前后期是否一致。

（6）根据被审计单位存货计价方法，抽查期末结存量比较大的存货的计价是否正确。若存货以计划成本计价，还应检查"材料成本差异"账户发生额、转销额是否正确，期末余额是否恰当。注意有无任意改变材料差异的分配方法，有无不按月结转材料成本差异或任意多转、少转、不转差异的情况。对存货进行计价测试时，应尽量排除被审计单位已有计算程序和结果的影响，进行独立测试。测试结果出来后，应与被审计单位账面记录对比，编制对比分析表，分析形成差异的原因。如果差异过大，应扩大测试范围，并根据审计结果考虑是否应提出审计调整建议。

微课 8-6
抽查

（7）抽查材料采购账户，对大额的采购业务，追查自订货至到货验收、入库全过程的合同、凭证、账簿记录，以确定其是否完整、正确。抽查有无购货折让、购货退回、损坏赔偿、调换等事项。抽查若干在途材料项目，追查至相关购货合同及购货发票，并复核采购成本的正确性。

（8）抽查存货发出的原始凭证是否齐全、内容是否完整、计价是否正确。

（9）抽查大额分期收款发出商品的原始凭证及相关协议、合同，确定其是否按约定时间收回货款；如有逾期或其他异常事项，由被审计单位做出合理解释，必要时进行函证。

（10）抽查产成品交库单，核对其品种、数量和实际成本与生产成本的结转数是否相符。

（11）抽查产成品的发出凭证，核对其品种、数量和实际成本与产品销售成本是否相符。

（12）验明存货是否已在财务会计报告上恰当列报。

（三）存货监盘

微课 8-7
监盘

除非出现无法实施存货监盘的特殊情况，注册会计师应当实施必要的替代程序，在绝大多数情况下注册会计师都必须亲自观察存货盘点过程，实施存货监盘程序。存货监盘主要针对的是存货的存在认定、完整性认定以及计价和分摊认定，注册会计师监盘存货的目的在于获取有关存货数量和状况的审计证据，以确认被审计单位记录的所有存货确实存在，已经反映了被审计单位拥有的全部存货，并属于被审计单位的合法财产。

1．存货监盘计划

（1）制定存货监盘计划的基本要求。注册会计师应当根据被审计单位存货的特点、盘存制度和存货内部控制的有效性等情况，在评价被审计单位存货盘点计划的基础上，编制存货监盘计划，对存货监盘做出合理安排。有效的存货监盘需要制定周密、细致的计划。为了避免误解并有效地实施存货监盘，注册会计师通常需要与被审计单位就存货监盘等问题达成一致意见。因此，注册会计师首先应当充分了解被审计单位存货的特点、盘存制度和存货内部控制的有效性等情况，并考虑获取、审阅和评价被审计单位预定的盘点程序。

存货监盘程序主要包括控制测试与实质性程序两种方式。注册会计师需要确定存货监盘程序以控制测试为主还是实质性程序为主，哪种方式更加有效。如果只有少数项目构成了存货的主要部分，注册会计师采取以实质性程序为主的审计方式获取与存在认定相关的证据更为有效。在这种情况下，对于单位价值较高的存货项目，应实施100%的实质性程序；而对于其他存货，则可视情况进行抽查。但在大多数审计业务中，注册会计师会发现以控制测试为主的审计方式更加有效。如果注册会计师采用以控制测试为主的审计方式，并准备信赖被审计单位存货盘点的控制措施与程序，那么，绝大部分的审计程序将限于询问、观察以及抽查。

（2）存货监盘计划的主要内容。存货监盘计划应当包括下列主要内容。

第一，存货监盘的目标、范围及时间安排。存货监盘的目标是获取被审计单位资产负债表日有关存货数量和状况的审计证据，检查存货的数量是否真实完整，是否归属被审计单位，存货有无毁损、陈旧、过时、残次和短缺等状况。存货监盘范围的大小取决于存货的内容、性质以及与存货相关的内部控制的完善程度和重大错报风险的评估结果。对存放于外单位的存货，应当考虑实施适当的替代程序，以获取充分、适当的审计证据。存货监盘的时间包括实地察看盘点现场的时间、观察存货盘点的时间和对已盘点存货实施检查的时间等，应当与被审计单位实施存货盘点的时间相协调。

第二，存货监盘的要点及关注事项。存货监盘的要点包括注册会计师实施存货监盘程序的方法、步骤，各个环节应注意的问题以及所要解决的问题。注册会计师需要重点关注的事项包括盘点期间的存货移动、存货的状况、存货的截止确认、存货的各个存放地点及金额等。

第三，参加存货监盘人员的分工。注册会计师应当根据被审计单位参加存货盘点人员分工、分组情况、存货监盘工作量的大小和人员素质情况，确定参加存货监盘的人员组成，以及各成员的职责和具体分工，并加强督导。

第四，检查存货的范围。注册会计师应当根据对被审计单位存货盘点和对被审计单位内部控制的评价结果确定检查存货的范围。注册会计师在实施观察程序后，如果认为被审计单位内部控制设计良好且得到有效实施、存货盘点组织良好，可以相应地缩小实施检查程序的范围。

2. 存货监盘程序

（1）观察程序。在被审计单位盘点存货前，注册会计师应当观察盘点现场，确定应纳入盘点范围的存货是否已经适当整理和排列，并附有盘点标识，防止遗漏或重复盘点。对未纳入盘点范围的存货，注册会计师应当查明未纳入的原因。对所有权不属于被审计单位的存货，注册会计师应当取得其规格、数量等有关资料，确定是否已分别存放、标明，且未被纳入盘点范围。在存货监盘过程中，注册会计师应当根据取得的所有权不属于被审计单位的存货的有关资料，观察这些存货的实际存放情况，确保其未被纳入盘点范围。即使在被审计单位声明不存在受托代存存货的情形下，注册会计师在存货监盘时也应当关注是否存在某些存货不属于被审计单位的迹象，以避免盘点范围不当。

（2）检查程序。注册会计师应当对已盘点的存货进行适当检查，将检查结果与被审计单位的盘点记录相核对，并形成相应记录。检查的目的既可以是确保被审计单位的盘点计划得到适当的执行（控制测试），也可以是证实被审计单位的存货实物总额（实质性程序）。如果观察程序能够表明被审计单位的组织管理得当，盘点、监督以及复核程序充分有效，注册会计师可据此减少所需检查的存货项目。检查的范围通常包括每个盘点小组盘点的存货以及难以盘点或隐蔽性较强的存货。需要说明的是，注册会计师应尽可能避免让被审计单位事先了解将抽取检查的存货项目。在检查已盘点的存货时，注册会计师应当从存货盘点记录中选取项目追查至存货实物，以测试盘点记录的准确性；注册会计师还应当从存货实物中选取项目追查至存货盘点记录，以测试存货盘点记录的完整性。

注册会计师在实施检查程序时发现差异，很可能表明被审计单位的存货盘点在准确性或完整性方面存在错误。由于检查的内容通常仅仅是已盘点存货中的一部分，所以在检查中发现的错误很可能意味着被审计单位的存货盘点还存在着其他错误。一方面，注册会计师应当查明原因，并及时提请被审计单位更正；另一方面，注册会计师应当考虑错误的潜在范围和重大程度，在可能的情况下，扩大检查范围以减少错误的发生。注册会计师还要求被审计单位重新盘点。重新盘点的范围可限于某一特殊领域的存货或特定盘点小组。

（3）需要特别关注的情况。第一，存货移动情况。注册会计师应当特别关注存货的移动情况，防止遗漏或重复盘点。尽管盘点存货时最好能保持存货不发生移动，但在某些情况下存货的移动是难以避免的。如果在盘点过程中被审计单位的生产经营仍将持续进行，注册会计师应通过实施必要的检查程序，确定被审计单位是否已经对此设置了相应的控制程序，确保在适当的期间内对存货做出了准确记录。

第二，存货的状况。注册会计师应当特别关注存货的状况，观察被审计单位是否已经恰当区分所有毁损、陈旧、过时及残次的存货。注册会计师还应当把所有毁损、陈旧、过时及残次存货的详细情况记录下来，这既便于进一步追查这些存货的处置情况，也能为测试被审计单位存货跌价准备计提的准确性提供证据。

第三，存货的截止。注册会计师应当获取盘点日前后存货收发及移动的凭证，检查库存记录与会计记录期末截止是否正确。所有在截止日以前入库的存货项目是否均已包括在盘点范围内，并已反映在截止日以前的会计记录中；任何在截止日期以后入库的存货项目是否均未包括在盘点范围内，也未反映在截止日以前的会计记录中。所有在截止日以前装运出库的存货项目是否均未包括在盘点范围内，且未包括在截止日的存货账面余额中；任何在截止日期以后装运出库的存货项目是否均已包括在盘点范围内，并已包括在截止日的存货账面余额中。所有已确认为销售但尚未装运出库的商品是否均未包括在盘点范围内，且未包括在截止日的存货账面余额中。所有已记录为购货但尚未入库的存货是否均已包括在盘点范围内，并已反映在会计记录中。在途存货和被审计单位直接向客户发运的存货是否均已得到了适当的会计处理。在存货监盘过程中，注册会计师应当获取存货验收入库、装运出库以及内部转移截止等信息，以便将来追查至被审计单位的会计记录。

注册会计师通常可观察存货的验收入库地点和装运出库地点以执行截止测试。在存货入库和装运过程中采用连续编号的凭证时，注册会计师应当关注截止日期前的最后编号。如果被审计单位没有使用连续编号的凭证，注册会计师应当列出截止日期以前的最后几笔装运和入库记录。如果被审计单位使用运货车厢或拖车进行存储、运输或验收入库，注册会计师应当详细列出存货场地上满载和空载的车厢或拖车，并记录各自的存货状况。

（4）特殊情况的处理。第一，由于存货的性质或位置而无法实施监盘程序。如果由于被审计单位存货的性质或位置，无法实施存货监盘，注册会计师应当考虑能否实施替代审计程序，以获取有关期末存货数量和状况的充分、适当的审计证据。注册会计师实施的替代审计程序主要包括：检查进货交易凭证或生产记录以及其他相关资料；检查资产负债表日后发生的销货交易凭证；向客户或供应商函证。

第二，因不可预见因素导致无法在预定日期实施存货监盘或接受委托时，被审计单位的期末存货盘点已经完成。如果因不可预见的因素导致无法在预定日期实施存货监盘或接受委托，被审计单位的期末存货盘点已经完成，注册会计师应当评估与存货相关的内部控制的有效性，对存货进行适当检查或提请被审计单位另择日期重新盘点；同时测试在该期间发生的存货交易，以获取有关期末存货数量和状况的充分、适当的审计证据。

第三，委托其他单位保管或已作质押的存货。注册会计师应当向保管人或债权人函证。如果存货所占比重较大，注册会计师还应当考虑实施存货监盘或利用其他注册会计师的工作。

第四，首次接受委托的情况。当注册会计师首次接受委托未能对上期存货实施监盘，且该存货对本期会计报表存在重大影响时，如果已获取有关本期期末存货余额的充分适当的审计证据，注册会计师应当实施以下一项或多项审计程序，以获取有关本期期初存货余额的充分适当的审计证据：查阅前任注册会计师工作底稿；审阅上期存货盘点记录及文件；抽查上期存货交易记录；运用毛利百分比法等进行分析等一项或多项审计程序，以获取充分适当的审计证据。

（四）存货审计案例

T公司设立于2008年7月，从事海洋捕捞和海产品销售业务。ABC会计师事务所接受委托，承接了T公司2022年度财务报表审计业务。A注册会计师接受ABC会计师事务所指派，负责该项审计业务。相关资料如下。

【资料一】T公司拥有12艘渔轮，其中9艘为近海渔轮，3艘为远洋渔轮。由于远洋捕捞业务的季节性和特殊性，至2022年12月31日，3艘远洋渔轮仍在外海作业，并将于2023年6月30日全部返港。

【资料二】T公司的一艘远洋渔轮捕捞的海产品全部委托F国的一家仓储公司代为存储，由T

公司在 F 国设立的经销处组织销售。该艘远洋渔轮将在 2023 年 4 月 30 日到 F 国最后一次卸货，并于 6 月 30 日空载返回国内休息。

资料三：A 注册会计师决定对国内冷库存货以及返港的 9 艘近海渔轮的存货实施监盘；对存储于 F 国的海产品存货，委托 F 国会计师事务所实施监盘。

资料四：T 公司向有关部门提交年度会计报表的截止时间为 2023 年 4 月 30 日，注册会计师无法在该截止日前对远洋渔轮的存货实施监盘程序。T 公司希望 A 注册会计师理解公司货物存放位置的特殊性，要求通过检查公司生产计划与生产日志，存货收、发、存记录以及经财务部门核对确认的期末存货盘点表等，对远洋渔轮 2022 年 12 月 31 日的存货数量予以确认。

要求：（1）针对资料三，假定 ABC 会计师事务所于 2023 年初接受委托，审计 T 公司 2022 年度会计报表，而 T 公司已于 2022 年 12 月 31 日对存货进行了盘点。为确认 2022 年 12 月 31 日 T 公司国内冷库存货以及返港的 9 艘近海渔轮存货的数量，A 注册会计师应当实施哪些必要的审计程序。

（2）针对资料四，A 注册会计师能否同意 T 公司的要求，并简要说明理由。

【案例解析】（1）评估存货内部控制的有效性；对存货进行抽盘；提请被审计单位另择日期重新盘点；测试在该期间发生的存货交易。

（2）不应同意 T 公司的要求。因为资产负债表日占比较大的在途存货无法监盘，且不存在其他审计程序予以替代，难以获取充分、适当的审计证据。

（五）存货审计工作底稿编制实例

1. 存货审计程序表（见表 8-4）

表 8-4　　　　　　　　　　　　　存货审计程序表

被审计单位：梦舒公司　　　　　　　　编制：　倪某　日期：2023 年 2 月 15 日　索引号：ZC06-0

会计期间：2022 年 1 月 1 日—2022 年 12 月 31 日　　复核：田某　日期：2023 年 2 月 25 日　页次：1

一、审计目标与认定对应关系表

审计目标		财务报表认定				
		a	b	c	d	e
		存在	权利和义务	完整性	准确性、计价和分摊	分类、列报
A	资产负债表中记录的存货是存在的	√				
B	记录的存货由被审计单位拥有或控制		√			
C	所有应当记录的存货均已记录			√		
D	存货以恰当的金额包括在财务报表中，与之相关的计价或分摊调整已恰当记录				√	
E	存货已按照企业会计准则的规定在财务报表中做出恰当分类和列报					√

二、审计目标与审计计划的衔接

项目	财务报表认定				
	存在	权利和义务	完整性	准确性、计价和分摊	分类、列报
评估的重大错报风险水平	显著	普通	显著	显著	普通
控制测试结果是否支持风险评估结论	是	是	是	是	是
需从实质性程序获取的保证程度	中	低	中	中	低

续表

三、审计目标与审计程序对应关系表

审计目标	可供选择的审计程序	是否计划实施（√）	与认定的对应关系	索引号
D	1．获取或编制存货明细表，复核加计是否正确，并与总账数、报表数及明细账合计数核对是否相符	√	d	
ABCDE	2．取得管理当局存货说明书		abcde	
ABC	3．实施存货监盘程序，编制存货监盘报告	√	abc	
ABC	4．选取代表性样本，抽查库存商品明细账的数量与盘点记录的库存商品数量是否一致，以确定库存商品明细账数量的准确性和完整性：① 从库存商品明细账中选取具有代表性的样本，与盘点报告的数量核对；② 从盘点报告（记录）中抽取有代表性的样本，与库存商品明细账的数量核对	√	abc	
D	5．取得存货核算方法说明	√	d	
D	6．分析性复核：计算存货周转率，与上期进行比较或与其他同行业的企业进行比较；比较前后各期及各月份存货余额及其构成，以判断期末余额及其构成的总体合理性；将本期存货增加与进项税发生额、应付、预付账款贷方发生额进行核对	√	d	
D	7．编制销售成本倒轧表，将存货发生额与销售成本进行核对	√	d	
ACD	8．实质性分析程序。（1）针对已识别需要运用分析程序的有关项目，并基于对被审计单位及其环境的了解，通过进行以下比较，考虑有关数据间关系的影响，建立注册会计师对有关数据的期望值：① 按品种分析库存商品各月单位成本的变动趋势，以评价是否有调节生产成本或销售成本的因素；② 比较前后各期的主要库存商品的毛利率、库存商品周转率和库存商品账龄等，评价其合理性并对异常波动做出解释、查明异常情况的原因；③ 比较库存商品库存量与生产量及库存能力的差异，并分析其合理性；④ 核对仓库记录的库存商品入库与生产部门记录的库存商品生产量是否一致，并对差异做出解释；⑤ 核对发票记录的数量与发货量、订货量、主营业务成本记录的销售量是否一致，并对差异做出解释；⑥ 比较库存商品销售量与生产量或采购量的差异，并分析其合理性；⑦ 比较库存商品销售量和平均单位成本之积与账面库存商品销售成本的差异，并分析其合理性。（2）确定可接受的差异额。（3）将实际的情况与期望值相比较，识别需要进一步调查的差异。（4）如果其差额超过可接受的差异额，调查并获取充分的解释和恰当的佐证审计证据。（5）评估分析程序的测试结果	√	acd	详见存货审计工作底稿
AC	9．截止测试。（1）库存商品入库的截止测试：① 在库存商品明细账的借方发生额中选取资产负债表日前后 3 张、金额 5 万元以上的凭证，并与入库记录核对，以确定库存商品入库是否被记录在正确的会计期间；② 在入库记录中选取资产负债表日前后 3 张、金额 5 万元以上的凭据，与库存商品明细账的借方发生额进行核对，以确定库存商品入库是否被记录在正确的会计期间。（2）库存商品出库截止测试：① 在库存商品明细账的贷方发生额中选取资产负债表日前后 3 张、金额 5 万元以上的凭据，并与出库记录核对，以确定库存商品出库是否被记录在正确的会计期间；② 在出库记录中选取资产负债表日前后 3 张、金额 5 万元以上的凭证，与库存商品明细账的贷方发生额进行核对，以确定库存商品出库是否被记录在正确的会计期间	√	ac	

审计目标	可供选择的审计程序	是否计划实施（√）	与认定的对应关系	索引号
ACD	10．库存商品计价方法的测试。（1）检查库存商品的计价方法是否前后期一致。（2）检查库存商品的入账基础和计价方法是否正确，自库存商品明细表中选取适量品种。① 自制库存商品：以实际成本计价时，将其单位成本与成本计算单核对；以计划成本计价时，将其单位成本与相关成本差异明细账及成本计算单核对。② 外购库存商品：以实际成本计价时，将其单位成本与购货发票核对；以计划成本计价时，将其单位成本与相关成本差异明细账及购货发票核对。③ 抽查库存商品入库单，核对库存商品的品种、数量与入账记录是否一致；并将入库库存商品的实际成本与相关科目的结转额核对并做交叉索引。（3）检查外购库存商品的发出计价是否正确。① 了解被审计单位对库存商品发出的计价方法，并抽取主要库存商品，检查其计算是否正确；若库存商品以计划成本计价，还应检查产品成本差异的发生和结转金额是否正确。② 编制本期库存商品发出汇总表，与相关科目勾稽核对，并复核库存商品发出汇总表的正确性。（4）结合库存商品的盘点，检查期末有无库存商品已到而相关单据未到的情况，如有，应查明是否暂估入账，其暂估价是否合理	√	acd	详见存货审计工作底稿
D	11．对于通过非货币性资产交换、债务重组、企业合并以及接受捐赠取得的库存商品，检查其入账的依据是否真实、完备，入账价值和会计处理是否符合相关规定	√	d	
D	12．检查投资者投入的库存商品是否按投资合同或协议约定的价值入账，并同时检查约定的价值是否公允，交接手续是否齐全	√	d	
ADE	13．本期发生关联方交易的测试。（1）了解交易的商业理由。（2）检查证实交易的支持性文件。（3）如果可获取与关联方交易相关的审计证据有限，考虑实施下列审计程序：① 向关联方函证交易的条件和金额，包括担保和其他重要信息；② 检查关联方拥有的信息；③向与交易相关的人员和机构函证或与其讨论有关信息。（4）完成"关联方"审计工作底稿	√	ade	
AD	14．审阅库存商品明细账，检查有无长期挂账的库存商品，如有，应查明原因并做适当处理	√	ad	
BE	15．结合银行借款等科目，了解是否有用于债务担保的库存商品，如有，则应取证并做相应的记录，同时提请被审计单位做恰当披露	√	be	
	16．根据评估的舞弊风险等因素增加的审计程序			
E	17．检查存货是否已按照准则的规定在财务报表中做出恰当列报和披露	√	e	

2．存货审定表（见表8-5）

表8-5　　　　　　　　　　　存货审计程序表

被审计单位：梦舒公司　　　　　　　编制：倪某　　日期：2023年2月15日　索引号：ZC06-1

会计期间：2022年1月1日—2022年12月31日　复核：田某　日期：2023年2月25日　页次：　1

项目	期末未审数	账项调整		重分类调整		期末审定数	期初审定数	索引号
		借方	贷方	借方	贷方			
报表数	42 591 019.38	0.00	0.00	0.00	0.00	42 591 019.38	35 987 687.80	
总账数	42 591 019.38	0.00	0.00	0.00	0.00	42 591 019.38	35 987 687.80	
明细账数	42 591 019.38	0.00	0.00	0.00	0.00	42 591 019.38	35 987 687.80	
其中：存货账面余额	42 591 019.38	0.00	0.00	0.00	0.00	42 591 019.38	35 987 687.80	
存货跌价准备	0.00	0.00	0.00	0.00	0.00	0.00	0.00	
存货账面价值	42 591 019.38	—	—	—	—	42 591 019.38	35 987 687.80	
审计说明	1．报表数与总账合计数核对一致；2．明细账与总账核对及查验见科目底稿							
审计结论	经审计，期末余额可予以确认							

微课8-8

审定表填写示例

3. 存货凭证检查表（见表 8-6）

表 8-6 存货凭证检查表

被审计单位： 梦舒公司　　　　　　　　　　编制： 倪某　日期： 2023 年 2 月 15 日　索引号： ZC06-2
会计期间： 2022 年 1 月 1 日—2022 年 12 月 31 日　复核： 田某　日期： 2023 年 2 月 25 日　页次： 1

序号	记账日期	凭证号	业务摘要	对方科目		金额	核对内容（用"√""×"表示）			
				方向	一级科目		1	2	3	4
1	2022 年 2 月 8 日	记-18	购入原材料	贷方	应付账款	192 500.00	√	√	√	√
2	2022 年 7 月 31 日	记-80	结转已售产品成本	借方	主营业务成本	4 874 727.08	√	√	√	√
3	2022 年 10 月 12 日	记-23	自制半成品完工入库	借方	自制半成品	5 189 037.66	√	√	√	√
4	202 年 12 月 31 日	记-89	结转已售产品成本	借方	主营业务成本	6 072 483.09	√	×	×	√
核对内容说明：1. 原始凭证内容完整；2. 授权批准完整；3. 账务处理正确；4. 金额核对相符										
审计说明	采用随机抽样方法，经查验未发现异常业务									

4. 存货明细表（见表 8-7）

表 8-7 存货明细表

被审计单位： 梦舒公司　　　　　　　　　　编制： 倪某　日期： 2023 年 2 月 15 日　索引号： ZC06-3
会计期间： 2022 年 1 月 1 日—2022 年 12 月 31 日　复核： 田某　日期： 2023 年 2 月 25 日　页次： 1

项目	未审数				账项调整		调整索引	期末审定数
	期初数	本期增加	本期减少	期末数	借方	贷方		
1. 存货账面余额	35 987 687.80	328 894 918.71	322 291 587.13	42 591 019.38	0.00	0.00		42 591 019.38
在途物资	0.00	6 230 607.97	5 804 697.78	425 910.19	0.00	0.00		5 804 697.78
原材料	7 339 500.32	71 651 991.72	70 473 288.16	8 518 203.88	0.00	0.00		70 473 288.16
库存商品	9 742 418.32	87 228 511.66	84 193 624.17	12 777 305.81	0.00	0.00		84 193 624.17
自制半成品	8 148 148.11	77 882 599.69	74 133 888.12	11 896 859.68	0.00	0.00		74 133 888.12
周转材料	105 701.19	1 788 000.00	1 187 820.85	705 880.34	0.00	0.00		1 187 820.85
生产成本	10 651 919.86	84 113 207.67	86 498 268.05	8 266 859.48	0.00	0.00		86 498 268.05
2. 存货跌价准备	0.00	0.00	0.00	0.00	0.00	0.00		0.00
在途物资	0.00	0.00	0.00	0.00	0.00	0.00		0.00
原材料	0.00	0.00	0.00	0.00	0.00	0.00		0.00
库存商品	0.00	0.00	0.00	0.00	0.00	0.00		0.00
自制半成品	0.00	0.00	0.00	0.00	0.00	0.00		0.00
周转材料	0.00	0.00	0.00	0.00	0.00	0.00		0.00
生产成本	0.00	0.00	0.00	0.00	0.00	0.00		0.00
3. 存货账面价值	35 987 687.80	328 894 918.71	322 291 587.13	42 591 019.38	0.00	0.00		42 591 019.38
在途物资	0.00	6 230 607.97	5 804 697.78	425 910.19	0.00	0.00		5 804 697.78
原材料	7 339 500.32	71 651 991.72	70 473 288.16	8 518 203.88	0.00	0.00		70 473 288.16
库存商品	9 742 418.32	87 228 511.66	84 193 624.17	12 777 305.81	0.00	0.00		84 193 624.17
自制半成品	8 148 148.11	77 882 599.69	74 133 888.12	11 896 859.68	0.00	0.00		74 133 888.12
周转材料	105 701.19	1 788 000.00	1 187 820.85	705 880.34	0.00	0.00		1 187 820.85
生产成本	10 651 919.86	84 113 207.67	86 498 268.05	8 266 859.48	0.00	0.00		86 498 268.05
审计说明	总账与明细账核对一致							

二、营业成本审计

（一）营业成本的审计目标

（1）确定利润表中记录的营业成本是否已发生，是否与被审计单位有关。

（2）确定所有应当记录的营业成本是否均已记录。

（3）确定与营业成本有关的金额及其他数据是否已恰当记录。

（4）确定营业成本是否已记录于正确的会计期间。

（5）确定营业成本是否已记录于恰当的账户，是否已按照企业会计准则的规定在报表中做出恰当的列报。

微课 8-9

营业成本的审计目标及审计程序

（二）营业成本审计的主要实质性程序

（1）获取或编制主营业务成本汇总明细表，复核加计是否正确，并与报表数、总账数和明细账合计数核对是否相符。

（2）复核营业成本汇总明细表的正确性，与库存商品等科目勾稽核对，并编制生产成本与营业成本倒轧表。

（3）对营业成本执行实质性分析程序，检查本期内各月间和前期同一产品的单位成本是否存在异常波动，是否存在调节成本的现象。

（4）抽取若干月份的主营业务成本结转明细清单，结合生产成本的审计，检查销售成本结转数额的正确性，比较计入主营业务成本的商品品种、规格、数量与计入主营业务收入的口径是否一致，是否符合配比原则。

（5）确定主营业务成本的披露是否恰当。

（三）营业成本审计案例

某企业采用先进先出法计算、结转发出产品成本。注册会计师审阅库存商品明细账时发现：年初结存 10 000 件，单价 100 元；当年第一批完工入库 25 000 件，单价 110 元；第二批入库 10 000 件，单价 105 元；第三批入库 15 000 件，单价 115 元；当年共销售 50 000 件，结转成本 5 437 500 元；截至审计日结存 10 000 件，结存成本 108 750 元。

要求：验证企业计算是否正确，并提出处理意见。

【案例解析】（1）注册会计师根据先进先出法对发出产品的计价进行复核，计算如下：

发出产品成本=100×10 000+110×25 000+105×10 000+115×5 000=5 375 000（元）

多转发出产品成本=5 437 500-5 375 000=62 500（元）

（2）处理意见：企业计算的结果是虚增了主营业务成本，虚减利润，偷漏所得税，同时使库存商品计价偏低。对此，注册会计师应建议企业予以调整。

（四）营业成本审计工作底稿编制实例

1. 营业成本审计程序表（见表 8-8）

表 8-8　　　　　　　　　　　　　营业成本审计程序表

被审计单位：　梦舒公司　　　　　　　　编制：　倪某　日期：2023 年 2 月 15 日　索引号：SY02-0
会计期间：　2022 年 1 月 1 日—2022 年 12 月 31 日　　复核：　田某　日期：2023 年 2 月 25 日　页次：　1

一、审计目标与认定对应关系表						
	审计目标	财务报表认定				
		a	b	c	d	e
		发生	完整性	准确性	截止	分类、列报
A	利润表中记录的营业成本已发生，且与被审计单位有关	√				
B	所有应当记录的营业成本均已记录		√			
C	与营业成本有关的金额及其他数据已恰当记录			√		
D	营业成本已记录于正确的会计期间				√	
E	营业成本已记录于恰当的账户，已按照企业会计准则的规定在报表中做出恰当的列报					√

续表

二、审计目标与审计计划的衔接					
项目	财务报表认定				
	发生	完整性	准确性	截止	分类、列报
评估的重大错报风险水平	普通	普通	显著	普通	普通
控制测试结果是否支持风险评估结论	是	是	是	是	是
需从实质性程序获取的保证程度	低	低	中	低	低

三、审计目标与审计程序对应关系表

审计目标	可供选择的审计程序	是否计划实施（√）	与认定的对应关系	索引号
C	1．获取或编制营业成本明细表，复核加计是否正确，并与总账数和明细账合计数核对是否相符，与报表数核对是否相符	√	c	详见营业成本审计工作底稿
ABC	2．实质性分析程序（必要时）。(1)针对已识别需要运用分析程序的有关项目，基于对被审计单位及其环境的了解，通过进行以下比较，并考虑有关数据间关系的影响，以建立有关数据的期望值：① 比较当年度与以前年度不同品种产品的营业成本和毛利率，并查明异常情况的原因；② 比较当年度与以前年度各月营业成本的波动趋势，并查明异常情况的原因；③ 比较被审计单位与同行业的毛利率，并查明异常情况的原因；④ 比较当年度及以前年度主要产品的单位产品成本，并查明异常情况的原因。(2)确定可接受的差异额。(3)将实际的情况与期望值相比较，识别需要进一步调查的差异。(4)如果其差额超过可接受的差异额，调查并获取充分的解释和恰当的佐证审计证据。(5)评估分析程序的测试结果	√	abc	
ABC	3．检查营业成本的内容和计算方法是否符合准则规定，前后期是否一致	√	abc	
ABC	4．复核营业成本明细表的正确性，编制生产成本与主营业务成本倒轧表，并与相关科目交叉索引		abc	
AB	5．抽查营业成本结转明细清单，比较计入营业成本的品种、规格、数量和营业收入的口径是否一致，是否符合配比原则	√	ab	
ABC	6．对本期发生的营业成本，选取样本，检查其支持性文件，确定原始凭证是否齐全，记账凭证与原始凭证是否相符以及账务处理是否正确	√	abc	
ABC	7．针对主营业务成本中重大调整事项（如销售退回）、非常规项目，检查相关原始凭证，评价真实性和合理性，检查其会计处理是否正确	√	abc	
C	8．在采用计划成本、定额成本、标准成本或售价核算存货的条件下，应检查产品成本差异或商品进销差价的计算、分配和会计处理是否正确		c	
ABE	9．结合期间费用的审计，判断被审计单位是否通过将应计入生产成本的支出计入期间费用，或将应计入期间费用的支出计入生产成本等手段调节生产成本，从而调节主营业务成本		abe	
	10．根据评估的舞弊风险等因素增加的审计程序			
E	11．检查营业成本是否已按照准则的规定在报表中做出恰当列报和披露	√	e	

2．营业成本审定表（见表 8-9）

表 8-9　　　　　　　　　　　　　　　营业成本审定表

被审计单位：　梦舒公司　　　　　　　编制：　倪某　　　日期：　2023 年 2 月 15 日　　索引号：SY02-1

会计期间：　2022 年 1 月 1 日—2022 年 12 月 31 日　　复核：　田某　　　日期：　2023 年 2 月 25 日　　页次：　1

项目	本期未审数	账项调整		本期审定数	上期审定数	索引号
		借方	贷方			
报表数	101 267 637.70	0.00	0.00	101 267 637.70	73 374 452.04	
总账数	101 267 637.70	0.00	0.00	101 267 637.70	73 374 452.04	
明细账数	101 267 637.70	0.00	0.00	101 267 637.70	73 374 452.04	
（1）主营业务成本	99 951 158.41	0.00	0.00	99 951 158.41	72 714 081.97	
其中：中平布	17 700 196.42	0.00	0.00	17 700 196.42	12 829 597.74	

续表

项目	本期未审数	账项调整		本期审定数	上期审定数	索引号
		借方	贷方			
细布	21 327 272.58	0.00	0.00	21 327 272.58	14 806 794.96	
中特棉纱	27 043 477.49	0.00	0.00	27 043 477.49	19 872 960.37	
细特棉纱	33 880 211.92	0.00	0.00	33 880 211.92	25 204 728.90	
（2）其他业务成本	1 316 479.29	0.00	0.00	1 316 479.29	660 370.07	
审计说明	报表与总账合计数核对一致，明细账与总账核对及查验见科目底稿					
审计结论	经审计，发生额可予以确认					

3. 营业成本明细表（见表 8-10）

表 8-10　　　　　　　　　　　　　营业成本明细表

被审计单位：　梦舒公司　　　　　　　　编制：　　倪某　　日期：　2023 年 2 月 15 日　　索引号：　SY02-2
会计期间：　2022 年 1 月 1 日—2022 年 12 月 31 日　　复核：　　田某　　日期：　2023 年 2 月 25 日　　页次：　　1

项目	1 月	2 月	3 月	4 月	5 月	6 月	7 月
主营业务成本	12 763 762.93	809 604.38	899 560.43	3 818 134.25	5 407 357.67	8 855 672.63	11 444 407.64
其中：中平布	2 260 315.08	143 371.58	159 301.77	676 147.50	957 580.63	1 568 237.40	2 026 672.49
细布	2 723 492.71	172 750.91	191 945.45	814 701.82	1 153 805.45	1 889 596.35	2 441 972.72
中特棉纱	3 453 452.08	219 052.17	243 391.30	1 033 060.84	1 463 052.13	2 396 052.11	3 096 478.17
细特棉纱	4 326 503.06	274 429.72	304 921.91	1 294 224.09	1 832 919.46	3 001 786.77	3 879 284.26
其他业务成本	168 114.40	10 663.48	11 848.31	50 289.51	71 221.53	116 640.07	150 736.88
营业成本合计	12 931 877.33	820 267.86	911 408.74	3 868 423.76	5 478 579.20	8 972 312.70	11 595 144.52
月发生额占本期合计数比重	12.77%	0.81%	0.90%	3.82%	5.41%	8.86%	11.45%

项目	8 月	9 月	10 月	11 月	12 月	本期未审数	上期审定数
主营业务成本	12 703 792.23	12 124 075.51	11 694 285.53	10 484 876.52	8 945 628.68	99 951 158.40	72 714 081.97
其中：中平布	2 249 694.96	2 147 033.82	2 070 922.98	1 856 750.60	1 584 167.58	17 700 196.39	12 829 597.74
细布	2 710 696.35	2 586 998.17	2 495 290.89	2 237 230.90	1 908 790.89	21 327 272.61	14 806 794.96
中特棉纱	3 437 225.99	3 280 373.82	3 164 086.87	2 836 860.79	2 420 391.24	27 043 477.51	19 872 960.37
细特棉纱	4 306 174.93	4 109 669.70	3 963 984.79	3 554 034.23	3 032 278.97	33 880 211.89	25 204 728.90
其他业务成本	167 324.52	159 688.94	154 028.08	138 098.68	117 824.90	1 316 479.30	660 370.07
营业成本合计	12 871 116.75	12 283 764.45	11 848 313.61	10 622 975.20	9 063 453.58	101 267 637.70	73 374 452.04
月发生额占本期合计数比重	12.71%	12.13%	11.70%	10.49%	8.95%	100.00%	—
审计说明	总账与明细账核对一致						

4. 营业成本凭证检查表（见表 8-11）

表 8-11　　　　　　　　　　　　营业成本凭证检查表

被审计单位：　梦舒公司　　　　　　　　审核：　　倪某　　日期：　2023 年 2 月 15 日　　索引号：　SY02-3
会计期间：　2022 年 1 月 1 日—2022 年 12 月 31 日　　复核：　　田某　　日期：　2023 年 2 月 25 日　　页次：　　1

序号	记账日期	凭证号	业务摘要	对方科目		金额	核对内容（用"√""×"表示）				
				方向	一级科目		1	2	3	4	5
1	2022 年 1 月 31 日	记-81	结转已售产品成本	贷方	库存商品	12 763 762.93	√	√	√	√	√
2	2022 年 4 月 30 日	记-70	结转已售产品成本	贷方	库存商品	3 818 134.25	√	√	√	√	√
3	2022 年 7 月 31 日	记-79	结转已售产品成本	贷方	库存商品	11 444 407.64	√	√	√	√	√
4	2022 年 12 月 31 日	记-77	结转已售原材料	贷方	原材料	117 824.90	√	√	√	√	√
核对内容说明：1. 原始凭证内容完整；2. 授权批准完整；3. 账务处理正确；4. 金额核对相符；5. 所属期间正确											
审计说明	采用随机抽样方法，未发现异常业务										

本项目任务解析与知识拓展

拓展阅读

任务解析 8-1

任务解析 8-2

关于推动注册会计师行业
党史学习教育常态化长效
化的意见（中注协）

技能训练

1. ABC 会计师事务所的 A 注册会计师负责审计甲公司等多家被审计单位 2022 年度财务报表，与存货审计相关的事项如下。

（1）在对甲公司存货实施监盘时，A 注册会计师在存货盘点现场评价了管理层用以记录和控制存货盘点结果的程序，认为其设计有效。A 注册会计师在检查存货并执行抽盘后结束了现场工作。

（2）因乙公司存货品种和数量均较少，A 注册会计师仅将监盘程序用作实质性程序。

（3）丙公司 2022 年年末已入库未收到发票而暂估的存货金额占存货总额的 30%，A 注册会计师对存货实施了监盘，测试了采购和销售交易的截止，均未发现差错，据此认为暂估的存货记录准确。

（4）丁公司管理层未将以前年度已全额计提跌价准备的存货纳入本年末盘点范围，A 注册会计师检查了以前年度的审计工作底稿，认可了管理层的做法。

（5）戊公司管理层规定，由生产部门人员对全部存货进行盘点，再由财务部门人员抽取 50% 进行复盘，A 注册会计师对复盘项目执行抽盘，未发现差异，据此认可了管理层的盘点结果。

【训练要求】针对上述第（1）至（5）项，逐项指出 A 注册会计师的做法是否恰当，如不恰当，简要说明理由。

2. 甲公司主要从事调味品的生产和销售。ABC 会计师事务所的 A 注册会计师负责审计甲公司 2022 年度财务报表。与存货审计相关的部分内容摘录如下。

（1）A 注册会计师发现甲公司盘点日前 a 原材料已验收但尚未办理入库手续，原材料单独摆放，未纳入盘点范围。A 注册会计师认可了甲公司管理层的做法，并在审计工作底稿中记录了这一情况。

（2）A 注册会计师发现 b 原材料属于代收的委托加工原材料，甲公司未将 b 原材料纳入存货盘点范围，但已单独摆放并附有标识说明。

（3）甲公司的 K 存货以包装箱对外发运，A 注册会计师根据包装箱的数量及每箱的标准容量计算确定了期末存货的数量。

【训练要求】针对上述第（1）至（5）项，逐项指出 A 注册会计师的做法是否恰当，如不恰当，简要说明理由。

项目九　筹资与投资循环审计

🔍 学习目标

【知识目标】了解筹资与投资循环涉及的业务活动及其内部控制的主要内容，理解筹资与投资循环内部控制的风险及相关控制程序，理解筹资与投资循环实质性程序的工作内容。

【技能目标】掌握筹资与投资循环内部控制测试的步骤、方法及相关审计工作底稿的编制方法，掌握筹资与投资循环实质性程序的步骤、方法及相关审计工作底稿的编制方法。

【素养目标】熟悉筹资与投资循环相关的审计准则、会计准则等，增强法律意识，做到知法守法，培养独立、客观、公正的职业道德，培养认真仔细、一丝不苟、精益求精的职业精神。

📖 关键词汇

流动负债（Current Liabilities）　　短期借款（Short-term Loan）

财务费用（Finance Expense）　　投资收益（Investment Income）

长期借款（Long-term Loan）　　应付债券（Bonds Payable）

股本（Capital Stock）　　资本公积（Capital Provident）

任务一　筹资与投资循环控制测试

📖任务导入 9-1

下列对筹资活动实施的审计程序的表述中，正确的是（　　　）。

A. 股东权益增减变动的业务较少而金额较大，在审计中注册会计师一般无须对其内部控制进行了解而直接执行实质性程序

B. 考虑到严格的监管环境和董事会针对筹资活动设计的严格控制，注册会计师应当将重大错报风险评估为低水平

C. 如被审计单位是国际资本市场上的大型公众公司，由于有良好的内部控制，注册会计师应将与筹资交易和余额有关的重大错报风险评估为低水平

D. 注册会计师对有限数量的筹资交易实施了实质性程序，同时也需要对控制活动进行记录以识别可能产生的重大错报风险，以确保实施的实质性程序能够恰当应对所识别的重大错报风险

一、筹资与投资循环的内部控制

（一）筹资与投资循环涉及的主要业务活动

1. 筹资所涉及的主要业务活动

（1）审批授权。企业通过借款筹集资金需经管理层的审批，其中债券的发行每次均要由董事会授权；企业发行股票必须依据国家有关法规或企业章程的规定，报经企业最高权力机构（如董事会）及国家有关管理部门批准。

（2）签订合同或协议。向银行或其他金融机构融资须签订借款合同，发行债券须签订债券契约

微课 9-1

筹资涉及的主要
业务活动

和债券承销或包销合同。

（3）取得资金。企业实际取得银行或金融机构划入的款项或债券、股票的融入资金。

（4）计算利息或股利。企业应按有关合同或协议的规定，及时计算利息或股利。

（5）偿还本息或发放股利。银行借款或发行债券应按有关合同或协议的规定偿还本息，融入的股本根据股东大会的决定发放股利。

2. 投资涉及的主要业务活动

（1）审批授权。投资业务应由企业的高层管理机构进行审批。管理层应对所有投资交易进行授权。交易的数量越多，授权程序必须越正式。

（2）取得证券或其他投资。企业可以通过购买股票或债券进行投资，也可以通过与其他单位联合形成投资。注册会计师应对这些凭证和有价证券的真实性以及管理层伪造或修改这些凭证和有价证券的风险保持警惕。

（3）取得投资收益。企业可以取得股权投资的股利收入、债权投资的利息收入和其他投资收益。企业收到的股利和利息应当记录并追查至银行存款单。

（4）转让证券或收回其他投资。企业可以通过转让证券实现投资的收回；其他投资已经投出，除联营合同期满，或由于其他特殊原因联营企业解散外，一般不得抽回投资。

（二）筹资与投资循环的重大错报风险

1. 筹资交易的重大错报风险

注册会计师应当在了解被审计单位的基础上考虑影响筹资交易的重大错报风险，并对被审计单位业务中可能出现的特别风险保持警惕。考虑到严格的监管环境和董事会针对筹资活动设计的严格控制，除非注册会计师对管理层的诚信产生疑虑，否则重大错报风险一般应评估为低水平。

2. 投资交易的重大错报风险

投资交易的重大错报通常包括：管理层错误表述投资业务或衍生金融工具业务的偏见和动机；所取得资产的性质和复杂程度可能导致确认和计量的错误；所持有投资的公允价值可能难以计量；确定债券投资或其他权益工具投资公允价值的困难性可能最终影响到资产负债表上投资和衍生金融工具的账面价值；管理层凌驾于控制之上，可能导致投资交易未经授权；如果对有价证券的控制不充分，权益性有价证券的舞弊和盗窃风险可能很高，从而影响投资的存在认定；关于资产的所有权以及相关权利与义务的审计证据可能难以获得；如果每年发生的交易数量有限，并且会计人员不能确定在相关的购置或处置业务以及损益的调整中的分配，固定资产交易的记录可能会发生错误；如果负责记录投资处置业务的人员没有意识到某项投资已经卖出，则对投资的处置业务可能未记录，这种处置业务只能通过在期末进行实物检查来发现。

（三）筹资与投资循环内部控制的内容

1. 筹资活动的内部控制

筹资活动主要由借款交易和股东权益交易组成。股东权益增减变动的业务较少而金额较大，注册会计师在审计中一般直接进行实质性程序。无论是否依赖内部控制，注册会计师均应对筹资活动的内部控制获得足够的了解，以识别错报的类型、方式及发生的可能性。

企业的借款交易涉及短期借款、长期借款和应付债券，这些内部控制基本类似。此处以应付债券为例说明筹资活动的内部控制。一般来讲，应付债券内部控制的主要内容包括以下几点。第一，应付债券的发行要有正式的授权程序，每次均要由董事会授权。第二，申请发行债券时，应履行审批手续，向有关机关递交相关文件。第三，应付债券的发行，要有受托管理人来行使保护发行人和持有人合法权益的权利。第四，发行每种债券都必须签订债券契约。第五，债券的承销或包销必须签订有关协议。第六，记录应付债券业务的会计人员不得参与债券发行。第七，如果企业保存债券持有人明细分类账，应同总分类账核对是否相符，若这些记录由外部机构保存，则须定期同外部机构核对。第八，未发行的债券必须有专人负责。第九，债券的回购要有正式的授权程序。

如果企业应付债券业务不多，注册会计师可根据成本效益原则直接采取实质性程序；如果企业应付债券业务繁多，注册会计师就可考虑采用综合性方案，则应进行控制测试。

2. 投资活动的内部控制

第一，合理的职责分工。这是指合法的投资业务，应在业务的授权、业务的执行、业务的会计记录以及投资资产的保管等方面都有明确的分工，不得由一人同时负责上述任何两项工作。比如，投资业务在企业高层管理机构核准后，可由高层负责人员授权签批，由财务经理办理具体的股票或债券的买卖业务，由会计部门负责进行会计记录和财务处理，并由专人保管股票或债券。这种合理的分工所形成的相互牵制机制有利于避免投资业务中发生错误或舞弊。

第二，健全的资产保管制度。企业对投资资产（指股票和债券资产）的保管方式，一般都是由独立的专门机构保管，如委托银行、证券公司、信托投资公司等机构进行保管。这些机构拥有专门的保存和防护措施，可以防止各种证券及单据的失窃或毁损，并且由于它与投资业务的会计记录工作完全分离，可以大大降低舞弊的可能性。另一种方式是由企业自行保管，在这种方式下，必须建立严格的联合控制制度，即至少要由两名以上人员共同控制，不得一人单独接触证券。对于任何证券的存入或取出，都要将债券名称、数量、价值及存取的日期、数量等详细记录于证券登记簿内，并由所有在场的经手人员签字。

第三，详尽的会计核算制度。企业的投资资产无论是自行保管还是由他人保管，都要进行完整的会计记录，并对其增减变动及投资收益进行相关会计核算。具体而言，应对每一种股票或债券分别设立明细分类账，并详细记录其名称、面值、证书编号、数量、取得日期、经纪人名称、购入成本、收取的股息或利息等；对于联营投资类的其他投资，也应设置明细分类账，核算其他投资的投出及其投资收益和投资收回等业务，并对投资的形式、投向、投资的计价以及投资收益等做出详细的记录。

第四，严格的记名登记制度。除无记名证券外，企业在购入股票或债券时应在购入的当日尽快登记于企业名下，切忌登记于经办人员名下，防止冒名转移并借其他名义牟取私利的舞弊行为发生。

第五，完善的定期盘点制度。企业所拥有的投资资产，应由内部审计人员或不参与投资业务的其他人员进行定期盘点，检查是否确实存在，并将盘点记录与账面记录相互核对，以确认账实一致。

二、筹资与投资循环控制测试审计工作底稿编制实例

1. 筹资与投资循环控制测试导引表（见表 9-1）

表 9-1　　　　　　　　　　筹资与投资循环控制测试导引表

被审计单位：梦舒公司	编制：张某	日期：2023 年 2 月 2 日	索引号：CZC-0
会计期间：2022 年 1 月 1 日—2022 年 12 月 31 日	复核：田某	日期：2023 年 2 月 4 日	页次：1

测试本循环控制运行有效性的工作包括：
1. 针对了解的被审计单位筹资与投资循环的控制活动，确定拟进行测试的控制活动
2. 测试控制活动运行的有效性，记录测试程序、过程和结论
3. 根据测试结论，确定对实质性程序的性质、时间安排和范围的影响

测试本循环控制运行有效性，形成下列审计工作底稿：
1. CZC-1：控制测试汇总表
2. CZC-2-1：控制测试程序和过程记录（CZKZ-1、2、3、4）
3. CZC-2-2：控制测试程序和过程记录（TZKZ-1、2、3、4、5、6）

2. 筹资与投资循环控制测试汇总表（见表 9-2）

表 9-2　　　　　　　　　　　筹资与投资循环控制测试汇总表

被审计单位：梦舒公司　　　　　　　　　编制：张某　　日期：2023 年 2 月 2 日　索引号：CZC-1

会计期间：　2022 年 1 月 1 日—2022 年 12 月 31 日　　复核：田某　　日期：2023 年 2 月 4 日　页次：　1

1. 了解内部控制的初步结论

（1）控制设计合理，并得到执行　　　　　　（ √ ）

（2）控制设计合理，未得到执行　　　　　　（　 ）

（3）控制设计无效或缺乏必要的控制　　　　（　 ）

2. 控制测试结论

控制编号	控制名称	与控制相关的风险（高/中/低）	控制测试程序	执行控制频率	测试样本量	是否拟信赖该控制（是/否）
CZKZ-1	借款需经过适当审批	中	检查借款合同是否经过适当审批	不定期	3	是
CZKZ-2	筹资交易以恰当的金额记入恰当的期间、账户	中	检查综合授信使用申请或借款合同、银行回单等单证是否一致	不定期	3	是
CZKZ-3	还款支出需经过适当审批	中	检查还款计划、还款本息回单是否一致，是否经过适当审批	不定期	3	是
CZKZ-4	筹资交易均已记录	中	检查筹资交易是否准确、恰当记录且全部记录于恰当的会计期间	不定期	3	是
TZKZ-1	投资经过授权审批	中	检查投资是否经过适当审批	不定期	3	是
TZKZ-2	投资均已准确记录，并记入恰当的账户及期间	中	检查投资合同、相关单证是否一致，是否准确恰当记录于适当的会计期间	不定期	3	是
TZKZ-3	投资损益均已准确记录，并记入恰当的账户及期间	中	检查被投资公司的财务报表、交易流水等资料，复核投资收益是否恰当记录于恰当的会计期间	不定期	3	是
TZKZ-4	投资减值正确评估并记录	中	检查减值测试表，复核减值计提是否充分并正确记录	每季度 1 次	3	是
TZKZ-5	处置投资交易均已授权批准	中	检查投资处置是否得到适当审批	不定期	3	是
TZKZ-6	处置投资交易已恰当记录	中	检查投资交易处置相关计价，复核是否恰当、正确记录于适当的会计期间	不定期	3	是

3. 筹资与投资循环控制测试程序和过程记录（见表 9-3）

表 9-3　　　　　　　筹资与投资循环控制测试程序和过程记录（1）

被审计单位：梦舒公司　　　　　　　　　编制：郁某　　日期：2023 年 2 月 2 日　索引号：CZC-2-1

会计期间：　2022 年 1 月 1 日—2022 年 12 月 31 日　　复核：田某　　日期：2023 年 2 月 4 日　页次：　1

1. 控制编号：CZKZ-1、CZKZ-2、CZKZ-3、CZKZ-4

2. 控制的性质

控制编号	自动控制	依赖信息系统的人工控制	人工控制
CZKZ-1、CZKZ-2、CZKZ-3、CZKZ-4		√	

3. 控制测试的时间安排： 上述控制属于依赖信息系统的人工控制，计划在审计现场抽取样本进行测试

4. 控制测试的类型

询问	观察	检查	重新执行
		√	

续表

5．拟实施的测试程序

（1）根据借款申请表或综合授信使用申请，检查是否得到适当审批；（2）根据借款合同、银行回单检查相关信息是否与财务记录一致；（3）根据借款合同、还款计划、银行回单检查还款是否得到适当审批；（4）根据还款计划、银行还款本息回单等单证检查筹资交易是否已全部记入恰当会计期间

6．对总体进行定义： 2022年记录的所有筹资业务

7．总体的来源： 2022年短期借款、长期借款、实收资本等明细账

8．控制执行的频率

控制编号	频率
CZKZ-1、CZKZ-2、CZKZ-3、CZKZ-4	不定期

9．与控制相关的风险： 中

10．总体中项目的总数： 28

11．对偏差进行定义

控制编号	偏差的定义
CZKZ-1	借款申请或综合授信使用未经适当审批
CZKZ-2	借款还本付息未准确入账和记录于恰当会计期间
CZKZ-3	还款计划未经适当审批
CZKZ-4	筹资交易未完整记录

12．确定所测试项目的数量并选取项目： 测试项目的数量3，选取数量3

13．测试过程记录

凭证号	借款申请书编号	借款合同编号	银行回单编号	CZKZ 1	2	3	4
3-记06	JKSQ-202203-001	JKHT-202203-001	202203-001-023	√	√	√	√
9-记08	JKSQ-202209-001	JKHT-202209-001	202209-001-023	√	√	√	√
12-记08	JKSQ-202212-001	JKHT-202212-001	202212-001-023	√	√	√	√

14．识别出的偏差： 未发现偏差

15．考虑扩大测试范围（如适用）： 不适用

16．控制缺陷（如适用，偏差是否被视为控制缺陷）： 无

17．对获取的有关控制在期中运行有效性的审计证据的考虑： 不适用

18．剩余期间的测试过程记录

序号	识别特征	测试程序1	测试程序2	注释
不适用				

结论： 控制运行有效

任务二　筹资与投资循环实质性程序

📖**任务导入9-2**

　　注册会计师审阅华兴公司2022年会计年报时，了解到该公司2022年8月1日向银行借入专门借款1 500万元，年利率为7%，拟出包建设办公楼，工期为一年，工程于9月25日正式开工，10月1日，预付工程款1 000万元，公司2022年借款费用资本化金额为437 500元。要求：请验证华兴公司2022年借款费用资本化金额的正确性。

一、短期借款审计

（一）短期借款的审计目标

（1）确定资产负债表中记录的短期借款是否存在。

（2）确定记录的短期借款是否为被审计单位应履行的偿还义务。

（3）确定所有应当记录的短期借款是否均已记录。

（4）确定短期借款是否以恰当的金额包括在财务报表中，与之相关的计价或分摊调整是否已恰当记录。

（5）确定短期借款是否已按照企业会计准则的规定在报表中做出恰当分类和列报。

微课 9-3

短期借款的审计目标及审计程序

（二）短期借款审计的主要实质性程序

（1）获取或编制短期借款明细表，复核其加计数是否正确，并与明细账、总账和报表核对是否相符。

（2）检查短期借款的增加。对年度内增加的短期借款，注册会计师应检查借款合同和授权批准，了解借款数额、借款条件、借款日期、还款期限、借款利率，并与相关会计记录相核对。

（3）检查短期借款的减少。对年度内减少的短期借款，注册会计师应检查相关记录和原始凭证，核实还款数额。

（4）检查有无到期未偿还的短期借款。注册会计师应检查相关记录和原始凭证，检查被审计单位有无到期未偿还的短期借款，如有，则应查明是否已向银行提出申请并经同意后办理延期手续。

（5）复核短期借款利息。注册会计师应根据短期借款的利率和期限，复核被审计单位短期借款的利息计算是否正确，有无多算或少算利息的情况，如有未计利息和多计利息，应做出记录，必要时进行调整。

（6）检查短期借款在资产负债表上的列报是否恰当。

（三）短期借款审计案例

华兴公司于 2022 年 4 月 1 日向海淀工行取得流动资金借款 200 000 元，期限是 3 个月，借款利率为 5.5‰，该公司的会计处理如下。

取得借款时的会计处理如下。

借：银行存款　　　　　　　　　　　200 000

　　贷：短期借款　　　　　　　　　　　　200 000

4 月、5 月、6 月底预提利息时的会计处理如下。

借：营业外支出　　　　　　　　　　1 100

　　贷：短期借款　　　　　　　　　　　　1 100

6 月底归还借款时的会计处理如下。

借：短期借款　　　　　　　　　　　203 300

　　贷：银行存款　　　　　　　　　　　　203 300

要求：指出该公司会计处理的不当之处，分析该公司对这项业务的不当处理是否会影响年度的损益状况，并进行相应的账项调整。

【案例解析】 （1）该公司对预提借款利息每月 1 100 元的会计处理不当。按企业会计准则的规定，每月预提 1 100 元的借款利息的入账会计分录如下。

借：财务费用　　　　　　　　　　　1 100

　　贷：应付利息　　　　　　　　　　　　1 100

因此，该公司三个月共少记财务费用和应付利息各 3 300 元，同时又错误地多记营业外支出和短期借款各 3 300 元。

（2）无论把利息费用记入"营业外支出"，还是"财务费用"科目，其数额都在该年度损益中抵减。因此，尽管该公司的会计分录中使用的科目不对，但不会影响该企业该年度的损益。

（3）建议账项调整如下。

借：财务费用　　　　　　　　　　　　　　　　　　3 300

　　贷：营业外支出　　　　　　　　　　　　　　　　　3 300

（四）短期借款审计工作底稿编制实例

1. 短期借款审计程序表（见表9-4）

表9-4　　　　　　　　　　　　　　短期借款审计程序表

被审计单位：梦舒公司　　　　　　　　　编制：张某　日期：2023年2月15日　索引号：FZ01-0

会计期间：2022年1月1日—2022年12月31日　复核：田某　日期：2023年2月25日　页次：1

一、审计目标与认定对应关系表

审计目标	财务报表认定				
	a	b	c	d	e
	存在	权利和义务	完整性	准确性、计价和分摊	分类、列报
A　资产负债表中记录的短期借款是存在的	√				
B　记录的短期借款是被审计单位应履行的偿还义务		√			
C　所有应当记录的短期借款均已记录			√		
D　短期借款以恰当的金额包括在财务报表中，与之相关的计价或分摊调整已恰当记录				√	
E　短期借款已按照企业会计准则的规定在财务报表中做出恰当分类和列报					√

二、审计目标与审计计划的衔接

项目	财务报表认定				
	存在	权利和义务	完整性	准确性、计价和分摊	分类、列报
评估的重大错报风险水平	普通	普通	普通	普通	普通
控制测试结果是否支持风险评估结论	是	是	是	是	是
需从实质性程序获取的保证程度	低	低	低	低	低

三、审计目标与审计程序对应关系表

审计目标	可供选择的审计程序	是否计划实施（√）	与认定的对应关系	索引号
D	1. 获取或编制短期借款明细表：①复核加计是否正确，并与报表数、总账数和明细账合计数核对是否相符；②检查非记账本位币短期借款的折算汇率及折算金额是否正确，折算方法是否前后期一致	√	d	详见短期借款审计工作底稿
ABC	2. 检查被审计单位企业信用报告，核实账面记录是否准确、完整	√	abc	
ABCD	3. 对短期借款进行函证：①编制短期借款函证结果汇总表，检查回函；②调查不符事项，确定是否表明存在错报；③如果未回函，实施替代程序；④如果认为回函不可靠，评价对评估的重大错报风险以及其他审计程序的性质、时间安排和范围的影响	√	abcd	
ABCD	4. 检查短期借款的增加：对年度内增加的短期借款，检查借款合同，了解借款本金、借款用途、借款条件、借款日期、还款期限、借款利率等信息，检查会计处理是否正确	√	abcd	
ACD	5. 检查短期借款的减少：对年度内减少的短期借款，应检查相关记录和原始凭证，核实还款数额，并与相关会计记录相核对	√	acd	
D	6. 复核短期借款利息：根据短期借款的利率和期限，检查被审计单位短期借款的利息计算是否正确；如有未计利息和多计利息，应做出记录，必要时提请进行调整	√	d	
B	7. 检查被审计单位用于短期借款的抵押资产的所有权是否属于被审计单位，其价值和实际状况是否与契约中的规定相一致		b	

续表

审计目标	可供选择的审计程序	是否计划实施（√）	与认定的对应关系	索引号
AD	8. 检查被审计单位与贷款人之间所发生的债务重组。检查债务重组协议，确定其真实性、合法性，并检查债务重组的会计处理是否正确		ad	详见短期借款审计工作底稿
	9. 根据评估的舞弊风险等因素增加的其他审计程序			
E	10. 检查短期借款是否已按照准则的规定在报表中做出恰当的列报和披露	√	e	

2. 短期借款审定表（见表9-5）

表9-5　　　　　　　　　　　　　　短期借款审定表

被审计单位：梦舒公司　　　　　　　　编制：张某　日期：2023年2月15日　索引号：FZ01-1
会计期间：2022年1月1日—2022年12月31日　复核：田某　日期：2023年2月25日　页次：1

项目	期末未审数	账项调整		重分类调整		期末审定数	期初审定数	索引号
		借方	贷方	借方	贷方			
报表数	32 393 539.45	0.00	0.00	0.00	0.00	32 393 539.45	27 625 000.00	
总账数	32 393 539.45	0.00	0.00	0.00	0.00	32 393 539.45	27 625 000.00	
明细账数	32 393 539.45	0.00	0.00	0.00	0.00	32 393 539.45	27 625 000.00	
其中：交行杭州支行	32 393 539.45	0.00	0.00	0.00	0.00	32 393 539.45	27 625 000.00	
审计说明	报表与总账合计数核对一致，明细账与总账核对及查验见科目底稿							
审计结论	经审计，期末余额可予以确认							

3. 短期借款明细表（见表9-6）

表9-6　　　　　　　　　　　　　　短期借款明细表

被审计单位：梦舒公司　　　　　　　　编制：张某　日期：2023年2月15日　索引号：FZ01-2
会计期间：2022年1月1日—2022年12月31日　复核：田某　日期：2023年2月25日　页次：1

贷款单位	期初数	本期增加	本期减少	期末数	借款日期	还款日期	是否有抵押质押
交行杭州支行	27 625 000.00	0.00	27 625 000.00	0.00	2021年9月1日	2022年2月28日	否
交行杭州支行	0.00	15 000 000.00	15 000 000.00	0.00	2022年4月1日	2022年8月31日	否
交行杭州银行	0.00	17 000 000.00	0.00	17 000 000.00	2022年10月1日	2023年3月31日	否
交行杭州银行	0.00	15 393 539.45	0.00	15 393 539.45	2022年12月1日	2023年5月31日	否
合计	27 625 000.00	47 393 539.45	42 625 000.00	32 393 539.45			
审计说明	总账与明细账核对一致；经分析，各银行账户安全						

4. 短期借款凭证检查表（见表9-7）

表9-7　　　　　　　　　　　　　　短期借款凭证检查表

被审计单位：梦舒公司　　　　　　　　编制：张某　日期：2023年2月15日　索引号：FZ01-3
会计期间：2022年1月1日—2022年12月31日　复核：田某　日期：2023年2月25日　页次：1

序号	记账日期	凭证号	业务摘要	对方科目		金额	核对内容（用"√""×"表示）			
				方向	一级科目		1	2	3	4
1	2022年2月28日	记-56	支付短期借款利息及归还本金	贷方	银行存款	27 625 000.00	√	√	√	√
2	2022年4月1日	记-06	借入短期借款	借方	银行存款	15 000 000.00	√	√	√	√
3	2022年8月31日	记-63	支付短期借款利息并归还本金	贷方	银行存款	15 000 000.00	√	√	√	√
4	2022年10月1日	记-02	借入短期借款	借方	银行存款	17 000 000.00	√	√	√	√
5	2022年12月1日	记-05	借入短期借款	借方	银行存款	15 393 539.45	√	√	√	√
核对内容说明：1. 原始凭证内容完整；2. 授权批准完整；3. 账务处理正确；4. 金额核对相符										
审计说明	采用全查的方式，经查验，未发现异常业务									

二、长期借款审计

（一）长期借款的审计目标

（1）确定资产负债表中记录的长期借款是否存在。

（2）确定记录的长期借款是否为被审计单位应履行的偿还义务。

（3）确定所有应当记录的长期借款是否均已记录。

（4）确定长期借款是否以恰当的金额包括在财务报表中，与之相关的计价或分摊调整是否已恰当记录。

（5）确定长期借款是否已按照企业会计准则的规定在报表中做出恰当分类和列报。

微课 9-4

长期借款的审计目标及审计程序

微课 9-5

核对总账和明细账

（二）长期借款审计的主要实质性程序

（1）获取或编制长期借款明细表，复核其加计数是否正确，并与明细账和总账核对是否相符。

（2）对年度内增加的长期借款，应检查借款合同和授权批准，了解借款数额、借款条件、借款日期、还款期限、借款利率，并与相关会计记录相核对。

（3）对年度内减少的长期借款，注册会计师应检查相关记录和原始凭证，核实还款数额。

（4）检查年末有无到期未偿还的借款，逾期借款是否办理了延期手续；分析计算逾期借款的金额、比率和期限，判断被审计单位的资信程度和偿债能力。

（5）计算短期借款、长期借款在各个月份的平均余额，选取适用的利率匡算利息支出总额，并与财务费用的相关记录核对，判断被审计单位是否高估或低估利息支出，必要时进行适当调整。

（6）检查借款费用的会计处理是否正确。企业发生的借款费用，可直接归属于符合资本化条件的资产购建或生产的，应当予以资本化，计入相关资产成本；其他借款费用，应当在发生时根据其发生额确认费用，计入当期损益。

（7）检查长期借款的列报是否恰当。长期借款在资产负债表上列示于长期负债类下，该项目应根据"长期借款"科目的期末余额扣减将于一年内到期的长期借款后的数额填列，该项扣除数应当在流动负债类下的"一年内到期的长期负债"项目单独反映。

（三）长期借款审计案例

某企业 2022 年 5 月申请长期借款 240 000 元购置一台新设备，计划三个月内安装调试完成后投入生产，预计每月增加产值 50 000 元，产值利润率为 25%，每月增加利润 12 500 元，两年后还清借款。该设备实际于 2022 年 10 月完工投产。注册会计师 2023 年 1 月对该企业长期借款进行审计，得到以下资料：10 月，增加产值 25 000 元，增加销售收入 23 000 元，增加利润 4 000 元；11 月，增加产值 30 000 元，增加销售收入 26 000 元，增加利润 5 700 元；12 月，增加产值 50 000 元，增加销售收入 35 000 元，增加利润 8 000 元。

三个月共计增加产值 105 000 元，增加销售收入 84 000 元，增加利润 17 700 元。该企业 2022 年计划利润为 620 000 元，实际完成 630 000 元，12 月用利润归还长期借款 19 000 元，支付利息 6 000 元。

要求：请根据上述资料，对该企业长期借款使用与偿还情况做出恰当评价。

【案例解析】从上述资料可以看出：该企业利用长期借款购置设备一台，按原计划，设备应于 8 月份安装调试结束，投入生产，但实际延误工期两个月，致使 10 月才完工投产，12 月才达到预计每月增加产值 50 000 元的目标但还未达到每月增加利润 12 500 元的目标，产值利润率也仅达到 16%（8 000/50 000×100%），低于原定 25% 的目标。按照这种情况，可以预计该企业在两年内难以还清借款。

根据生产经营要求，长期借款应于项目投产后以新增的利润归还，否则将会挤占流动资金，加剧流动资金紧张。而该企业当年新增利润为 17 700 元，用于归还借款的利润达 25 000（19 000+6 000）元，归还借款的利润大于项目投产后新增的利润，实际上已挤占了部分流动资金，这是不合理的。

（四）长期借款审计工作底稿编制实例

1. 长期借款审计程序表（见表 9-8）

表 9-8　　　　　　　　　　　　　　　长期借款审计程序表

被审计单位：　梦舒公司　　　　　　　　编制：　张某　日期：　2023 年 2 月 15 日　索引号：　FZ08-0

会计期间：　2022 年 1 月 1 日—2022 年 12 月 31 日　　复核：　田某　日期：　2023 年 2 月 25 日　页次：　1

一、审计目标与认定对应关系表

审计目标		财务报表认定				
		a	b	c	d	e
		存在	权利和义务	完整性	准确性、计价和分摊	分类、列报
A	资产负债表中记录的长期借款是存在的	√				
B	记录的长期借款是被审计单位应履行的偿还义务		√			
C	所有应当记录的长期借款均已记录			√		
D	长期借款以恰当的金额包括在财务报表中，与之相关的计价或分摊调整已恰当记录				√	
E	长期借款已按照企业会计准则的规定在财务报表中做出恰当分类和列报					√

二、审计目标与审计计划的衔接

项目	财务报表认定				
	存在	权利和义务	完整性	准确性、计价和分摊	分类、列报
评估的重大错报风险水平	普通	普通	普通	普通	普通
控制测试结果是否支持风险评估结论	是	是	是	是	是
需从实质性程序获取的保证程度	低	低	低	低	低

三、审计目标与审计程序对应关系表

审计目标	可供选择的审计程序	是否计划实施（√）	与认定的对应关系	索引号
D	1. 获取或编制长期借款明细表：①复核加计是否正确，并与总账数和明细账合计数核对是否相符，减去将于一年内偿还的长期借款后与报表数核对是否相符；②检查非记账本位币长期借款的折算汇率及折算是否正确，折算方法是否前后期一致	√	d	
ABC	2. 检查被审计单位贷款卡，核实账面记录是否完整。对被审计单位贷款卡上列示的信息与账面记录核对的差异进行分析，并关注贷款卡中列示的被审计单位对外担保的信息	√	abc	详见长期借款审计工作底稿
ABCD	3. 对长期借款进行函证。除非有充分证据表明某一借款对财务报表不重要且与之相关的重大错报风险很低。如果不对这些项目实施函证程序，在审计工作底稿中说明理由。①编制长期借款函证结果汇总表，检查回函。②调查不符事项，确定是否表明存在错报。③如果未回函，实施替代程序。④如果认为回函不可靠，评价对评估的重大错报风险以及其他审计程序的性质、时间安排和范围的影响	√	abcd	

续表

审计目标	可供选择的审计程序	是否计划实施（√）	与认定的对应关系	索引号
ABD	4．检查长期借款的增加。对年度内增加的长期借款，检查借款合同和授权批准，了解借款数额、借款条件、借款用途、借款日期、还款期限、借款利率，并与相关会计记录核对	√	abd	
DE	5．检查长期借款是否按实际收到的金额入账，如有差异，是否借记"长期借款——利息调整"	√	de	
ACD	6．检查长期借款的减少。对年度内减少的长期借款，检查相关记录和原始凭证，核实还款数额，并与相关会计记录核对	√	acd	
D	7．复核长期借款利息。根据长期借款的利率和期限，复核被审计单位长期借款的利息计算是否正确。如有未计利息和多计利息，应做出记录，必要时进行调整	√	d	详见长期借款审计工作底稿
DE	8．检查借款费用的会计处理是否正确。检查资产负债表日被审计单位是否按摊余成本和实际利率计算确定长期借款的利息费用，并正确记入财务费用、在建工程、制造费用、研发支出等相关账户，是否按合同利率计算应付未付利息并记入"应付利息"科目，是否按其差额计入长期借款——利息调整。同时应检查专门借款和一般借款的借款费用资本化的时点和期间、资产范围、目的和用途等是否符合资本化条件	√	de	
BD	9．检查被审计单位抵押长期借款的抵押资产的所有权是否属于被审计单位，其价值和实际状况是否与担保契约中的规定相一致	√	bd	
AD	10．检查被审计单位与贷款人进行的债务重组。检查债务重组协议，确定其真实性、合法性，并检查债务重组的会计处理是否正确		ad	
	11．根据评估的舞弊风险等因素增加的其他审计程序			
E	12．检查长期借款是否已按照准则的规定在报表中做出恰当的列报和披露	√	e	

2. 长期借款审定表（见表9-9）

表9-9　　　　　　　　　　　长期借款审定表

被审计单位：梦舒公司　　　　　　　　编制：张某　日期：2023年2月20日　索引号：FZ08-1

会计期间：2022年1月1日—2022年12月31日　复核：田某　日期：2023年2月25日　页次：1

项目	期末未审数	账项调整		重分类调整		期末审定数	期初审定数	索引号
		借方	贷方	借方	贷方			
报表数	48 275 622.04	0.00	0.00	0.00	0.00	48 275 622.04	50 628 170.33	
总账数	48 275 622.04	0.00	0.00	0.00	0.00	48 275 622.04	50 628 170.33	
明细账数	48 275 622.04	0.00	0.00	0.00	0.00	48 275 622.04	50 628 170.33	
其中：工商银行	48 275 622.04	0.00	0.00	0.00	0.00	48 275 622.04	50 628 170.33	
审计说明	1．报表（包括一年内到期的非流动负债16 444 372.04元和长期借款31 831 250.00元）与总账合计数核对一致；2．明细账与总账核对及查验见科目底稿							
审计结论	经审计，期末余额可予以确认							

微课9-6

审定表填写示例

3. 长期借款明细表（见表9-10）

表9-10　　　　　　　　　　　长期借款明细表

被审计单位：梦舒公司　　　　　　　　编制：张某　日期：2023年2月20日　索引号：FZ08-2

会计期间：2022年1月1日—2022年12月31日　复核：田某　日期：2023年2月25日　页次：1

贷款单位	期初数	本期增加	本期减少	期末数	借款日期	还款日期	是否有抵押质押
工行钱江支行	4 628 170.33	0.00	4 628 170.33	0.00	2019年4月1日	2021年3月31日	否
工行钱江支行	16 444 372.04	0.00		16 444 372.04	2020年6月1日	2022年5月31日	否
工行钱江支行	29 555 627.96	0.00	0.00	29 555 627.96	2020年11月1日	2023年10月31日	否

续表

贷款单位	期初数	本期增加	本期减少	期末数	借款日期	还款日期	是否有抵押质押
工行钱江支行	0.00	2 275 622.04	0.00	2 275 622.04	2021 年 7 月 1 日	2023 年 6 月 30 日	否
合计	50 628 170.33	2 275 622.04	4 628 170.33	48 275 622.04	—	—	—
审计说明	1．总账与明细账核对一致 2．经分析，各银行账户安全						

4．长期借款凭证检查表（见表 9-11）

表 9-11　　　　　　　　　　　　　长期借款凭证检查表

被审计单位：　　梦舒公司　　　　　　　　　　编制：　　张某　　日期：　2023 年 2 月 15 日　索引号：　FZ08-4

会计期间：　2022 年 1 月 1 日—2022 年 12 月 31 日　　复核：　　田某　　日期：　2023 年 2 月 25 日　页次：　　1

序号	记账日期	凭证号	业务摘要	对方科目		金额	核对内容（用"√""×"表示）			
				方向	一级科目		1	2	3	4
1	2022 年 3 月 31 日	记-98	支付长期借款利息及归还本金	贷方	银行存款	4 628 170.33	√	√	√	√
2	2022 年 7 月 1 日	记-63	借入短期借款	借方	银行存款	2 275 622.04	√	√	√	√
核对内容说明：1．原始凭证内容完整；2．授权批准完整；3．账务处理正确；4．金额核对相符										
审计说明	采用全查的方式，经查验，未发现异常业务									

三、财务费用审计

微课 9-7

（一）财务费用的审计目标

（1）确定利润表中记录的财务费用是否已发生，是否与被审计单位有关。

（2）确定所有应当记录的财务费用是否均已记录。

（3）确定与财务费用有关的金额及其他数据是否已恰当记录。

（4）确定财务费用是否已记录于正确的会计期间。

财务费用的审计目标及审计程序

（5）确定财务费用是否已记录于恰当的账户，是否已按照企业会计准则的规定在报表中做出恰当的列报。

（二）财务费用的审计程序

（1）获取或编制财务费用明细表，复核加计是否正确，与报表数、总账数和明细账合计数核对是否相符。

（2）将本期、上期财务费用各明细项目做比较分析，必要时比较本期各月的财务费用，如有重大波动和异常情况，应查明原因，扩大审计范围或增加测试量。

（3）检查利息支出明细账，确认利息支出的真实性及正确性，检查各项借款期末应计利息有无预计入账，注意检查现金折扣的会计处理是否正确。

（4）检查"财务费用——手续费"明细账，注意检查大额金融机构手续费的真实性与正确性。

（5）检查财务费用的列报是否恰当。

（三）财务费用审计案例

注册会计师在审查某公司财务费用明细账时，发现如下记录：财务科人员的工资及奖金 88 000 元；支付未完工程借款利息 60 000 元；支付短期借款利息 8 000 元；支付金融机构手续费 3 000 元。

要求：指出存在的问题，并提出处理意见。

【案例解析】按照企业会计准则的规定，下列支出不应列入"财务费用"账户：支付未完工程借款利息应记入"在建工程"账户；财务科人员的工资及奖金应记入"管理费用"账户。

公司应按照企业会计准则进行调整。其调整分录如下。

借：在建工程   60 000
  管理费用   88 000
  贷：财务费用   148 000

（四）财务费用审计工作底稿编制实例

1. 财务费用审计程序表（见表9-12）

表9-12   财务费用审计程序表

被审计单位：梦舒公司   编制：张某   日期：2023年2月15日   索引号：SY06-0
会计期间：2022年1月1日—2022年12月31日   复核：田某   日期：2023年2月25日   页次：   1

一、审计目标与认定对应关系表

	审计目标	财务报表认定				
		a	b	c	d	e
		发生	完整性	准确性	截止	分类、列报
A	利润表中记录的财务费用已发生，且与被审计单位有关	√				
B	所有应当记录的财务费用均已记录		√			
C	与财务费用有关的金额及其他数据已恰当记录			√		
D	财务费用已记录于正确的会计期间				√	
E	财务费用已记录于恰当的账户，已按照企业会计准则的规定在报表中做出恰当的列报					√

二、审计目标与审计计划的衔接

项目	财务报表认定				
	发生	完整性	准确性	截止	分类、列报
评估的重大错报风险水平	普通	普通	普通	普通	普通
控制测试结果是否支持风险评估结论	是	是	是	是	是
需从实质性程序获取的保证程度	低	低	低	低	低

三、审计目标与审计程序对应关系表

审计目标	可供选择的审计程序	是否计划实施（√）	与认定的对应关系	索引号
C	1. 获取或编制财务费用明细表，复核其加计数是否正确，并与报表数、总账数和明细账合计数核对是否相符	√	c	
ABC	2. 实质性分析程序。（1）针对已识别需要运用分析程序的有关项目，并基于对被审计单位及其环境的了解，通过进行以下比较，同时考虑有关数据间关系的影响，以建立有关数据的期望值：①将本期财务费用各明细项目与上期进行对比，必要时比较本期各月份财务费用，如有重大波动和异常情况应追查原因；②计算借款、应付债券平均实际利率并同以前年度及市场平均利率相比较；③根据借款、应付债券平均余额、平均利率测算当期利息费用和应付利息，并与账面记录进行比较；④根据银行存款平均余额和存款平均利率复核利息收入。（2）确定可接受的差异额。（3）将实际的情况与期望值相比较，识别需要进一步调查的差异。（4）如果其差额超过可接受的差异额，调查并获取充分的解释和恰当的佐证审计证据。（5）评估分析程序的测试结果		abc	详见财务费用审计工作底稿
CE	3. 检查财务费用明细项目的设置是否符合规定的核算内容与范围，是否划清财务费用与其他费用的界限	√	ce	

续表

审计目标	可供选择的审计程序	是否计划实施（√）	与认定的对应关系	索引号
ABC	4．检查利息支出明细账：①审查各项借款期末应计利息有无预计入账；②审查现金折扣的会计处理是否正确；③结合长短期借款、应付债券等的审计，检查财务费用中是否包括为购建或生产满足资本化条件的资产发生的应予资本化的借款费用；④检查融资租入的固定资产、购入有关资产超过正常信用条件延期支付价款、实质上具有融资性质的，采用实际利率法分期摊销未确认融资费用时计入财务费用数是否正确；⑤检查应收票据贴现息的计算与会计处理是否正确	√	abc	详见财务费用审计工作底稿
ABC	5．检查利息收入明细账：①确认利息收入的真实性及正确性；②检查从其他企业或非银行金融机构取得的利息收入有否按规定计缴增值税；③检查采用递延方式分期收款、实质上具有融资性质的销售商品或提供劳务，采用实际利率法按期计算确定的利息收入是否正确	√	abc	
ABC	6．检查汇兑损益明细账，检查汇兑损益计算方法是否正确，核对所用汇率是否正确，前后期是否一致		abc	
ABC	7．检查"财务费用—手续费"明细账，注意检查大额金融机构手续费的真实性与正确性		abc	
D	8．抽取资产负债表日前后2张凭证，实施截止测试，若存在异常迹象，应考虑是否有必要追加审计程序，对于重大跨期项目应做必要调整	√	d	
	9．根据评估的舞弊风险等因素增加的其他审计程序			
E	10．检查财务费用是否已按照准则的规定在报表中做出恰当的列报和披露	√	e	

2. 财务费用审定表（见表9-13）

表9-13　　　　　　　　　　财务费用审定表

被审计单位：梦舒公司　　　　编制：张某　日期：2023年2月15日　索引号：SY06-1
会计期间：2022年1月1日—2022年12月31日　复核：田某　日期：2023年2月25日　页次：1

项目	本期未审数	账项调整		本期审定数	上期审定数	索引号
		借方	贷方			
报表数	1 663 661.04	0.00	0.00	1 663 661.04	2 509 240.01	
总账数	1 663 661.04	0.00	0.00	1 663 661.04	2 509 240.01	
明细账数	1 663 661.04	—	—	1 663 661.04	2 509 240.01	
（1）利息净支出	1 650 333.48	—	—	1 650 333.48	2 497 605.12	
其中：利息支出	1 657 321.05	0.00	0.00	1 657 321.05	2 509 944.58	
利息收入	6 987.57	0.00	0.00	6 987.57	12 339.46	
（2）汇兑净损失	0.00	0.00	0.00	0.00	0.00	
（3）手续费	13 327.56	0.00	0.00	13 327.56	11 634.89	
（4）其他	0.00	0.00	0.00	0.00	0.00	
审计说明	报表与总账合计数核对一致，明细账与总账核对及查验见科目底稿					
审计结论	经审计，发生额可予以确认					

3. 财务费用明细表（见表9-14）

表9-14　　　　　　　　　　财务费用明细表

被审计单位：梦舒公司　　　　编制：张某　日期：2023年2月15日　索引号：SY06-2
会计期间：2022年1月1日—2022年12月31日　复核：田某　日期：2023年2月23日　页次：1

项目	1月	2月	3月	4月	5月	6月	7月
一、利息净支出	183 552.77	183 552.77	116 256.70	119 467.31	119 467.31	117 632.52	128 474.98
（1）利息支出	183 552.77	183 552.77	117 764.46	119 467.31	119 467.31	119 467.31	128 474.98
其中：短期借款利息	100 140.64	100 140.64	34 352.32	54 375.00	54 375.00	54 375.00	54 375.00

续表

项目	1月	2月	3月	4月	5月	6月	7月
长期借款利息	83 412.13	83 412.13	83 412.14	65 092.31	65 092.31	65 092.31	74 099.98
（2）利息收入	0.00	0.00	1507.76	0.00	0.00	1834.79	0.00
其中：银行活期存款	0.00	0.00	1507.76	0.00	0.00	1834.79	0.00
二、汇兑净损失	0.00	0.00	0.00	0.00	0.00	0.00	0.00
（1）汇兑损失	0.00	0.00	0.00	0.00	0.00	0.00	0.00
（2）汇兑收益	0.00	0.00	0.00	0.00	0.00	0.00	0.00
三、手续费	1 143.82	1 063.79	1 015.12	1 019.83	1 126.38	1 139.52	1 062.36
四、其他	0.00	0.00	0.00	0.00	0.00	0.00	0.00
合计	184 696.59	184 616.56	117 271.80	120 487.14	120 593.69	118 772.04	129 537.34
月发生额占本期合计数比重	11.10%	11.10%	7.05%	7.24%	7.25%	7.14%	7.79%

项目	8月	9月	10月	11月	12月	本期未审数	上期审定数
一、利息净支出	**128 474.98**	**126 734.42**	**135 724.98**	**135 724.98**	**155 269.76**	**1 650 333.48**	**2 497 605.12**
（1）利息支出	128 474.98	128 474.98	135 724.98	135 724.98	157 174.22	1 657 321.04	2 509 944.58
其中：短期借款利息	54 375.00	54 375.00	61 625.00	61 625.00	83 074.23	767 207.83	654 269.85
长期借款利息	74 099.98	74 099.98	74 099.98	74 099.98	74 099.98	890 113.21	1 855 674.73
（2）利息收入	0.00	1 740.56	0.00	0.00	71 904.45	6 987.56	12 339.46
其中：银行活期存款	0.00	1 740.56	0.00	0.00	1 904.45	6 987.56	12 339.46
二、汇兑净损失	0.00	0.00	0.00	0.00	0.00	0.00	0.00
（1）汇兑损失	0.00	0.00	0.00	0.00	0.00	0.00	0.00
（2）汇兑收益	0.00	0.00	0.00	0.00	0.00	0.00	0.00
三、手续费	1 079.83	1 111.96	1 157.35	1 153.72	1 253.88	13 327.56	11 634.89
四、其他	0.00	0.00	0.00	0.00	0.00	0.00	0.00
合计	129 554.81	127 846.38	136 882.33	136 878.70	156 523.64	1 663 661.04	2 509 240.01
月发生额占本期合计数比重	7.79%	7.68%	8.23%	8.23%	9.41%	100.00%	
审计说明	总账与明细账核对一致						

4. 利息支出复核表（见表9-15）

表9-15　　　　　　　　　　　利息支出复核表

被审计单位：梦舒公司　　　　　　编制：　张某　日期：2023年2月15日　索引号：SY06-3
会计期间：2022年1月1日—2022年12月31日　复核：田某　日期：2023年2月25日　页次：　1

项目	性质	起始日	截止日	本金	年利率	计息月数	应计利息支出	备注
短期借款	贷款	2021年9月1日	2022年2月28日	27 625 000.00	4.35%	2	200 281.25	
	贷款	2022年4月1日	2022年9月30日	15 000 000.00	4.35%	6	326 250.00	
	贷款	2022年10月1日	2023年3月31日	17 000 000.00	4.35%	3	184 875.00	
	贷款	2022年12月1日	2023年5月31日	15 393 539.45	4.35%	1	55 801.58	
长期借款	贷款	2020年4月1日	2022年3月31日	4 628 170.33	4.75%	3	54 959.52	
	贷款	2021年6月1日	2023年5月31日	16 444 372.04	4.75%	12	781 107.67	
	贷款	2022年7月1日	2023年6月30日	2 275 622.04	4.75%	6	54 046.02	
	贷款	2021年11月1日	2023年10月31日	29 555 627.96	4.75%	12	1 403 892.34	资本化
合计							3 061 213.38	
			本期实计利息支出				3 061 213.38	
			差异（应计-实计）				0.00	
审计说明	1. 经计算利息支出合计3 061 213.38元，其中费用化支出1 657 321.04元，资本化支出1 403 892.34元；2. 经复核，未见异常情形							

5. 财务费用凭证检查表（见表 9-16）

表 9-16   财务费用凭证检查表

被审计单位： 梦舒公司   编制： 张某   日期： 2023 年 2 月 15 日   索引号： SY06-4

会计期间： 2022 年 1 月 1 日—2022 年 12 月 31 日   复核： 田某   日期： 2023 年 2 月 25 日   页次： 1

序号	记账日期	凭证号	业务摘要	对方科目 方向	对方科目 一级科目	金额	核对内容（用"√""×"表示） 1	2	3	4
1	2022 年 1 月 31 日	记-75	支付借款利息	贷方	银行存款	100 140.63	√	√	√	√
2	2022 年 7 月 25 日	记-57	支付手续费	贷方	银行存款	179.52	√	√	√	√
3	2022 年 9 月 21 日	记-32	存款利息收入	借方	银行存款	-1 740.56	√	√	√	√
4	2022 年 12 月 31 日	记-78	支付长期借款利息	贷方	银行存款	74 099.98	√	√	√	√

核对内容说明：1. 原始凭证内容完整；2. 授权批准完整；3. 账务处理正确；4. 金额核对相符

审计说明	采用随机抽样方法，未发现异常业务

四、交易性金融资产审计

（一）交易性金融资产的审计目标

（1）确定资产负债表中记录的交易性金融资产是否存在。

（2）确定记录的交易性金融资产是否由被审计单位拥有或控制。

（3）确定所有应当记录的交易性金融资产是否均已记录。

（4）确定交易性金融资产是否以恰当的金额包括在财务报表中，与之相关的计价调整是否已恰当记录。

（5）确定交易性金融资产是否已按照企业会计准则的规定在报表中做出恰当列报。

（二）交易性金融资产审计的主要实质性程序

（1）获取或编制交易性金融资产明细表，复核加计是否正确，并与报表数、总账数和明细账合计数核对是否相符。

（2）对期末结存的相关交易性金融资产，向被审计单位核实其持有目的，检查本科目核算范围是否恰当。

（3）获取股票、债券、基金等交易流水单及被审计单位证券投资部门的交易记录。与明细账核对，检查会计记录是否完整、会计处理是否正确。

（4）抽取交易性金融资产增减变动的相关凭证，检查其原始凭证是否完整、合法，会计处理是否正确。

（5）复核与交易性金融资产相关的损益计算是否准确，并与公允价值变动损益及投资收益等有关数据核对。

（6）复核股票、债券及基金等交易性金融资产的期末公允价值是否合理，相关会计处理是否正确。

（7）确定交易性金融资产的列报是否恰当。

（三）交易性金融资产审计案例

注册会计师在审计 A 企业资产时有如下发现：2022 年 1 月 1 日，A 企业从二级市场支付价款 1 040 000 元（含已到付息期但尚未领取的利息 40 000 元）购入某公司发行的债券，另发生交易费用 20 000 元。该债券面值 1 000 000 元，剩余期限为 2 年，票面年利率为 4%，每年付息一次，A 企业将其划分为交易性金融资产。其他资料如下：2022 年 1 月 5 日，收到该债券 2021 年利息 40 000

微课 9-8

交易性金融资产的审计目标及审计程序

微课 9-9

核对总账和明细账

微课 9-10

抽查

元；2022 年 12 月 31 日，该债券的公允价值为 1 150 000 元（不含利息）。

　　A 企业的会计处理如下。

　　（1）2022 年 1 月 1 日，购入债券时的会计处理如下。

　　借：交易性金融资产——成本　　　　　　　　　　1 020 000
　　　　应收利息　　　　　　　　　　　　　　　　　　 40 000
　　　　贷：银行存款　　　　　　　　　　　　　　　　　　　 1 060 000

　　（2）2022 年 1 月 5 日，收到该债券 2021 年利息时的会计处理如下。

　　借：银行存款　　　　　　　　　　　　　　　　　　 40 000
　　　　贷：应收利息　　　　　　　　　　　　　　　　　　　　 40 000

　　（3）2022 年 12 月 31 日，确认公允价值变动及投资收益时的会计处理如下。

　　借：交易性金融资产——公允价值变动　　　　　　　130 000
　　　　贷：公允价值变动损益　　　　　　　　　　　　　　　　 130 000
　　借：应收利息　　　　　　　　　　　　　　　　　　 40 000
　　　　贷：投资收益　　　　　　　　　　　　　　　　　　　　 40 000

　　要求：指出 A 企业会计处理存在的问题，并提出处理意见。

　　【案例解析】根据企业会计准则规定，企业取得交易性金融资产，按其公允价值，借记"交易性金融资产——成本"科目；按发生的交易费用，借记"投资收益"科目；按已到付息期但尚未领取的利息或已宣告但尚未发放的现金股利，借记"应收利息"或"应收股利"科目；按实际支付的金额，贷记"银行存款"等科目。资产负债表日，交易性金融资产的公允价值高于其账面余额的差额，借记"交易性金融资产——公允价值变动"科目，贷记"公允价值变动损益"科目；公允价值低于其账面余额的，做相反的会计分录。建议调整分录如下。

　　借：投资收益　　　　　　　　　　　　　　　　　　 20 000
　　　　贷：交易性金融资产——成本　　　　　　　　　　　　　 20 000
　　借：交易性金融资产——公允价值变动　　　　　　　 20 000
　　　　贷：公允价值变动损益　　　　　　　　　　　　　　　　 20 000

（四）交易性金融资产审计工作底稿编制实例

1. 交易性金融资产审计程序表（见表 9-17）

表 9-17　　　　　　　　　　　交易性金融资产审计程序表

被审计单位：梦舒公司　　　　　　　　编制：　张某　日期：2023 年 2 月 15 日　索引号：ZC02-0

会计期间：2022 年 1 月 1 日—2022 年 12 月 31 日　复核：　田某　日期：2023 年 2 月 25 日　页次：

一、审计目标与认定对应关系表						
		财务报表认定				
审计目标		a	b	c	d	e
		存在	权利和义务	完整性	准确性、计价和分摊	分类、列报
A	资产负债表中记录的交易性金融资产是存在的	√				
B	记录的交易性金融资产由被审计单位拥有或控制		√			
C	所有应当记录的交易性金融资产均已记录			√		
D	交易性金融资产以恰当的金额包括在财务报表中，与之相关的计价调整已恰当记录				√	
E	交易性金融资产已按照企业会计准则的规定在财务报表中做出恰当列报					√

续表

二、审计目标与审计计划的衔接

项目	财务报表认定				
	存在	权利和义务	完整性	准确性、计价和分摊	分类、列报
评估的重大错报风险水平	普通	普通	普通	普通	普通
控制测试结果是否支持风险评估结论	是	是	是	是	是
需从实质性程序获取的保证程度	低	低	低	低	低

三、审计目标与审计程序对应关系表

审计目标	可供选择的审计程序	是否计划实施（√）	与认定的对应关系	索引号
D	1．获取或编制交易性金融资产明细表：①复核加计是否正确，并与报表数、总账数和明细账合计数核对是否相符；②检查非记账本位币交易性金融资产的折算汇率及折算是否正确；③与被审计单位讨论，以确定划分为交易性金融资产是否符合企业会计准则的规定	√	d	详见交易性金融资产审计工作底稿
BE	2．就被审计单位管理层将投资确定划分为交易性金融资产的意图获取审计证据，并考虑管理层实施该意图的能力。应向管理层询问，并通过下列方式对管理层的答复予以印证：①考虑管理层以前所述的对于划分为交易性金融资产的意图的实际实施情况；②复核包括预算、会议纪要等在内的书面计划和其他文件记录；③考虑管理层选择划分为交易性金融资产的理由；④考虑管理层在既定经济环境下实施特定措施的能力	√	be	
ADE	3．确定交易性金融资产余额存在及正确。①获取股票、债券、基金等账户对账单，与明细账余额核对，做出记录或进行适当调整。②被审计单位人员盘点交易性金融资产，编制交易性金融资产盘点表，注册会计师实施监盘并检查交易性金融资产名称、数量、票面价值、票面利率等内容，同时与相关账户余额进行核对；如有差异，查明原因，并做出记录或进行适当调整。③如交易性金融资产在审计工作日已售出或兑换，则追查至相关原始凭证，以确认其在资产负债表日存在。④对在外保管的交易性金融资产等应调阅有关保管的文件，必要时可向保管人函证，复核并记录函证结果	√	ade	
BC	4．确定交易性金融资产的会计记录是否完整，并确定所购入交易性金融资产归被审计单位所拥有：①取得有关账户流水单，对照检查账面记录是否完整，检查购入交易性金融资产是否为被审计单位拥有；②向相关机构发函，并确定是否存在变现限制，同时记录函证过程	√	bc	
D	5．确定交易性金融资产的计价是否正确：①复核交易性金融资产计价方法，检查其是否按公允价值计量，前后期是否一致；②复核公允价值取得依据是否充分，公允价值与账面价值的差额是否记入公允价值变动损益科目	√	d	
ACD	6．抽取交易性金融资产增减变动的相关凭证，检查其原始凭证是否完整合法，会计处理是否正确：①抽取交易性金融资产增加的记账凭证，注意其原始凭证是否完整合法，成本、交易费用和相关利息或股利的会计处理是否符合规定；②抽取交易性金融资产减少的记账凭证，检查其原始凭证是否完整合法，会计处理是否正确，注意出售交易性金融资产时其成本结转是否正确	√	acd	
B	7．检查有无变现存在重大限制的交易性金融资产，如有，则查明情况，并做适当调整	√	b	
	8．针对识别的舞弊风险等因素增加的审计程序			
E	9．检查交易性金融资产是否已按照准则的规定在报表中做出恰当列报和披露	√	e	

2. 交易性金融资产审定表（见表9-18）

表9-18　　　　　　　　　　交易性金融资产审定表

被审计单位：梦舒公司　　　　　　　　　编制：张某　日期：2023年2月15日　索引号：ZZ02-1
会计期间：2022年1月1日—2022年12月31日　　复核：田某　日期：2023年2月25日　页次：1

项目	期末未审数	账项调整		重分类调整		期末审定数	期初审定数	索引号
		借方	贷方	借方	贷方			
报表数	3 575 000.00	0.00	0.00	0.00	0.00	3 575 000.00	0.00	
总账数	3 575 000.00	0.00	0.00	0.00	0.00	3 575 000.00	0.00	
细账数	3 575 000.00	0.00	0.00	0.00	0.00	3 575 000.00	0.00	
其中：交易性债权投资	0.00	0.00	0.00	0.00	0.00	0.00	0.00	
交易性权益工具投资	3 575 000.00	0.00	0.00	0.00	0.00	3 575 000.00	0.00	
指定为以公允价值计量且其变动计入本期损益的金融资产	0.00	0.00	0.00	0.00	0.00	0.00	0.00	
其他	0.00	0.00	0.00	0.00	0.00	0.00	0.00	
审计说明	报表数与总账合计数核对一致，明细账与总账核对及查验见科目底稿							
审计结论	经审计，期末余额可予以确认							

微课9-11

审定表
填写示例

3. 交易性金融资产凭证检查表（见表9-19）

表9-19　　　　　　　　　交易性金融资产凭证检查表

被审计单位：梦舒公司　　　　　　　　编制：张某　日期：2023年2月15日　索引号：ZC02-2
会计期间：2022年1月1日—2022年12月31日　　复核：田某　日期：2023年2月25日　页次：1

序号	记账日期	凭证号	业务摘要	对方科目		金额	核对内容（用"√""×"表示）			
				方向	一级科目		1	2	3	4
1	2022年7月30日	记-92	购入云南白药股票	贷方	其他货币资金	1 971 600.00	√	√	√	√
2	2022年11月1日	记-05	购入高能环境股票	贷方	其他货币资金	928 400.00	√	√	√	√
3	2022年12月31日	记-96	交易性金融资产公允价值变动（东江环保）	借方	公允价值变动损益	67 000.00	√	√	√	√
核对内容说明：1. 原始凭证内容完整；2. 授权批准完整；3. 账务处理正确；4. 金额核对相符										
审计说明	采用随机抽样方法，未发现异常业务									

4. 交易性金融资产明细表（见表9-20）

表9-20　　　　　　　　　交易性金融资产明细表

被审计单位：梦舒公司　　　　　　　　编制：张某　日期：2023年2月15日　索引号：ZC02-3
会计期间：2022年1月1日—2022年12月31日　　复核：田某　日期：2023年2月25日　页次：1

项目	未审数				账项调整		调整索引	期末审定数
	期初数	本期增加	本期减少	期末数	借方	贷方		
一、交易性债权投资	0.00	0.00	0.00	0.00	0.00	0.00		0.00
其中：成本	0.00	0.00	0.00	0.00	0.00	0.00		0.00
公允价值变动	0.00	0.00	0.00	0.00	0.00	0.00		0.00
二、交易性权益工具投资	0.00	3 575 000.00		3 575 000.00	0.00	0.00		3 575 000.00
其中：股票		3 575 000.00		3 575 000.00				3 575 000.00
成本	3 575 000.00			3 575 000.00				3 575 000.00
公允价值变动	0.00	0.00	0.00	0.00	0.00	0.00		0.00
三、其他	0.00	0.00	0.00	0.00	0.00	0.00		0.00
合计		3 575 000.00		3 575 000.00	0.00	0.00		3 575 000.00
审计说明	总账与明细账核对一致							

5. 期末公允价值复核表（见表 9-21）

表 9-21 　　　　　　　　　　　期末公允价值复核表

被审计单位：梦舒公司　　　　　　　编制：张某　日期：2023 年 2 月 15 日　索引号：ZC02-4
会计期间：2022 年 1 月 1 日—2022 年 12 月 31 日　　复核：田某　日期：2023 年 2 月 25 日　页次：　1

项目	证券名称	单位	期末未审数						复核		
			数量	账面单位公允价值	账面价值（1）	其中：成本	其中：公允价值变动（累计）	期末单位公允价值	期末公允价值总额（2）	差异（1）-（2）
交易性权益工具投资	云南白药	股	20 000.00	104.65	2 093 000.00	1 971 600.00	121 400.00	104.65	2 093 000.00	0.00
交易性权益工具投资	高能环境	股	50 000.00	17.35	740 000.00	928 400.00	−188 400.00	17.35	740 000.00	—
交易性权益工具投资	东江环保	股	100 000.00	7.42	742 000.00	675 000.00	67 000.00	7.42	742 000.00	—
合计	—	—	170 000.00	—	3 575 000.00	3 575 000.00	0.00	—	3 575 000.00	0.00
审计说明	公允价值期末金额合理，入账依据充分，会计处理正确									

五、其他应收款审计

（一）其他应收款的审计目标

（1）资产负债表中记录的其他应收款是否存在。

（2）记录的其他应收款是否由被审计单位拥有或控制。

（3）所有应当记录的其他应收款是否均已记录。

（4）其他应收款是否以恰当金额包括在财务报表中，与之相关的计价或分摊调整是否已恰当记录。

（5）其他应收款是否已按照企业会计准则的规定在报表中做出恰当分类和列报。

微课 9-12

其他应收账的审计
目标及审计程序

（二）其他应收款审计的主要实质性程序

（1）获取或编制其他应收款明细表，复核加计是否正确，并与报表数、总账数和明细账合计数核对是否相符；检查其他应收款的账龄分析是否正确；分析有贷方余额的项目，查明原因，必要时做重新分类调整；结合应收账款明细余额，检查是否有双方同时挂账的项目，核算内容是否重复，必要时做出适当调整；标明应收关联方（包括持股 5% 以上的股东）的款项，并注明合并报表时应予抵销的数字。

（2）选择金额较大、账龄较长和异常的项目签发询证函，检查原始凭证，并注意有无利用其他应收款转移资金的情况。

（3）审核资产负债表日后的收款事项，确定有无未及时入账的债权，分析明细账户，对于长期未能收回的项目，应查明原因，确定是否可能发生坏账损失。

（4）检查转作坏账损失项目，是否符合规定并办妥审批手续。

（5）结合坏账准备审计，验明其他应收款的披露是否恰当。

（三）其他应收款审计案例

注册会计师在审计某企业其他应收款明细账时发现 5 月 7 日 20 号凭证摘要含糊不清，会计分录如下。

借：其他应付款　　　　　　　　　　　　　　　　80 000

　　贷：其他应收款　　　　　　　　　　　　　　　　80 000

该凭证无任何原始凭证。注册会计师进一步查阅其他应收款明细账的借方，5月2日摘要以购买办公用品，预借差旅费为由，填写借款单据，领出现金，调出5号凭证，会计分录如下。

借：其他应收款　　　　　　　　　　　　80 000

　　贷：库存现金　　　　　　　　　　　　　80 000

经调查，该现金其实并未用于购买办公用品、差旅费等，而是交给需要换取现金的B公司，并按10%收取手续费8 000元，日后当B公司用这笔款归还，收到支票88 000元时，以套开方式开出发票给换现单位B公司，将收到的88 000元作为暂存款处理，会计分录如下。

借：银行存款　　　　　　　　　　　　　88 000

　　贷：其他应付款——B公司　　　　　　　88 000

为了冲账就有了前面的业务分录。

借：其他应付款——B公司　　　　　　　80 000

　　贷：其他应收款　　　　　　　　　　　　80 000

要求：指出存在的问题，并提出处理意见。

【案例解析】该企业违反发票管理规定和现金管理制度，违法套取现金，应建议有关部门依法追究有关人员责任，并进行相应处理。建议调整分录如下。

借：其他应付款——B公司　　　　　　　8 000

　　贷：营业外收入　　　　　　　　　　　　8 000

（四）其他应收款审计工作底稿编制实例

1. 其他应收款审计程序表（见表9-22）

表9-22　　　　　　　　　　　　　其他应收款审计程序表

被审计单位：　梦舒公司　　　　　　　编制：　倪某　日期：　2023年2月15日　索引号：　ZC05-0

会计期间：　2022年1月1日—2022年12月31日　复核：　田某　日期：　2023年2月25日　页次：　1

一、审计目标与认定对应关系表					
	财务报表认定				
审计目标	a	b	c	d	e
	存在	权利和义务	完整性	准确性、计价和分摊	分类、列报
A　资产负债表中记录的其他应收款是存在的	√				
B　记录的其他应收款由被审计单位拥有或控制		√			
C　所有应当记录的其他应收款均已记录			√		
D　其他应收款以恰当的金额包括在财务报表中，与之相关的计价或分摊调整已恰当记录				√	
E　其他应收款已按照企业会计准则的规定在财务报表中做出恰当分类和列报					√
二、审计目标与审计计划的衔接					
	财务报表认定				
项目	存在	权利和义务	完整性	准确性、计价和分摊	分类、列报
评估的重大错报风险水平	普通	普通	普通	普通	普通
控制测试结果是否支持风险评估结论	是	是	是	是	是
需从实质性程序获取的保证程度	低	低	低	低	低

三、审计目标与审计程序对应关系表

审计目标	可供选择的审计程序	是否计划实施（√）	与认定的对应关系	索引号
D	1. 获取或编制其他应收款明细表：①复核加计是否正确，并与总账数和明细账合计数核对是否相符，结合坏账准备科目与报表数核对是否相符；②了解重大明细项目的其他应收款内容及性质，进行类别分析，重点关注是否存在资金被关联企业（或实际控制人）大量占用、变相拆借资金、隐形投资、误用会计科目、或有损失等现象；③结合应收账款、其他应付款等明细余额，检查是否有同时挂账的项目，核算内容是否重复，必要时做适当调整；④检查非记账本位币其他应收款的折算汇率及折算是否正确；⑤分析有贷方余额的项目，查明原因，必要时，做重分类调整；⑥标识重要明细账户	√	d	
ABCD	2. 实施函证程序。①编制其他应收款函证结果汇总表，检查回函。②调查不符事项，确定是否表明存在错报。③如果未回函，实施替代程序。④如果认为回函不可靠，评价对评估的重大错报风险以及其他审计程序的性质、时间安排和范围的影响		abcd	
D	3. 获取或编制其他应收款账龄分析表。①测试账龄划分的适当性。要求被审计单位根据资产负债表日后收款情况对账龄分析表进行更新。如果未收款余额不重大，则无须对每一账户的账龄进行测试，或测试的范围无须太大。②关注审计时已收回的其他应收款金额，对已收回金额较大的款项进行检查，如核对收款凭证等，并注意凭证发生日期的合理性，分析收款时间是否与合同相关要素一致		d	
D	4. 检查坏账准备。①取得或编制坏账准备计算表，复核加计是否正确，与坏账准备总账、明细账合计数核对是否相符，将其他应收款坏账准备本期计提数与资产减值损失相应明细项目的发生额核对是否相符。②评价坏账准备所依据的资料、假设及计提方法。复核其他应收款坏账准备是否按经股东（大）会或董事会批准的既定方法和比例提取，其计算和会计处理是否正确。③检查其他应收账款坏账准备计提和核销的批准程序，取得相关审计证据。④检查其他应收款中是否存在债务人破产或者死亡，以其破产财产或者遗产清偿后仍无法收回，或者债务人长期未履行偿债义务的情况。如果是，应提请被审计单位处理。⑤检查其他应收款转作坏账损失的项目是否符合规定，会计处理是否正确，是否已办妥税务部门审批手续。⑥若转作坏账损失的项目未经税务部门批准，须调整应纳税所得额。⑦若实际核销的款项涉及关联方的，检查被审计单位是否做出适当披露。⑧检查已经确认并转销的坏账重新收回的，其会计处理是否正确		d	详见其他应收款审计工作底稿
BDE	5. 检查政府补助是否在本科目核算，会计处理是否正确，是否归被审计单位所有，必要时进行函证		bde	
BDE	6. 检查售后回购方式融出资金是否在本科目核算，会计处理是否正确。关注销售价格与原购买价格间的差额按期计提的利息费用，是否在本科目核算		bde	
ABCD	7. 存在应收关联方的款项时的审计程序。（1）了解交易的商业理由。（2）检查证实交易的支持性文件（例如，发票、合同、协议及入库和运输单据等相关文件）。（3）如果可获取与关联方交易相关的审计证据有限，考虑实施下列审计程序：①向关联方函证交易的条件和金额，包括担保和其他重要信息；②检查关联方拥有的信息；③向与交易相关的人员和机构（例如银行、律师）函证或与其讨论有关信息。（4）完成"关联方"审计工作底稿		abcd	
E	8. 检查异常的账户是否为关联方：①询问管理当局；②获取管理当局声明书；③如有必要，实施进一步审计程序（如获取对方工商信息、交易背景，律师意见等）		e	
	9. 根据评估的舞弊风险等因素增加的其他审计程序			
E	10. 检查其他应收款是否已按照准则的规定在报表中做出恰当列报和披露	√	e	

2. 其他应收款审定表（见表9-23）

表9-23　　　　　　　　　　　　　　其他应收款审定表

被审计单位：　梦舒公司　　　　　　　　　　编制：　倪某　日期：　2023年2月15日　索引号：　ZC05-1
会计期间：　2022年1月1日—2022年12月31日　复核：　田某　日期：　2023年2月25日　页次：　1

项目	期末未审数	账项调整		重分类调整		期末审定数	期初审定数	索引号
		借方	贷方	借方	贷方			
报表数	3 799 034.68	0.00	0.00	0.00	0.00	3 799 034.68	3 398 940.10	
总账数	3 799 034.68	0.00	0.00	0.00	0.00	3 799 034.68	3 398 940.10	
明细账数	3 799 034.68	0.00	0.00	0.00	0.00	3 799 034.68	3 398 940.10	
其中：其他应收款账面余额	3 799 034.68	0.00	0.00	0.00	0.00	3 799 034.68	3 398 940.10	
其他应收款坏账准备	0.00	0.00	0.00	0.00	0.00	0.00	0.00	
其他应收款账面价值	799 034.68	0.00	0.00	0.00	0.00	799 034.68	3 398 940.10	
审计说明	1．报表数与总账合计数核对一致；2．明细账与总账核对及查验见科目底稿							
审计结论	经审计，期末余额可予以确认							

3. 其他应收款凭证检查表（见表9-24）

表9-24　　　　　　　　　　　　　　其他应收款凭证检查表

被审计单位：　梦舒公司　　　　　　　　　　编制：　倪某　日期：　2023年2月15日　索引号：　ZC05-2
会计期间：　2022年1月1日—2022年12月31日　复核：　田某　日期：　2023年2月25日　页次：　1

序号	记账日期	凭证号	业务摘要	对方科目		金额	核对内容（用"√""×"表示）			
				方向	一级科目		1	2	3	4
1	2022年2月10日	记-25	支付包装物押金	借方	银行存款	24 000.00	√	√	√	√
2	2022年6月25日	记-53	技术团队租房借款	贷方	银行存款	3 600 000.00	√	√	√	√
3	2022年8月20日	记-49	采购部胡某晓出差预借款	贷方	银行存款	50 000.00	√	√	√	√
4	2022年8月31日	记-52	采购部胡某晓报销差旅费	借方	管理费用 银行存款	50 000.00 12 567.00	√	√	√	√
核对内容说明：1．原始凭证内容完整；2．授权批准完整；3．账务处理正确；4．金额核对相符										
审计说明	采用随机抽样方法，经查验，未发现异常业务									

4. 其他应收款明细表（见表9-25）

表9-25　　　　　　　　　　　　　　其他应收款明细表

被审计单位：　梦舒公司　　　　　　　　　　编制：　倪某　日期：　2023年2月15日　索引号：　ZC05-3
会计期间：　2022年1月1日—2022年12月31日　复核：　田某　日期：　2023年2月25日　页次：　1

债务人名称	原因、性质及内容	未审数				账项调整		调整索引	期末审定数
		期初数	本期增加	本期减少	期末数	借方	贷方		
（一）备用金		100 000.00	0.00	—	100 000.00	0.00	0.00		100 000.00
其中：李芳	备用款	100 000.00	0.00	—	100 000.00	0.00	0.00		100 000.00
（二）保证金	包装物押金	202 417.34	9 593.03	—	212 010.37	0.00	0.00		212 010.37
（三）租金	房屋租金	220 818.93	10 465.11	—	231 284.04	0.00	0.00		231 284.04

续表

债务人名称	原因、性质及内容	未审数				账项调整		调整索引	期末审定数
		期初数	本期增加	本期减少	期末数	借方	贷方		
（四）暂借款	暂借款	2 875 703.83	380 036.44	—	3 255 740.27	0.00	0.00		3 255 740.27
其他应收款账面余额		3 398 940.10	400 094.58	—	3 799 034.68	0.00	0.00		3 799 034.68
其他应收款坏账准备		0.00	0.00		0.00	0.00	0.00		0.00
其他应收款账面价值		3 398 940.10	400 094.58	—	3 799 034.68	0.00	0.00		3 799 034.68
审计说明		总账与明细账核对一致							

六、其他应付款审计

微课 9-13

（一）其他应付款的审计目标

（1）确定资产负债表中记录的其他应付款是否存在。

（2）确定记录的其他应付款是否为被审计单位应履行的现时义务。

（3）确定所有应当记录的其他应付款是否均已记录。

（4）确定其他应付款是否以恰当的金额包括在财务报表中，与之相关的计价调整是否已恰当记录。

其他应付款的审计目标及审计程序

（5）确定其他应付款是否已按照企业会计准则的规定在报表中做出恰当的列报。

（二）其他应付款审计的主要实质性程序

（1）获取或编制其他应付款明细表，复核加计是否正确，并与报表数、总账数和明细账合计数核对是否相符；分析有借方余额的项目，查明原因，必要时做重分类调整；结合应付账款、其他应付款明细余额，查明有否双方同时挂账的项目，核算内容是否重复，必要时做重分类调整；标出应付关联方（包括持股 5%以上的股东）的款项，并注明合并报表时应抵销的金额。

（2）请被审计单位协助，在其他应付款明细表上标出截至审计日已支付的其他应付款项，抽查付款凭证、银行对账单等，并注意这些凭证发生日期的合理性。

（3）判断选择一定金额以上和异常的明细余额，检查其原始凭证，并考虑发函询证。

（4）审核资产负债表日后的付款事项，确定有无未及时入账的其他应付款。

（5）检查其他应付款的披露是否恰当。

（三）其他应付款审计案例

注册会计师在审查某企业 2022 年其他应付款明细账时，发现 9 月 8 日 25 号凭证记录"出售废旧物资款"金额为 60 500 元。注册会计师怀疑其有隐瞒收入的行为，于是调阅该凭证，其会计分录如下。

借：库存现金   60 500

  贷：其他应付款   60 500

所附原始凭证为本单位开出的收款收据，摘要为"收废旧物资款"，经进一步调查询问，得知该笔收入实为厂部清理废旧物资的废品收入。

要求：指出该企业账务处理存在的问题，并提出处理意见。

【案例解析】按企业会计准则的规定，出售废旧物资的收入应确认为其他业务收入。该企业利用"其他应付款"账户截留收入，掩饰作弊行为。注册会计师应建议该企业调整有关账簿记录。调整分录如下。

借：其他应付款   60 500

  贷：其他业务收入   60 500

（四）其他应付款审计工作底稿编制实例

1. 其他应付款审计程序表（见表9-26）

表9-26　　　　　　　　　　　其他应付款审计程序表

被审计单位：梦舒公司　　　　　　　　　编制：　张某　日期：2023年2月15日　索引号：FZ07-0

会计期间：2022年1月1日—2022年12月31日　　复核：　田某　日期：2023年2月25日　页次：

一、审计目标与认定对应关系表

审计目标	财务报表认定				
	a	b	c	d	e
	存在	权利和义务	完整性	准确性、计价和分摊	分类、列报
A	资产负债表中记录的其他应付款是存在的	√				
B	记录的其他应付款是被审计单位应履行的现时义务		√			
C	所有应当记录的其他应付款均已记录			√		
D	其他应付款以恰当的金额包括在财务报表中，与之相关的计价调整已恰当记录				√	
E	其他应付款已按照企业会计准则的规定在财务报表中做出恰当的列报					√

二、审计目标与审计计划的衔接

项目	财务报表认定				
	存在	权利和义务	完整性	准确性、计价和分摊	分类、列报
评估的重大错报风险水平	普通	普通	普通	普通	普通
控制测试结果是否支持风险评估结论	是	是	是	是	是
需从实质性程序获取的保证程度	低	低	低	低	低

三、审计目标与审计程序对应关系表

审计目标	可供选择的审计程序	是否计划实施（√）	与认定的对应关系	索引号
D	1. 获取或编制其他应付款明细表：①复核加计是否正确，并与报表数、总账数和明细账合计数核对是否相符；②检查非记账本位币其他应付款的折算汇率及折算是否正确；③分析有借方余额的项目，查明原因，必要时，做重分类调整；④结合应付账款、其他应收款等往来项目的明细余额，调查有无同挂的项目、异常余额或与本科目核算无关的其他款项，如有，应做出记录，必要时做调整；⑤标识重要明细账户	√	d	
ACD	2. 选择金额较大和异常的明细余额，检查其原始凭证，并考虑向债权人函证。对未回函的重要单位，编制该单位的增减变动表；必要时，收集客户资料分析其变动的合理性		acd	详见其他应收款审计工作底稿
AB	3. 请被审计单位协助，在其他应付款明细表上标出截至审计日已支付的金额较大的其他应付款项，确定有无未及时入账的其他应付款。抽查付款凭证、银行对账单等，并注意入账日期发生的合理性		ab	
AC	4. 检查长期未结的其他应付款，并做妥善处理		ac	
AD	5. 标明应付关联方[包括持股5%以上（含5%）股东]的款项，执行关联方及其交易审计程序，并注明合并报表时应予抵销的金额；对关联企业、有密切关系的主要单位的交易事项作专门核查：①了解交易事项的目的及应付款项的原因、检查相关合同等相关文件资料；②向关联方、有密切关系的主要单位或其他注册会计师函询，以确认交易的真实性、合理性		ad	
	6. 根据评估的舞弊风险等因素增加的其他审计程序			
E	7. 检查其他应付款是否已按照企业会计准则的规定在财务报表中做出恰当列报	√	e	

2. 其他应付款审定表（见表 9-27）

表 9-27　　　　　　　　　　　其他应付款审定表

被审计单位：　梦舒公司　　　　　　　　　编制：　张某　日期：　2023 年 2 月 15 日　索引号：　FZ07-1
会计期间：　2022 年 1 月 1 日—2022 年 12 月 31 日　复核：　田某　日期：　2023 年 2 月 25 日　页次：　1

项目	期末未审数	账项调整		重分类调整		期末审定数	期初审定数	索引号
		借方	贷方	借方	贷方			
报表数	3 652 751.87	0.00	0.00	0.00	0.00	3 652 751.87	4 206 803.43	
总账数	3 652 751.87	0.00	0.00	0.00	0.00	3 652 751.87	4 206 803.43	
明细账数	3 652 751.87	0.00	0.00	0.00	0.00	3 652 751.87	4 206 803.43	
其中：关联方	0.00					0.00	0.00	
合计	3 652 751.87	0.00	0.00	0.00	0.00	3 652 751.87	4 206 803.43	
审计说明	1．报表数与总账合计数核对一致。2．明细账与总账核对及查验见科目底稿							
审计结论	经审计，期末余额可予以确认							

3. 其他应付款明细表（见表 9-28）

表 9-28　　　　　　　　　　　其他应付款明细表

被审计单位：　　　　梦舒公司　　　　　编制：　张某　日期：　2023 年 2 月 15 日　索引号：　FZ07-2
会计期间：　2022 年 1 月 1 日—2022 年 12 月 31 日　复核：　田某　日期：　2023 年 2 月 25 日　页次：　1

债权人名称	原因、性质及内容	币种	未审数				账项调整		调整索引	期末审定数
			期初数	本期增加	本期减少	期末数	借方	贷方		
（一）社保		人民币	202 417.36	9 593.01	—	212 010.37	0.00	0.00		212 010.37
（二）公积金		人民币	220 818.93	10 465.11	—	231 284.04	0.00	0.00		231 284.04
（三）保证金	押金		215 842.00	30 000.00	—	245 842.00	0.00	0.00		245 842.00
（四）暂欠款	暂欠款	人民币	3 567 725.14	—	604 109.68	2 963 615.46	0.00	0.00		2 963 615.46
合计			4 206 803.43	50 058.12	604 109.68	3 652 751.87	0.00	0.00		3 652 751.87
审计说明	总账与明细账核对一致									

4. 其他应付款凭证检查表（见表 9-29）

表 9-29　　　　　　　　　　　其他应付款凭证检查表

被审计单位：梦舒公司　　　　　　　　　编制：　张某　日期：　2023 年 2 月 15 日　索引号：　FZ07-3
会计期间：　2022 年 1 月 1 日—2022 年 12 月 31 日　复核：　田某　日期：　2023 年 2 月 25 日　页次：　1

序号	记账日期	凭证号	业务摘要	对方科目		金额	核对内容（用"√""×"表示）			
				方向	一级科目		1	2	3	4
1	2022 年 1 月 10 日	记-32	缴纳社保费	贷方	银行存款	212 010.37	√	√	√	√
2	2022 年 6 月 25 日	记-53	收到包装物押金	借方	银行存款	240 000.00	√	√	√	√
3	2022 年 6 月 30 日	记-79	收到代理商保证金	借方	银行存款	180 000.00	√	√	√	√
4	2022 年 9 月 30 日	记-102	销售部暂未领的绩效奖	借方	应付职工薪酬	288 000.00	√	√	√	√
核对内容说明：1．原始凭证内容完整；2．授权批准完整；3．账务处理正确；4．金额核对相符										
审计说明	采用随机抽样方法，经查验，未发现异常业务									

七、所得税费用审计

（一）所得税费用的审计目标

（1）确定利润表中记录的所得税费用是否已发生，且与被审计单位有关。

（2）确定所有应当记录的所得税费用是否均已记录。

（3）确定与所得税费用有关的金额及其他数据是否已恰当记录。

（4）确定所得税费用是否已记录于正确的会计期间。

（5）确定所得税费用是否已记录于恰当的账户，是否已按照企业会计准则的规定在报表中做出恰当的列报。

微课 9-14

所得税费用的审计目标及审计程序

（二）所得税费用审计的主要实质性程序

（1）获取或编制所得税费用明细表、递延所得税资产明细表、递延所得税负债明细表，核对与明细账合计数、总账及报表数是否相符。

（2）根据审计结果和税法规定，核实当期的纳税调整事项，确定应纳税所得额，计算当期所得税费用。

（3）根据期末资产及负债的账面价值与其计税基础之间的差异，以及未作为资产和负债确认的项目的账面价值与按照税法的规定确定的计税基础的差异，计算递延所得税资产、递延所得税负债期末应有余额，并根据递延所得税资产、递延所得税负债期初余额，倒轧出递延所得税费用（收益）。

（4）将当期所得税费用与递延所得税费用之和与利润表上的"所得税费用"项目金额相核对。

（5）确定所得税费用、递延所得税资产、递延所得税负债是否已在财务报表中恰当列报。

（三）所得税费用审计案例

某公司 2021 年年底税前弥补亏损，2022 年度决算时，企业账面利润为 450 万元，企业按账面利润计算了所得税费用。注册会计师受托于 2023 年 1 月对该公司财务报表进行审计。审查时发现下列情况：当年转让无形资产，扣除各项支出后净收入为 50 000 元，列入"盈余公积"账户；固定资产出租收入扣除折旧及修理费支出后净收入为 160 000 元，列入"其他应付款"账户；营业外支出中含有税收的滞纳金和罚款 15 000 元；管理费用中列支的业务招待费超过标准 10 000 元，财务费用中包含固定资产建造期间的借款利息 60 000 元。假定该公司适用的所得税税率为 25%。

要求：对以上情况进行分析，计算该公司 2022 年度应纳税所得额和应纳所得税额。

【案例解析】（1）无形资产转让净收入应列为资产处置损益，该公司将它直接转入"盈余公积"，属于隐瞒利润。应提请该公司调增利润 50 000 元。

（2）固定资产出租净收入应列作其他业务利润，该公司将它列入"其他应付款"，也属于隐瞒利润，应提请该公司调增利润 160 000 元。

（3）税收的滞纳金和罚款 15 000 元，按企业会计准则规定允许列入"营业外支出"，按税法规定计算所得税费用时应调增应纳税所得额。

（4）超支的业务招待费 10 000 元，按企业会计准则规定允许列入"管理费用"，按税法规定应调增应纳税所得额；固定资产建造期间的借款利息 60 000 元，应计入固定资产价值，该公司将它计入财务费用，导致利润虚减，因此应调增利润 60 000 元。

应纳税所得额=4 500 000+50 000+160 000+15 000+10 000+60 000=4 795 000（元）

应纳所得税额=4 795 000×25%=1 198 750（元）

应补所得税费用=（4 795 000-4 500 000）×25%=73 750（元）

建议调整分录如下。

借：所得税费用　　　　　　　　　　　　　73 750

　　贷：应交税费——应交企业所得税　　　　　73 750

（四）所得税费用审计工作底稿编制实例

1. 所得税费用审计程序表（见表9-30）

表9-30 所得税费用审计程序表

被审计单位：梦舒公司　　　　　　　　　　编制：倪某　日期：2023年2月15日　索引号：SY12-0

会计期间：2022年1月1日—2022年12月31日　复核：田某　日期：2023年2月25日　页次：1

一、审计目标与认定对应关系表

审计目标		财务报表认定				
		a	b	c	d	e
		发生	完整性	准确性	截止	分类、列报
A	利润表中记录的所得税费用已发生，且与被审计单位有关	√				
B	所有应当记录的所得税费用均已记录		√			
C	与所得税费用有关的金额及其他数据已恰当记录			√		
D	所得税费用已记录于正确的会计期间				√	
E	所得税费用已记录于恰当的账户，已按照企业会计准则的规定在财务报表中做出恰当的列报					√

二、审计目标与审计计划的衔接

项目	财务报表认定				
	发生	完整性	准确性	截止	分类、列报
评估的重大错报风险水平	普通	普通	普通	普通	普通
控制测试结果是否支持风险评估结论	是	是	是	是	是
需从实质性程序获取的保证程度	低	低	低	低	低

三、审计目标与审计程序对应关系表

审计目标	可供选择的审计程序	是否计划实施（√）	与认定的对应关系	索引号
C	1. 获取或编制所得税费用明细表，复核加计是否正确，并与报表数、总账数和明细账合计数核对是否相符	√	c	
CE	2. 检查被审计单位所采用的会计政策是否为资产负债表债务法	√	ce	
C	3. 获取被审计单位本期所得税纳税申报表，与账面相关记录进行核对	√	c	
ABC	4. 根据审计结果和税法规定，核实当期的纳税调整事项，确定应纳税所得额，结合应交税费——应交企业所得税的审计，计算当期所得税费用，检查会计处理是否正确；应纳税所得额为负数的，应检查形成负数的年份与金额，必要时，取得经税务机关审核的前5年纳税所得额，以确定可以以当期利润弥补的亏损额	√	abc	详见所得税费用审计工作底稿
ABC	5. 根据资产及负债的账面价值与其计税基础之间的差异，以及未作为资产和负债确认的项目的账面价值与按照税法的规定确定的计税基础的差异，结合递延所得税资产和递延所得税负债的审计，计算递延所得税资产、递延所得税负债期末应有余额，并根据递延所得税资产、递延所得税负债期初余额，倒轧出递延所得税费用（收益），并检查会计处理是否正确	√	abc	
C	6. 检查被审计单位当期所得税和递延所得税作为所得税费用或收益计入当期损益中，是否包括下列不应计入当期损益的所得税，如有，应提请被审计单位调整：①企业合并；②直接在所有者权益中确认的交易或者事项	√	c	
C	7. 将当期所得税费用与递延所得税费用之和与利润表上的"所得税"项目金额相核对	√	c	
C	8. 将本年调整后利润加永久性差异项目后按适用税率计算的应纳所得税额与"所得税费用"项目金额核对	√	c	

续表

审计目标	可供选择的审计程序	是否计划实施（√）	与认定的对应关系	索引号
C	9．将纳税调整事项中的暂时性差异与"递延所得税资产"的暂时性差异本年变动数核对	√	c	
	10．根据评估的舞弊风险等因素增加的审计程序			
E	11．检查所得税费用是否已按照企业会计准则的规定在报表中做出恰当列报和披露	√	e	

2．所得税费用审定表（见表9-31）

表9-31　　　　　　　　　　　所得税费用审定表

被审计单位：　梦舒公司　　　　　　　　　编制：　倪某　日期：2023年2月15日　索引号：SY12-1
会计期间：　2022年1月1日—2022年12月31日　复核：　田某　日期：2023年2月25日　页次：　1

项目	本期未审数	账项调整		本期审定数	上期审定数	索引号
		借方	贷方			
报表数	1 808 675.75	0.00	0.00	1 808 675.75	567 977.67	
总账数	1 808 675.75	0.00	0.00	1 808 675.75	567 977.67	
明细账数	1 808 675.75	0.00	0.00	1 808 675.75	567 977.67	
其中：当期所得税费用	2 201 472.17	0.00	0.00	2 201 472.17	489 386.72	
递延所得税费用	-392 796.42	0.00	0.00	-392 796.42	78 590.95	
审计说明	报表数与总账合计数核对一致，明细账与总账核对及查验见科目底稿					
审计结论	经审计，发生额可予以确认					

3．所得税费用部分项目调整计算表（见表9-32）

表9-32　　　　　　　　　　　所得税费用部分项目调整计算表

被审计单位：　梦舒公司　　　　　　　　　编制：　倪某　日期：2023年2月15日　索引号：SY12-2
会计期间：　2022年1月1日—2022年12月31日　复核：　田某　日期：2023年2月25日　页次：　1

1．公益性捐赠列支查验	
本期调整后利润总额	11 005 888.66
调整后账面应列支公益性捐赠	800 000.00
可税前列支公益性捐赠	1 320 706.64
超支金额	0.00
2．业务招待费列支查验	
本年调整后营业收入	121 017 164.90
调整后账面应列支业务招待费（交际应酬费）	56 788.27
可税前列支业务招待费（交际应酬费）	34 072.96
超支金额	22 715.31
3．广告费和业务宣传费列支查验	
调整后账面应列支广告费和业务宣传费	119 626.49
可税前列支广告费和业务宣传费	18 152 574.74
超支金额	0.00
4．职工教育经费列支查验	
本年调整后工资薪金支出	21 215 936.76
调整后账面应列支职工教育经费	2 333 753.04
可税前列支职工教育经费	1 697 274.94
超支金额	636 478.10
审计说明	经复核，未发现异常业务

4. 所得税费用明细表（见表 9-33）

表 9-33　　　　　　　　　　　　　所得税费用明细表

被审计单位：　梦舒公司　　　　　　　　　编制　倪某　　日期：2023 年 2 月 15 日　　索引号：SY12-3
会计期间：　2022 年 1 月 1 日—2022 年 12 月 31 日　　复核　田某　　日期：2023 年 2 月 25 日　　页次：1

项目内容	未审金额	调整数 增加	调整数 减少	调整索引号	审定金额	其中：已确认递延所得税科目的暂时性差异	其中：永久性差异及未确认递延所得税科目的暂时性差异
一、本期利润总额	11 005 888.66	0.00	0.00		11 005 888.66	—	—
加：纳税调整增加额	-923 916.93	0.00	0.00		-923 916.93	-923 916.93	0.00
1．工会经费支出超支	0.00	0.00	0.00		0.00	0.00	0.00
2．职工教育经费支出超支	636 478.10	0.00	0.00		636 478.10	636 478.10	0.00
3．广告费和业务宣传费超支	0.00	0.00	0.00		0.00	0.00	0.00
4．业务招待费超支	22 715.31	0.00	0.00		22 715.31		22 715.31
5．计提坏账损失	-1 583 110.34	0.00	0.00		-1 583 110.34	-1 583 110.34	0.00
6．公益性捐赠支出	0.00	0.00	0.00		0.00	0.00	0.00
7．交易性金融资产	0.00	0.00	0.00		0.00	0.00	0.00
8．预计负债（附有退货条款的销售）	0.00	0.00	0.00		0.00	0.00	0.00
减：纳税调整减少额	0.00	0.00	0.00		0.00	0.00	0.00
1．国债利息收入	0.00	0.00	0.00		0.00	0.00	0.00
2．技术开发费加计扣除	0.00	0.00	0.00		0.00	0.00	0.00
3．计提的减值准备转回	0.00	0.00	0.00		0.00	0.00	0.00
4．应收退货成本（附有退货条款的销售）	0.00	0.00	0.00		0.00	0.00	0.00
5．其他债权投资利息调整	0.00	0.00	0.00		0.00	0.00	0.00
6．投资性房地产	0.00	0.00	0.00		0.00	0.00	0.00
二、本期应纳税所得额	10 081 971.73	0.00	0.00		10 081 971.73	10 081 971.73	0.00
减：弥补亏损	0.00	0.00	0.00		0.00	0.00	0.00
三、弥补亏损后应纳税所得额	10 081 971.73	0.00	0.00		10 081 971.73	10 081 971.73	0.00
适用税率	25%	25%	25%		25%	25%	25%
免税期限	—	—	—		—	—	—
四、计算的本期应纳所得税额	2 520 492.93	0.00	0.00		2 520 492.93	2 520 492.93	—
加：补投资收益税率差影响的所得税	0.00	0.00	0.00		0.00	0.00	—
减：安全环保节能设备抵免所得税	0.00	0.00	0.00		0.00	0.00	—
五、本期应纳所得税额（与当期利润相关的所得税费用）	2 520 492.93	0.00	0.00		2 520 492.93	2 520 492.93	—
加：计入本期的上年所得税财政清算补（＋）退（－）数	0.00	0.00	0.00		0.00	0.00	—
六、当期所得税费用	2 520 492.93	0.00	0.00		2 520 492.93	2 520 492.93	—
减：递延所得税资产影响税额	192 117.96	0.00	3 605.13		192 117.96	0.00	0.00
加：递延所得税负债影响税额	-519 699.22	0.00	0.00		-519 699.22	0.00	0.00
七、本期利润表所列所得税费用	1 808 675.75	0.00	0.00		1 808 675.75	0.00	0.00

勾稽关系核对表

项目	审定金额	（应交税金-应交企业所得税）本期贷方发生额	递延所得税资产本期发生额	递延所得税负债本期发生额	本期利润总额加永久性差异乘以税率计算的所得税费用	核对差异
本期应纳所得税额	2 520 492.93	2 520 492.93	—	—	—	0.00
递延所得税资产影响税额	192 117.96	—	192 117.96	—	—	0.00

续表

项目	审定金额	（应交税金–应交企业所得税）本期贷方发生额	递延所得税资产本期发生额	递延所得税负债本期发生额	本期利润总额加永久性差异乘以税率计算的所得税费用	核对差异
递延所得税负债影响税额	−519 699.22	—	—	−519 699.22		0.00
与当期利润相关的所得税费用	1 808 675.75	—	—		1 808 675.75	0.00
审计说明	1. 经查验，本期应纳所得税额未发现异常业务；2. 经查验，递延所得税资产未发现异常业务；3. 经查验，递延所得税负债未发现异常业务					

八、递延所得税负债审计

微课9-15

递延所得税负债的审计目标及审计程序

（一）递延所得税负债的审计目标

（1）确定资产负债表中记录的递延所得税负债是否存在。

（2）确定记录的递延所得税负债是否为被审计单位应当履行的偿还义务。

（3）确定所有应当记录的递延所得税负债是否均已记录。

（4）确定递延所得税负债是否以恰当的金额包括在财务报表中，与之相关的计价或分摊调整是否已恰当记录。

（5）确定递延所得税负债是否已按照企业会计准则的规定在报表中做出恰当分类和列报。

（二）递延所得税负债审计的主要实质性程序

（1）获取或编制递延所得税负债明细表，复核加计是否正确，并与报表数、总账数和明细账合计数核对是否相符。

（2）检查被审计单位采用的会计政策是否恰当，前后期是否一致。

（3）检查被审计单位用于确认递延所得税负债的税率是否正确。

（4）检查递延所得税负债增减变动记录，以及应纳税暂时性差异的形成原因，确定是否符合有关规定，计算是否正确，预计转销期是否适当，并特别关注以下事项。①对非同一控制下企业合并中取得资产、负债的入账价值与其计税基础不同形成的应纳税暂时性差异，检查其计算及会计处理是否正确。②检查是否存在下列交易中产生的递延所得税负债不应予以确认，而被审计单位予以确认的情况：商誉的初始确认；同时具有该项交易不是企业合并、交易发生时既不影响会计利润也不影响应纳税所得额（或可抵扣亏损）两项特征的交易中产生的资产或负债的初始确认。③检查是否存在被审计单位对子公司、联营企业及合营企业投资相关的应纳税暂时性差异，在同时满足被审计单位能够控制暂时性差异的转回时间、该暂时性差异在可预见的未来很可能不会转回两项条件时，不应确认相应的递延所得税负债，而被审计单位予以确认的情况。

（5）当适用税率发生变化时，检查被审计单位是否对递延所得税负债进行重新计量，对其影响数的会计处理是否正确。

（6）确定递延所得税负债的披露是否恰当。

（三）递延所得税负债审计案例

A公司2022年度利润表中利润总额为1 200万元，该公司适用的所得税税率为25%。2022年发生的有关交易和事项中，会计处理与税收处理存在的差别有以下几个。①2022年1月2日开始计提折旧的一项固定资产，成本为600万元，使用年限为10年，净残值为零，会计处理按双倍余额递减法计提折旧，税收处理按直线法计提折旧。税法规定的使用年限及净残值与会计规定相同。②向关联企业提供现金捐赠200万元。③当年发生研究开发支出500万元，较上年度增长20%，其中300万元符合资本化条件，计入无形资产成本。税法规定，该企业可按实际发生研究开发支出的150%加计扣除。其中，符合资本化条件后发生的支出为300万元，所开发无形资产于期末达到预定可使用状态。④应付违反环保法规定罚款100万元。⑤期末对持有的存货计提了30万元的存货跌价准备。

该公司对当期的所得税费用的账务处理如下。

借：所得税费用   3 125 000

 贷：应交税费——应交所得税   2 600 000

   递延所得税负债   525 000

要求：指出该公司账务处理存在的问题，并提出处理意见。

【案例解析】（1）2022年度当期应交所得税。

应纳税所得额=12 000 000+600 000+2 000 000－［5 000 000×150%－（5 000 000－3 000 000）］+1 000 000+300 000=10 400 000（元）；应交所得税=10 400 000×25%=2 600 000（元）。

（2）2022年度递延所得税。

该公司2022年资产负债表相关项目金额及其计税基础如表9-34所示。

表9-34   递延所得税计算分析表   单位：元

项目	账面价值	计税基础	差异	
			应纳税暂时性差异	可抵扣暂时性差异
存货	8 000 000	8 300 000		300 000
固定资产				
固定资产原价	6 000 000	6 000 000		
减：累计折旧	1 200 000	600 000		
减值准备	0	0		
固定资产账面价值	4 800 000	5 400 000		600 000
无形资产	3 000 000	0	3 000 000	
其他应付款	1 000 000	1 000 000		
合计			3 000 000	900 000

递延所得税资产=900 000×25%=225 000（元）；递延所得税负债=3 000 000×25%=750 000（元）；递延所得税费用=3 000 000×25%－900 000×25%=525 000（元）；利润表中应确认的所得税费用=2 600 000+525 000=3 125 000（元）。

建议调整分录如下。

借：递延所得税资产   225 000

 贷：递延所得税负债   225 000

（四）递延所得税负债审计工作底稿编制实例

1. 递延所得税负债审计程序表（见表9-35）

表9-35   递延所得税负债审计程序表

被审计单位： 梦舒公司		编制： 倪某 日期：2023年2月15日 索引号：FZ10-0		
会计期间： 2022年1月1日—2022年12月31日		复核： 田某 日期：2023年2月25日 页次： 1		

一、审计目标与认定对应关系表

审计目标		财务报表认定				
		a	b	c	d	e
		存在	权利和义务	完整性	准确性、计价和分摊	分类、列报
A	资产负债表中记录的递延所得税负债是存在的	√				
B	记录的递延所得税负债是被审计单位应当履行的偿还义务		√			
C	所有应当记录的递延所得税负债均已记录			√		

审计目标		财务报表认定				
		a	b	c	d	e
		存在	权利和义务	完整性	准确性、计价和分摊	分类、列报
D	递延所得税负债以恰当的金额包括在财务报表中，与之相关的计价或分摊调整已恰当记录				√	
E	递延所得税负债已按照企业会计准则的规定在报表中做出恰当分类和列报					√

二、审计目标与审计计划的衔接

项目	财务报表认定				
	存在	权利和义务	完整性	准确性、计价和分摊	分类、列报
评估的重大错报风险水平	普通	普通	普通	普通	普通
控制测试结果是否支持风险评估结论	是	是	是	是	是
需从实质性程序获取的保证程度	低	低	低	低	低

三、审计目标与审计程序对应关系表

审计目标	可供选择的审计程序	是否计划实施（√）	与认定的对应关系	索引号
D	1．获取或编制递延所得税负债明细表，复核加计是否正确，并与报表数、总账数和明细账合计数核对是否相符	√	d	
DE	2．检查被审计单位采用的会计政策是否为资产负债表债务法	√	de	
D	3．检查被审计单位用于确认递延所得税负债的税率是否根据税法的规定，按照预期支付该负债期间的适用税率计量	√	d	
ABD	4．识别被审计单位期初递延所得税负债和递延所得税负债的项目及金额，以及对当期经营损失以及未来期间的影响	√	abd	
BD	5．检查是否以未来期间很可能取得用来抵减应纳税暂时性差异的可抵扣所得额为限，确认由应纳税暂时性差异产生的递延所得税负债，并检查提供证据是否充分	√	bd	
ABCD	6．检查递延所得税负债增减变动记录及可抵扣暂时性差额的形成原因，确定是否符合有关规定，计算是否正确，预计转销期是否适当	√	abcd	
D	7．重新计算固定资产折旧等形成的应纳税暂时性差异，检查其会计处理是否正确	√	d	详见递延所得税负债审计工作底稿
D	8．重新计算无形资产摊销、长期待摊费用的摊销、开办费摊销形成的应纳税暂时性差异，检查其会计处理是否正确	√	d	
D	9．重新计算资产公允价值变动形成的应纳税暂时性差异，检查其会计处理是否正确	√	d	
D	10．重新计算应付职工薪酬形成的应纳税暂时性差异，检查其会计处理是否正确	√	d	
D	11．重新计算其他应纳税暂时性差异形成的应纳税暂时性差异，检查其会计处理是否正确	√	d	
D	12．检查被审计单位是否在资产负债表日对递延所得税负债的账面价值进行复核，如果预计未来期间很可能无法获得足够的可抵扣所得额用以抵减递延所得税负债，检查是否减计递延所得税负债的账面价值	√	d	
	13．根据评估的舞弊风险等因素增加的审计程序			
E	14．检查递延所得税负债是否已按照准则规定在报表中做出恰当列报和披露	√	e	

2. 递延所得税负债审定表（见表 9-36）

表 9-36   递延所得税负债审定表

被审计单位：梦舒公司   编制：倪某   日期：2023 年 2 月 15 日   索引号：FZ10-1

会计期间：2022 年 1 月 1 日—2022 年 12 月 31 日   复核：田某   日期：2023 年 2 月 25 日   页次：1

项目	期末未审数	账项调整		重分类调整		期末审定数	期初审定数	索引号
		借方	贷方	借方	贷方			
报表数	3 687 104.21	0.00	0.00	0.00	0.00	3 687 104.21	4 206 803.43	
总账数	3 687 104.21	0.00	0.00	0.00	0.00	3 687 104.21	4 206 803.43	
明细账数	3 687 104.21	—	—	—	—	3 687 104.21	4 206 803.43	
其中：计入所得税费用	3 687 104.21	0.00	0.00	0.00	0.00	3 687 104.21	4 206 803.43	
计入所有者权益	0.00	0.00	0.00	0.00	0.00	0.00	0.00	
计入其他	0.00	0.00	0.00	0.00	0.00	—	0.00	
审计说明	1．报表数与总账合计数核对一致；2．明细账与总账核对及查验见科目底稿							
审计结论	经审计，期末余额可以确认							

3. 递延所得税负债明细表（见表 9-37）

表 9-37   递延所得税负债明细表

被审计单位：梦舒公司   编制：倪某   日期：2023 年 2 月 15 日   索引号：FZ10-2

会计期间：2022 年 1 月 1 日—2022 年 12 月 31 日   复核：田某   日期：2023 年 2 月 25 日   页次：1

项目	未审数				账项调整		调整索引	期末审定数
	期初数	本期增加	本期减少	期末数	借方	贷方		
一、计入所得税费用	4 206 803.43	0.00	519 699.22	3 687 104.21	0.00	0.00		3 687 104.21
二、计入所有者权益	0.00	0.00	0.00	0.00	0.00	0.00		0.00
其中：计入资本公积	0.00	0.00	0.00	0.00	0.00	0.00		0.00
计入其他综合收益	0.00	0.00	0.00	0.00	0.00	0.00		0.00
计入留存收益	0.00	0.00	0.00	0.00	0.00	0.00		0.00
三、其他	0.00	0.00	0.00	0.00	0.00	0.00		0.00
其中：计入商誉	0.00	0.00	0.00	0.00	0.00	0.00		0.00
合计	4 206 803.43	0.00	519 699.22	3 687 104.21	0.00	0.00		3 687 104.21
审计说明	总账与明细账核对一致							

4. 递延所得税负债明细内容汇总表（见表 9-38）

表 9-38   递延所得税负债明细内容汇总表

被审计单位：梦舒公司   编制：倪某   日期：2023 年 2 月 15 日   索引号：FZ10-3

会计期间：2022 年 1 月 1 日—2022 年 12 月 31 日   复核：田某   日期：2023 年 2 月 25 日   页次：1

项目	审定数		期末适用税率（%）	期末暂时性差异		递延所得税负债		
	期末账面价值	期末计税基础		应纳税暂时性差异	账面已确认递延所得税负债的暂时性差异	期末应计金额（1）	期末账面余额（2）	差异（1）-（2）
一、资产账面价值大于计税基础	21 048 416.84	6 300 000.00	—	14 748 416.84	14 748 416.84	3 687 104.21	3 687 104.21	0.00
其中：固定资产	9 999 366.74	4 100 000.00	25.00	5 899 366.74	5 899 366.74	1 474 841.68	1 474 841.68	0.00
无形资产	11 049 050.10	2 200 000.00	25.00	8 849 050.10	8 849 050.10	2 212 262.53	2 212 262.53	0.00
二、负债账面价值小于计税基础	0.00	0.00	—	0.00	0.00	0.00	—	—
合计	21 048 416.84	6 300 000.00	25.00	14 748 416.84	14 748 416.84	3 687 104.21	3 687 104.21	0.00
审计说明	1．递延所得税负债的确认需把握重要性原则和谨慎性原则，关注以前年度的所得税汇算清缴差异对递延所得税负债确认的影响；2．经查验，未发现异常业务							

九、递延所得税资产审计

（一）递延所得税资产审计目标

（1）确定资产负债表中记录的递延所得税资产是否存在。

（2）确定记录的递延所得税资产是否由被审计单位拥有或控制。

（3）确定所有应当记录的递延所得税资产是否均已记录。

（4）确定递延所得税资产是否以恰当的金额包括在财务报表中，与之相关的计价或分摊调整是否已恰当记录。

（5）确定递延所得税资产是否已按照企业会计准则的规定在报表中做出恰当分类和列报。

（二）递延所得税资产审计的主要审计程序

（1）获取或编制递延所得税资产明细表，复核加计是否正确，并与报表数、总账数和明细账合计数核对是否相符。

（2）检查被审计单位采用的会计政策是否为资产负债表债务法。检查被审计单位用于确认递延所得税资产的税率是否根据税法的规定，按照预期收回该资产期间的适用税率计量。

（3）识别被审计单位期初递延所得税资产和递延所得税负债的项目及金额，以及对当期经营损失以及未来期间的影响。检查是否以未来期间很可能取得用来抵扣可抵扣暂时性差异的应纳税所得额为限，确认由可抵扣暂时性差异产生的递延所得税资产，并检查提供证据是否充分。

（4）检查递延所得税资产增减变动记录及可抵扣暂时性差额的形成原因，确定是否符合有关规定，计算是否正确，预计转销期是否适当。

（5）重新计算固定资产折旧等形成的可抵扣暂时性差异，检查其会计处理是否正确。重新计算无形资产摊销、长期待摊费用的摊销、开办费摊销形成的可抵扣暂时性差异，检查其会计处理是否正确。重新计算本期提取各类减值准备形成的可抵扣暂时性差异，检查其会计处理是否正确。

（6）重新计算资产公允价值变动形成的可抵扣暂时性差异，检查其会计处理是否正确。重新计算预计负债形成的可抵扣暂时性差异，检查其会计处理是否正确。重新计算应付职工薪酬形成的可抵扣暂时性差异，检查其会计处理是否正确。

（7）检查被审计单位是否在资产负债表日对递延所得税资产的账面价值进行复核，如果预计未来期间很可能无法获得足够的应纳税所得额用以抵扣递延所得税资产，检查是否减计递延所得税资产的账面价值。

（8）检查递延所得税资产是否已按照企业会计准则的规定在报表中做出恰当列报和披露。

（三）递延所得税资产审计案例

某上市公司 2022 年年报显示，公司递延所得税资产期末余额为 2 648.18 万元，其中可抵扣亏损所确认的递延所得税资产较期初增加 607.55 万元。2021 年度公司营业收入为 13 643.99 万元，较 2021 年度营业收入 16 489.37 万元，同比减少 17.26%，归属于上市公司普通股股东的净利润为 -1 214.64 万元，同比减少了 310.59%。亏损主要是 2022 年度受新冠疫情的影响，收入下降、信用减值准备增加、资产重组发生的中介费用增加等原因所致。截至 2022 年 12 月 31 日，公司可抵扣亏损产生的递延所得税为 1 427.56 万元，较期初增加 607.55 万元。管理层评估后认为公司未来能获得足够的应纳税所得额来抵扣可弥补亏损，故这样确认递延所得税资产是合理的。

要求：请说明公司判断未来期间很可能获得足够的应纳税所得额用来抵扣可弥补亏损形成的可抵扣暂时性差异的依据及合理性，相关递延所得税资产的确认是否符合相关规定。

【案例解析】经过核查，该公司在传统业务方面，CTP 在全国市场上依然保持技术和市场优势，产品具有竞争力，截至 2022 年 12 月 31 日，公司的 CTP 订单已恢复到疫情前 80% 的水平，256 系列产品对标进口高端系列产品，凭借其打印速度和成本优势在营业收入中占比持续增加，预计 2023 年度公司整体销量将超过疫情前水平，同时将提高 CTP 综合毛利率；在新兴业务发展方面，公司完成了喷头项目的重大突破，正在开拓特定市场销售 512 喷头，也在积极研发和布局 3D 打印的衍生业务——陶瓷粉打印技术。同时，公司管理层将继续整合业务线和优化人员，并完成生产基地搬迁等一系列提高经营效率、降低成本的举措。因此，注册会计师认为：经对该公司可持续经营能力的评估，公司管理层对未来获利能力的评估依据较为合理，公司未来期间很可能获得足够的应纳税所得额用来抵扣可弥补亏损，递延所得税资产的确认依据合理，符合企业会计准则的相关规定。

（四）递延所得税资产审计工作底稿编制实例

1. 递延所得税资产审计程序表（见表 9-39）

表 9-39　　　　　　　　　　　递延所得税资产审计程序表

被审计单位：　梦舒公司　　　　　　　　　编制：　倪某　　日期：2023 年 2 月 15 日　索引号：ZC12-0

会计期间：　2022 年 1 月 1 日—2022 年 12 月 31 日　　复核：　田某　　日期：2023 年 2 月 25 日　页次：　1

一、审计目标与认定对应关系表

审计目标		财务报表认定				
		a	b	c	d	e
		存在	权利和义务	完整性	准确性、计价和分摊	分类、列报
A	资产负债表中记录的递延所得税资产是存在的	√				
B	记录的递延所得税资产由被审计单位拥有或控制		√			
C	所有应当记录的递延所得税资产均已记录			√		
D	递延所得税资产以恰当的金额包括在财务报表中，与之相关的计价或分摊调整已恰当记录				√	
E	递延所得税资产已按照企业会计准则的规定在财务报表中做出恰当分类和列报					√

二、审计目标与审计计划的衔接

项目	财务报表认定				
	存在	权利和义务	完整性	准确性、计价和分摊	分类、列报
评估的重大错报风险水平	普通	普通	普通	普通	普通
控制测试结果是否支持风险评估结论	是	是	是	是	是
需从实质性程序获取的保证程度	低	低	低	低	低

三、审计目标与审计程序对应关系表

审计目标	可供选择的审计程序	是否计划实施（√）	与认定的对应关系	索引号
D	1. 获取或编制递延所得税资产明细表，复核加计是否正确，并与报表数、总账数和明细账合计数核对是否相符	√	d	详见递延所得税资产审计工作底稿
DE	2. 检查被审计单位采用的会计政策是否为资产负债表债务法	√	de	
D	3. 检查被审计单位用于确认递延所得税资产的税率是否根据税法的规定，按照预期收回该资产期间的适用税率计量	√	d	
ABD	4. 识别被审计单位期初递延所得税资产和递延所得税负债的项目及金额，以及对当期经营损失以及未来期间的影响	√	abd	
BD	5. 检查是否以未来期间很可能取得用来抵扣可抵扣暂时性差异的应纳税所得额为限，确认由可抵扣暂时性差异产生的递延所得税资产，并检查提供证据是否充分	√	bd	
ABCD	6. 检查递延所得税资产增减变动记录及可抵扣暂时性差额的形成原因，确定是否符合有关规定，计算是否正确，预计转销期是否适当	√	abcd	

续表

审计目标	可供选择的审计程序	是否计划实施（√）	与认定的对应关系	索引号
D	7. 重新计算固定资产折旧等形成的可抵扣暂时性差异，检查其会计处理是否正确	√	d	
D	8. 重新计算无形资产摊销、长期待摊费用的摊销、开办费摊销形成的可抵扣暂时性差异，检查其会计处理是否正确	√	d	
D	9. 重新计算本期提取各类减值准备形成的可抵扣暂时性差异，检查其会计处理是否正确	√	d	
D	10. 重新计算资产公允价值变动形成的可抵扣暂时性差异，检查其会计处理是否正确	√	d	
D	11. 重新计算预计负债形成的可抵扣暂时性差异，检查其会计处理是否正确		d	详见递延所得税资产审计工作底稿
D	12. 重新计算应付职工薪酬形成的可抵扣暂时性差异，检查其会计处理是否正确	√	d	
D	13. 重新计算可用于以后年度税前利润弥补的亏损及税款抵减所形成的可抵扣暂时性差异，检查其会计处理是否正确	√	d	
D	14. 重新计算其他可抵扣暂时性差异形成的可抵扣暂时性差异，检查其会计处理是否正确	√	d	
D	15. 检查被审计单位是否在资产负债表日对递延所得税资产的账面价值进行复核，如果预计未来期间很可能无法获得足够的应纳税所得额以抵扣递延所得税资产，检查是否减计递延所得税资产的账面价值	√	d	
D	16. 检查预期收回递延所得税资产期间的税率发生变动时，被审计单位是否对递延所得税资产进行重新计算，对其影响数的会计处理是否正确		d	
	17. 根据评估的舞弊风险等因素增加的审计程序			
E	18. 检查递延所得税资产是否已按准则的规定在报表中做出恰当列报和披露	√	e	

2. 递延所得税资产审定表（见表 9-40）

表 9-40　　　　　　　　　　递延所得税资产审定表

被审计单位：梦舒公司　　　　　　　　编制：　倪某　日期：2023 年 2 月 15 日　索引号：ZC12-1
会计期间：　2022 年 1 月 1 日—2022 年 12 月 31 日　复核：　田某　日期：2023 年 2 月 25 日　页次：　1

项目	期末未审数	账项调整		期末审定数	期初审定数	索引号
		借方	贷方			
报表数	2 654 893.41	0.00	0.00	2 654 893.41	2 462 775.45	
总账数	2 654 893.41	0.00	0.00	2 654 893.41	2 462 775.45	
明细账数	2 654 893.41	0.00	0.00	2 654 893.41	2 462 775.45	
其中：计入所得税费用	2 654 893.41	0.00	0.00	2 654 893.41	2 462 775.45	
计入所有者权益	0.00	0.00	0.00	—	0.00	
计入其他	0.00	0.00	0.00	—	0.00	
审计说明	1. 报表数与总账合计数核对一致；2. 明细账与总账核对及查验见科目底稿					
审计结论	经审计，调整后的期末余额可予以确认					

3. 递延所得税资产明细表（见表 9-41）

表 9-41　　　　　　　　　　递延所得税资产明细表

被审计单位：梦舒公司　　　　　　　　编制：　倪某　日期：2023 年 2 月 15 日　索引号：ZC12-2
会计期间：　2022 年 1 月 1 日—2022 年 12 月 31 日　复核：　田某　日期：2023 年 2 月 25 日　页次：　1

项目	未审数				账项调整		调整索引	期末审定数
	期初数	本期增加	本期减少	期末数	借方	贷方		
一、计入所得税费用	2 462 775.45	192 117.96	0.00	2 654 893.41	0.00	0.00		2 654 893.41

续表

项目	未审数				账项调整		调整索引	期末审定数
	期初数	本期增加	本期减少	期末数	借方	贷方		
二、计入所有者权益	0.00	0.00	0.00	0.00	0.00	0.00		0.00
其中：计入资本公积	0.00	0.00	0.00	0.00	0.00	0.00		0.00
计入其他综合收益	0.00	0.00	0.00	0.00	0.00	0.00		0.00
计入留存收益	0.00	0.00	0.00	0.00	0.00	0.00		0.00
三、其他	0.00	0.00	0.00	0.00	0.00	0.00		0.00
其中：计入商誉	0.00	0.00	0.00	0.00	0.00	0.00		0.00
合计	2 462 775.45	—	192 117.96	2 654 893.41	0.00	0.00		2 654 893.41
审计说明	总账与明细账核对一致							

4. 递延所得税资产明细内容汇总表（见表 9-42）

表 9-42　　　　　　　　　　递延所得税资产明细内容汇总表

被审计单位：　梦舒公司　　　　　　　　编制：　倪某　　日期：2023 年 2 月 15 日　　索引号：　ZC12-3

会计期间：　2022 年 1 月 1 日—2022 年 12 月 31 日　　复核：　田某　　日期：2023 年 2 月 25 日　　页次：　1

项目	审定数		期末适用税率（%）	期末暂时性差异		递延所得税资产		
	期末账面价值	期末计税基础		可抵扣暂时性差异	账面已确认递延所得税资产的暂时性差异	期末应计金额（1）	期末账面余额（2）	差异（1）-（2）
一、资产账面价值小于计税基础	83 487 025.14	93 470 120.68	25.00	9 983 095.54	9 983 095.54	2 495 773.89	2 495 773.89	0.00
其中：应收账款（坏账准备）	28 755 016.88	29 280 727.66	25.00	525 710.78	525 710.78	131 427.70	131 427.70	0.00
在建工程（减值准备）	54 732 008.26	64 189 393.02	25.00	9 457 384.76	9 457 384.76	2 364 346.19	2 364 346.19	0.00
二、负债账面价值大于计税基础	0.00	636 478.08	25.00	636 478.08	636 478.08	159 119.52	159 119.52	0.00
应付职工薪酬	0.00	636 478.08	25.00	636 478.08	636 478.08	159 119.52	159 119.52	0.00
合计	83 487 025.14	94 106 598.73	25.00	10 619 573.59	10 619 573.59	2 654 893.41	2 654 893.41	0.00
审计说明	1. 递延所得税资产的确认需把握重要性原则和谨慎性原则，关注以前年度的所得税汇算清缴差异对递延所得税资产确认的影响；2. 经查验，未发现异常业务							

十、实收资本（股本）审计

（一）实收资本（股本）的审计目标

（1）确定资产负债表中记录的实收资本（股本）是否存在。

（2）确定所有应当记录的实收资本（股本）是否均已记录，实收资本（股本）的增减变动是否符合法律、法规和合同、章程的规定。

（3）确定实收资本（股本）是否以恰当的金额包括在财务报表中，与之相关的计价或分摊调整是否已恰当记录。

（4）确定实收资本（股本）是否已按照企业会计准则的规定在报表中做出恰当分类和列报。

（二）实收资本（股本）的主要实质性程序

（1）获取或编制实收资本（股本）增减变动明细表，复核加计是否正确，与报表数、总账数和明细账合计数核对是否相符。

（2）检查投资者是否已按合同、协议、章程约定时间足额缴付出资额，其出资额是否已经注册

微课 9-17

实收资本（股本）的审计目标及审计程序

会计师验证；已验资者，应查阅验资报告。

（3）检查实收资本（股本）增减变动的原因，查阅其是否与董事会会议纪要、补充合同、协议及有关法律文件的规定一致。

（4）检查实收资本（股本）是否已在资产负债表上恰当披露。

（三）实收资本（股本）审计案例

某企业2022年12月31日"实收资本"账户记录为8 000 000元，"资本公积"账户记录为2 000 000元，留存收益记录共有1 000 000元。2023年根据企业生产发展需要，经董事会决定，吸收A公司投资2 000 000元，注册资本已办理变更登记，调整为10 000 000元。3月1日，A公司将一台精密磨床投入该企业，经评估确认其价值为2 100 000元，该项投资的账务处理如下。

借：固定资产 2 100 000

　　贷：实收资本——A公司 2 100 000

要求：对该企业吸收A公司投资进行审查，指出其中存在的问题。

【案例解析】（1）该企业2023年吸收A公司投资2 000 000元，其注册资本变更为10 000 000元，因此，A公司投资占注册资本的20%。

该企业2023年末资本公积为2 000 000元，留存收益记录共有1 000 000元，吸收A公司投资时，其投入资本数额至少应达到2 750 000元。具体算法如下。

设A公司应投资X元，则根据题意做如下计算。

$(8\,000\,000+2\,000\,000+1\,000\,000+X)\times20\%=X$。

则X=2 750 000。

A公司实际投入的固定资产为2 100 000元。因此，A公司应补投650 000元。

（2）投入固定资产时的会计分录如下。

借：固定资产——精密磨床 2 100 000

　　贷：实收资本——A公司 2 000 000

　　　　资本公积 100 000

（3）建议做如下调整。

借：实收资本——A公司 100 000

　　其他应收款——A公司 650 000

　　贷：资本公积 750 000

待收到补投的650 000元时，调整如下。

借：银行存款 650 000

　　贷：其他应收款——A公司 650 000

（四）实收资本（股本）审计工作底稿编制实例

1. 实收资本（股本）审计程序表（见表9-43）

表9-43　　　　　　　　　　实收资本（股本）审计程序表

被审计单位：梦舒公司　　　　　　　编制：　张某　日期：2023年2月15日　索引号：QY01-0

会计期间：2022年1月1日—2022年12月31日　复核：田某　日期：2023年2月25日　页次：

一、审计目标与认定对应关系表						
审计目标		财务报表认定				
		a	b	c	d	e
		存在	权利和义务	完整性	准确性、计价和分摊	分类、列报
A	资产负债表中记录的实收资本（股本）是存在的	√				

续表

审计目标		财务报表认定				
		a	b	c	d	e
		存在	权利和义务	完整性	准确性、计价和分摊	分类、列报
B	所有应当记录的实收资本（股本）均已记录，实收资本（股本）的增减变动符合法律、法规和合同、章程的规定			√		
C	实收资本（股本）以恰当的金额包括在财务报表中，与之相关的计价或分摊调整已恰当记录				√	
D	实收资本（股本）已按照企业会计准则的规定在财务报表中做出恰当分类和列报					√

二、审计目标与审计计划的衔接

项目	财务报表认定				
	存在	权利和义务	完整性	准确性、计价和分摊	分类、列报
评估的重大错报风险水平	普通	普通	普通	普通	普通
控制测试结果是否支持风险评估结论	是	是	是	是	是
需从实质性程序获取的保证程度	低	低	低	低	低

三、审计目标与审计程序对应关系表

审计目标	可供选择的审计程序	是否计划实施（√）	与认定的对应关系	索引号
C	1．获取或编制实收资本（股本）明细表：①复核加计是否正确，并与报表数、总账数和明细账合计数核对是否相符；②以非记账本位币出资的，检查其折算汇率是否符合规定，折算差额的会计处理是否正确	√	d	
ABC	2．首次接受委托的客户，取得历次验资报告，将其所载明的投资者名称、投资方式、投资金额、到账时间等内容与被审计单位历次实收资本（股本）变动的账面记录、会计凭证及附件等核对	√	acd	
AB	3．审阅公司章程、股东（大）会、董事会会议记录中有关实收资本（股本）的规定。收集与实收资本（股本）变动有关的董事会会议纪要、股东（大）会决议、合同、协议、公司章程及营业执照等法律性文件，并更新永久性档案		ac	
AC	4．检查投入资本是否真实存在，审阅和核对与投入资本有关的原始凭证、会计记录，必要时向投资者函证实缴资本额，对有关财产和实物价值进行鉴定，以确定投入资本的真实性：①对于发行在外的股票，应检查股票的发行活动。检查的内容包括已发行股票的登记簿、募股清单、银行对账单、会计账面记录等。必要时，可向证券交易所和金融机构函证股票发行的数量；②对于发行在外的股票，应检查股票发行费用的会计处理是否符合有关规定		ad	详见实收资本审计工作底稿
ABC	5．检查出资期限和出资方式、出资额，检查投资者是否按合同、协议、章程约定的时间和方式缴付出资，是否已经注册会计师验证。若已验资，应审阅验资报告		acd	
ABC	6．检查实收资本（股本）增减变动的原因，查阅其是否与董事会纪要、补充合同、协议及其他有关法律性文件的规定一致，逐笔追查至原始凭证，检查其会计处理是否正确		acd	
D	7．根据证券登记公司提供的股东名录，检查被审计单位及其子公司、合营企业与联营企业是否有违反规定的持股情况		e	
A	8．检查认股权证及其有关交易，确定委托人及认股人是否遵守认股合约或认股权证中的有关规定		a	
	9．根据评估的舞弊风险等因素增加的审计程序			
D	10．检查实收资本（股本）是否已按准则的规定在报表中做出恰当列报和披露	√	e	

2. 实收资本（股本）审定表（见表 9-44）

表 9-44　　　　　　　　　　实收资本审定表

被审计单位：　梦舒公司　　　　　　　　编制：　张某　日期：　2023 年 2 月 15 日　索引号：QY01-1
会计期间：　2022 年 1 月 1 日—2022 年 12 月 31 日　复核：　田某　日期：　2023 年 2 月 25 日　页次：　1

项目	期末未审数	账项调整		重分类调整		期末审定数	期初审定数	索引号
		借方	贷方	借方	贷方			
报表数	34 000 000.00	0.00	0.00	0.00	0.00	34 000 000.00	34 000 000.00	
总账数	34 000 000.00	0.00	0.00	0.00	0.00	34 000 000.00	34 000 000.00	
明细账数	34 000 000.00	—	—	—	—	34 000 000.00	34 000 000.00	
其中：境内法人持股	25 500 000.00	0.00	0.00	0.00	0.00	25 500 000.00	25 500 000.00	
境外法人持股	0.00	0.00	0.00	0.00	0.00	0.00	0.00	
自然人持股	8 500 000.00	0.00	0.00	0.00	0.00	8 500 000.00	8 500 000.00	
审计说明	报表数与总账合计数核对一致，明细账与总账核对及查验见科目底稿							
审计结论	经审计，期末余额可以确认							

3. 实收资本（股本）明细表（见表 9-45）

表 9-45　　　　　　　　　　实收资本明细表

被审计单位：　梦舒公司　　　　　　　　编制：　张某　日期：　2023 年 2 月 15 日　索引号：QY01-2
会计期间：　2022 年 1 月 1 日—2022 年 12 月 31 日　复核：　田某　日期：　2023 年 2 月 25 日　页次：　1

项目	未审数				账项调整		调整索引号	期末审定数
	期初数	本期增加	本期减少	期末数	借方	贷方		
一、境内法人持股	25 500 000.00	0.00	0.00	25 500 000.00	0.00	0.00		25 500 000.00
其中：梦舒公司	25 500 000.00	0.00	0.00	25 500 000.00	0.00	0.00		25 500 000.00
二、境外法人持股	0.00	0.00	0.00	0.00	0.00	0.00		0.00
三、自然人持股	8 500 000.00	0.00	0.00	8 500 000.00	0.00	0.00		8 500 000.00
其中：夏某苏	5 100 000.00	0.00	0.00	5 100 000.00	0.00	0.00		5 100 000.00
王某付	3 400 000.00	0.00	0.00	3 400 000.00	0.00	0.00		3 400 000.00
合计	34 000 000.00	0.00	0.00	34 000 000.00	0.00	0.00		34 000 000.00
审计说明	总账与明细账核对一致							

十一、资本公积审计

微课 9-18

（一）资本公积的审计目标

（1）确定资产负债表中记录的资本公积是否存在。

（2）确定资本公积是否以恰当的金额包括在财务报表中。

（3）确定所有应当记录的资本公积是否均已记录，资本公积的增减变动是否符合法律、法规和合同、章程规定。

资本公积的审计目标及审计程序

（4）确定资本公积是否已按照企业会计准则的规定在报表中做出恰当列报。

（二）资本公积审计的主要实质性程序

（1）获取或编制资本公积明细表，复核加计是否正确，并与报表数、总账数和明细账合计数核对是否相符。

（2）检查资本公积增减变动的内容及其依据，并查阅相关会计记录和原始凭证，以确认其增减变动的合法性和正确性。

（3）根据资本公积明细账，对"其他资本公积"的发生额逐项审查至原始凭证，检查会计处理是否正确。

（4）检查资本公积各项目，考虑对所得税的影响。

（5）记录资本公积中不能转增资本的项目。

（6）检查资本公积是否已按照企业会计准则的规定在报表中做出恰当列报。

（三）资本公积审计案例

某股份公司首次公开发行普通股 50 000 000 股，每股面值 1 元，每股发行价格为 4 元。该股份公司以银行存款支付发行手续费、咨询费等费用共计 6 000 000 元。假定发行收入已全部收到，发行费用已全部支付，不考虑其他因素。该公司的会计处理如下。

（1）收到发行收入时的会计处理如下。

借：银行存款　　　　　　　　　　　　　　　200 000 000

　　贷：股本　　　　　　　　　　　　　　　　50 000 000

　　　　资本公积——股本溢价　　　　　　　　150 000 000

（2）支付发行费用时的会计处理如下。

借：财务费用　　　　　　　　　　　　　　　6 000 000

　　贷：银行存款　　　　　　　　　　　　　　6 000 000

要求：审查该会计处理是否正确；如有错误，请提出调整意见。

【案例解析】根据规定，在溢价发行股票时，超过股票面值的部分应作为股本溢价处理；发行股票相关的手续费、佣金等交易费用，如果是溢价发行的，应从溢价中抵扣，冲减资本公积（股本溢价），无溢价发行股票或溢价金额不足抵扣的，应将不足抵扣部分冲减盈余公积和未分配利润。故案例中对发行费用的处理是错误的。

正确的记录如下。

借：资本公积——股本溢价　　　　　　　　　6 000 000

　　贷：银行存款　　　　　　　　　　　　　　6 000 000

建议调整如下。（暂不考虑对所得税费用的影响）

借：资本公积——股本溢价　　　　　　　　　6 000 000

　　贷：财务费用　　　　　　　　　　　　　　6 000 000

（四）资本公积审计工作底稿编制实例

1. 资本公积审计程序表（见表 9-46）

表 9-46　　　　　　　　　　　　　　资本公积审计程序表

被审计单位：梦舒公司　　　　　　　　　编制：　张某　日期：2023 年 2 月 15 日　索引号：QY02-0

会计期间：2022 年 1 月 1 日—2022 年 12 月 31 日　　复核：　田某　日期：2023 年 2 月 25 日　页次：

一、审计目标与认定对应关系表						
	审计目标	财务报表认定				
		a	b	c	d	e
		存在	权利和义务	完整性	准确性、计价和分摊	分类、列报
A	资产负债表中记录的资本公积是存在的	√				
B	资本公积以恰当的金额包括在财务报表中				√	
C	所有应当记录的资本公积均已记录，资本公积的增减变动符合法律、法规和合同、章程规定			√		
D	资本公积已按照企业会计准则的规定在报表中做出恰当列报					√

续表

二、审计目标与审计计划的衔接

项目	财务报表认定				
	存在	权利和义务	完整性	准确性、计价和分摊	分类、列报
评估的重大错报风险水平	普通	普通	普通	普通	普通
控制测试结果是否支持风险评估结论	是	是	是	是	是
需从实质性程序获取的保证程度	低	低	低	低	低

三、审计目标与审计程序对应关系表

审计目标	可供选择的审计程序	是否计划实施(√)	与认定的对应关系	索引号
B	1. 获取或编制资本公积明细表,复核加计是否正确,并与报表数、总账数和明细账合计数核对是否相符	√	d	
ABC	2. 首次接受委托的单位,应对期初的资本公积进行追溯查验,检查原始发生的依据是否充分	√	adc	
AC	3. 审阅公司章程、股东(大)会、董事会会议记录中有关实收资本(股本)的规定	√	ac	
ABCD	4. 根据资本公积明细账,对"资本(股本)溢价"的发生额逐项审查至原始凭证,检查会计处理是否正确	√	acde	
ABCD	5. 根据资本公积明细账,对"其他资本公积"的发生额逐项审查至原始凭证、检查会计处理是否正确	√	acde	
B	6. 检查资本公积各项目,考虑对所得税的影响	√	d	
B	7. 记录资本公积中不能转增资本的项目		d	
	8. 根据评估的舞弊风险等因素增加的审计程序			
D	9. 检查资本公积是否已按照准则的规定在报表中做出恰当列报	√	e	

2. 资本公积审定表(见表9-47)

表9-47　　　　　　　　　　　　　　　　资本公积审定表

被审计单位: 梦舒公司　　　　　　　　　编制: 张某　　日期: 2023 年 2 月 15 日　索引号: QY02-1
会计期间: 2022 年 1 月 1 日—2022 年 12 月 31 日　　复核: 田某　　日期: 2023 年 2 月 25 日　页次: 1

项目	期末未审数	账项调整		重分类调整		期末审定数	期初审定数	索引号
		借方	贷方	借方	贷方			
报表数	25 529 988.78	0.00	0.00	0.00	0.00	25 529 988.78	24 962 458.09	
总账数	25 529 988.78	0.00	0.00	0.00	0.00	25 529 988.78	24 962 458.09	
明细账数	25 529 988.78	—	—	—	—	25 529 988.78	24 962 458.09	
其中:资本溢价	25 529 988.78	0.00	0.00	0.00	0.00	25 529 988.78	24 962 458.09	
其他资本公积	0.00	0.00	0.00	0.00	0.00	0.00	0.00	
审计说明	报表数与总账合计数核对一致,明细账与总账核对及查验见科目底稿							
审计结论	经审计,期末余额可以确认							

3. 资本公积明细表(见表9-48)

表9-48　　　　　　　　　　　　　　　　资本公积明细表

被审计单位: 梦舒公司　　　　　　　　　编制: 张某　　日期: 2023 年 2 月 15 日　索引号: QY02-2
会计期间: 2022 年 1 月 1 日—2022 年 12 月 31 日　复核: 田某　　日期: 2023 年 2 月 25 日　页次: 1

项目	未审数				账项调整		调整索引	期末审定数
	期初数	本期增加	本期减少	期末数	借方	贷方		
一、资本溢价	24 962 458.09	567 530.69	0.00	25 529 988.78	0.00	0.00		25 529 988.78

续表

项目	未审数				账项调整		调整索引	期末审定数
	期初数	本期增加	本期减少	期末数	借方	贷方		
1．投资者投入的资本	24 962 458.09	0.00	0.00	24 962 458.09	0.00	0.00		24 962 458.09
2．同一控制下企业合并的影响	0.00	0.00	0.00	0.00	0.00	0.00		
3．股东捐赠及豁免债务形成的资本公积	0.00	0.00	0.00	0.00	0.00	0.00		
4．子公司少数股东增资引起的享有权益变化	0.00	0.00	0.00	0.00	0.00	0.00		
5．购买少数股权与取得净资产份额之间的差额	0.00	0.00	0.00	0.00	0.00	0.00		
6．其他	0.00	0.00	0.00	0.00	0.00	0.00		
二、其他资本公积	0.00	567 530.69	0.00	567 530.69	0.00	0.00		567 530.69
1．权益法核算下被投资单位其他权益变动	0.00	0.00	0.00	0.00	0.00	0.00		
2．与计入所有者权益项目相关的所得税影响	0.00	0.00	0.00	0.00	0.00	0.00		
3．权益法核算下被投资单位其他权益变动	0.00	0.00	0.00	0.00	0.00	0.00		
4．以权益结算的股份支付	0.00	0.00	0.00	0.00	0.00	0.00		
5．政府因公共利益搬迁给予搬迁补偿款的结余	0.00	0.00	0.00	0.00	0.00	0.00		
6．原制度转入	0.00	0.00	0.00	0.00	0.00	0.00		
7．其他	0.00	567 530.69	0.00	567 530.69	0.00	0.00		567 530.69
合计	24 962 458.09	567 530.69	0.00	25 529 988.78	0.00	0.00		25 529 988.78
审计说明	总账与明细账核对一致							

十二、盈余公积审计

（一）盈余公积的审计目标

（1）确定资产负债表中记录的盈余公积是否存在。

（2）确定所有应当记录的盈余公积是否均已记录，盈余公积的增减变动是否符合法律、法规和合同、章程的规定。

（3）确定盈余公积是否以恰当的金额包括在财务报表中，与之相关的计价或分摊调整是否已恰当记录。

（4）确定盈余公积是否已按照企业会计准则的规定在报表中做出恰当分类和列报。

（二）盈余公积审计的主要实质性程序

（1）获取或编制盈余公积明细表，复核加计是否正确，并与报表数、总账数和明细账合计数核对是否相符。

（2）对于盈余公积各明细项目的发生额，逐项审查其原始凭证。

（3）检查盈余公积各明细项目的提取比例是否符合有关规定。

（4）检查盈余公积减少数是否符合有关规定，会计处理是否正确。

（5）验明盈余公积是否已在资产负债表中恰当列报和披露。

（三）盈余公积审计案例

注册会计师审查美丰公司 2022 年的"盈余公积"账户时，查明该公司盈余公积期初的余额为

微课 9-19

盈余公积的审计目标
及审计程序

5 000 000 元，本年提取了 200 000 元；审查"本年利润"账户，查明该公司 2022 年实现净利润为 2 000 000 元；审查"利润分配"账户，查明还有 2016 年发生的尚未弥补亏损 500 000 元。

要求：根据以上资料，说明企业盈余公积方面有何问题。

【案例解析】应在弥补亏损后提取盈余公积，本企业 2016 年发生的亏损，到 2023 年时 5 年税前补亏期已满，故应用税后利润弥补。用净利润弥补亏损后再计提盈余公积。该企业的做法违反了企业会计准则规定的提取顺序。

当年应提取法定盈余公积金额：（2 000 000-500 000）×10%=150 000（元）。

当年多提取金额：200 000-150 000=50 000（元）。

调整分录如下。

借：盈余公积——法定盈余公积   50 000

    贷：利润分配——未分配利润   50 000

（四）盈余公积审计工作底稿编制实例

1. 盈余公积审计程序表（见表 9-49）

表 9-49   盈余公积审计程序表

被审计单位：梦舒公司			编制：倪某 日期：2023 年 2 月 15 日 索引号：QY04-0			
会计期间：2022 年 1 月 1 日—2022 年 12 月 31 日			复核：田某 日期：2023 年 2 月 25 日 页次：1			

一、审计目标与认定对应关系表

	审计目标	财务报表认定				
		a	b	c	d	e
		存在	权利和义务	完整性	准确性、计价和分摊	分类、列报
A	资产负债表中记录的盈余公积是存在的	√				
B	所有应当记录的盈余公积均已记录，盈余公积的增减变动符合法律、法规和合同、章程的规定			√		
C	盈余公积以恰当的金额包括在财务报表中，与之相关的计价或分摊调整已恰当记录				√	
D	盈余公积已按照企业会计准则的规定在报表中做出恰当分类和列报					√

二、审计目标与审计计划的衔接

项目	财务报表认定				
	存在	权利和义务	完整性	准确性、计价和分摊	分类、列报
评估的重大错报风险水平	普通	普通	普通	普通	普通
控制测试结果是否支持风险评估结论	是	是	是	是	是
需从实质性程序获取的保证程度	低	低	低	低	低

三、审计目标与审计程序对应关系表

审计目标	可供选择的审计程序	是否计划实施（√）	与认定的对应关系	索引号
C	1. 获取或编制盈余公积明细表，复核加计是否正确，并与报表数、总账数及明细账合计数核对是否相符	√	d	详见盈余公积审计工作底稿
AB	2. 收集与盈余公积变动有关的董事会会议纪要、股东（大）会决议以及政府主管部门、财政部门批复等文件资料，进行审阅，并更新永久性档案	√	ac	

审计目标	可供选择的审计程序	是否计划实施（√）	与认定的对应关系	索引号
ABC	3．对法定盈余公积和任意盈余公积发生额逐项审查至原始凭证，并检查有关会计处理是否正确	√	acd	
AC	4．如系外商投资企业，应对储备基金、企业发展基金的发生额逐项审查至原始凭证，审查是否符合有关规定，会计处理是否正确	√	ad	
AC	5．如系中外合作经营企业，应对利润归还投资的发生额审查至原始凭证，并与"实收资本——已归还投资"科目的发生金额核对，检查会计处理是否正确		ad	
	6．根据评估的舞弊风险等因素增加的审计程序			
D	7．检查盈余公积的列报是否已按照准则的规定在报表中做出恰当列报和披露	√	e	

2．盈余公积审定表（见表9-50）

表9-50　　　　　　　　　　盈余公积审定表

被审计单位：　梦舒公司　　　　　　　　　　编制：　倪某　　日期：　2023年2月22日　　索引号：　QY04-1

会计期间：　2022年1月1日—2022年12月31日　　复核：　田某　　日期：　2023年2月25日　　页次：　　1

项目	期末未审数	账项调整		重分类调整		期末审定数	期初审定数	索引号
		借方	贷方	借方	贷方			
报表数	11 475 712.19	0.00	0.00	0.00	0.00	11 475 712.19	10 555 990.90	
总账数	11 475 712.19	0.00	0.00	0.00	0.00	11 475 712.19	10 555 990.90	
明细账数	11 475 712.19	0.00	0.00	0.00	0.00	11 475 712.19	10 555 990.90	
其中：法定盈余公积	11 475 712.19	0.00	0.00	0.00	0.00	11 475 712.19	10 555 990.90	
任意盈余公积	0.00	0.00	0.00	0.00	0.00	0.00	0.00	
审计说明	报表数与总账合计数核对一致，明细账与总账核对及查验见科目底稿							
审计结论	经审计，调整后的期末余额可予以确认							

3．盈余公积计提复核表（见表9-51）

表9-51　　　　　　　　　　盈余公积计提复核表

被审计单位：　梦舒公司　　　　　　　　　　编制：　倪某　　日期：　2023年2月22日　　索引号：　QY04-2

会计期间：　2022年1月1日—2022年12月31日　　复核：　田某　　日期：　2023年2月25日　　页次：　　1

项目	未审数	账项调整		重分类调整		调整索引	审定数	备注
		借方	贷方	借方	贷方			
一、本期净利润	9 197 212.91	0.00	0.00	0.00	0.00		9 197 212.91	
减：弥补亏损	0.00	0.00	0.00	0.00	0.00		0.00	
二、弥补亏损后盈余公积计提基数	9 197 212.91	0.00	0.00	0.00	0.00		9 197 212.91	
计提比例（%）	10.00	10.00	10.00	10.00	10.00		10.00	
三、本期应提取法定盈余公积	919 721.29	0.00	0.00	0.00	0.00		919 721.29	
审计说明	经复核，盈余公积计提计算无误							

十三、未分配利润审计

（一）未分配利润的审计目标

（1）确定资产负债表中记录的未分配利润是否存在。

（2）确定所有应当记录的未分配利润是否均已记录，未分配利润增减变动是否符合法律、法规和章程的规定。

微课9-20

未分配利润的审计目标及审计程序

（3）确定未分配利润是否以恰当的金额包括在财务报表中，与之相关的计价或分摊调整是否已恰当记录。

（4）确定未分配利润是否已按照企业会计准则的规定在报表中做出恰当分类和列报。

（二）未分配利润审计的主要实质性程序

（1）获取或编制利润分配明细表，复核加计是否正确，并与报表数、总账数和明细账合计数核对是否相符。

（2）检查未分配利润期初数与上期审定数是否相符，上期审计调整是否正确入账。

（3）检查利润分配比例是否符合合同、协议、章程以及董事会会议纪要的规定，利润分配数额及期末未分配数额是否正确。

（4）根据审计结果调整本年损益数，通过利润分配后增加或减少未分配利润，确定调整后的未分配利润数，并与调整后的利润分配表相核对。

（5）确定未分配利润是否已在资产负债表上恰当披露。

（三）未分配利润审计案例

注册会计师甲在审查某股份有限公司 2022 年 12 月 31 日资产负债表时，已知该公司会计报表中的所有者事项审计前的结构为：股本 8 500 万元，资本公积 3 600 万元，盈余公积 135 万元，未分配利润 600 万元，所有者权益合计 12 835 万元。

在审计过程中，甲了解到该股份有限公司按 25% 计提缴纳所得税，按 10% 计提法定盈余公积，按 10% 计提任意盈余公积。同时，甲还发现下列涉及所有者权益事项的问题：第一，股本溢价 200 万元，计入了实收资本；第二，法定资产重估增值 350 万元，计入资本公积；第三，因虚计收入、少列费用等问题而使利润总额多计 75 万元。

要求：哪些事项对该公司所有者权益结构有影响？计算影响结果并调整所有者权益结构。

【案例解析】（1）上述事项中第二事项不影响所有者权益结构，第一、三事项影响所有者权益结构项目。

第一事项：股本溢价 200 万元应计入资本公积，不应计入实收资本。第三事项：利润虚增 75 万元，故净利润虚增 75×（1-25%）=56.25（万元）。根据该公司的利润分配政策，盈余公积多提 56.25×（10%+10%）=11.25（万元）；未分配利润虚增 56.25-11.25=45（万元）。

（2）调整后所有者权益结构为：股本 8 300（8 500-200）万元，资本公积 3 800（3 600+200）万元，盈余公积 123.75（135-11.25）万元，未分配利润 555（600-45）万元，所有者权益合计 12 778.75万元。

（四）未分配利润审计工作底稿编制实例

1. 未分配利润审计程序表（见表 9-52）

表 9-52　　　　　　　　　　　未分配利润审计程序表

被审计单位：梦舒公司　　　　编制：倪某　日期：2023 年 2 月 15 日　索引号：QY05-0
会计期间：2022 年 1 月 1 日—2022 年 12 月 31 日　复核：田某　日期：2023 年 2 月 25 日　页次：1

一、审计目标与认定对应关系表		财务报表认定				
审计目标		a	b	c	d	e
		存在	权利和义务	完整性	准确性、计价和分摊	分类、列报
A	资产负债表中记录的未分配利润是存在的	√				

审计目标		财务报表认定				
		a	b	c	d	e
		存在	权利和义务	完整性	准确性、计价和分摊	分类、列报
B	所有应当记录的未分配利润均已记录，未分配利润增减变动符合法律、法规和章程的规定			√		
C	未分配利润以恰当的金额包括在财务报表中，与之相关的计价或分摊调整已恰当记录				√	
D	未分配利润已按照企业会计准则的规定在财务报表中做出恰当分类和列报					√

二、审计目标与审计计划的衔接

项目	财务报表认定				
	存在	权利和义务	完整性	准确性、计价和分摊	分类、列报
评估的重大错报风险水平	普通	普通	普通	普通	普通
控制测试结果是否支持风险评估结论	是	是	是	是	是
需从实质性程序获取的保证程度	低	低	低	低	低

三、审计目标与审计程序对应关系表

审计目标	可供选择的审计程序	是否计划实施（√）	与认定的对应关系	索引号
C	1．获取或编制利润分配明细表，复核加计是否正确，与报表数、总账数及明细账合计数核对是否相符	√	d	
AC	2．将未分配利润年初数与上年审定数核对是否相符，检查涉及损益的上年审计调整是否正确入账	√	ad	
AB	3．获取与未分配利润有关的董事会会议纪要、股东（大）会决议、政府部门批文及有关合同、协议、公司章程等文件资料，并更新永久性档案	√	ac	
ABC	4．检查董事会会议纪要、股东（大）会决议、利润分配方案等资料，对照有关规定确认利润分配的合法性	√	acd	
ABC	5．检查未分配利润变动的相关凭证，结合所获取的文件资料，确定其会计处理是否正确	√	acd	详见未分配利润审计工作底稿
C	6．了解本年利润弥补以前年度亏损情况，确定本期末未弥补亏损金额。如果已超过弥补期限，且已因为抵扣亏损而确认递延所得税资产的，应进行调整	√	d	
ABC	7．检查本期未分配利润变动除净利润转入以外的全部相关凭证，结合所获取的文件资料，确定其会计处理是否正确	√	acd	
ABC	8．结合以前年度损益科目的审计，检查以前年度损益调整的内容是否真实、合理，注意对以前年度所得税的影响。对于重大调整事项，应逐项核实其发生原因、依据和有关资料，复核数据的正确性	√	acd	
	9．根据评估的舞弊风险等因素增加的审计程序			
D	10．检查未分配利润是否已按照准则的规定在报表中做出恰当列报和披露	√	e	

2. 未分配利润审定表（见表9-53）

表9-53　　　　　　　　　　　　未分配利润审定表

被审计单位：梦舒公司　　　　　　　　　　编制：倪某　日期：2023年2月15日　索引号：QY05-1
会计期间：2022年1月1日—2022年12月31日　　复核：田某　日期：2023年2月16日　页次：　1

项目	期末未审数	账项调整		重分类调整		期末审定数	期初审定数	索引号
		借方	贷方	借方	贷方			
报表数	32 698 376.47	0.00	0.00	0.00	0.00	32 698 376.47	24 420 884.85	
总账数	32 698 376.47	0.00	0.00	0.00	0.00	32 698 376.47	24 420 884.85	
明细账数	32 698 376.47	0.00	0.00	0.00	0.00	32 698 376.47	24 420 884.85	
其中：未分配利润	32 698 376.47	0.00	0.00	0.00	0.00	32 698 376.47	24 420 884.85	
审计说明	报表数与总账合计数核对一致，明细账与总账核对及查验见科目底稿							
审计结论	经审计，期末余额可予以确认							

3. 利润分配增减变动及余额明细表（见表9-54）

表9-54　　　　　　　　　　利润分配增减变动及余额明细表

被审计单位：梦舒公司　　　　　　　　　　编制：倪某　日期：2023年2月22日　索引号：QY05-2
会计期间：2022年1月1日—2022年12月31日　　复核：田某　日期：2023年2月25日　页次：　1

项目	未审数	账项调整		重分类调整		调整索引	审定数	备注
		借方	贷方	借方	贷方			
一、本年年初余额	24 420 884.85	0.00	0.00	0.00	0.00		24 420 884.85	
二、本年净利润	9 197 212.91	0.00	0.00	0.00	0.00		9 197 212.91	
三、利润分配	9 197 212.91	0.00	0.00	0.00	0.00		9 197 212.91	
其中：提取法定盈余公积	919 721.29	0.00	0.00	0.00	0.00		919 721.29	
提取任意盈余公积	0.00	0.00	0.00	0.00	0.00		0.00	
四、所有者权益内部结转	0.00	0.00	0.00	0.00	0.00		0.00	
其中：盈余公积弥补亏损	0.00	0.00	0.00	0.00	0.00		0.00	
五、年末未分配利润	32 698 376.47	0.00	0.00	0.00	0.00		32 698 376.47	
审计说明	1．总账与明细账核对一致；2．经复核，未发现异常业务							

🖎 本项目任务解析与知识拓展

拓展阅读

任务解析9-1　　　　　　任务解析9-2　　　　公允价值变动损益、营业外收入及营业外支出审计

技能训练

1. 某公司 2022 年 10 月购入 B 股份公司股票 1 000 000 股，公司将其确定为交易性金融资产，每股面值 10 元，每股购入价 12 元，实际支付金额 12 400 000 元，其中包括已宣告但尚未支付的股利 400 000 元，该公司做以下分录。

借：交易性金融资产　　　　　　　　　　　　12 400 000
　　贷：银行存款　　　　　　　　　　　　　　　　12 400 000

2022 年年底，B 公司每股面值 10 元的股票，市价下跌到每股 9 元，该公司在资产负债表中"交易性金融资产"项目列示为 12 000 000 元。

【训练要求】根据上述资料，指出存在的问题，做出账务调整。

2. 注册会计师甲在审查某股份有限公司 2022 年 12 月 31 日资产负债表时，已知该公司会计报表中的所有者事项审计前的结构如下。

股本　　　　　　　　　　　　　　　　　　　9 600 000
资本公积　　　　　　　　　　　　　　　　　5 200 000
盈余公积　　　　　　　　　　　　　　　　　　245 000
未分配利润　　　　　　　　　　　　　　　　　800 000
所有者权益合计　　　　　　　　　　　　　15 845 000

在审计过程中，甲了解到该股份公司按 25% 计提缴纳所得税，按 10% 计提法定盈余公积，按 10% 计提任意盈余公积。同时，甲还发现下列涉及所有者权益事项的问题：

（1）股本溢价 500 万元，计入实收资本。

（2）法定资产重估增值 480 万元，计入资本公积。

（3）因虚计收入、少列费用等问题而使利润总额多计 600 万元。

【训练要求】根据上述审计结果，请问哪些事项对该公司所有者权益结构有影响，并计算影响结果，调整该公司所有者权益结构。

3. 注册会计师在审查某企业财务费用明细账时，发现以下记录：①财务科人员的工资及奖金 88 000 元；②支付未完工程借款利息 60 000 元；③支付短期借款利息 8 000 元；④支付金融机构手续费 3 000 元。

【训练要求】指出存在的问题，并提出处理意见。

项目十 工薪与人事循环审计

学习目标

【知识目标】了解工薪与人事循环涉及的业务活动及其内部控制的主要内容，理解工薪与人事循环内部控制的风险及相关控制程序，理解工薪与人事循环实质性程序的工作内容。

【技能目标】掌握工薪与人事循环内部控制测试的步骤、方法及相关审计工作底稿的编制方法，掌握工薪与人事循环实质性程序的步骤、方法及相关审计工作底稿的编制方法。

【素养目标】熟悉工薪与人事循环相关的审计准则、会计准则等，增强法律意识，做到知法守法，培养独立、客观、公正的职业道德，培养认真仔细、一丝不苟、精益求精的职业精神。

关键词汇

应付职工薪酬（Payroll Payable） 应付工资（Wage Payable）

应付福利费（Welfare Payable） 社会保险费（Social Insurance Premium）

工会经费（Labor Union Funds） 职工教育经费（Staff Training Expense）

任务一 工薪与人事循环控制测试

任务导入 10-1

能够证实工薪以正确金额在恰当的会计期间及时记录于适当账户的控制测试有（ ）。

A. 询问和观察各项职责执行情况

B. 选取样本测试工薪费用的归集和分配

C. 测试是否按照规定的账务处理流程进行账务处理

D. 检查工薪分配表、工薪汇总表、工薪结算表，并核对员工工薪手册、员工手册

一、工薪与人事循环的内部控制

微课 10-1

（一）工薪与人事循环涉及的主要业务活动

1. 批准招聘

批准雇用的文件，应当由负责人力资源与工薪相关事宜的人员编制，最好由在正式雇用过程中负责制定批准雇用、支付率和工薪扣除等政策的人力资源部门履行该职责。人力资源部门同时还负责编制支付率变动及员工合同期满的通知。

主要业务活动

2. 记录工作时间或产量

员工工作的证据，以工时卡或考勤卡的形式产生，通过监督审核和批准程序予以控制。如果支付工薪的依据是产量而不是时间，也同样应经过审核，并且与产量记录或销售数据进行核对。

3. 计算工薪总额和扣除

在计算工薪总额和扣除时，需要将每名员工的交易数据，即工薪期间的工作时间或产量记录，与基准数据进行匹配。在确定相关控制活动已经执行后，应当由一名适当的人员批准工薪的支付。

同时由一名适当的人员审核工薪总额和扣除的合理性，并批准该金额。

4. 支付工薪净额

利用电子货币转账系统，将工薪支付给员工，有时也会使用现金支出方式。批准工薪支票，通常是工薪计算中不可分割的一部分，包括比较支票总额和工薪总额。有关使用支票支付工薪的职能划分，应该与使用现金支出的职责划分相同。

（二）工薪与人事循环内部控制的内容

工薪与人事循环内部控制的内容主要包括以下几个方面。

1. 适当的职责分离

为了防止向员工过量支付工薪，或向不存在的员工虚假支付工薪，职责分离非常重要。人力资源部门应独立于工薪职能，负责确定员工的雇用、解雇及其支付率和扣减额的变化。

2. 适当的授权

人力资源部门应当对员工的雇用与解雇负责。每一个员工的工作时间，特别是加班时间，都应经过主管人员的授权。所有工时卡都应表明核准情况，例外的加班时间也应当经过核准。

3. 适当的凭证和记录

适当的凭证和记录依赖于工薪系统的特性。例如，工时卡或工时记录只针对计时工薪，有些员工的工薪以计件工薪为基础。

4. 资产和记录的实物控制

应当限制接触未签字的工薪支票。支票应由有关专职人员签字，工薪应当由独立于工薪和考勤职能之外的人员发放。

（三）工薪与人事循环的重大错报风险

1. 工薪交易和余额的重大错报风险

工薪交易和余额的重大错报风险主要包括：①在工薪单上虚构员工；②由一位可以更改员工数据主文档的员工在没有授权的情况下更改总工薪的付费标准；③为员工并未工作的工时支付工薪；④在工薪处理过程中出错；⑤工薪扣款可能是不正确的，或未经员工个人授权，导致应付工薪扣款的返还和支付不正确；⑥电子货币转账系统的银行账户不正确；⑦将工薪支付给错误的员工；⑧工薪长期未支付造成挪用现象；⑨支付应付工薪扣款的金额不正确。

2. 支付股票或股票期权可能产生的重大错报风险

支付股票或股票期权可能产生的重大错报风险主要包括：由工薪委员会（薪酬委员会）或未获得股东批准的董事会发起未经授权的股份基础支付交易；以股份为基础支付的交易价值不正确；已取消的股份基础支付以不正确的价值处理。支付股票或股票期权产生重大错报风险还可能是为进行股份基础支付交易确定了不正确的公允价值，例如：管理层不正确的假设或决定权益价值的经营环境变动；在估价模型中使用了不一致或不可靠的数据；发起交易人员和进行估价人员之间不充分的职责分离。

二、工薪与人事循环控制测试审计工作底稿编制实例

1. 工薪与人事循环控制测试导引表（见表 10-1）

表 10-1　　　　　　　　　　工薪与人事循环控制测试导引表

| 被审计单位： | 梦舒公司 | | 编制： | 郁某 | 日期： | 2023 年 2 月 2 日 | 索引号： | GXC-0 |
| 会计期间： | 2022 年 1 月 1 日—2022 年 12 月 31 日 | | 复核： | 田某 | 日期： | 2023 年 2 月 4 日 | 页次： | 1 |

测试本循环控制运行有效性的工作包括：
1．针对了解的被审计单位工薪与人事循环的控制活动，确定拟进行测试的控制活动
2．测试控制活动运行的有效性，记录测试程序、过程和结论
3．根据测试结论，确定对实质性程序的性质、时间和范围的影响

续表

测试本循环控制运行有效性，形成下列审计工作底稿：

1. GXC-1：控制测试汇总表

2. GXC-2：控制测试程序和过程记录（GXKZ-1、2、3、4、5）

2. 工薪与人事循环控制测试汇总表（见表10-2）

表 10-2　　　　　　　　　　工薪与人事循环控制测试汇总表

被审计单位：梦舒公司		编制：郁某　日期：2023年2月2日　索引号：GXC-1					
会计期间：2022年1月1日—2022年12月31日		复核：田某　日期：2023年2月4日　页次：1					

1. 了解内部控制的初步结论

（1）控制设计合理，并得到执行　　　　　　（ √ ）

（2）控制设计合理，未得到执行　　　　　　（　　）

（3）控制设计无效或缺乏必要的控制　　　　（　　）

2. 控制测试结论

控制编号	控制名称	与控制相关的风险（高/中/低）	控制测试程序	执行控制频率	测试样本量	是否拟信赖该控制（是/否）
GXKZ-1	新员工录用应经过适当审批	中	检查员工名册，复核员工名册新增项目是否真实有效	不定期	3	是
GXKZ-2	员工离职应经过适当审批	中	检查员工名册，复核离职员工是否已从员工名册中删除，员工名册删除项目是否真实有效	不定期	3	是
GXKZ-3	正确统计员工工作工时	中	检查系统考勤表或工时记录单，复核计算工资的工作时间数据是否为实际工时；检查员工工作时间是否已完整记录	不定期	3	是
GXKZ-4	系统自动计算生成员工工资	中	检查员工工资单是否由系统自动生成，是否准确计算和记录工资费用	不定期	3	是
GXKZ-5	工资支付经适当审批并发放正确	中	检查工资发放是否经过适当审批并正确发放	不定期	3	是

3. 工薪与人事循环控制测试程序和过程记录（见表10-3）

表 10-3　　　　　　　工薪与人事循环控制测试程序和过程记录

被审计单位：梦舒公司		编制：郁某　日期：2023年2月2日　索引号：GXC-2	
会计期间：2022年1月1日—2022年12月31日		复核：田某　日期：2023年2月4日　页次：1	

1. 控制编号：GXKZ-1、GXKZ-2、GXKZ-3、GXKZ-4、GXKZ-5

2. 控制的性质

控制编号	自动控制	依赖信息系统的人工控制	人工控制
GXKZ-1、GXKZ-2、GXKZ-5		√	
GXKZ-3、GXKZ-4	√		

3. 控制测试的时间安排： 上述控制属于依赖信息系统的人工控制，计划在审计现场抽取样本进行测试

4. 控制测试的类型

询问	观察	检查	重新执行
		√	

5. 拟实施的测试程序

（1）检查员工名册，复核员工名册新增项目是否真实有效；（2）检查员工名册，复核离职员工是否已从员工名册中删除，员工名册删除项目是否真实有效；（3）检查系统考勤表或工时记录单是否完整记录员工工作时间，复核计算工资的工作时间数据是否为实际工时；（4）检查员工工资单是否由系统自动生成，是否准确计算和记录工资费用；（5）检查工资发放是否经过适当审批并正确发放

6. 对总体进行定义： 2022年记录的所有工薪业务

续表

7．总体的来源：2022 年应付职工薪酬明细账

8．控制执行的频率

控制编号	频率
GXKZ-1、GXKZ-2、GXKZ-3、GXKZ-4、GXKZ-5	不定期

9．与控制相关的风险：中

10．总体中项目的总数：12

11．对偏差进行定义

控制编号	偏差的定义
GXKZ-1	员工名册未真实有效记录新增员工
GXKZ-2	离职员工未从员工名册中及时删除
GXKZ-3	计算工资的工作时间数据并非实际工时
GXKZ-4	工资单非系统自动生成
GXKZ-5	工资发放未经适当审批

12．确定所测试项目的数量并选取项目：测试项目的数量 3，选取数量 3

13．测试过程记录

序号	凭证号	劳动合同编号	工资计提单编号	工资发放单编号	CZKZ				
					1	2	3	4	5
1	3-记 98	LDHT-201603081	GZJT-2022-03	GZFF-2022-03	√	√	√	√	√
2	6-记 88	LDHT-201909022	GZJT-2022-06	GZFF-2022-06	√	√	√	√	√
3	12-记 96	LDHT-202112001	GZJT-2022-12	GZFF-2022-12	√	√	√	√	√

14．识别出的偏差：未发现偏差

15．考虑扩大测试范围（如适用）：不适用

16．控制缺陷（如适用，偏差是否被视为控制缺陷）：无

17．对获取的有关控制在期中运行有效性的审计证据的考虑：不适用

18．剩余期间的测试过程记录

序号	识别特征	测试程序 1	测试程序 2	注释
不适用				

结论：控制运行有效

任务二　工薪与人事循环实质性程序

📖**任务导入 10-2**

为了实现"记录的工薪为实际发生的而非虚构的"审计目标，最佳的审计程序是（　　）。

A．将有关费用明细账与工薪费用分配表、工薪汇总表、工薪结算表相核对

B．检查工薪的计提是否正确，分配方法是否与上期一致

C．询问和观察各项职责执行情况

D．检查工薪分配表、工薪汇总表、工薪结算表，并核对员工工薪手册、员工手册等

一、应付职工薪酬的审计目标

（1）确定资产负债表中记录的应付职工薪酬是否存在。

（2）确定记录的应付职工薪酬是否为被审计单位应当履行的偿还义务。

（3）确定所有应当记录的应付职工薪酬是否均已记录。

（4）确定应付职工薪酬是否以恰当的金额包括在财务报表中，与之相关的计价或分摊调整是否已恰当记录。

（5）确定应付职工薪酬是否已按照企业会计准则的规定在报表中做出恰当分类和列报。

微课 10-3

应付职工薪酬的审计
目标及审计程序

二、应付职工薪酬审计的主要实质性程序

（1）获取或编制应付职工薪酬明细表，复核加计是否正确，并与报表数、总账数和明细账合计数核对是否相符。

（2）对本期职工薪酬执行实质性分析程序：① 检查各月职工薪酬的发生额是否存在异常波动，若有，应查明波动原因并做出记录；② 将本期职工薪酬总额与上期进行比较，要求被审计单位解释大幅增减变动的原因，并取得被审计单位管理层关于职工薪酬标准的决议；③ 了解被审计单位本期平均职工人数，计算人均薪酬水平，与上期或同行业水平进行比较。

（3）检查本项目的核算内容是否包括工资、职工福利、社会保险费、住房公积金、工会经费、职工教育经费、解除职工劳动关系补偿、股份支付等明细项目。

微课 10-4

核对总账和明细表

（4）检查职工薪酬的计提是否正确，分配方法是否合理，与上期是否一致，分配记入各项目的金额占本期全部职工薪酬的比例与上期比较是否有重大差异。

（5）检查应付职工薪酬的计量和确认。① 国家有规定计提基础和计提比例的，应当按照国家规定的标准计提，如医疗保险费、养老保险费、失业保险费、工伤保险费、住房公积金、工会经费以及职工教育经费等；国家没有规定计提基础和计提比例的，如职工福利费等，应据实列支。② 被审计单位以其自产产品或外购商品作为非货币性福利发放给职工的，应根据受益对象，将该产品或商品的公允价值，计入相关的资产成本或当期损益，同时确认应付职工薪酬。③ 被审计单位将其拥有的房屋等资产无偿提供给职工使用的，应当根据受益对象，将该住房每期应计提的折旧计入相关资产成本或当期损益，同时确认应付职工薪酬。④ 被审计单位租赁住房等资产供职工无偿使用的，应当根据受益对象，将每期应付的租金计入相关资产成本或当期损益，同时确认应付职工薪酬。

（6）检查应付职工薪酬期末余额中是否存在拖欠性质的职工薪酬，了解拖欠的原因。

（7）确定应付职工薪酬的披露是否恰当。

三、应付职工薪酬审计案例

注册会计师在查阅 A 公司"应付福利费"账户时发现以下事项。该公司下设一个职工食堂，根据在岗职工人数及岗位分布情况、相关历史经验数据等计算需要每月每人补贴食堂 130 元。2022 年全年共补贴 156 000 元。公司共有职工 100 人，其中管理部门人员 20 人，生产车间人员 80 人。该公司的会计处理如下。

借：营业外支出　　　　　　　　　　　　　　　156 000
　　贷：库存现金　　　　　　　　　　　　　　　　　156 000

要求：指出存在的问题，并提出处理意见。

【案例解析】（1）支付给职工的伙食补贴，应通过"应付职工薪酬"科目核算。正确的做法如下。计量应付职工伙食补贴时的会计处理如下。

借：生产成本　　　　　　　　　　　　　　　124 800
　　管理费用　　　　　　　　　　　　　　　　31 200
　　贷：应付职工薪酬——职工福利　　　　　　　　156 000

向食堂支付职工伙食补贴时的会计处理如下。

借：应付职工薪酬——职工福利　　　　　　　156 000
　　贷：库存现金　　　　　　　　　　　　　　　　156 000

（2）建议调整分录如下。

补提应付职工伙食补贴时的会计处理如下。

借：生产成本　　　　　　　　　　　124 800
　　管理费用　　　　　　　　　　　 31 200
　　贷：应付职工薪酬——职工福利　　　　　156 000

支付职工伙食补贴时的会计处理如下。

借：应付职工薪酬——职工福利　　　156 000
　　贷：营业外支出　　　　　　　　　　　156 000

四、应付职工薪酬审计工作底稿编制实例

1. 应付职工薪酬审计程序表（见表 10-4）

表 10-4　　　　　　　　　　应付职工薪酬审计程序表

被审计单位：梦舒公司　　　　　　　　编制：　郁某　　日期：2023 年 2 月 15 日　　索引号：FZ04-0

会计期间：2022 年 1 月 1 日—2022 年 12 月 31 日　　复核：　田某　　日期：2023 年 2 月 25 日　　页次：　1

一、审计目标与认定对应关系表

	审计目标	财务报表认定				
		a	b	c	d	e
		存在	权利和义务	完整性	准确性、计价和分摊	分类、列报
A	资产负债表中记录的应付职工薪酬是存在的	√				
B	记录的应付职工薪酬是被审计单位应当履行的偿还义务		√			
C	所有应当记录的应付职工薪酬均已记录			√		
D	应付职工薪酬以恰当的金额包括在财务报表中，与之相关的计价或分摊调整已恰当记录				√	
E	应付职工薪酬已按照企业会计准则的规定在财务报表中做出恰当分类和列报					√

二、审计目标与审计计划的衔接

项目	财务报表认定				
	存在	权利和义务	完整性	准确性、计价和分摊	分类、列报
评估的重大错报风险水平（注："显著"或"普通"，结果取自该项目所属业务循环审计工作底稿）	普通	普通	普通	普通	普通
控制测试结果是否支持风险评估结论	是	是	是	是	是
需从实质性程序获取的保证程度	低	低	低	低	低

三、审计目标与审计程序对应关系表

审计目标	可供选择的审计程序	是否计划实施（√）	与认定的对应关系	索引号
D	1. 获取或编制应付职工薪酬明细表，复核加计是否正确，并与报表数、总账数和明细账合计数核对是否相符	√	d	详见应付职工薪酬审计工作底稿
ACD	2. 实质性分析程序。（1）针对已识别需要运用分析程序的有关项目，并基于对被审计单位及其环境的了解，通过进行以下比较，同时考虑有关数据间关系的影响，以建立有关数据的期望值。①比较被审计单位员工人数的变	√	acd	

审计目标	可供选择的审计程序	是否计划实施（√）	与认定的对应关系	索引号
ACD	动情况，检查被审计单位各部门各月工资费用的发生额是否有异常波动，若有，则查明波动原因是否合理。②比较本期与上期工资费用总额，要求被审计单位解释其增减变动原因，或取得公司管理当局关于员工工资标准的决议。③结合员工社保缴纳情况，明确被审计单位员工范围，检查是否与关联公司员工工资混淆列支。④核对下列相互独立部门的相关数据：工资部门记录的工资支出与出纳记录的工资支付数；人力资源部门记录的工时与生产部门记录的工时。⑤比较本期应付职工薪酬余额与上期应付职工薪酬余额，是否有异常变动。（2）确定可接受的差异额。（3）将实际的情况与期望值相比较，识别需要进一步调查的差异。（4）如果其差额超过可接受的差异额，调查并获取充分的解释和恰当的佐证审计证据（如通过检查相关的凭证）。（5）评估分析程序的测试结果	√	acd	详见应付职工薪酬审计工作底稿
ABCD	3．检查工资、奖金、津贴和补贴。（1）计提是否正确，依据是否充分，将执行的工资标准与有关规定核对，并对工资总额进行测试；被审计单位如果实行工效挂钩制，应取得有关主管部门确认的效益工资发放额认定证明，结合有关合同文件和实际完成的指标，检查其计提额是否正确，是否应做纳税调整。（2）检查分配方法与上年是否一致，除因解除与职工的劳动关系给予的补偿直接计入管理费用外，被审计单位是否根据职工提供服务的受益对象，分别进行处理：①应由生产产品、提供劳务负担的职工薪酬，计入产品成本或劳务成本；②应由在建工程、无形资产负担的职工薪酬，计入建造固定资产或无形资产；③其他职工薪酬，计入当期损益。（3）检查发放金额是否正确，代扣的款项及其金额是否正确。（4）检查是否存在属于拖欠性质的职工薪酬，并了解拖欠的原因	√	abcd	
ABCD	4．检查社会保险费、住房公积金、工会经费和职工教育经费等计提（分配）和支付（或使用）的会计处理是否正确，依据是否充分	√	abcd	
ABCD	5．检查辞退福利下列项目：①对于职工没有选择权的辞退计划，检查按辞退职工数量、辞退补偿标准计提辞退福利负债金额是否正确；②对于自愿接受裁减的建议，检查按接受裁减建议的损计职工数量、辞退补偿标准等计提辞退福利负债金额是否正确；③检查实质性辞退工作在一年内完成，但付款时间超过一年的辞退福利，是否按折现后的金额计量，折现率的选择是否合理；④检查计提辞退福利负债的会计处理是否正确，是否将计提金额计入当期管理费用；⑤检查辞退福利支付凭证是否真实正确		abcd	
ABCD	6．检查非货币性福利：检查以自产产品、或外购的商品发给职工的非货币性福利，检查是否根据受益对象，按照该产品的公允价值，计入相关资产成本或当期损益，同时确认应付职工薪酬；对于难以认定受益对象的非货币性福利，是否直接计入当期损益和应付职工薪酬	√	abcd	
ABCD	7．检查以现金与职工结算的股份支付金额是否正确		abcd	
C	8．检查应付职工薪酬的期后付款情况，并关注在资产负债表日至财务报表批准报出日之间，是否有确凿证据表明需要调整资产负债表日原确认的应付职工薪酬事项	√	c	
	9．根据评估的舞弊风险等因素增加的其他审计程序			
E	10．检查应付职工薪酬是否已按照准则规定在报表中做出恰当的列报和披露	√	e	

2. 应付职工薪酬审定表（见表 10-5）

表 10-5 应付职工薪酬审定表

被审计单位： 梦舒公司 　　　编制： 郁某 　日期： 2023 年 2 月 15 日 　索引号： FZ04-1

会计期间： 2022 年 1 月 1 日—2022 年 12 月 31 日 　　复核： 田某 　日期： 2023 年 2 月 25 日 　页次： 1

项目	期末未审数	账项调整		重分类调整		期末审定数	期初审定数	索引号
		借方	贷方	借方	贷方			
报表数	1 927 367.00	0.00	0.00	0.00	0.00	1 927 367.00	1 840 157.78	
总账数	1 927 367.00	0.00	0.00	0.00	0.00	1 927 367.00	1 840 157.78	
明细账数	1 927 367.00	0.00	0.00	0.00	0.00	1 927 367.00	1 840 157.78	
其中：短期薪酬	1 927 367.00	0.00	0.00	0.00	0.00	1 927 367.00	1 840 157.78	
设定提存计划	0.00	0.00	0.00	0.00	0.00	0.00	0.00	
设定受益计划	0.00	0.00	0.00	0.00	0.00	0.00	0.00	
辞退福利	0.00	0.00	0.00	0.00	0.00	0.00	0.00	
以现金结算的股份支付	0.00	0.00	0.00	0.00	0.00	0.00	0.00	
其他长期福利	0.00	0.00	0.00	0.00	0.00	0.00	0.00	
审计说明	1．报表数与总账合计数核对一致							
	2．明细账与总账核对及查验见科目底稿							
审计结论	经审计，期末余额可予以确认							

微课 10-5
审定表
填写示例

3. 应付职工薪酬凭证检查表（见表 10-6）

表 10-6 应付职工薪酬凭证检查表

被审计单位： 梦舒公司 　　　审核： 郁某 　日期： 2023 年 2 月 15 日 　索引号： FZ04-2

会计期间： 2022 年 1 月 1 日—2022 年 12 月 31 日 　　复核： 田某 　日期： 2023 年 2 月 25 日 　页次： 1

序号	记账日期	凭证号	业务摘要	对方科目		金额	核对内容（用"√""×"表示）			
				方向	一级科目		1	2	3	4
1	2022 年 1 月 10 日	记-21	发放上月工资	贷方	银行存款	1 804 076.25	√	√	√	√
2	2022 年 6 月 15 日	记-19	缴本月养老失业保险	贷方	银行存款	163 226.25	√	√	√	√
3	2022 年 12 月 15 日	记-28	缴本月社保	贷方	银行存款	108 817.50	√	√	√	√
4	2022 年 12 月 31 日	记-79	计提职工薪酬	借方	管理费用	1 889 575.49	√	√	√	√
核对内容说明：1．原始凭证内容完整；2．授权批准完整；3．账务处理正确；4．金额核对相符										
审计说明	采用随机抽样方法，经查验未发现异常业务									

4. 应付职工薪酬明细表（见表 10-7）

表 10-7 应付职工薪酬明细表

被审计单位： 梦舒公司 　　　编制： 郁某 　日期： 2023 年 2 月 15 日 　索引号： FZ04-3

会计期间： 2022 年 1 月 1 日—2022 年 12 月 31 日 　　复核： 田某 　日期： 2023 年 2 月 25 日 　页次： 1

项目	未审数				账项调整		重分类调整		调整索引	期末审定数
	期初数	本期增加	本期减少	期末数	借方	贷方	借方	贷方		
一、短期薪酬	1 840 157.78	28 613 772.84	28 526 563.62	1 927 367.00	0.00	0.00	0.00	0.00		1 927 367.00
（1）工资、奖金、津贴和补贴	1 804 076.25	21 215 936.76	21 130 437.52	1 889 575.49	0.00	0.00	0.00	0.00		1 889 575.49
（2）职工福利费	0.00	1 909 434.31	1 909 434.31	0.00	0.00	0.00	0.00	0.00		0.00
（3）社会保险费	0.00	1 305 810.00	1 305 810.00	0.00	0.00	0.00	0.00	0.00		0.00
其中：医疗保险费	0.00	1 246 455.00	1 246 455.00	0.00	0.00	0.00	0.00	0.00		0.00
工伤保险费	0.00	59 355.00	59 355.00	0.00	0.00	0.00	0.00	0.00		0.00
（4）住房公积金	0.00	1 424 520.00	1 424 520.00	0.00	0.00	0.00	0.00	0.00		0.00
（5）工会经费	36 081.53	424 318.73	422 608.75	37 791.51	0.00	0.00	0.00	0.00		37 791.51
（6）职工教育经费	0.00	2 333 753.04	2 333 753.04	0.00	0.00	0.00	0.00	0.00		0.00

续表

项目	未审数				账项调整		重分类调整		调整索引	期末审定数
	期初数	本期增加	本期减少	期末数	借方	贷方	借方	贷方		
二、设定提存计划	0.00	1 958 715.00	1 958 715.00	0.00	0.00	0.00	0.00	0.00		0.00
（1）基本养老保险费	0.00	1 899 360.00	1 899 360.00	0.00	0.00	0.00	0.00	0.00		0.00
（2）失业保险	0.00	59 355.00	59 355.00	0.00	0.00	0.00	0.00	0.00		0.00
三、设定受益计划	0.00	0.00	0.00	0.00	0.00	0.00	0.00	0.00		0.00
四、辞退福利	0.00	0.00	0.00	0.00	0.00	0.00	0.00	0.00		0.00
五、以现金结算的股份支付	0.00	0.00	0.00	0.00	0.00	0.00	0.00	0.00		0.00
六、其他长期福利	0.00	0.00	0.00	0.00	0.00	0.00	0.00	0.00		0.00
合计	1 840 157.78	30 572 487.84	30 485 278.62	1 927 367.00	0.00	0.00	0.00	0.00		1 927 367.00
审计说明	总账与明细账核对一致									

5. 应付职工薪酬计提情况检查表（见表 10-8）

表 10-8　　　　　　　　　　应付职工薪酬计提情况检查表

被审计单位：　梦舒公司　　　　　　　　　　编制：　郁某　　日期：　2023 年 2 月 15 日　　索引号：FZ04-4

会计期间：　2022 年 1 月 1 日—2022 年 12 月 31 日　　复核：　田某　　日期：　2022 年 2 月 23 日　　页次：　1

项目	计提基数		计提比例（%）	应计金额（1）	实计金额（2）	差异（1）-（2）
	名称	计缴基数				
一、短期薪酬	—	—	—	**28 613 772.85**	**28 613 772.84**	0.01
（1）工资、奖金、津贴和补贴	实际计提	21 215 936.76	100.00%	21 215 936.76	21 215 936.76	0.00
（2）职工福利费	实际计提	1 909 434.31	100.00%	1 909 434.31	1 909 434.31	0.00
（3）社会保险费	—	—	—	1 305 810.00	1 305 810.00	0.00
其中：医疗保险费	上年全市月人均工资	11 871 000.00	10.50%	1 246 455.00	1 246 455.00	0.00
工伤保险费（7—12）	上年全市月人均工资	11 871 000.00	0.50%	59 355.00	59 355.00	0.00
（4）住房公积金	上年全市月人均工资	11 871 000.00	12.00%	1 424 520.00	1 424 520.00	0.00
（5）工会经费	工资总额	21 215 936.76	2.00%	424 318.74	424 318.74	0.00
（6）职工教育经费	实际计提	2 333 753.04	100.00%	2 333 753.04	2 333 753.04	0.00
二、设定提存计划	—	—	—	**1 958 715.00**	**1 958 715.00**	0.00
（1）基本养老保险费	上年全市月人均工资	11 871 000.00	16.00%	1 899 360.00	1 899 360.00	0.00
（2）失业保险	上年全市月人均工资	11 871 000.00	0.50%	59 355.00	59 355.00	0.00
三、设定受益计划		0.00	0.00%	0.00	0.00	0.00
四、辞退福利		0.00	0.00%	0.00	0.00	0.00
五、以现金结算的股份支付		0.00	0.00%	0.00	0.00	0.00
六、其他长期福利		0.00	0.00%	0.00	0.00	0.00
合计	—	—	—	30 572 487.85	30 572 487.84	0.01
审计说明	0.01 为计算尾差，不做审计调整；经查验，未见异常情形					

6. 应付职工薪酬余额及期后事项审验表（见表 10-9）

表 10-9　　　　　　　　　　应付职工薪酬余额及期后事项审验表

被审计单位：　梦舒公司　　　　　　　　　　编制：　郁某　　日期：　2023 年 2 月 15 日　　索引号：FZ04-5

会计期间：　2022 年 1 月 1 日—2022 年 12 月 31 日　　复核：　田某　　日期：　2023 年 2 月 25 日　　页次：　1

项目	期末结余金额	结余原因	结余性质	期后支付金额	差异
工资薪金	1 889 575.49	计提 12 月工资及年终奖	暂欠款	1 889 575.49	0.00
工会经费	37 791.51	计提 12 月工会经费	暂欠款	37 791.51	0.00
合计	1 927 367.00	—	—	1 927 367.00	0.00
审计说明	经审验，未见异常				

本项目任务解析与知识拓展

拓展阅读

任务解析 10-1

任务解析 10-2

《中国注册会计师协会会员执业违规行为惩戒办法》

技能训练

1. 注册会计师在审查某企业 2022 年 8 月工资费用分配时，发现下列情况。

（1）固定资产清理工人工资 50 000 元计入生产成本。

（2）车间管理人员工资 20 000 元计入管理费用。

（3）厂房建筑人员工资 12 000 元计入生产成本。

（4）销售人员工资 3 080 元计入管理费用。

【训练要求】根据上述情况，指出存在的问题，并提出相应的调整建议。

2. 神天公司是一家高新技术企业，2022 年 12 月发生有关业务如下。

（1）该公司共有职工 400 名，其中 300 名为直接参加生产的职工，60 名为车间管理人员，40 名为企业管理人员。该公司决定将其生产的每台成本为 18 000 元的笔记本电脑发放给职工作为福利，此笔记本电脑市场售价为每台 20 000 元，公司适用的增值税税率为 13%。

（2）该公司为总部各部门经理级别以上职工提供免费使用汽车，同时为副总裁以上高级管理人员每人租赁一套住房。假定公司总部共有部门经理级别以上职工 10 名，为每人提供一辆汽车免费使用，每辆汽车每月计提折旧 1 500 元；该公司共有副总裁以上高级管理人员 3 名，公司为其每人租赁一套面积为 200 平方米带有家具和电器的公寓，月租金为每套 15 000 元。

（3）该公司向职工发放笔记本电脑作为福利，同时根据相关税收规定，视同销售计算增值税销项税额。

（4）该公司支付副总裁以上高级管理人员住房租金。

（5）该公司管理层于 2022 年 6 月 1 日决定缩减管理人员，提出了没有选择权的辞退计划，拟辞退 5 人，并于 2022 年 12 月 1 日起执行，被辞退人员已经接到公司通知。经公司董事会批准，被辞退人员每人补偿 12 万元。

该公司认为上述业务不属于应付职工薪酬的核算范围，因此没有进行应付职工薪酬的会计处理。

【训练要求】指出神天公司的会计处理是否恰当并说明原因，如果不恰当，请给出调整分录。

项目十一　货币资金审计

学习目标

【知识目标】了解企业货币资金内部控制规范的主要内容，了解库存现金、银行存款及其他货币资金审计的目标，理解库存现金、银行存款及其他货币资金审计的程序及工作内容。

【技能目标】掌握库存现金审计、银行存款审计、其他货币资金审计的步骤、方法及相关审计工作底稿的编制方法。

【素养目标】熟悉货币资金循环相关的审计准则、会计准则等，增强法律意识，做到知法守法，培养独立、客观、公正的职业道德，培养认真仔细、一丝不苟、精益求精的职业精神。

关键词汇

货币资金（Monetary Fund）　　　库存现金（Cash on Hand）

现金盘点（Cash Check）　　　　　银行存款（Bank Deposit）

银行汇票（Bank Bill）　　　　　　信用卡（Credit Card）

任务一　库存现金审计

> **任务导入 11-1**
>
> 针对货币资金付款的控制活动，下列说法不正确的是（　　　）。
>
> A. 出纳员根据业务部门负责人审批无误并签字确认的支付申请，按规定办理货币资金支付手续
>
> B. 出纳员根据财务部门负责人复核无误并签字确认的支付申请，按规定办理货币资金支付手续
>
> C. 重要货币资金支付业务应当实行集体决策和审批，并建立责任追究制度
>
> D. 对不符合规定的货币资金支付申请，审批人应当拒绝批准

一、库存现金审计目标

库存现金的审计目标一般包括以下几个。

（1）确定资产负债表中记录的库存现金是否存在。

（2）确定记录的库存现金是否由被审计单位拥有或控制。

（3）确定所有应当记录的库存现金是否均已记录。

（4）确定库存现金是否以恰当的金额包括在财务报表中，与之相关的计价或分摊调整是否已恰当记录。

（5）库存现金是否已按照企业会计准则的规定在报表中做出恰当分类和列报。

微课 11-1

[二维码]

库存现金的审计目标

二、库存现金审计的主要实质性程序

1. 核对库存现金日记账与总账

注册会计师应获取或编制库存现金余额明细账，核对库存现金日记账与总账的余额是否相符，

如果不相符，应查明原因，并做出记录或适当调整。

2. 盘点库存现金

盘点库存现金时间和人员应视被审计单位的具体情况而定，但必须有被审计单位出纳员和会计主管人员参加，并有注册会计师参加盘点。盘点库存现金的步骤和方法有以下几个。

（1）制定库存现金盘点计划，实施突击性检查，最好选择在上午上班前或下午下班时进行，盘点的范围一般包括财会部门出纳员经管的现金和企业其他各部门经管的现金。如企业现金存放部门有两个或两个以上的，应同时进行盘点。

（2）审阅现金日记账，并与现金收付凭证相核对。一方面，检查日记账的记录与凭证的内容和金额是否相符；另一方面，了解凭证日期和日记账记账日期是否相符或接近。

（3）由出纳员根据现金日记账加计数额，结出现金结余额。

（4）盘点保险柜的现金实存数，同时编制库存现金盘点表，分币种、面值列示盘点金额。

（5）对于未能在资产负债表日进行盘点的，则需在审计日期确定盘点余额，然后采用调节法，倒推计算、调整至资产负债表日的金额。

（6）将盘点金额与现金日记账余额进行核对，如有差异，应查明原因，并做出记录或适当调整。

（7）若有充抵库存现金的借条、代保管的工资、未提现支票、未做报销的原始凭证，应在库存现金盘点表中注明或做出必要的调整。

例如，注册会计师 2023 年 2 月 5 日对 N 公司全部现金进行监盘后，确认实有现金数额为 1 000 元。N 公司 2 月 4 日账面库存现金余额为 2 000 元，2 月 5 日发生的现金收支全部未登记入账，其中收入金额为 3 000 元、支出金额为 4 000 元。2023 年 1 月 1 日至 2 月 4 日现金收入总额为 165 200 元、现金支出总额为 165 500 元，则推断 2022 年 12 月 31 日库存现金余额应为 1 000+（165 500+4 000）−（165 200+3 000）=2 300（元）。

3. 抽查大额库存现金收支

注册会计师应抽查大额库存现金收支的原始凭证，审查其内容是否完整，有无授权批准，并核对相关账户的进账情况，如有与被审计单位生产经营业务无关的收支事项，应查明原因，并做相应的记录。

4. 实施库存现金收支截止测试

被审计单位资产负债表上的库存现金数额，应以结账日实有数额为准。因此，注册会计师必须验证库存现金收支的截止日期。在实施截止测试时，注册会计师通常可以对资产负债表日前后一段时期内的库存现金收支凭证进行审计，以确定是否存在跨期事项。

5. 检查库存现金在财务报表中的列报

注册会计师应确定库存现金的期末余额是否正确，是否在财务报表中恰当披露。

三、库存现金审计案例

2022 年 1 月 10 日上午 8 时，注册会计师对某公司的库存现金进行突击盘点，盘点情况如下。
① 现钞：100 元币 10 张，50 元币 13 张，20 元币 1 张，10 元币 16 张，5 元币 20 张，1 元币 67 张，硬币 5 角 8 分。现钞总计 1 997.58 元。② 已收款但尚未入账的收款凭证 3 张，总计 130 元。③ 已付款但尚未入账的付款凭证 5 张，总计 520 元。其中有马某借条，日期为 2020 年 7 月 15 日，余额 200 元，未经批准和说明用途。④ 盘点日库存现金账面余额为 1 890.20 元，2022 年 1 月 1 日至 2022 年 1 月 9 日收入现金 4 560.16 元，支出现金 4 120 元，2022 年 12 月 31 日库存现金账面余额为 1 060.04 元。

要求：根据资料计算出长短款数，并推算 2022 年 12 月 31 日库存现金实存额，并指出该公司存在的问题，提出处理意见。

【案例解析】（1）盘点账面应存数为 1 500.20（1 890.20+130-520）元，盘点时实存数为 1 997.58 元，长款数为 497.38（1 997.58-1 500.20）元。

2022 年 12 月 31 日库存现金应为 1 557.42（1 997.58+4 120-4 560.12）元，实际账面金额为 1 060.04 元，差异为 497.38 元。

（2）存在的问题有：白条抵库；收付款未及时入账；现金盘盈。建议对白条抵库应及时收回；对收付款应及时入账；对盘盈现金应查明原因，经批准后及时做出调账处理。

四、库存现金审计工作底稿编制实例

1. 库存现金审计程序表（见表 11-1）

表 11-1　　　　　　　　　　　　　库存现金审计程序表

被审计单位：梦舒公司　　　　　　　编制：张某　　日期：2023 年 2 月 15 日　　索引号：ZC01-1-0
会计期间：2022 年 1 月 1 日—2022 年 12 月 31 日　复核：田某　　日期：2023 年 2 月 25 日　　页次：

一、审计目标与认定对应关系表

审计目标		财务报表认定				
		a	b	c	d	e
		存在	权利和义务	完整性	准确性、计价和分摊	分类、列报
A	资产负债表中记录的库存现金是存在的	√				
B	记录的库存现金由被审计单位拥有或控制		√			
C	所有应当记录的库存现金均已记录			√		
D	库存现金以恰当的金额包括在财务报表中，与之相关的计价或分摊调整已恰当记录				√	
E	库存现金已按照企业会计准则的规定在财务报表中做出恰当分类和列报					√

二、审计目标与审计计划的衔接

项目	财务报表认定				
	存在	权利和义务	完整性	准确性、计价和分摊	分类、列报
评估的重大错报风险水平	普通	普通	普通	普通	普通
控制测试结果是否支持风险评估结论	是	是	是	是	是
需从实质性程序获取的保证程度	低	低	低	低	低

三、审计目标与审计程序对应关系表

审计目标	可供选择的审计程序	是否计划实施（√）	与认定的对应关系	索引号
D	1. 核对库存现金日记账与总账的金额是否相符，检查非记账本位币库存现金的折算汇率及折算金额是否正确	√	d	
ABCD	2. 监盘库存现金：①制定监盘计划，确定监盘时间；②将盘点金额与库存现金日记账余额进行核对，如有差异，应要求被审计单位查明原因并做适当调整，如无法查明原因，应要求被审计单位按管理权限批准后做出调整；③在非资产负债表日进行盘点时，应调整至资产负债表日的金额；④若有充抵库存现金的借条、未提现支票、未做报销的原始凭证，需在盘点表中注明，如有必要应做调整	√	abcd	详见库存现金审计工作底稿
ACD	3. 抽查大额库存现金收支。检查原始凭证是否齐全、原始凭证内容是否完整、有无授权批准、记账凭证与原始凭证是否相符、账务处理是否正确、是否记录于恰当的会计期间等项内容	√	acd	

续表

审计目标	可供选择的审计程序	是否计划实施（√）	与认定的对应关系	索引号
ABE	4．检查被审计单位是否根据《现金管理暂行条例》及其实施细则的规定使用库存现金		abe	
ACD	5．检查被审计单位是否存在库存现金坐支情况		acd	
ACD	6．分析日常库存现金余额是否合理，关注是否存在大额未缴存的库存现金		acd	
AC	7．检查库存现金收支的截止是否正确。选取资产负债表日前后2张凭证实施截止测试，关注业务内容及对应项目，如有跨期收支事项，应考虑是否应进行调整	√	ac	
ACD	8．如现金交易比例较高，实施下列审计程序。①了解被审计单位现金交易的流程，分析可能产生的错误与舞弊风险。了解相关业务流程及与审计相关的控制活动。设计和实施控制测试，针对相关控制运行的有效性，获取充分、适当的审计证据。②结合销售、采购交易等审计，实施分析程序，包括但不限于销售、产能、采购、员工工资等财务信息与非财务信息匹配分析。③了解现金交易对方的情况。向主要的现金交易对方函证被审计期间内发生的交易金额。注册会计师认为必要时，可以选取较大量采用现金结算的交易对方进行实地观察或询问。④追踪大额现金收入、支出的来源和去向，核对至原始单据。如存在与被审计单位生产经营无关的收支事项，需要查明原因，并评价是否存在舞弊风险。⑤如发现以员工个人银行账户进行收款的交易，分析其合理性，了解被审计单位在为员工开户时，是否与开户银行签署相关账户设定使用权限的协议，若有，检查相关的合同协议并实施函证程序等		acd	详见库存现金审计工作底稿
ACD	9．根据评估的舞弊风险等因素增加的其他审计程序			
E	10．检查库存现金是否已按照准则的规定在报表中做出恰当列报和披露	√	e	

2．库存现金监盘结果汇总表（见表11-2）

表11-2　　　　　　　　　　　库存现金监盘结果汇总表

被审计单位：梦舒公司　　　　　　　　　编制：　张某　日期：2023年2月15日　索引号：ZC01-1-1

会计期间：2022年1月1日—2022年12月31日　复核：田某　日期：2023年2月16日　页次：1

检查核对记录				实有库存现金盘点记录		
项目		行次	金额	面额	人民币	
					数量	金额
上一日账面库存余额		1	15 748.00	1 000	0	—
盘点日未记账传票收入金额		2	0.00	500	0	—
盘点日未记账付款付出金额		3	0.00	100	155	15 500.00
盘点日账面应有金额		4=1+2-3	15 748.00	50	4	200.00
盘点实有库存现金数额		5	15 748.00	20	1	20.00
盘点日应有与实际金额差异		6=4-5	0.00	10	2	20.00
差异原因	经查验，未见差异			5	1	5.00
追溯至报表日结存额	报表日至盘点日库存现金付出总额（＋）	7	9 955.00	2	0	—
	报表日至盘点日库存现金收入总额（－）	8	10 980.00	1	3	3.00
	报表日库存现金应有余额	9=4+7-8	14 723.00	0.5	0	—
	报表日账面汇率	—		0.2	0	—
	报表日余额折合本位币金额	—		0.1	0	—
本位币合计			14 723.00	合计	—	15 748.00
调整数	（1）　　—　　　　期末审定数		14 723.00	审计说明		
	（2）　　—			注册会计师于2023年2月15日上午上班时对库存现金进行监盘，盘点日应有金额与实际金额不存在差异，不需要做调整。期末余额可确认		

3. 库存现金凭证检查表（见表 11-3）

表 11-3　　　　　　　　　　　库存现金凭证检查表

被审计单位：梦舒公司　　　　　　　编制：　张某　日期：2023 年 2 月 15 日　索引号：ZC01-1-2

会计期间：　2022 年 1 月 1 日—2022 年 12 月 31 日　复核：　田某　日期：2023 年 2 月 25 日　页次：　1

序号	记账日期	凭证号	业务摘要	对方科目		金额	核对内容（用"√""×"表示）			
				方向	一级科目		1	2	3	4
1	2022 年 2 月 20 日	记-67	行政部李某报销招待费	借方	管理费用	5 868.00	√	√	√	√
2	2022 年 6 月 6 日	记-12	提取现金	贷方	银行存款	10 000.00	√	√	√	√
3	2022 年 11 月 31 日	记-71	行政部报销汽车燃油费	借方	管理费用	1 073.50	√	√	√	√
4	2022 年 12 月 31 日	记-66	收员工违规罚款	贷方	营业外收入	200.00	√	√	√	√

核对内容说明：1. 原始凭证内容完整；2. 授权批准完整；3. 账务处理正确；4. 金额核对相符

审计说明	采用随机抽样方法，经查验，未发现异常业务

4. 库存现金截止测试（见表 11-4）

表 11-4　　　　　　　　　　　库存现金截止测试

被审计单位：梦舒公司　　　　　　　编制：　张某　日期：2023 年 2 月 15 日　索引号：ZC01-1-3

会计期间：　2022 年 1 月 1 日—2022 年 12 月 31 日　复核：　田某　日期：2023 年 2 月 25 日　页次：　1

序号	记账日期	凭证号	业务摘要	金额	是否跨期（是/否）	备注
1	2022 年 12 月 31 日	记-72	销售部报销汽车燃油费	3 690.00	否	
2	2022 年 12 月 31 日	记-73	行政部报销办公耗材费	628.00	否	
截止日期：2022 年 12 月 31 日						
1	2023 年 1 月 4 日	记-05	提取备用金	6 000.00	否	
2	2023 年 1 月 28 日	记-55	行政部李某报销差旅费	368.00	否	
审计说明	通过抽查资产负债表日前后的收支业务，未发现异常业务					

任务二　银行存款审计

📖 任务导入 11-2

银行函证程序可以提供的证据包括（　　　　）。

A. 资产负债表所列银行存款是否存在　　　　B. 资产负债表所列银行借款是否存在

C. 银行借款是否未入账　　　　D. 是否存在未披露的或有负债

一、银行存款审计目标

银行存款的审计目标一般包括以下几个。

（1）确定资产负债表中记录的银行存款是否存在。

（2）确定记录的银行存款是否由被审计单位拥有或控制。

（3）确定所有应当记录的银行存款是否均已记录。

（4）确定银行存款是否以恰当的金额包括在财务报表中，与之相关的计价或分摊调整是否已恰当记录。

微课 11-5

银行存款的审计目标

（5）确定银行存款是否已按照企业会计准则的规定在报表中做出恰当分类和列报。

二、银行存款审计的主要实质性程序

1. 核对银行存款日记账与总账

注册会计师应获取或编制银行存款余额明细表，核对银行存款日记账与总账的余额是否相符，如果不相符，应查明原因，并做出记录或适当调整。

2. 执行分析性复核程序

注册会计师应计算定期存款占银行存款的比例，了解被审计单位是否存在高息资金拆借的情况。如有，应进一步分析拆出资金的安全性，检查高额利差的入账情况；计算存放于非银行金融机构的存款占银行存款的比例，分析这些资金的安全性。

3. 取得并审查银行存款余额调节表

银行存款余额调节表通常应由被审计单位根据不同的银行账户及货币种类分别编制，注册会计师取得银行存款余额调节表后，应检查调节表中未达账项的真实性，以及资产负债表日后的进账情况，如果存在应于资产负债表日前进账的事项，应做相应调整。如果经调节后的银行存款余额仍有差异，注册会计师应查明原因，并做出记录或做适当的调整。

4. 函证银行存款余额

函证是指注册会计师在执行审计业务过程中，需要以被审计单位名义向有关单位发函询证，以验证被审计单位的银行存款是否真实、合法、完整。中华人民共和国财政部、中国人民银行发文规定：各商业银行、政策性银行、非银行金融机构要在收到询证函之日起 10 个工作日内，根据函证的具体要求，及时回函并可按照国家有关规定收取询证费用。注册会计师在函证时应注意：向被审计单位在本期存过款的银行发函，包括零余额账户和在本期销户的账户；确定被审计单位账面余额与银行函证结果的差异，对不符事项做出适当处理。

5. 抽查大额银行存款的收支

注册会计师应抽查大额银行存款（含外埠存款、银行汇票存款、银行本票存款、信用证存款）收支的原始凭证内容是否完整，有无授权批准，并核对相关账户的进账情况。如有与被审计单位生产经营业务无关的收支事项，应查明原因，并做相应的记录。

6. 实施银行存款收支的截止性测试

抽查资产负债表日前后一段时间的银行对账单，检查未达账项是否均已得到调整；同时，还应确定截至结账日各账户开出的最后一张支票的号码，查明在此号码之前的所有支票是否均已开出。注册会计师应注意观察截至结账日开出的所有支票随后是否均已在正常的结算期内付款结算。

7. 审查外币银行存款的折算

对于有外币银行存款的被审计单位，注册会计师应审查被审计单位对外币银行存款的收支是否按规定的汇率折合为记账本位币金额；外币银行存款期末余额是否按期末市场汇率折合为记账本位币金额；外币折合差额是否按规定记入相关账户，是否符合规定，是否与上年度一致。

8. 检查银行存款在财务报表中的列报

银行存款在资产负债表中的"货币资金"项目反映，注册会计师应确定银行存款的期末余额是否正确，是否在财务报表上恰当披露。如果被审计单位的银行存款存在抵押、冻结等使用受限或潜在回收风险，注册会计师应关注被审计单位是否已经恰当列报有关情况。

微课 11-6

核对总账和明细账

微课 11-7

取得并审查银行存款余额调节表

微课 11-8

函证

微课 11-9

抽查

三、银行存款审计案例

注册会计师检查了某企业 2023 年 2 月的银行存款日记账，并与银行对账单核对。2 月 28 日银行对账单余额为 223 546 元，银行存款日记账为 220 000 元，核对后发现有以下情况：2 月 8 日，银行对账单上收到外地汇款 8 500 元（查系外地某企业），但日记账上无此记录；2 月 22 日，对账单上有存款利息 460 元，日记账上为 454 元（查系记账凭证写错）；2 月 25 日，对账单付出 8 500 元（查系转账支票），但日记账无此记录；2 月 26 日，日记账上付出 40 元，对账单上无此记录（查系记账员误记）；2 月 28 日，日记账上有存入转账支票 4 000 元，但对账单上无此记录；2 月 28 日，日记账上有付出转账支票 2 000 元，但对账单上无此记录；对账单上有 2 月 28 日收到的托收款 5 500 元，但日记账无此记录。

要求：根据上述资料编制银行存款余额调节表，并指出该企业银行存款管理上存在的问题。

【案例解析】（1）根据资料，编制银行存款余额调节表如表 11-5 所示。

（2）存在的问题：2 月 8 日和 2 月 25 日的经济业务有出借银行账户的问题，需进一步调查；银行存款日记账有错记、漏记情况。

表 11-5　　　　　　　　　　　　　　银行存款余额调节表

2023 年 2 月 28 日　　　　　　　　　　　　　　　单位：元

企业账项	金额	银行账单	金额
企业银行存款账户余额	220 000	银行对账单余额	223 546
加：银行已收企业未收	5 500	加：企业已收银行未收	4 000
更正错误	46	减：企业已付银行未付	2 000
调整后的余额	225 546	调整后的余额	225 546

四、银行存款审计工作底稿编制实例

1. 银行存款审计程序表（见表 11-6）

表 11-6　　　　　　　　　　　　　　银行存款审计程序表

被审计单位：梦舒公司　　　　　　　　编制：张某　　日期：2023 年 2 月 15 日　　索引号：ZC01-2-0
会计期间：2022 年 1 月 1 日—2022 年 12 月 31 日　　复核：田某　　日期：2023 年 2 月 25 日　　页次：

一、审计目标与认定对应关系表					
审计目标	财务报表认定				
	a	b	c	d	e
	存在	权利和义务	完整性	准确性、计价和分摊	分类、列报
A　资产负债表中记录的银行存款是存在的	√				
B　记录的银行存款由被审计单位拥有或控制		√			
C　所有应当记录的银行存款均已记录			√		
D　银行存款以恰当的金额包括在财务报表中，与之相关的计价或分摊调整已恰当记录				√	
E　银行存款已按照企业会计准则的规定在报表中做出恰当分类和列报					√
二、审计目标与审计计划的衔接					
项目	财务报表认定				
	存在	权利和义务	完整性	准确性、计价和分摊	分类、列报
评估的重大错报风险水平	普通	普通	普通	普通	普通
控制测试结果是否支持风险评估结论	是	是	是	是	是
需从实质性程序获取的保证程度	低	低	低	低	低

三、审计目标与审计程序对应关系表

审计目标	可供选择的审计程序	是否计划实施（√）	与认定的对应关系	索引号
D	1. 获取或编制银行存款余额明细表：①复核加计是否正确，并与总账数和日记账合计数核对是否相符；②检查非记账本位币银行存款的折算汇率及折算金额是否正确；③关注报告期内被审计单位注销账户的原因，判断其合理性	√	d	
ACD	2. 计算银行存款累计余额应收利息收入，分析比较被审计单位银行存款应收利息收入与实际利息收入差异是否恰当，评估利息收入的合理性，检查是否存在高息资金拆借，确认银行存款余额是否存在，利息收入是否已完整记录	√	acd	
AB	3. 检查定期存款：编制银行定期存款检查表，检查是否与账面记录金额一致，是否被质押或限制使用，定期存款是否为被审计单位所拥有。结合财务费用审计测算利息收入的合理性，判断是否存在体外资金循环的情形		ab	
ACD	4. 取得并检查银行存款余额调节表，评价银行存款余额调节表的编制和复核过程，银行存款账面余额与银行对账单是否调节一致，如果调节不符，是否查明原因，对需要进行账务调整的事项是否及时进行处理	√	acd	
ABCD	5. 实施函证程序，如果有充分证据表明某一银行存款信息对财务报表不重要且与之相关的重大错报风险很低，可不对这些项目实施函证程序，在审计工作底稿中说明理由	√	abcd	
ABC	6. 针对已获取的银行存款余额明细表，检查被审计单位报告期银行账户性质，判断其开设是否合理，尤其关注报告期内是否存在频繁更换银行及银行账号的现象，评价其理由是否充分。检查被审计单位是否存在开户银行户名不符或多头开户情况。关注报告期内被审计单位注销账户的原因，判断其合理性	√	abc	详见银行存款审计工作底稿
C	7. 询问办理货币资金业务的相关人员（如出纳），了解银行账户的开立、使用、注销等情况。必要时，获取被审计单位已将全部银行存款账户信息提供给注册会计师的书面声明		c	
B	8. 检查银行存款账户存款人是否为被审计单位，若存款人非审计单位，应获取该账户户主和被审计单位的书面声明，确认资产负债表日是否需要调整	√	b	
ABC	9. 检查被审计单位银行账户开户信息，与账面记录核对，对被审计单位基本户开户信息上列示的信息与账面记录核对的差异进行分析	√	abc	
BE	10. 关注是否存在质押、冻结等对变现有限制或存在境外的款项，是否已做必要的调整和披露	√	be	
ACD	11. 抽查大额银行存款收支，分析借贷方发生额的合理性，检查原始凭证是否齐全、有无授权批准、记账凭证与原始凭证是否相符、账务处理是否正确、是否记录于恰当的会计期间等事项内容。检查是否存在非营业目的的大额货币资金转移	√	acd	
AC	12. 检查银行存款收支的截止是否正确。选取资产负债表日前后2张凭证实施截止测试，关注业务内容及对应项目，如有跨期收支事项，应考虑是否应进行调整	√	ac	
E	13. 对不符合现金及现金等价物条件的银行存款在审计工作底稿中予以列明，以考虑对现金流量表的影响	√	e	
	14. 根据评估的舞弊风险等因素增加的其他审计程序			
E	15. 检查银行存款是否已按准则的规定在报表中做出恰当列报和披露	√	e	

2. 银行存款凭证检查表（见表 11-7）

表 11-7　　　　　　　　　　　　　银行存款凭证检查表

被审计单位：　梦舒公司　　　　　　　　编制：　张某　　日期：2023 年 2 月 20 日　　索引号：ZC01-2-1

会计期间：　2022 年 1 月 1 日—2022 年 12 月 31 日　　复核：　田某　　日期：2023 年 2 月 25 日　　页次：　1

序号	记账日期	凭证号	业务摘要	对方科目		金额	核对内容（用"√""×"表示）			
				方向	一级科目		1	2	3	4
1	2022 年 1 月 24 日	记-67	支付工程款	借方	在建工程	5 789 976.00	√	√	√	√
2	2022 年 6 月 24 日	记-40	收到货款	贷方	应收账款	3 926 418.65	√	√	√	√
3	2022 年 7 月 24 日	记-41	收到货款	贷方	应收账款	4 645 856.36	√	√	√	√
4	2022 年 8 月 24 日	记-38	收到货款	贷方	应收账款	3 782 524.55	√	√	√	√
5	2022 年 9 月 24 日	记-42	收到货款	贷方	应收账款	4 128 557.80	√	√	√	√
6	2022 年 11 月 31 日	记-67	银转证	借方	其他货币资金	7 000 000.00	√	√	√	√
核对内容说明：1．原始凭证内容完整；2．授权批准完整；3．账务处理正确；4．金额核对相符										
	审计说明		采用大额抽样方法，经查验，未发现异常业务							

3. 银行存款截止测试（见表 11-8）

表 11-8　　　　　　　　　　　　　银行存款截止测试

被审计单位：　梦舒公司　　　　　　　　编制：　张某　　日期：2023 年 2 月 20 日　　索引号：ZC01-2-2

会计期间：　2022 年 1 月 1 日—2022 年 12 月 31 日　　复核：　田某　　日期：2023 年 2 月 25 日　　页次：　1

序号	记账日期	凭证号	业务摘要	金额	是否跨期（是/否）	备注
1	2022 年 12 月 29 日	记-82	支付电费	32 866.90	否	
2	2022 年 12 月 31 日	记-102	支付装卸费	34 689.56	否	
截止日期：2022 年 12 月 31 日						
1	2023 年 1 月 1 日	记-01	支付银行手续费	40.00	否	
2	2023 年 1 月 3 日	记-02	收到办公楼租金	29 577.89	否	
审计说明			通过抽查资产负债表日前后的收支业务，未发现异常业务			

4. 银行存款明细表（见表 11-9）

表 11-9　　　　　　　　　　　　　银行存款明细表

被审计单位：　梦舒公司　　　　　　　　编制：　张某　　日期：2023 年 2 月 15 日　　索引号：ZC01-2-3

会计期间：　2022 年 1 月 1 日—2022 年 12 月 31 日　　复核：　田某　　日期：2023 年 2 月 25 日　　页次：　1

开户银行	银行账号	账户性质（基本户/一般户）	主要用途	账户状态（正常/冻结/质押等）	币种	日记账余额（1）	对账单余额（2）	差异（1）-（2）	与银行调节表核对是否一致
交行杭州支行	6222606813161 880065	一般户	营业	正常	人民币	5 093 539.35	5 093 539.35	0.00	是
工行滨江支行	955888681316188006576	基本户	营业	正常	人民币	20 376 037.03	20 376 037.03	0.00	是
合计	—	—	—	—	—	25 469 576.38	25 469 576.38	0.00	—
审计说明		1．总账与明细账核对一致；2．经分析，各银行账户安全；3．经查验，期末余额可以确认							

任务三　其他货币资金审计

> 📖 **任务导入 11-3**
>
> 针对互联网支付平台的资金，注册会计师实施的下列实质性程序中，正确的有（　　）。
>
> A. 函证第三方平台支付账户的交易发生额和余额（如可行）
>
> B. 获取第三方支付平台发生额及余额明细，在验证这些明细信息可靠性的基础上，将其与账面记录进行核对，对大额交易考虑实施进一步的检查程序
>
> C. 获取与第三方支付平台签订的协议
>
> D. 了解是否开立支付宝、微信等第三方支付账户

一、其他货币资金审计目标

（1）确定资产负债表中记录的其他货币资金是否存在。

（2）确定记录的其他货币资金是否由被审计单位拥有或控制。

（3）确定所有应当记录的其他货币资金是否均已记录。

（4）确定其他货币资金是否以恰当金额包括在财务报表中，与之相关的计价调整是否已恰当记录。

（5）确定其他货币资金是否已按照企业会计准则的规定在报表中做出恰当列报。

微课 11-10

其他货币资金的审计目标及审计程序

二、其他货币资金审计的主要实质性程序

1. 核对其他货币资金明细账与总账

注册会计师应获取或编制其他货币资金明细表，核对外埠存款、银行汇票存款、银行本票存款、信用卡存款、信用证保证金存款和存出投资款等各明细账期末合计数与总账数是否相符。

2. 函证其他货币资金余额

注册会计师应函证外埠存款户、银行汇票存款户、银行本票存款户等期末余额，并记录函证过程。

3. 获取并核对其他货币资金对账单

注册会计师应获取所有其他货币资金明细的对账单，与账面记录核对，如果存在差异，应查明原因，必要时提出调整建议。

4. 检查外币其他货币资金的折算

对于非记账本位币的其他货币资金，注册会计师应检查其折算汇率是否正确。

5. 抽查其他货币资金的原始凭证

注册会计师应抽查一定样本量的原始凭证（主要是大额的或有疑问的）进行测试，检查其经济内容是否完整，有无适当的审批授权，并核对相关账户的进账情况。

6. 实施其他货币资金的截止测试

注册会计师应抽取资产负债表日后的大额收支凭证进行截止测试，如有跨期收支事项，应做适当调整。

7. 检查其他货币资金的列报

其他货币资金在资产负债表中的"货币资金"项目反映，注册会计师应确定其他货币资金的期末余额是否正确，是否在财务报表上恰当披露。如果被审计单位的其他货币资金存在抵押、冻结等使用受限或潜在回收风险，注册会计师应关注被审计单位是否已经恰当列报有关情况。

8. 检查因互联网支付留存于第三方支付平台的资金

了解是否开立支付宝、微信等第三方支付账户；获取与第三方支付平台签订的协议；了解第三

方平台使用流程等内部控制。比照验证银行存款或银行交易的方式对第三方平台支付账户函证交易发生额和余额（如可行）；获取第三方支付平台发生额及余额明细，在验证这些明细信息可靠性的基础上（如观察被审计单位人员登录并操作相关支付平台导出信息的过程，核对界面的真实性；核对平台界面显示或下载的信息与提供给注册会计师的明细信息的一致性等），将其与账面记录进行核对，对于大额交易，考虑实施进一步的检查程序。

三、其他货币资金审计案例

注册会计师在对某公司 2022 年度的财务报表进行审计时发现：12 月 20 日因销售货物接受华联公司背书转让的银行汇票，汇票上记载的出票金额是 80 万元，实际结算金额是 76.05 万元。该公司的账务处理如下。

借：其他货币资金——银行汇票　　　　　　　　　　　　800 000
　　贷：主营业务收入　　　　　　　　　　　　　　　　650 000
　　　　应交税费——应交增值税　　　　　　　　　　　110 500
　　　　应付账款——华联公司　　　　　　　　　　　　39 500

要求：指出该公司账务处理中存在的问题，并提出处理意见。

【案例解析】根据《中华人民共和国票据法》的规定，银行汇票的背书转让以不超过出票金额的实际结算金额为准，实际结算金额低于票面金额的，其多余金额由出票银行退交申请人。

建议调整分录如下。

借：应付账款——华联公司　　　　　　　　　　　　　　39 500
　　贷：其他货币资金——银行汇票　　　　　　　　　　　39 500

四、其他货币资金审计工作底稿编制实例

1. 其他货币资金审计程序表（见表 11-10）

表 11-10　　　　　　　　　　　　其他货币资金审计程序表

被审计单位：梦舒公司　　　　　　　编制：张某　　日期：2023 年 2 月 15 日　　索引号：ZC01-3-0
会计期间：2022 年 1 月 1 日—2022 年 12 月 31 日　　复核：田某　　日期：2023 年 2 月 25 日　　页次：

、审计目标与认定对应关系表						
		财务报表认定				
审计目标		a	b	c	d	e
		存在	权利和义务	完整性	准确性、计价和分摊	分类、列报
A	资产负债表中记录的其他货币资金是存在的	√				
B	记录的其他货币资金由被审计单位拥有或控制		√			
C	所有应当记录的其他货币资金均已记录			√		
D	其他货币资金以恰当的金额包括在财务报表中，与之相关的计价调整已恰当记录				√	
E	其他货币资金已按照企业会计准则的规定在财务报表中做出恰当列报					√
二、审计目标与审计计划的衔接						
项目		财务报表认定				
		存在	权利和义务	完整性	准确性、计价和分摊	分类、列报
评估的重大错报风险水平		普通	普通	普通	普通	普通
控制测试结果是否支持风险评估结论		是	是	是	是	是
需从实质性程序获取的保证程度		低	低	低	低	低

续表

三、审计目标与审计程序对应关系表

审计目标	可供选择的审计程序	是否计划实施（√）	与认定的对应关系	索引号
D	1．获取或编制其他货币资金明细表：①复核银行汇票存款、银行本票存款、信用卡存款、信用证保证金存款、存出投资款、外埠存款等加计是否正确，并与总账数和日记账明细账合计数核对是否相符；②检查非记账本位币其他货币资金的折算汇率及折算是否正确	√	d	
ACD	2．取得其他货币资金余额调节表，检查调节表中加计数是否正确，调节后其他货币资金日记账余额与银行对账单余额是否一致，检查调节事项的性质和范围是否合理，如存在重大差异应做审计调整		acd	
ABCD	3．函证银行汇票存款、银行本票存款、信用卡存款、信用证保证金存款、存出投资款、外埠存款等期末余额，编制其他货币资金函证结果汇总表	√	abcd	
ABC	4．检查被审计单位银行基本户开户信息，与账面记录核对，对被审计单位基本户开户信息上列示的信息与账面记录核对的差异进行分析	√	abc	详见其他货币资金审计工作底稿
BE	5．关注是否有质押、冻结等限制，或存放在境外、有潜在回收风险的款项	√	abe	
ACD	6．选取资产负债表日前后2张凭证，对其他货币资金收支凭证实施截止测试	√	acd	
ABD	7．抽查大额其他货币资金收付记录。检查原始凭证是否齐全、记账凭证与原始凭证是否相符、账务处理是否正确、是否记录于恰当的会计期间等项内容	√	abd	
ABD	8．对于存出投资款，跟踪资金流向。获取董事会决议等批准文件、开户资料、授权操作资料		abd	
ACD	9．如果投资于证券交易业务，通常结合交易性金融资产项目审计，检查证券及余额是否与财务记录相符，以及是否存在出借、冻结或质押等情况	√	acd	
ABD	10．检查因互联网支付留存于第三方支付平台的资金		abd	
	11．根据评估的舞弊风险等因素增加的其他审计程序			
E	12．检查其他货币资金是否已按准则规定在报表中做出恰当列报和披露	√	e	

2. 其他货币资金明细表（见表11-11）

表 11-11　　　　　　　　　其他货币资金明细表

被审计单位：　梦舒公司　　　　　　　编制：张某　日期：2023年2月15日　索引号：ZC01-3-1

会计期间：　2022年1月1日—2022年12月31日　复核：田某　日期：2023年2月25日　页次：1

款项性质	开户机构	资金账号	主要用途	账户状态（正常/冻结/质押等）	币种	账面余额（1）	对账单余额（2）	差异（1）-（2）
存出投资款	兴业证券萧山营业部	38 622 526 936	资金托管	正常	人民币	6 425 000.00	6 425 000.00	
合计	—	—	—	—	—	6 425 000.00	6 425 000.00	
审计说明	1．总账与明细账核对一致；2．经查验，期末余额可以确认							

3. 其他货币资金凭证检查表（见表11-12）

表 11-12　　　　　　　　　其他货币资金凭证检查表

被审计单位：　梦舒公司　　　　　　　编制：　张某　日期：2023年2月15日　索引号：ZC01-3-2

会计期间：　2022年1月1日—2022年12月31日　复核：田某　日期：2023年2月25日　页次：1

序号	记账日期	凭证号	业务摘要	对方科目 方向	对方科目 一级科目	金额	核对内容（用"√""×"表示）1	2	3	4
1	2022年7月30日	记-92	购入云南白药股票	贷方	其他货币资金	1 971 600.00	√	√	√	√

续表

序号	记账日期	凭证号	业务摘要	对方科目		金额	核对内容（用"√""×"表示）			
				方向	一级科目		1	2	3	4
2	2022年8月23日	记-86	购入东江环保股票	贷方	其他货币资金	675 000.00	√	√	√	√
3	2022年9月9日	记-05	购入高能环境股票	贷方	其他货币资金	928 400.00	√	√	√	√
核对内容说明：1. 原始凭证内容完整；2. 授权批准完整；3. 账务处理正确；4. 金额核对相符										
审计说明	采用随机抽样方法，经查验，未发现异常业务									

4. 其他货币资金截止测试（见表11-13）

表11-13　　　　　　　　　　　其他货币资金截止测试

被审计单位：梦舒公司　　　　　　　编制：　张某　日期：2023年2月15日　索引号：ZC01-3-3

会计期间：2022年1月1日—2022年12月31日　复核：田某　日期：2023年2月25日　页次：　1

序号	记账日期	凭证号	业务摘要	金额	是否跨期（是/否）	备注
1	2022年12月31日	记-67	银转证	2 000 000.00	否	
截止日期：2022年12月31日						
截止日后						
1	2023年1月13日	记-26	出售东江环保股票	7 500 000.00	否	
审计说明	通过抽查资产负债表日前后的收支业务，未发现异常业务					

本项目任务解析与知识拓展

任务解析11-1　　　任务解析11-2　　　任务解析11-3

拓展阅读

提升审计履职尽责
水平

技能训练

1. 注册会计师A作为ABC会计师事务所负责货币资金审计的外勤工作人员，在对甲公司2022年度财务报表进行审计时，对甲公司的库存现金执行了监盘程序。甲公司在总部和营业部均设有出纳部门。为顺利监盘库存现金，注册会计师A在监盘前一天与甲公司会计主管进行了沟通，要求其通知公司出纳人员做好监盘准备，并将各营业部门库存现金贴上封条结出当日现金余额等。考虑到出纳日常工作安排，对总部和营业部库存现金的监盘时间分别定在上午下班后和下午上班前。注册会计师A及甲公司会计主管与相关出纳当场盘点现金，由注册会计师A盘点一部分营业部门的现金，其余的由甲公司出纳盘点。盘点中出现的白条，当场由出纳及会计主管解释后作为现金数额计入现金余额，出纳将盘点结果与现金日记账核对后填写库存现金监盘表并结出余额，在盘点表中签字后形成审计工作底稿。

【训练要求】请指出上述库存现金监盘工作中有哪些不当之处，并提出改进建议。

2. 甲公司是ABC会计师事务所的常年审计客户，B注册会计师负责审计甲公司2022年度财务报表，确定财务报表整体的重要性水平为300万元。与货币资金审计相关的部分事项如下。

（1）甲公司一笔 1 000 万元的定期存款于 2023 年 1 月到期。B 注册会计师于 2022 年年末检查了相关的开户证实书原件，于 2023 年 2 月检查了到期兑付的银行凭证及相关的银行对账单，据此认可了该笔定期存款的存在。

（2）B 注册会计师实施实质性分析程序时发现，甲公司 2022 年度账面记录的银行存款利息收入明显少于预期值，经调查系年内向关联方借出资金、甲公司账面未做记录所致。因借出资金已于年末收回，不影响银行存款余额，B 注册会计师认为不存在错报。

（3）甲公司与其子公司、乙银行签订的集团现金管理账户协议约定，子公司银行账户余额超过 500 万元的部分自动拨入甲公司银行账户。B 注册会计师检查了相关协议，并通过函证向乙银行确认了资金归集账户的具体信息，结果满意。

（4）为验证银行对账单的真实性，B 注册会计师要求甲公司财务人员提供相关的网银记录截屏，将网银截屏信息与银行对账单信息进行了核对，结果满意。

（5）在测试银行存款余额调节表时，B 注册会计师针对企付银未付和企收银未收调节事项，分别检查了相关的付款和收款原始凭证，据此确认了调节事项的适当性。

【训练要求】针对上述第（1）至（5）项，逐项指出 B 注册会计师的做法是否恰当，如不恰当，简要说明理由。

3. ABC 会计师事务所的 C 注册会计师负责审计丙公司 2022 年度财务报表，与货币资金审计相关的部分事项如下。

（1）2023 年 1 月 5 日，C 注册会计师对丙公司库存现金实施了监盘，并与当日现金日记账余额核对一致，据此认可了年末现金余额。

（2）因对丙公司人民币结算账户的完整性存有疑虑，C 注册会计师检查了管理层提供的《已开立银行结算账户清单》，结果满意。

（3）丙公司利用销售经理个人银行账户结算货款，指派出纳保管该账户交易密码。C 注册会计师检查了该账户的交易记录和相关财务报表凭证，获取了丙公司管理层的书面声明，结果满意。

【训练要求】针对上述第（1）至（3）项，逐项指出 C 注册会计师的做法是否恰当，如不恰当，简要说明理由。

学习目标

【知识目标】了解业务完成阶段的主要审计程序，理解管理层声明书的作用，理解审计工作底稿分级复核制度的内容及重点，了解审计意见的形成过程及审计报告的主要内容。

【技能目标】掌握管理层声明的格式和编制方法，掌握项目质量复核的重点及技巧，掌握无保留意见及非无保留意见的判断标准，掌握审计报告的格式和编制方法。

【素养目标】充分认识完成审计工作的重要性，培养有始有终的责任意识和注重细节的大局意识。

关键词汇

审计报告（Audit Report）　　　　　标准审计报告（Auditor's Standard Report）
无保留意见（Unqualified Opinion）　保留意见（Qualified Opinion）
否定意见（Adverse Opinion）　　　　无法表示意见（Disclaimer Opinion）

任务一　业务完成阶段审计工作底稿编制

任务导入 12-1

下列关于复核审计工作的说法中，正确的是（　　　　）。

A. 项目组内通常由经验较为丰富的成员对经验较为缺乏的成员的工作进行指导、监督和复核，特殊情况下也有可能相互复核

B. 项目合伙人需要复核项目组做出的重大判断

C. 项目合伙人应当复核所有审计工作底稿，项目质量复核人无须复核所有审计工作底稿

D. 所有业务都要进行项目组内部复核和项目质量复核

一、业务完成阶段审计工作的主要程序

（一）评价审计中的重大发现

在完成审计工作阶段，项目合伙人和审计项目组考虑的重大发现和事项主要包括：期中复核中的重大发现及其对审计方法的影响；涉及会计政策的选择、运用和一贯性的重大事项，包括相关披露；就识别出的特别风险，对总体审计策略和具体审计计划所做的重大修改；在与管理层和其他人员讨论重大发现和事项时得到的信息；与注册会计师的最终审计结论相矛盾或不一致的信息。

对实施的审计程序的结果进行评价，可能全部或部分地揭示出以下事项：为了实现计划的审计目标，是否有必要对重要性进行修订；对总体审计策略和具体审计计划的重大修改，包括对重大错报风险评估结果做出的重要修改；对审计方法有重要影响的值得关注的内部控制缺陷和其他缺陷；财务报表中存在的重大错报；项目组内部、项目组与项目质量复核人员或提供咨询的其他人员之间，就重大会计和审计事项达成最终结论所存在的意见分歧；审计工作中遇到的重大困难；向事务所内部有经验的专业人士或外部专业顾问咨询的事项；与管理层或其他人员就重大发现以及与注册会计

师的最终审计结论相矛盾或不一致的信息进行的讨论。

如果在审计完成阶段修订后的审计重要性水平远远低于在计划阶段确定的重要性水平，注册会计师应该重新评估已经获得的审计证据的充分性和适当性。如果审计项目组内部、项目组与被咨询者之间以及项目合伙人与项目质量复核人员之间存在意见分歧，审计项目组应当遵循会计师事务所的政策和程序予以妥善处理。

（二）评价审计过程中发现的错报

在完成按业务循环进行的控制测试、财务报表项目的实质性程序和特殊项目的审计后，对于审计项目组成员在审计中发现的被审计单位的会计处理方法与企业会计准则的不一致，即审计差异内容，审计项目经理应根据审计重要性原则予以初步确定并汇总，建议被审计单位进行调整，使经审计的财务报表所载信息能够公允地反映被审计单位的财务状况、经营成果和现金流量。

1. 审计差异的分类

审计差异按是否需要调整账户记录可分为核算错误和重分类错误。核算错误是因企业对经济业务进行了不正确的会计核算而引起的错误，用审计重要性原则来衡量每一项核算错误，又可把这些核算错误区分为建议调整的不符事项和不建议调整的不符事项（即未调整不符事项）；重分类错误是因企业未按企业会计准则列报财务报表而引起的错误。例如，企业在"应付账款"项目中反映的"预付账款"、在"应收账款"项目中反映预收账款等。

无论是建议调整的不符事项、未调整不符事项还是重分类错误，在审计工作底稿中通常都是以会计分录的形式反映的。由于审计中发现的错误往往不止一两项，为便于审计项目的各级负责人综合判断、分析和决定，也为了便于有效编制试算平衡表和代编经审计的财务报表，通常需要将这些建议调整的不符事项、未调整不符事项和重分类错误分别汇总至账项调整分录汇总表、未更正错报汇总表、重分类分录汇总表。

2. 审计差异的处理措施

对于审计中发现的核算错误，如何运用审计重要性原则来划分建议调整的不符事项与未调整不符事项，是能否正确编制审计差异调整表的关键。重要性具有数量和质量两个方面的特征。换言之，注册会计师在划分建议调整的不符事项与未调整不符事项时，应当考虑核算错误的金额和性质两个因素。

（1）对于单笔核算错误超过所涉及财务报表项目（或账项）层次重要性水平的，应视为建议调整的不符事项。

（2）对于单笔核算错误大大低于所涉及财务报表项目（或账项）层次重要性水平，但性质重要的，比如涉及舞弊与违法行为的核算错误、影响收益趋势的核算错误、股本项目等不期望出现的核算错误，应视为建议调整的不符事项。

（3）对于单笔核算错误大大低于所涉及财务报表项目（或账项）层次重要性水平，并且性质不重要的，一般应视为未调整不符事项，但应当考虑小额错报累积起来重要的可能性。

注册会计师确定了建议调整的不符事项和重分类错误后，应以书面方式及时征求被审计单位对需要调整财务报表事项的意见。若被审计单位予以采纳，应取得被审计单位同意调整的书面确认；若被审计单位不予采纳，应分析原因，并根据未调整不符事项的性质和重要程度，确定是否在审计报告中予以反映，以及如何反映。

管理层更正所有错报（包括注册会计师通报的错报），能够保持会计账簿和记录的准确性，降低由于与本期相关的、非重大的且尚未更正的错报的累积影响而导致未来期间财务报表出现重大错报的风险。如果管理层拒绝更正沟通的部分或全部错报，注册会计师应当了解管理层不更正错报的理由，并在评价财务报表整体是否不存在重大错报时考虑该理由。注册会计师对管理层不更正错报的理由的理解，可能影响其对被审计单位会计实务质量的考虑。

3. 评价未更正错报的影响。

（1）重新评估重要性。在制定总体审计策略时，注册会计师确定的重要性，通常是依据对被审计单位财务结果的估计做出的，此时注册会计师可能尚不知道实际的财务结果。因此在评价未更正错报的影响之前，注册会计师可能有必要依据实际的财务结果对重要性做出修改。如果注册会计师对重要性或重要性水平（如适用）进行的重新评估导致需要确定较低的金额，则应重新考虑实际执行的重要性和进一步审计程序的性质、时间安排和范围的适当性，以获取充分、适当的审计证据，作为发表审计意见的基础。

（2）确定未更正错报单独或汇总起来是否重大时，注册会计师应当考虑以下几点。

① 考虑未更正错报单独或连同其他未更正错报的金额是否超过财务报表整体的重要性，即定量因素。

② 考虑错报性质以及错报发生的特定环境，即定性因素。

③ 考虑每一项与金额相关的错报。注册会计师需要考虑每一项与金额相关的错报，以评价其对相关类别的交易、账户余额或披露的影响，包括评价该项错报是否超过特定类别的交易、账户余额或披露的重要性水平（如适用）。

④ 错报不太可能被其他错报抵销。如果注册会计师认为某一单项错报是重大的，则该项错报不太可能被其他错报抵销。例如，如果收入存在重大高估，即使这项错报对收益的影响完全可被相同金额的费用高估所抵销，注册会计师仍认为财务报表整体存在重大错报。

⑤ 对于同一账户余额或同一类别交易内部的错报，这种抵销可能是适当的。然而，在得出抵销非重大错报是适当的这一结论之前，需要考虑可能存在其他未被发现的错报的风险。

⑥ 确定一项分类错报是否重大，需要进行定性评估。例如，分类错报对负债或其他合同条款的影响，对单个财务报表项目或小计数的影响，以及对关键比率的影响。即使分类错报超过了在评价其他错报时运用的重要性水平，注册会计师可能仍然认为该分类错报对财务报表整体不产生重大影响。例如，如果资产负债表项目之间的分类错报金额相对于所影响的资产负债表项目金额较小，并且对利润表或所有关键比率以及披露不产生影响，注册会计师可能认为这种分类错报对财务报表整体不产生重大影响。

⑦ 单独或连同在审计过程中累积的其他错报一并考虑。在某些情况下，即使某些错报低于财务报表整体的重要性，但因与这些错报相关的某些情况，在将其单独或连同在审计过程中累积的其他错报一并考虑时，注册会计师也可能将这些错报评价为重大错报。例如，某项错报的金额虽然低于财务报表整体的重要性，但对被审计单位的盈亏状况有决定性的影响，注册会计师应认为该项错报是重大错报。

（3）与治理层沟通未更正错报。除非法律法规禁止，注册会计师应当与治理层沟通未更正错报，以及这些错报单独或汇总起来可能对审计意见产生的影响。在沟通时，注册会计师应当逐项指明重大的未更正错报。注册会计师应当要求被审计单位更正未更正错报。如果存在大量单项不重大的未更正错报，注册会计师可能就未更正错报的笔数和总金额的影响进行沟通，而不是逐笔沟通单项未更正错报的细节。注册会计师应当跟治理层沟通与以前期间相关的未更正错报对相关类别的交易、账户余额或披露以及财务报表整体的影响。

（三）书面声明

1. 书面声明的作用

注册会计师应当要求对财务报表承担相应责任并了解相关事项的管理层提供书面声明。书面声明，是指管理层向注册会计师提供的书面陈述，用以确认某些事项或支持其他审计证据。书面声明不包括财务报表及其认定，以及支持性账簿和相关记录。此处单独提及的管理层应当理解为管理层和治理层（如适用）。书面声明是注册会计师在财务报表审计中需要获取的必要信息。

书面声明具有两个基本作用：（1）明确管理层对财务报表的责任。被审计单位管理层在声明书中对提供给注册会计师的有关资料的真实性、合法性和完整性做出正面陈述，并明确承认对财务报表负责。（2）提供审计证据。书面声明书将管理层对注册会计师的询问所作的答复以书面方式予以记录，可作为书面证据。尽管书面声明提供必要的审计证据，但其本身并不为所涉及的任何事项提供充分、适当的审计证据。

如果管理层修改书面声明的内容或不提供注册会计师要求的书面声明，可能使注册会计师警觉存在重大问题的可能性。而且，在很多情况下，要求管理层提供书面声明而非口头声明，可以促使管理层更加认真地考虑声明所涉及的事项，从而提高声明的质量。

2. 针对管理层责任的书面声明

针对财务报表的编制，注册会计师应当要求管理层提供书面声明，确认其根据审计业务约定条款，履行了按照适用的财务报告编制基础编制财务报表并使其实现公允反映（如适用）的责任。

针对提供的信息和交易的完整性，注册会计师应当要求管理层就下列事项提供书面声明：（1）按照审计业务约定条款，已向注册会计师提供所有相关信息，并允许注册会计师不受限制地接触所有相关信息以及被审计单位内部人员和其他相关人员；（2）所有交易均已记录并反映在财务报表中。如果注册会计师认为有关这些事项的书面声明不可靠，或者管理层不提供有关这些事项的书面声明，则注册会计师无法获取充分、适当的审计证据，这对财务报表的影响可能是广泛的，并不局限于财务报表的特定要素、账户或项目。在这种情况下，注册会计师需要按照《中国注册会计师审计准则第 1502 号——在审计报告中发表非无保留意见》的规定，对财务报表发表无法表示意见。

基于管理层认可并理解在审计业务约定条款中提及的管理层的责任，注册会计师要求管理层通过声明确认其已履行这些责任。与《中国注册会计师审计准则第 1111 号——就审计业务约定条款达成一致意见》的要求相一致，注册会计师可能还要求管理层在书面声明中再次确认其对自身责任的认可与理解。当存在下列情况时，这种确认尤为适当：（1）代表被审计单位签订审计业务约定条款的人员不再承担相关责任；（2）审计业务约定条款是在以前年度签订的；（3）有迹象表明管理层误解了其责任；（4）情况的改变需要管理层再次确认其责任。

3. 其他书面声明

除《中国注册会计师审计准则第 1341 号——书面声明》和其他审计准则要求的书面声明外，如果注册会计师认为有必要获取一项或多项其他书面声明，以支持与财务报表或者一项或多项具体认定相关的其他审计证据，注册会计师应当要求管理层提供这些书面声明。

（1）关于财务报表的额外书面声明。除了针对财务报表的编制，注册会计师应当要求管理层提供基本书面声明以确认其履行了责任外，注册会计师可能认为有必要获取有关财务报表的其他书面声明。其他书面声明可能是对基本书面声明的补充，但不构成其组成部分。其他书面声明可能包括针对下列事项做出的声明：①会计政策的选择和运用是否适当；②是否按照适用的财务报告编制基础对下列事项（如相关）进行了确认、计量、列报或披露：第一，可能影响资产和负债账面价值或分类的计划或意图；第二，负债（包括实际负债和或有负债）；第三，资产的所有权或控制权，资产的留置权或其他物权，用于担保的抵押资产；第四，可能影响财务报表的法律法规及合同（包括违反法律法规及合同的行为）。

（2）与向注册会计师提供信息有关的额外书面声明。除了针对管理层提供的信息和交易的完整性的书面声明外，注册会计师可能认为有必要要求管理层提供书面声明，确认其已将注意到的所有内部控制缺陷向注册会计师通报。

（3）关于特定认定的书面声明。在获取有关管理层的判断和意图的证据时，或在对判断和意图进行评价时，注册会计师可能考虑下列一项或多项事项：第一，被审计单位以前对声明的意图的实际实施情况；第二，被审计单位选取特定措施的理由；第三，被审计单位实施特定措施的能力；第四，是否存在审计过程中已获取的、可能与管理层判断或意图不一致的任何其他信息。

此外，注册会计师可能认为有必要要求管理层提供有关财务报表特定认定的书面声明，尤其是支持注册会计师就管理层的判断或意图或者完整性认定从其他审计证据中获取的了解。例如，如果管理层的意图对投资的计价基础非常重要，但若不能从管理层获取有关该项投资意图的书面声明，注册会计师就不可能获取充分、适当的审计证据。尽管这些书面声明能够提供必要的审计证据，但其本身并不能为财务报表特定认定提供充分、适当的审计证据。如果认为书面声明不可靠，注册会计师应当采取适当措施，包括确定其对审计意见可能产生的影响。

当要求管理层提供书面声明书时，注册会计师应要求将声明书送至注册会计师本人。书面声明的日期应当尽量接近对财务报表出具审计报告的日期，但不得在审计报告日后。审计报告的日期不应早于注册会计师获取充分、适当的审计证据，并在此基础上对财务报表形成审计意见的日期。因此，为了保证在签署审计报告时，与已获取书面声明相关的事项没有发生变化，不会引致对财务报表的调整，书面声明书标明的日期通常与审计报告日一致。

（四）项目质量控制复核

1. 对财务报表总体合理性的复核

在审计结束或临近结束时，注册会计师应针对财务报表总体合理性实施分析程序，其目的是确定审计调整后的财务报表整体是否与其对被审计单位的了解一致。这时运用分析程序是强制要求，注册会计师在这个阶段必须运用分析程序。在运用分析程序进行总体复核时，如果识别出以前未识别出的重大错报风险，注册会计师应当重新考虑对全部或部分各类交易、账户余额、列报评估的风险是否恰当，并在此基础上重新评价之前计划的审计程序是否充分，是否有必要追加审计程序。

2. 对审计工作底稿的复核

会计师事务所需要按照《会计师事务所质量管理准则第5101号——业务质量管理》《中国注册会计师审计准则第1121号——对财务报表审计实施的质量管理》的相关规定，结合事务所自身组织架构特点和质量控制体系建设需要，制定相关的质量控制政策和程序，对审计项目复核（包括项目组内部复核和项目质量复核）的级次以及人员、时间、范围和工作底稿记录等做出规定。

（1）项目组内部复核。项目组内部复核分为两个层次：即项目组复核人员的现场复核（一般复核）和项目合伙人复核。现场复核（一般复核）由项目组内经验较丰富的成员担任。项目组复核人员对审计工作底稿进行全面复核通常在审计现场完成，以便及时发现和解决问题，争取审计工作的主动。由项目组复核人员在审计过程进行中对工作底稿的复核，贯穿审计全过程。执行复核时，复核人员需要考虑的事项包括但不限于：审计工作是否已按照职业准则和适用的法律法规的规定执行；重大事项是否已提请进一步考虑；相关事项是否已进行适当咨询，由此形成的结论是否已得到记录和执行；是否需要修改已执行审计工作的性质、时间安排和范围；已执行的审计工作是否支持形成的结论，并已得到适当记录；已获取的审计证据是否充分、适当；审计程序的目标是否已实现。

项目合伙人应当对会计师事务所分派的每项审计业务的总体质量负责，并对项目组按照会计师事务所复核政策和程序实施的复核负责。项目合伙人应当在审计过程中的适当时点复核与以下方面相关的工作底稿：重大事项；重大判断，包括与在审计中遇到的困难或有争议事项相关的判断，以及得出的结论；根据项目合伙人的职业判断，与项目合伙人的职责有关的其他事项。项目合伙人无须复核所有审计工作底稿。在审计报告日或审计报告日之前，项目合伙人应当通过复核审计工作底稿以及与审计项目组讨论，确保已获取充分、适当的审计证据，以支持得出的结论和拟出具的审计报告。项目合伙人应当在与管理层、治理层或相关监管机构签署正式书面沟通文件之前对其进行复核。在签署审计报告前，为确保拟出具的审计报告适合审计项目的具体情况，项目合伙人应当复核财务报表、审计报告以及相关的审计工作底稿，包括对关键审计事项的描述（如适用）。

（2）项目质量复核。项目质量复核也称独立复核，是指在报告日或报告日之前，项目质量复核人员对项目组做出的重大判断及据此得出的结论做出的客观评价。项目质量复核由项目质量复核人员在项目层面代表会计师事务所实施。会计师事务所可以考虑基于所执行业务的类型、风险以及需要实施项目质量复核的业务范围，通过建立并维护"合格项目质量复核人员"名单的方法，确定哪些人员可以担任项目质量复核人员，以及可以担任哪些类型业务的项目质量复核人员。执行项目质量复核，并不改变项目合伙人对项目实施质量管理以高质量执行业务的责任，以及对项目组成员进行指导和监督并复核其工作的责任。项目质量复核人员在项目的各个阶段（如计划阶段、执行阶段和完成阶段）及时复核业务工作底稿，可以使相关问题能够在报告日或报告日之前得到迅速、满意的解决。

项目质量复核的主要内容包括：与项目合伙人及其他项目组成员（如适用）讨论重大事项，以及在项目计划、实施和报告时做出的重大判断；选取部分与项目组做出的重大判断相关的业务工作底稿进行复核；评价项目合伙人确定独立性要求已得到遵守的依据；复核被审计财务报表和审计报告，以及审计报告中对关键审计事项的描述。项目质量复核人员怀疑项目组做出的重大判断或据此得出的结论不恰当，应当告知项目合伙人。

二、业务完成阶段审计工作底稿编制实例

1. 业务完成阶段审计工作程序表（见表 12-1）

表 12-1　　　　　　　　　　　业务完成阶段审计工作程序表

被审计单位：梦舒公司　　　　　　　　编制：田某　日期：2023 年 2 月 8 日　索引号：Z100

会计期间：2022 年 1 月 1 日—2022 年 12 月 31 日　复核：胡某　日期：2023 年 3 月 5 日　页次：1

审计工作	索引号	执行人
1. 评价审计过程中识别出的错报。①汇总审计过程中识别出的错报，除非错报明显微小。②评价错报对审计的影响。③就所有错报与管理层进行沟通，要求管理层更正全部错报。对管理层已更正的错报，实施追加的审计程序，确定错报是否依然存在。④评价未更正错报的影响。⑤就未更正错报与治理层进行沟通	Z101-0、Z101-1、Z101-2、Z101-3、Z101-4、Z101-5	田某
2. 编制试算平衡表	Z102-1、Z102-2、Z102-3、Z102-4、Z102-5	田某
3. 设计和实施分析程序，对财务报表形成总体结论，确定财务报表是否与项目组对被审计单位的总体了解一致。如果识别出与其他相关信息不一致的波动或关系，或与预期值差异重大的波动关系，采取下列措施：①询问管理层，针对管理层的答复获取适当的审计证据；②根据具体情况，在必要时实施其他审计程序	审计工作底稿格式参照风险评估审计工作底稿	田某
4. 与管理层召开总结会，就下列事项进行沟通，形成总结会会议纪要并经双方签字确认。①审计意见的类型及审计报告的措辞。②已更正错报汇总表、已更正列报和披露错报汇总表、未更正错报汇总表、未更正列报和披露错报汇总表以及试算平衡表。③对被审计单位持续经营能力具有重大影响的事项。④内部控制缺陷。⑤执行该项审计业务的注册会计师的独立性。获得被审计单位同意账项调整、重分类调整和列报调整事项的书面确认；如果被审计单位不同意调整，应要求其说明原因。根据未更正错报的重要性，确定是否在审计报告中予以反映，以及如何反映	Z101-0、Z101-1、Z101-2、Z101-3、Z101-4、Z102-1、Z102-2、Z103-0、	田某

审计工作	索引号	执行人
5．评价审计结果，形成审计意见，并撰写审计报告。（1）对重要性和审计风险进行最终评价，确定是否需要追加审计程序或提起被审计单位做出必要调整：① 按照调整后的财务数据更新重要性水平；② 按财务报表项目确定可能的错报金额；③ 确定财务报表项目可能错报金额的汇总数对财务报表整体重要性水平的影响程度。（2）对被审计单位已审计财务报表形成审计意见并草拟审计报告	Z101-5	田某
6．获取管理层和治理层的书面声明，并确定其日期不晚于审计报告日	Z104-0	田某
7．完成审计总结，完成审计工作完成情况核对表	Z105-0、Z106-0	倪某
8．项目组、项目合伙人及项目质量控制复核人（如适用）完成业务复核核对表，并签字	Z107-1、Z107-2、Z107-3	田某、胡某
9．正式签发审计报告	Z108	田某、胡某

2. 已更正错报汇总表（不包括列报和披露错报）（见表12-2）

表 12-2　　　　　　　　已更正错报汇总表（不包括列报和披露错报）

被审计单位：　梦舒公司　　　　　　　编制：　田某　日期：2023 年 2 月 28 日　索引号：Z101-1

会计期间：　2022 年 1 月 1 日—2022 年 12 月 31 日　　复核：　胡某　日期：2023 年 3 月 5 日　页次：1

序号	内容及说明	索引号	已调整财务报表项目		影响利润表金额		影响资产负债表金额		错报性质
			项目名称	明细项目	借方	贷方	借方	贷方	
无									
与被审计单位沟通									
参加人员	被审计单位：								
	审计项目组：								
被审计单位的意见：									
结论：									
是否同意上述审计调整：									
被审计单位授权代表签字：					日期：				

3. 已更正的列报和披露错报汇总表（见表12-3）

表 12-3　　　　　　　　已更正的列报和披露错报汇总表

被审计单位：梦舒公司　　　　　　　编制：　田某　日期：2023 年 2 月 28 日　索引号：Z101-2

会计期间：2022 年 1 月 1 日—2022 年 12 月 31 日　　复核：　胡某　日期：2023 年 3 月 5 日　页次：1

序号	内容及说明	索引号	已调整财务报表项目		影响利润表金额		影响资产负债表金额		错报性质
			项目名称	明细项目	借方	贷方	借方	贷方	
无									
与被审计单位沟通									
参加人员	被审计单位：								
	审计项目组：								
被审计单位的意见：									
结论：									
是否同意上述审计调整：									
被审计单位授权代表签字：					日期：				

4. 未更正错报汇总表（不包括列报和披露错报）（见表 12-4）

表 12-4　　　　　　　　　　未更正错报汇总表（不包括列报和披露错报）

被审计单位：　梦舒公司　　　　　　　　　　编制：　田某　　日期：　2023 年 2 月 28 日　索引号：　Z101-3
会计期间：　2022 年 1 月 1 日—2022 年 12 月 31 日　复核：　胡某　　日期：　2023 年 3 月 5 日　页次：　1

序号	内容及说明	索引号	未调整财务报表项目		影响利润表金额		影响资产负债表金额		错报性质	管理层不予更正的原因
			项目名称	明细项目	借方	贷方	借方	贷方		
一、以前期间识别出的影响本期财务报表的前期未更正错报										
无										
	（一）小计									
二、本期识别出的影响本期财务报表的前期未更正错报										
无										
	（二）小计									
三、本期识别出的影响本期财务报表的未更正错报										
无										
	（三）小计									
	合计									

5. 未更正的列报和披露错报汇总表（见表 12-5）

表 12-5　　　　　　　　　　未更正的列报和披露错报汇总表

被审计单位：　梦舒公司　　　　　　　　　　编制：　田某　　日期：　2023 年 2 月 28 日　索引号：　Z101-4
会计期间：　2022 年 1 月 1 日—2022 年 12 月 31 日　复核：　胡某　　日期：　2023 年 3 月 5 日　页次：　1

序号	错报说明	索引号	相关披露和列报要求	金额（如适用）	错报性质
无					

6. 评价识别出的错报（见表 12-6）

表 12-6　　　　　　　　　　评价识别出的错报

被审计单位：　梦舒公司　　　　　　　　　　编制：　田某　　日期：　2023 年 2 月 25 日　索引号：　Z101-5
会计期间：　2022 年 1 月 1 日—2022 年 12 月 31 日　复核：　胡某　　日期：　2023 年 3 月 5 日　页次：　1

一、识别的错报对审计的影响

1. 错报合计

项目	索引号	金额							
		资产（+）	资产（−）	负债（+）	负债（−）	权益（+）	权益（−）	损益（+）	损益（−）
已更正错报合计	Z101-3								
未更正错报合计	Z101-4								

2. 本期财务报表整体重要性：736 934.23 元

3. 评价

评价内容	评价结果
① 审计过程中累计的错报合计数是否接近重要性（是/否）	否
② 识别出的错报的性质以及错报发生的环境是否表明可能存在其他错报，并且可能存在的其他错报与审计过程中累积的错报合计起来可能是重大的（是/否）	否
③ 重新评价舞弊对审计的影响，包括由于舞弊导致的重大错报风险的评估结果对审计程序的性质、时间安排和范围的影响，以及对审计证据和书面声明的可靠性的影响	不需要

4. 结论：无须修改总体审计策略和具体审计计划

二、前期未更正错报对前期财务报表的影响

1. 前期未更正错报

2. 前期未更正错报合计	无				

7. 书面声明

书面声明书

致神农会计师事务所并胡某、田某注册会计师：

本声明书是针对你们审计梦舒公司截至 2022 年 12 月 31 日的年度财务报表而提供的。审计的目的是对财务报表发表意见，以确定财务报表是否在所有重大方面已按照企业会计准则的规定编制，并实现公允反映。

尽我们所知，并在做出了必要的查询和了解后，我们确认：

一、财务报表

1．我们已履行 2023 年 1 月 25 日签署的审计业务约定书中提及的责任，即根据企业会计准则的规定编制财务报表，并对财务报表进行公允反映。

2．在做出会计估计时使用的重大假设（包括与公允价值计量相关的假设）是合理的。

3．已按照企业会计准则的规定对关联方关系及其交易做出了恰当的会计处理和披露。

4．根据企业会计准则的规定，所有需要调整或披露的资产负债表日后事项都已得到调整或披露。

5．未更正错报，无论是单独还是汇总起来，对财务报表整体的影响均不重大。未更正错报汇总表附在本声明书后。

二、提供的信息

1．我们已向你们提供下列工作条件：

（1）允许接触我们注意到的、与财务报表编制相关的所有信息（如记录、文件和其他事项）。

（2）提供你们基于审计目的要求我们提供的其他信息。

（3）允许在获取审计证据时不受限制地接触你们认为必要的本公司内部人员和其他相关人员。

2．所有交易均已记录并反映在财务报表中。

3．我们已向你们披露了由于舞弊可能导致的财务报表重大错报风险的评估结果。

4．我们已向你们披露了我们注意到的、可能影响本公司的与舞弊或舞弊嫌疑相关的所有信息，这些信息涉及本公司的：

（1）管理层。

（2）在内部控制中承担重要职责的员工。

（3）其他人员（在舞弊行为导致财务报表重大错报的情况下）。

5．我们已向你们披露了从现任和前任员工、分析师、监管机构等方面获知的、影响财务报表的舞弊指控或舞弊嫌疑的所有信息。

6．我们已向你们披露了所有已知的、在编制财务报表时应当考虑其影响的违反或涉嫌违反法律法规的行为。

7．我们已向你们披露了我们注意到的关联方的名称和特征、所有关联方关系及其交易。

8．我们已向你们披露了所有知悉的、已经或可能发生的、在编制财务报表时应当考虑其影响的诉讼和索赔事项，并确认已按照适用的财务报告编制基础进行了会计处理和披露。

9．可能导致对持续经营能力产生重大疑虑的事项或情况，我们已向你们提供了有关未来应对计划及其可行性的书面声明。

10．更正上期财务报表中影响比较信息的重大错报的任何重述，我们已向你们提供了特定的书面声明。

附件：未更正错报汇总表

梦舒公司（盖章）　　　　　　　　　　　梦舒公司管理层（签名并盖章）

中国杭州市　　　　　　　　　　　　　　二〇二三年三月五日

8. 试算利润表（见表 12-7）

表 12-7 试算利润表

被审计单位： 梦舒公司　　　　编制： 田某　 日期： 2023 年 2 月 28 日　 索引号： Z102-1

会计期间： 2022 年 1 月 1 日—2022 年 12 月 31 日　 复核： 胡某　 日期： 2023 年 3 月 5 日　 页次： 1

索引号	报表项目名称	未审金额	调整金额		审定金额
			借方	贷方	
SY01	一、营业收入	**121 017 164.90**	0.00	0.00	**121 017 164.90**
SY02	减：营业成本	101 267 637.70	0.00	0.00	101 267 637.70
SY03	税金及附加	592 463.65	0.00	0.00	592 463.65
SY04	销售费用	2 146 098.59	0.00	0.00	2 146 098.59
SY05	管理费用	3 746 175.86	0.00	0.00	3 746 175.86
SY07	研发费用	0.00	0.00	0.00	0.00
SY06	财务费用	1 663 661.04	0.00	0.00	1 663 661.04
	加：其他收益	0.00	0.00	0.00	0.00
	投资收益（损失以"-"号填列）	0.00	0.00	0.00	0.00
SY09	公允价值变动收益（损失以"-"号填列）	0.00	0.00	0.00	0.00
SY08	信用减值损失（损失以"-"号填列）	−525 710.78	0.00	0.00	−525 710.78
	资产减值损失（损失以"-"号填列）	0.00	0.00	0.00	0.00
	资产处置收益（损失以"-"号填列）	0.00	0.00	0.00	0.00
	二、营业利润（亏损以"-"号填列）	**11 075 417.28**	0.00	0.00	**11 075 417.28**
SY10	加：营业外收入	16 657.92	0.00	0.00	16 657.92
SY11	减：营业外支出	86 186.56	0.00	0.00	86 186.56
	三、利润总额（亏损总额以"-"号填列）	**11 005 888.64**	0.00	0.00	**11 005 888.64**
SY11	减：所得税费用	1 808 675.75	0.00	0.00	1 808 675.75
	四、净利润（净亏损以"-"号填列）	**9 197 212.89**	0.00	0.00	**9 197 212.89**

9. 试算资产负债表（见表 12-8）

表 12-8 试算资产负债表

被审计单位： 梦舒公司　　　　编制： 田某　 日期： 2023 年 2 月 28 日　 索引号： Z102-2

会计期间： 2022 年 1 月 1 日-2022 年 12 月 31 日　 复核： 胡某　 日期： 2023 年 3 月 5 日　 页次： 1

索引号	报表项目名称	未审金额	调整金额		重分类金额	审定金额	索引号	报表项目名称	未审金额	调整金额		重分类金额	审定金额
			借方	贷方						借方	贷方		
	流动资产：							流动负债：					
ZC01	货币资金	31 909 299.38	0.00	0.00	0.00	31 909 299.38	FZ01	短期借款	32 393 539.45	0.00	0.00	0.00	32 393 539.45
ZC02	交易性金融资产	3 575 000.00	0.00	0.00	0.00	3 575 000.00		交易性金融负债	0.00	0.00	0.00	0.00	0.00
ZC03	应收票据	16 479 320.02	0.00	0.00	0.00	16 479 320.02	FZ02	应付账款	47 653 844.07	0.00	0.00	0.00	47 653 844.07
ZC04	应收账款	28 755 016.88	0.00	0.00	0.00	28 755 016.88	FZ03	预收款项	0.00	0.00	0.00	0.00	0.00
	预付款项	0.00	0.00	0.00	0.00	0.00		合同负债	0.00	0.00	0.00	0.00	0.00
ZC04	应收利息	0.00	0.00	0.00	0.00	0.00	FZ04	应付职工薪酬	1 927 367.00	0.00	0.00	0.00	1 927 367.00
	应收股利	0.00	0.00	0.00	0.00	0.00	FZ05	应交税费	1 104 375.54	0.00	0.00	0.00	1 104 375.54
ZC05	其他应收款	3 799 034.68	0.00	0.00	0.00	3 799 034.68	FZ06	应付利息	83 074.24	0.00	0.00	0.00	83 074.24

续表

索引号	报表项目名称	未审金额	调整金额		重分类金额	审定金额	索引号	报表项目名称	未审金额	调整金额		重分类金额	审定金额
			借方	贷方						借方	贷方		
ZC06	存货	42 591 019.38	0.00	0.00	0.00	42 591 019.38		应付股利	0.00	0.00	0.00	0.00	0.00
	划分为持有待售的资产	0.00	0.00	0.00	0.00	0.00	FZ07	其他应付款	3 687 104.21	0.00	0.00	0.00	3 687 104.21
	待处理流动资产损益	0.00	0.00	0.00	0.00	0.00		一年内到期的非流动负债	16 444 372.04	0.00	0.00	0.00	16 444 372.04
	一年内到期的非流动资产	0.00	0.00	0.00	0.00	0.00		其他流动负债	0.00	0.00	0.00	0.00	0.00
	其他流动资产	0.00	0.00	0.00	0.00	0.00		流动负债合计	103 293 676.55	0.00	0.00	0.00	103 293 676.55
	流动资产合计	127 108 690.34	0.00	0.00	0.00	127 108 690.34		非流动负债:					
	非流动资产:						FZ08	长期借款	31 831 250.00	0.00	0.00	0.00	31 831 250.00
	发放贷款及垫款	0.00	0.00	0.00	0.00	0.00		应付债券	0.00	0.00	0.00	0.00	0.00
	债权投资	0.00				0.00		租赁负债					
	其他债权投资	0.00				0.00		长期应付职工薪酬					
ZC07	长期应收款	2 900 501.17	0.00	0.00	0.00	2 900 501.17	FZ09	长期应付款	2 359 631.12	0.00	0.00	0.00	2 359 631.12
	长期股权投资	0.00				0.00		预计非流动负债					
	投资性房地产	0.00				0.00	FZ10	递延所得税负债	3 687 104.21	0.00	0.00	0.00	3 687 104.21
	其他权益工具投资							长期递延收益					
ZC08	在建工程	54 732 008.26	0.00	0.00	0.00	54 732 008.26		其他非流动负债					
	在建工程	54 732 008.26	0.00	0.00	0.00	54 732 008.26		非流动负债合计	37 877 985.33	0.00	0.00	0.00	37 877 985.33
	工程物资	0.00				0.00		负债合计	141 171 661.88	0.00	0.00	0.00	141 171 661.88
ZC09	固定资产及清理	24 280 958.78	0.00	0.00	0.00	24 280 958.78		所有者权益:					
	固定资产净额	24 280 958.78	0.00	0.00	0.00	24 280 958.78	QY01	实收资本(或股本)	34 000 000.00	0.00	0.00	0.00	34 000 000.00
	固定资产清理	0.00				0.00	QY02	资本公积	25 529 988.78	0.00	0.00	0.00	25 529 988.78
ZC10	无形资产	26 239 797.02	0.00	0.00	0.00	26 239 797.02		减:库存股	0.00	0.00	0.00	0.00	0.00
ZC11	开发支出	6 958 890.35	0.00	0.00	0.00	6 958 890.35	QY03	其他综合收益	0.00	0.00	0.00	0.00	0.00
	长期待摊费用	0.00				0.00	QY04	盈余公积	11 475 712.19	0.00	0.00	0.00	11 475 712.19
ZC12	递延所得税资产	2 654 893.40	0.00	0.00	0.00	2 654 893.40		一般风险准备	0.00	0.00	0.00	0.00	0.00
	其他非流动资产	0.00				0.00	QY05	未分配利润	32 698 376.47	0.00	0.00	0.00	32 698 376.47
	非流动资产合计	117 767 048.98	0.00	0.00	0.00	117 767 048.98		所有者权益合计	103 704 077.44	0.00	0.00	0.00	103 704 077.44
	资产总计	244 875 739.32	0.00	0.00	0.00	244 875 739.32		负债和所有者权益总计	244 875 739.32	0.00	0.00	0.00	244 875 739.32

任务二 审计意见的形成及审计报告的编制

📖 任务导入 12-2

A 注册会计师由于无法对甲公司的某一重要子公司执行审计工作而对被审计单位上一年度合并财务报表发表了无法表示意见。甲公司本年度 12 月 1 日出售了其持有的该子公司全部股权,该子公司被处置前的经营业绩和现金流量,对甲公司的合并财务报表本期数仍有重大且广泛的影响,A 注册会计师对该项处置损益也无法获取充分、适当的审计证据,此时注册会计师应发表( )。

A. 无保留意见 B. 保留意见 C. 无法表示意见 D. 否定意见

一、审计报告的类型及要素

（一）审计报告的类型

审计报告，是指注册会计师根据审计准则的规定，在执行审计工作的基础上，对财务报表发表审计意见的书面文件。审计报告是审计工作的最终结果，具有法定的鉴证、保护和证明作用。注册会计师的目标是在评价根据审计证据得出的结论的基础上，对财务报表形成审计意见，并通过书面报告的形式清楚地表达审计意见。审计意见一般可分为无保留意见和非无保留意见两种类型。如果认为财务报表在所有重大方面按照适用的财务报告编制基础的规定编制并实现公允反映，注册会计师应当发表无保留意见。当存在下列情形之一时，注册会计师应当在审计报告中发表非无保留意见：根据获取的审计证据，得出财务报表整体存在重大错报的结论；无法获取充分、适当的审计证据，不能得出财务报表整体不存在重大错报的结论。非无保留意见，是指对财务报表发表保留意见、否定意见或无法表示意见。根据审计意见的不同，审计报告可以分为标准审计报告和非标准审计报告两种。

1. 标准审计报告

当注册会计师出具的无保留意见的审计报告不附加说明段、强调事项段或任何修饰性用语时，该报告称为标准审计报告。包括其他报告责任段，但不含有强调事项段或其他事项段的无保留意见的审计报告也被视为标准审计报告。

2. 非标准审计报告

非标准审计报告是指标准审计报告以外的其他审计报告，包括带强调事项段或其他事项段的无保留意见的审计报告和非无保留意见的审计报告。审计报告的强调事项段是指注册会计师在审计意见段后增加的对重大事项予以强调的段落。其他事项段提及的是未在财务报表中列报或披露的事项，根据注册会计师的职业判断，该事项与财务报表使用者理解审计工作、注册会计师的责任或审计报告相关。非无保留意见的审计报告包括保留意见的审计报告、否定意见的审计报告和无法表示意见的审计报告。

（二）审计报告的要素

审计报告的要素一般由准则制定部门在审计准则中做出统一规定，其目的在于提高审计报告的规范性。我国审计准则规定，审计报告应当包括下列要素：标题；收件人；审计意见；形成审计意见的基础；管理层对财务报表的责任；注册会计师对财务报表审计的责任；按照相关法律法规的要求报告的事项（如适用）；注册会计师的签名和盖章；会计师事务所的名称、地址和盖章；报告日期。

1. 标题

我国审计报告的标题统一规范为"审计报告"。

2. 收件人

审计报告的收件人是指注册会计师按照业务约定书的要求致送审计报告的对象，一般是指审计业务的委托人，通常为被审计单位的股东或治理层。审计报告应当载明收件人的全称。

3. 审计意见

审计意见部分由两部分构成。第一部分应当说明被审计单位的名称和财务报表已经审计，并包括下列内容：指出构成整套财务报表的每张财务报表的名称；提及财务报表附注；指明财务报表的日期和涵盖的期间。第二部分应当说明财务报表是否按照适用的财务报告编制基础编制，是否在所有重大方面公允地反映了被审计单位的财务状况、经营成果和现金流量。

4. 形成审计意见的基础

该部分提供关于审计意见的重要背景，应当紧接在审计意见之后，并包括下列方面：说明注册会计师按照审计准则的规定执行了审计工作；提及审计报告中用于描述审计准则规定的注册会计师责任的部分；声明注册会计师按照与审计相关的职业道德要求独立于被审计单位，并履行了职业道德方面的其他责任，声明中应当指明适用的职业道德要求，如《中国注册会计师职业道德守则》；说明注册会计师相信获取的审计证据是充分、适当的，为发表审计意见提供了基础。

5. 管理层对财务报表的责任

管理层对财务报表的责任部分应当说明，按照企业会计准则的规定编制财务报表是管理层的责任，这种责任包括以下两条。

（1）按照适用的财务报告编制基础编制财务报表，使其实现公允反映，并设计、执行和维护必要的内部控制，使财务报表不存在由于舞弊或错误导致的重大错报。

（2）评估被审计单位的持续经营能力和使用持续经营假设是否适当，并披露与持续经营相关的事项（如适用）。对管理层评估责任的说明应当包括描述在何种情况下使用持续经营假设是适当的。

6. 注册会计师对财务报表审计的责任

注册会计师对财务报表审计的责任部分，应当包括下列内容。

（1）说明注册会计师的目标是对财务报表整体是否不存在由于舞弊或错误导致的重大错报获取合理保证，并出具包含审计意见的审计报告。

（2）说明合理保证是高水平的保证，但按照审计准则执行的审计并不能保证一定会发现存在的重大错报。

（3）说明错报可能由于舞弊或错误导致。

（4）说明在按照审计准则执行审计工作的过程中，注册会计师运用职业判断，并保持职业怀疑。

（5）说明注册会计师的责任，对审计工作进行描述。

（6）说明注册会计师与治理层就计划的审计范围、时间安排和重大审计发现等事项进行沟通，包括沟通注册会计师在审计中识别的值得关注的内部控制缺陷。

7. 按照相关法律法规的要求报告的事项（如适用）

除审计准则规定的注册会计师对财务报表出具审计报告的责任外，相关法律法规可能对注册会计师设定了其他报告责任。如果注册会计师在对财务报表出具的审计报告中履行其他报告责任，应当在审计报告中将其单独作为一部分，并以"按照相关法律法规的要求报告的事项"为标题。

8. 注册会计师的签名和盖章

注册会计师在审计报告上签名和盖章，有利于明确法律责任。审计报告应当由项目合伙人和另一名负责该项目的注册会计师签名和盖章。

9. 会计师事务所的名称、地址及盖章

审计报告应当载明会计师事务所的名称和地址，并加盖会计师事务所公章。在实务中，审计报告无须注明详细地址，一般注明城市名即可。

10. 报告日期

审计报告应当注明报告日期。审计报告的日期不应早于注册会计师获取充分、适当的审计证据，并在此基础上对财务报表形成审计意见的日期。在确定审计报告日时，注册会计师应当确信已获取下列两方面的审计证据：构成整套财务报表的所有报表（包括相关附注）已编制完成；被审计单位的董事会、管理层或类似机构已经认可其对财务报表负责。

注册会计师签署审计报告的日期通常与管理层签署已审计财务报表的日期为同一天，或晚于管

理层签署已审计财务报表的日期。

二、无保留意见审计报告的编制

微课 12-3

无保留意见是指注册会计师对被审计单位的财务报表，依照审计准则的要求进行检查后给予的一种肯定的评价。

无保留意见审计报告
的出具

（一）出具标准审计报告的条件

经过审计后，如果认为财务报表符合下列所有条件，注册会计师应当出具无保留意见的审计报告：第一，财务报表已经按照企业会计准则的规定编制，在所有重大方面公允反映了被审计单位的财务状况、经营成果和现金流量。第二，注册会计师已经按照我国审计准则的规定计划和实施审计工作，在审计过程中未受到限制。

注册会计师出具无保留意见的审计报告时，一般以"我们认为"的术语作为意见段的开头，以表明本段内容为注册会计师提出的意见，并表示承担对该审计意见的责任；不能使用"我们保证"等字样，因为注册会计师发表的是自己的判断或意见，不能对财务报表的合法性和公允性做出绝对保证，同时也可明确注册会计师仅承担审计责任，而并不减除被审计单位对财务报表所承担的会计责任。在对财务报表的反映内容是否公允提出审计意见时，应使用"在所有重大方面公允反映了"的术语，因为人们已普遍认识到财务报表不可能做到完全正确和绝对公允，所以审计报告中不应使用"完全正确""绝对公允"等词汇，但也不能使用"大致反映""基本反映"等模糊不清的术语。

（二）标准审计报告的格式及编制

标准审计报告应包含我国审计准则所要求的审计报告要素。浙江神农会计师事务所审计梦舒公司财务报表的审计报告示例如下。

索引号：Z108

审计报告

杭州梦舒纺织股份有限公司全体股东：

一、审计意见

我们审计了后附的杭州梦舒纺织股份有限公司（以下简称梦舒公司）财务报表，包括 2022 年 12 月 31 日的资产负债表，以及 2022 年度的利润表、现金流量表、股东权益变动表以及相关财务报表附注。

我们认为，后附的财务报表在所有重大方面按照企业会计准则的规定编制，公允反映了梦舒公司 2022 年 12 月 31 日的财务状况以及 2022 年度的经营成果和现金流量。

二、形成审计意见的基础

我们按照中国注册会计师审计准则的规定执行了审计工作。审计报告的"注册会计师对财务报表审计的责任"部分进一步阐述了我们在这些准则下的责任。按照《中国注册会计师职业道德守则》，我们独立于梦舒公司，并履行了职业道德方面的其他责任。我们相信，我们获取的审计证据是充分、适当的，为发表审计意见提供了基础。

三、管理层和治理层对财务报表的责任

梦舒公司管理层负责按照企业会计准则的规定编制财务报表，使其实现公允反映，并设计、执行和维护必要的内部控制，以使财务报表不存在由于舞弊或错误导致的重大错报。

在编制财务报表时，管理层负责评估梦舒公司的持续经营能力，披露与持续经营相关的事项，并运用持续经营假设，除非计划清算梦舒公司、停止营运或别无其他现实的选择。

治理层负责监督梦舒公司的财务报告过程。

四、注册会计师对财务报表审计的责任

我们的目标是对财务报表整体是否不存在由于舞弊或错误导致的重大错报获取合理保证，并出具包含审计意见的审计报告。合理保证是高水平的保证，但并不能保证按照审计准则执行的审计在某一重大错报存在时总能发现。错报可能由于舞弊或错误导致，如果合理预期错报单独或汇总起来可能影响财务报表使用者依据财务报表做出的经济决策，则通常认为错报是重大的。

在按照审计准则执行审计的过程中，我们运用了职业判断，保持了职业怀疑。我们同时也执行了以下工作。

（1）识别和评估由于舞弊或错误导致的财务报表重大错报风险；对这些风险有针对性地设计和实施审计程序；获取充

分、适当的审计证据，作为发表审计意见的基础。由于舞弊可能涉及串通、伪造、故意遗漏、虚假陈述或凌驾于内部控制之上，未能发现由于舞弊导致的重大错报的风险高于未能发现由于错误导致的重大错报的风险。

（2）了解与审计相关的内部控制，以设计恰当的审计程序，但目的并非对内部控制的有效性发表意见。

（3）评价管理层选用会计政策的恰当性和做出会计估计及相关披露的合理性。

（4）对管理层使用持续经营假设的恰当性得出结论。同时，根据获取的审计证据，就可能导致对梦舒公司持续经营能力产生重大疑虑的事项或情况是否存在重大不确定性得出结论。如果我们得出结论认为存在重大不确定性，审计准则要求我们在审计报告中提请报表使用者注意财务报表中的相关披露；如果披露不充分，我们应当发表非无保留意见。我们的结论基于审计报告日可获得的信息。然而，未来的事项或情况可能导致梦舒公司不能持续经营。

（5）评价财务报表的总体列报、结构和内容，并评价财务报表是否公允反映相关交易和事项。

我们与治理层就计划的审计范围、时间安排和重大审计发现等事项进行沟通，包括我们在审计中识别的值得关注的内部控制缺陷。

我们还就遵守关于独立性的相关职业道德要求向治理层提供声明，并就可能被合理认为影响我们独立性的所有关系和其他事项，以及相关的防范措施与治理层进行沟通。

从与治理层沟通的事项中，我们确定哪些事项对本期财务报表审计最为重要，因而构成关键审计事项。我们在审计报告中描述这些事项，除非法律法规禁止公开披露这些事项，或在极其罕见的情形下，如果合理预期在审计报告中沟通某些事项造成的负面后果超过在公众利益方面产生的益处，我们确定不应在审计报告中沟通该事项。

　　浙江神农会计师事务所（盖章）　　　　　　　中国注册会计师 胡某（签名并盖章）
　　中国杭州市　　　　　　　　　　　　　　　　中国注册会计师 田某（签名并盖章）
　　　　　　　　　　　　　　　　　　　　　　　　　　二○二三年三月十九日

三、非无保留意见审计报告的编制

1. 非无保留意见审计报告的条件

非无保留意见的审计报告包括保留意见、否定意见和无法表示意见的审计报告。

（1）出具保留意见审计报告的条件。

保留意见是指注册会计师对财务报表的反映有所保留的审计意见。经过审计后，如果认为财务报表整体是公允的，但还存在下列情形之一，注册会计师应当出具保留意见的审计报告。第一，在获取充分、适当的审计证据后，注册会计师认为错报单独或汇总起来对财务报表影响重大，但不具有广泛性。如果认为错报对财务报表的影响极为严重且具有广泛性，则应发表否定意见。第二，注册会计师无法获取充分、适当的审计证据以作为形成审计意见的基础，但认为未发现的错报（如存在）对财务报表可能产生的影响重大，但不具有广泛性。

注册会计师因审计范围受到限制，而发表保留意见或无法表示意见，取决于无法获取的审计证据对形成审计意见的重要性。注册会计师在判断重要性时，应考虑有关事项潜在影响的性质和范围以及在财务报表中的重要程度。只有当未发现的错报（如存在）对财务报表可能产生的影响重大但不具有广泛性时，才能发表保留意见。审计范围受到限制是指下列情形。第一，超过被审计单位控制的情形。比如，被审计单位的会计记录已被毁坏；重要组成部分的会计记录已被政府有关机构无限制地查封。第二，与注册会计师工作的性质或时间安排相关的情形。比如，被审计单位需要使用权益法对联营企业进行核算，注册会计师无法获取有关联营企业财务信息的充分、适当的审计证据以评价是否恰当运用了权益法；注册会计师因受审计安排时间的限制，无法实施存货监盘；注册会计师确定仅实施实质性程序，但被审计单位的控制是无效的。第三，管理层施加限制的情形。比如，管理层阻止注册会计师实施存货监盘；管理层阻止注册会计师对特定账户余额实施函证。

（2）出具否定意见审计报告的条件。

所谓否定意见，是指与无保留意见相反，提出否定财务报表公允地反映被审计单位财务状况、经营成果和现金流量的审计意见。无论是注册会计师还是被审计单位都不希望发表此类意见的审计报告。

在获取充分、适当的审计证据后，注册会计师认为错报单独或汇总起来对财务报表影响重大，且具有广泛性，注册会计师才出具否定意见的审计报告。注册会计师发表否定意见的审计报告，表明被审计单位的财务报表没有按照企业会计准则的规定编制，未能在所有重大方面公允反映被审计单位的财务状况、经营成果和现金流量。

（3）出具无法表示意见审计报告的条件。

无法表示意见是指注册会计师说明其对被审计单位的财务报表不能发表意见，即对财务报表不发表包括无保留、保留和否定的审计意见。只有当审计范围受到限制可能产生的影响非常重大和广泛，不能获取充分、适当的审计证据，以至于无法确定财务报表的合法性与公允性时，注册会计师才应当出具无法表示意见的审计报告。无法表示意见不同于否定意见，它通常仅仅适用于注册会计师不能获取充分、适当的审计证据时，如果注册会计师发表否定意见，必须获得充分、适当的审计证据。无论是无法表示意见还是否定意见，都只有在非常严重的情形下采用。

如果认为有必要对财务报表整体发表否定意见或无法表示意见，注册会计师不应在同一审计报告中对按照相同财务报告编制基础编制的单一财务报表或财务报表特定要素、账户或项目发表无保留意见。对经营成果、现金流量发表无法表示意见，而对财务状况发表无保留意见，这种情况可能是被允许的。因为在这种情况下，注册会计师并没有对财务报表整体发表无法表示意见。

2. 非无保留意见审计报告的格式及内容

（1）保留意见审计报告的格式及内容。

当出具保留意见的审计报告时，注册会计师应当在审计意见段中使用"除……的影响外"等术语。如果因审计范围受到限制，注册会计师还应当在注册会计师的责任段中提及这一情况。保留意见审计报告的格式和措辞示例如下。

审计报告

一、保留意见

我们审计了后附的杭州梦舒纺织股份有限公司（以下简称梦舒公司）财务报表，包括 2022 年 12 月 31 日的资产负债表，以及 2022 年度的利润表、现金流量表和股东权益变动表以及相关报表附注。

我们认为，除了"形成保留意见的基础"部分所述事项产生的影响外，后附的财务报表在所有重大方面按照企业会计准则的规定编制，公允反映了梦舒公司 2022 年 12 月 31 日的财务状况以及 2022 年度的经营成果和现金流量。

二、形成保留意见的基础

梦舒公司 2022 年 12 月 31 日的应收账款余额×万元，占资产总额的×%。由于梦舒公司未能提供债务人地址，我们无法实施函证以及其他审计程序，以获取充分、适当的审计证据。

我们按照中国注册会计师审计准则的规定执行了审计工作。审计报告的"注册会计师对财务报表审计的责任"部分进一步阐述了我们在这些准则下的责任。按照《中国注册会计师职业道德守则》，我们独立于梦舒公司，并履行了职业道德方面的其他责任。我们相信，我们获取的审计证据是充分、适当的，为发表审计意见提供了基础。

三、关键审计事项

关键审计事项是根据我们的职业判断，认为对本期财务报表审计最为重要的事项。这些事项是在对财务报表整体进行审计并形成意见的背景下进行处理的，我们不对这些事项提供单独的意见。

[按照《中国注册会计师审计准则第 1504 号——在审计报告中沟通关键审计事项》的规定描述每一关键审计事项。]

四、管理层和治理层对财务报表的责任

管理层负责按照企业会计准则的规定编制财务报表，使其实现公允反映，并设计、执行和维护必要的内部控制，以使财务报表不存在由于舞弊或错误导致的重大错报。

在编制财务报表时，管理层负责评估梦舒公司的持续经营能力，披露与持续经营相关的事项，并运用持续经营假设，除非计划清算梦舒公司、停止营运或别无其他现实的选择。

治理层负责监督梦舒公司的财务报告过程。

五、注册会计师对财务报表审计的责任

我们的目标是对财务报表整体是否不存在由于舞弊或错误导致的重大错报获取合理保证，并出具包含审计意见的审计报告。合理保证是高水平的保证，但并不能保证按照审计准则执行的审计在某一重大错报存在时总能发现。错报可能由于

舞弊或错误导致，如果合理预期错报单独或汇总起来可能影响财务报表使用者依据财务报表做出的经济决策，则通常认为错报是重大的。

在按照审计准则执行审计的过程中，我们运用了职业判断，保持了职业怀疑。我们同时也执行了以下工作：

（1）识别和评估由于舞弊或错误导致的财务报表重大错报风险；对这些风险有针对性地设计和实施审计程序；获取充分、适当的审计证据，作为发表审计意见的基础。由于舞弊可能涉及串通、伪造、故意遗漏、虚假陈述或凌驾于内部控制之上，未能发现由于舞弊导致的重大错报的风险高于未能发现由于错误导致的重大错报的风险。

（2）了解与审计相关的内部控制，以设计恰当的审计程序，但目的并非对内部控制的有效性发表意见。

（3）评价管理层选用会计政策的恰当性和做出会计估计及相关披露的合理性。

（4）对管理层使用持续经营假设的恰当性得出结论。同时，根据获取的审计证据，就可能导致对梦舒公司持续经营能力产生重大疑虑的事项或情况是否存在重大不确定性得出结论。如果我们得出结论认为存在重大不确定性，审计准则要求我们在审计报告中提请报表使用者注意财务报表中的相关披露；如果披露不充分，我们应当发表非无保留意见。我们的结论基于审计报告日可获得的信息。然而，未来的事项或情况可能导致梦舒公司不能持续经营。

（5）评价财务报表的总体列报、结构和内容，并评价财务报表是否公允反映相关交易和事项。

我们与治理层就计划的审计范围、时间安排和重大审计发现等事项进行沟通，包括我们在审计中识别的值得关注的内部控制缺陷。

浙江神农会计师事务所（盖章）　　　　　　　　中国注册会计师　胡某（签名并盖章）
　中国杭州市　　　　　　　　　　　　　　　　中国注册会计师　田某（签名并盖章）
　　　　　　　　　　　　　　　　　　　　　　二〇二三年三月十九日

（2）否定意见审计报告的格式及内容。

当出具否定意见的审计报告时，注册会计师应当在意见段中使用"由于上述问题造成的重大影响""由于受到前段所述事项的重大影响"等专业术语，并且当出具否定意见的审计报告时，注册会计师应当在审计意见段之前增加导致否定意见的事项段，清楚地说明发表否定意见的所有原因，并尽可能说明否定事项对被审计单位财务状况、经营成果和现金流量的影响程度。否定意见审计报告的格式和措辞示例如下。

审计报告

一、否定意见

我们审计了后附的杭州梦舒纺织股份有限公司（以下简称梦舒公司）财务报表，包括 2022 年 12 月 31 日的资产负债表，以及 2022 年度的利润表、现金流量表和股东权益变动表以及相关财务报表附注。

我们认为，由于"形成否定意见的基础"部分所述事项产生的影响外，后附的财务报表在所有重大方面未按照企业会计准则的规定编制，未能在所有重大方面公允反映梦舒公司 2022 年 12 月 31 日的财务状况以及 2022 年度的经营成果和现金流量。

二、形成否定意见的基础

梦舒公司 2022 年财务报表附注×所述，梦舒公司的长期股权投资未按企业会计准则的规定采用权益法核算。如果按权益法核算，梦舒公司的长期股权投资账面价值将减少×万元，净利润将减少×万元，从而导致梦舒公司由赢利×万元变为亏损×万元。

我们按照中国注册会计师审计准则的规定执行了审计工作。审计报告的"注册会计师对财务报表审计的责任"部分进一步阐述了我们在这些准则下的责任。按照《中国注册会计师职业道德守则》，我们独立于梦舒公司，并履行了职业道德方面的其他责任。我们相信，我们获取的审计证据是充分、适当的，为发表审计意见提供了基础。

三、关键审计事项

关键审计事项是根据我们的职业判断，认为对本期财务报表审计最为重要的事项。这些事项是在对财务报表整体进行审计并形成意见的背景下进行处理的，我们不对这些事项提供单独的意见。

[按照《中国注册会计师审计准则第 1504 号——在审计报告中沟通关键审计事项》的规定描述每一关键审计事项。]

四、管理层和治理层对财务报表的责任

管理层负责按照企业会计准则的规定编制财务报表，使其实现公允反映，并设计、执行和维护必要的内部控制，以使财务报表不存在由于舞弊或错误导致的重大错报。

在编制财务报表时，管理层负责评估梦舒公司的持续经营能力，披露与持续经营相关的事项，并运用持续经营假设，除非计划清算梦舒公司、停止营运或别无其他现实的选择。

治理层负责监督梦舒公司的财务报告过程。

五、注册会计师对财务报表审计的责任

我们的目标是对财务报表整体是否不存在由于舞弊或错误导致的重大错报获取合理保证，并出具包含审计意见的审计报告。合理保证是高水平的保证，但并不能保证按照审计准则执行的审计在某一重大错报存在时总能发现。错报可能由于舞弊或错误导致，如果合理预期错报单独或汇总起来可能影响财务报表使用者依据财务报表做出的经济决策，则通常认为错报是重大的。

在按照审计准则执行审计的过程中，我们运用了职业判断，保持了职业怀疑。我们同时也执行了以下工作。

（1）识别和评估由于舞弊或错误导致的财务报表重大错报风险；对这些风险有针对性地设计和实施审计程序；获取充分、适当的审计证据，作为发表审计意见的基础。由于舞弊可能涉及串通、伪造、故意遗漏、虚假陈述或凌驾于内部控制之上，未能发现由于舞弊导致的重大错报的风险高于未能发现由于错误导致的重大错报的风险。

（2）了解与审计相关的内部控制，以设计恰当的审计程序，但目的并非对内部控制的有效性发表意见。

（3）评价管理层选用会计政策的恰当性和做出会计估计及相关披露的合理性。

（4）对管理层使用持续经营假设的恰当性得出结论。同时，根据获取的审计证据，就可能导致对梦舒公司持续经营能力产生重大疑虑的事项或情况是否存在重大不确定性得出结论。如果我们得出结论认为存在重大不确定性，审计准则要求我们在审计报告中提请报表使用者注意财务报表中的相关披露；如果披露不充分，我们应当发表非无保留意见。我们的结论基于审计报告日可获得的信息。然而，未来的事项或情况可能导致梦舒公司不能持续经营。

（5）评价财务报表的总体列报、结构和内容，并评价财务报表是否公允反映相关交易和事项。

我们与治理层就计划的审计范围、时间安排和重大审计发现等事项进行沟通，包括我们在审计中识别的值得关注的内部控制缺陷。

浙江神农会计师事务所（盖章）	中国注册会计师　胡某（签名并盖章）
中国杭州市	中国注册会计师　田某（签名并盖章）
	二○二三年三月十九日

（3）无法表示意见审计报告的格式及内容。

当出具无法表示意见的审计报告时，注册会计师应当删除注册会计师的责任段，并在审计意见段中使用"由于审计范围受到限制可能对审计产生的影响非常重大和广泛""我们无法对上述财务报表发表意见"等术语。并且当出具无法表示意见的审计报告时，注册会计师应当在审计意见段之前增加导致无法表示意见的事项段，清楚地说明无法对财务报表发表审计意见的所有原因。无法表示意见审计报告的格式和措辞示例如下。

审计报告

一、无法表示意见

我们审计了后附的杭州梦舒纺织股份有限公司（以下简称梦舒公司）财务报表，包括 2022 年 12 月 31 日的资产负债表，以及 2022 年度的利润表、现金流量表和股东权益变动表以及相关财务报表附注。

我们不对后附的梦舒公司财务报表发表审计意见。由于"形成无法表示意见的基础"部分所述事项的重要性，我们无法获取充分、适当的审计证据以作为对财务报表发表审计意见的基础。

二、形成无法表示意见的基础

我们于 2023 年 1 月接受梦舒公司的审计委托，因而未能对梦舒公司 2022 年年初金额为×元的存货和年末金额为×元的存货实施监盘程序。此外，我们也无法实施替代审计程序获取充分、适当的审计证据。因此，我们无法确定是否有必要对存货以及财务报表其他项目做出调整，也无法确定应调整的金额。

三、管理层和治理层对财务报表的责任

管理层负责按照企业会计准则的规定编制财务报表，使其实现公允反映，并设计、执行和维护必要的内部控制，以使财务报表不存在由于舞弊或错误导致的重大错报。

在编制财务报表时，管理层负责评估梦舒公司的持续经营能力，披露与持续经营相关的事项，并运用持续经营假设，除非计划清算梦舒公司、停止营运或别无其他现实的选择。

治理层负责监督梦舒公司的财务报告过程。

四、注册会计师对财务报表审计的责任

我们的责任是按照中国注册会计师审计准则的规定，对梦舒公司的财务报表执行审计工作，以出具审计报告。但由于"形成无法表示意见的基础"部分所述的事项，我们无法获取充分、适当的审计证据以作为发表审计意见的基础。

按照《中国注册会计师职业道德守则》，我们独立于梦舒公司，并履行了职业道德方面的其他责任。

浙江神农会计师事务所（盖章）　　　　　　　中国注册会计师　胡某（签名并盖章）
　中国杭州市　　　　　　　　　　　　　　　中国注册会计师　田某（签名并盖章）
　　　　　　　　　　　　　　　　　　　　　二〇二三年三月十九日

值得注意的是，注册会计师出具无法表示意见的审计报告，不同于拒绝接受委托，它是注册会计师实施了必要的审计程序后发表审计意见的一种方式；注册会计师出具无法表示意见的审计报告，也并不是不愿发表意见。如果注册会计师已能确定应当出具保留意见或否定意见的审计报告，不得以无法表示意见的审计报告来代替。保留意见或否定意见是注册会计师在获取充分、适当的审计证据后形成的，由于被审计单位存在某些未确定事项等，按其影响的严重程度而表示保留或否定的意见。无法表示意见是由于某些限制而未对某些重要事项取得证据，没有完成取证工作，使得注册会计师无法判断问题的归属。

在审计报告中，注册会计师也可以根据需要增加强调事项段和其他事项段。如果拟在审计报告中增加强调事项段或其他事项段，注册会计师应当就该事项和拟使用的措辞与治理层沟通。审计报告的强调事项段是指审计报告中含有的一个段落，该段落提及已在财务报表中恰当列报或披露的事项，根据注册会计师的职业判断，该事项对财务报表使用者理解财务报表至关重要。强调事项段应当仅提及已在财务报表中列报或披露的信息。其他事项段是指审计报告中含有的一个段落，该段落提及未在财务报表中列报或披露的事项，根据注册会计师的职业判断，该事项与财务报表使用者理解审计工作、注册会计师的责任或审计报告相关。

本项目任务解析与知识拓展

拓展阅读

任务解析 12-1　　　　任务解析 12-2　　　　贵州茅台酒股份有限
　　　　　　　　　　　　　　　　　　　　公司审计报告

技能训练

1. ABC 会计师事务所的 A 注册会计师负责审计多家上市公司 2022 年度财务报表，遇到下列与审计报告相关的事项。

（1）A 注册会计师无法就乙公司 2022 年年末商誉减值获取充分、适当的审计证据，对财务报表发表了保留意见。A 注册会计师认为除这一事项外，不存在其他关键审计事项，因此无须在审计报告中包含关键审计事项部分。

（2）由于丙公司与会计估计相关的内部控制存在重大缺陷，A 注册会计师拟对丙公司 2022 年 12 月 31 日的财务报告内部控制发表否定意见。因丙公司管理层未在财务报表附注中披露该情况，A

注册会计师拟在对财务报表出具的审计报告中增加强调事项段，提请财务报表使用者关注这一情况。

（3）丁公司 2022 年流动资产金额小于流动负债金额，A 注册会计师实施审计程序并与治理层沟通后，认为可能导致对持续经营能力产生重大疑虑的事项或情况不存在重大不确定性。A 注册会计师拟将其作为与持续经营相关的重大不确定性的事项在审计报告中沟通。

（4）戊公司的某重要子公司因环保问题被监管部门调查并停业整顿。A 注册会计师将该事项识别为关键审计事项。因戊公司管理层未在财务报表附注中披露该子公司停业整顿的具体原因，A 注册会计师拟在审计报告的关键审计事项部分进行补充说明。

（5）己公司 2022 年通过向非关联方销售自用办公楼扭亏为盈，并在财务报表附注中充分披露该事项，因该交易较为简单，不构成对本期财务报表审计最为重要的事项，但对财务报表使用者理解财务报表至关重要，A 注册会计师拟在审计报告的关键审计事项部分进行沟通，并索引至相关财务报表附注。

【训练要求】针对上述第（1）至（5）项，逐项指出 A 注册会计师的做法是否恰当，如不恰当，简要说明理由。

2．ABC 会计师事务所的 B 注册会计师负责审计多家上市公司 2022 年度财务报表，遇到下列与审计报告相关的事项。

（1）ABC 会计师事务所首次承接并审计甲公司 2022 年度财务报表，B 注册会计师发现前任注册会计师对甲公司 2021 年度财务报表出具了保留意见审计报告，但该事项对本期财务报表既不相关也不重大，B 注册会计师拟发表保留意见。

（2）乙公司 2022 年年初开始使用新的存货管理系统，因系统缺陷导致 2022 年度成本核算混乱，审计项目组无法对营业成本、存货等项目实施审计程序，B 注册会计师认为该事项对财务报表使用者理解财务报表至关重要，在审计报告中的强调事项段予以提示。

（3）丁公司管理层 2022 年确认了一笔大额关联方交易收入，B 注册会计师提出调整建议，管理层未更正，B 注册会计师将该笔收入确认作为最为重要的事项与治理层沟通后，拟将其作为关键审计事项在审计报告中进行沟通。

（4）审计项目组发现戊公司 2022 年 12 月 25 日被药监局处罚，该事项对财务报表产生重大影响，B 注册会计师要求戊公司管理层在财务报表中进行恰当反映，管理层予以拒绝，B 注册会计师拟在强调事项段予以披露。

【训练要求】针对上述第（1）至（4）项，逐项指出 B 注册会计师的做法是否恰当，如不恰当，简要说明理由。

AI 融合创新系列教材

AI+
新媒体运营

智慧
学习版
慕课版

杨昌顺 叶彦希 段建团◎主编

陈诚 杨洋 张磊◎副主编

人民邮电出版社

北 京

图书在版编目（CIP）数据

AI+新媒体运营：智慧学习版：慕课版 / 杨昌顺，叶彦希，段建团主编. -- 北京：人民邮电出版社，2025. -- （AI融合创新系列教材）. -- ISBN 978-7-115-66591-1

Ⅰ. G206.2-39

中国国家版本馆 CIP 数据核字第 202501YZ97 号

内 容 提 要

本书系统介绍了新媒体运营工具与 AIGC 工具的实际应用，覆盖文案创作、图像设计、视频制作、数据分析等关键领域。本书共分为八个项目，分别为走进新媒体运营、新媒体运营策划、AI 助力新媒体运营文案创作、AI 辅助新媒体图像设计、AI 辅助新媒体运营视频创作、AI 赋能新媒体运营数据分析、监控新媒体舆情、小红书运营综合实战。本书通过丰富的案例和实操任务，帮助学习者掌握 AIGC 工具在新媒体运营领域应用的核心知识与技能，提升学习者的 AI 应用能力与新媒体运营效率。

本书适用于新媒体运营、市场营销、传媒等相关专业的学生，以及希望提升自身新媒体运营能力的企业相关从业人员。无论是作为教学用书还是自学资料，本书均能帮助学习者掌握相关知识，提升在新媒体运营领域中的 AI 应用能力。

◆ 主 编 杨昌顺 叶彦希 段建团
　　副主编 陈 诚 杨 洋 张 磊
　　责任编辑 侯潇雨
　　责任印制 王 郁 彭志环

◆ 人民邮电出版社出版发行　　北京市丰台区成寿寺路 11 号
　　邮编 100164　电子邮件 315@ptpress.com.cn
　　网址 https://www.ptpress.com.cn
　　三河市祥达印刷包装有限公司印刷

◆ 开本：787×1092　1/16
　　印张：13.5　　　　　　　　2025 年 9 月第 1 版
　　字数：336 千字　　　　　　2025 年 9 月河北第 1 次印刷

定价：56.00 元

读者服务热线：(010)81055256　印装质量热线：(010)81055316
反盗版热线：(010)81055315